普通高等教育“十一五”国家级规划教材

工商管理系列教材

李敬 陈收

编著

企业战略管理

QIYE ZHANLUE GUANLI

湖南大學出版社

内容简介

本书由战略分析、战略选择和战略实施与评估三大部分组成。全书每一章的后面都有“摘要与总结”，并配备了“问题与思考”和“参考文献”，以便读者更深入地学习和研究相关内容。

图书在版编目（CIP）数据

企业战略管理/李敬，陈收编著．—长沙：湖南大学出版社，2011.1

ISBN 978－7－81113－947－1

Ⅰ.①企…　Ⅱ.①李…②陈…　Ⅲ.①企业管理

Ⅳ.①F270

中国版本图书馆 CIP 数据核字（2011）第 015072 号

企业战略管理

Qiye Zhanlüe Guanli

编　　著：李　敬　陈　收

责任编辑：王和君　　**责任校对：**全　健

出版发行：湖南大学出版社　　**责任印制：**陈　燕

社　　址：湖南·长沙·岳麓山　　**邮　　编：**410082

电　　话：0731－88822559（发行部），88821593（编辑室），88821006（出版部）

传　　真：0731－88649312（发行部），88822264（总编室）

电子邮箱：presswanghj@hnu.cn

网　　址：http：//press.hnu.cn

印　　装：衡阳顺地印务有限公司

开本：730×960　16 开　　**印张：**23.5　　**字数：**448 千

版次：2011 年 2 月第 1 版　　**印次：**2011 年 2 月第 2 次印刷　　**印数：**1～4 000 册

书号：ISBN 978－7－81113－947－1/F·269

定价：46.00 元

前言

2010年4月16日，战略思想界的一颗巨星，密歇根大学普拉哈拉德（C. K. Prahalad）教授去世，年仅68岁。作为战略大师，他彻底变革了商业战略和经济发展两大学科的思想，对创新学说做出了巨大的贡献。他的思想很具挑衅性，让公司高管们抓狂。当1980年代哈佛大学竞争战略专家迈克尔·波特（Michael Porter）的竞争战略的“五力模型”甚嚣尘上之时，他与另一位战略学专家加里·哈默尔（Gary Hamel）于1990年在《哈佛商业评论》发表《公司的核心竞争力》（这篇文章至今依然是《哈佛商业评论》再版次数最多的一篇文章），提出了“企业核心竞争力”的观点，使得原来普遍关注外部因素对企业战略影响的理念，转向了从企业内部寻找战略支点，将资源基础论的战略思想推向了新的高潮。

战略源于竞争。激烈的军事争斗促使在军事领域很早就开始了战略研究。中国2500多年以前春秋末年孙武所著的《孙子兵法》，法国19世纪初克劳塞维茨（Carl von Clausewitz，1780—1831）所著的《战争论》被称为军事战略研究的典范。现代企业战略管理思想出现在1960年代的美国。然而，不论是1960年代的战略规划理论；或者是1970年代的环境适应理论；或者是1980年代的产业组织理论与通用战略研究；还是1990年代的资源基础理论与核心能力说；抑或是进入21世纪以来，日益激烈的市场竞争使得由营销大师杰克·特劳特（Jack Trout）的营销定位引发出的战略定位日益受到实业界追捧，进而引发“战术引领战略”的战略定位思想，战略和战略管理正越来越受到理论界和实业界的高度重视。

中国现代企业的战略管理开始于1980年代的改革开放。真正盛行于社会主义市场经济建立的1990年代，尤其得益于1991年中国高校商学院开始的MBA教育。中国企业家经历了充满激情的1980年代的野蛮成长，逐步走向成熟和睿智。百战归来再读书，一批成长起来的著名企业家逐渐开始接纳并丰富战略管理理论；可以说，中国的改革开放历史与战略管理理论进入商业和中国商学院的历史差不多是重叠的。在这段不长的历史中，战略管理的理论体系与中国企业的成长之间存在着诸多相互印证的关系，中国市场的独特性和诸多中国企业的成功经验不断丰富着战略管理理论体系。也许许多中国企业家对于这一理论体系不甚了了，但不妨碍他们践行的价值。

战略的作用日益强大，战略管理日益重要。掌握了战略，便掌握了机构运行的规律和本质。从理论到实践，从实践到理论，战略管理思想得到不断升华和进化。不论你身在企业，还是身在政府，或者是供职于机关事业单位，战略和战略管理的思想都是你人生知识宝库中不可或缺的重要组成部分。

本教材将为你提供最新、最全面的战略和战略管理的思想、理论和方法。

• 本书的定位

本书是一部集当今国内外企业战略管理最新研究成果编辑而成的战略管理教科书。目标读者为本科生，MBA、EMBA、工商管理、企业管理、公共管理专业的学生，以及企业高管和各类机构中高级管理人员、从事战略研究的专家和学者。

• 本书特色

1. 本书以提升企业竞争力，为社会创造价值，实现企业可持续发展为目标。简言之，即如何将企业打造成为一个让投资者“持续赢利”、为消费者提供“持续服务”的主体。

2. 以理论为基础，突出案例研究，注重理论与实际的有机结合。

3. 突出中国特色。以中国企业的案例为线索，突出国际战略管理理论与中国企业发展实践的有机结合。

4. 严肃的论述，明快的表达。让读者轻松地学习和掌握战略管理的理论与实践。

• 本书体例

每章展开顺序为：

案例导入——与本章内容相关的国内外精小案例；

正文——本章内容；

摘要与总结——本章重点内容摘要；

问题与思考——留给读者的问题与思考；

阅读材料——相关新闻或研究材料，以加深读者对本章内容的理解。

作　者

2011 年 1 月

目　次

导　言 …………………………………………………………………………………… 1
1　认识战略和战略管理 ……………………………………………………………… 1
2　战略管理所面临的新环境 ………………………………………………………… 11
3　本书结构 …………………………………………………………………………… 23

第一部分　战略分析

第 1 章　愿景 使命 目标 …………………………………………………………… 28
1.1　愿　景 …………………………………………………………………………… 30
1.2　使　命 …………………………………………………………………………… 35
1.3　战略目标 ………………………………………………………………………… 38
第 2 章　外部环境分析 ……………………………………………………………… 45
2.1　一般环境分析 …………………………………………………………………… 48
2.2　产业环境分析 …………………………………………………………………… 75
2.3　经营环境分析 …………………………………………………………………… 100
2.4　利益相关者分析 ………………………………………………………………… 105
第 3 章　内部资源与能力分析 ……………………………………………………… 112
3.1　企业资源分析 …………………………………………………………………… 115
3.2　企业能力分析 …………………………………………………………………… 118
3.3　核心竞争力分析 ………………………………………………………………… 128
3.4　价值链分析 ……………………………………………………………………… 134
3.5　SWOT 分析 ……………………………………………………………………… 136
3.6　内部因素评价矩阵 ……………………………………………………………… 141

第二部分　战略选择

第 4 章　公司层战略（Corporate-level Strategy） ………………………………… 150
4.1　公司层战略概述 ………………………………………………………………… 150

4.2 公司层战略的类型 …… 151
4.3 战略选择的方法——业务组合矩阵 …… 159
4.4 战略选择类型 …… 163
第 5 章 事业层战略（Business-level Strategy） …… 192
5.1 事业层战略概述 …… 196
5.2 事业层战略的类型 …… 197
第 6 章 职能层战略（Function-level Strategy） …… 219
6.1 职能层战略概述 …… 219
6.2 职能层战略的基本内容 …… 220

第三部分 战略实施与评估

第 7 章 战略实施支持系统 …… 242
7.1 人力资源支持系统 …… 243
7.2 信息资源支持系统 …… 252
7.3 资金资源支持系统 …… 256
7.4 组织文化支持系统 …… 260
第 8 章 战略实施活动 …… 271
8.1 目标和计划的设置 …… 272
8.2 战略计划系统设定 …… 277
8.3 构造有效的组织结构 …… 281
8.4 战略领导 …… 292
第 9 章 战略控制与战略评估 …… 313
9.1 战略控制 …… 315
9.2 战略评估 …… 323
第 10 章 战略变革与组织学习 …… 335
10.1 战略变革 …… 335
10.2 战略变革障碍 …… 343
10.3 组织学习 …… 347
后 记 …… 369

导　言

1　认识战略和战略管理

【开篇案例】

吉利汽车以15亿美元收购沃尔沃轿车100%股权

2010年8月2日，浙江吉利控股集团有限公司宣布在伦敦完成对沃尔沃轿车公司全部股权的收购，吉利此次的收购资金为15亿美元，少于此前预计的18亿美元。至此，这起中国最大的收购海外整车资产案画上句号。仅有13年历史的吉利集团2009年销售收入不足50亿元（49亿元），而有着80多年历史的沃尔沃2009年销售收入过1 000亿元。“穷小子”娶了个“富媳妇”！

瑞典哥德堡2010年3月28日　中国发展最快的汽车制造商之一浙江吉利控股集团有限公司（简称：吉利集团）今天宣布已与福特汽车签署最终股权收购协议，获得沃尔沃轿车公司（简称：沃尔沃轿车）100％的股权以及相关资产（包括知识产权）。

吉利集团董事长李书福和福特汽车公司首席财务官雷维斯·布斯（Lewis Booth）在哥德堡签署了该协议，中华人民共和国工业和信息化部部长李毅中以及瑞典副总理兼企业能源部长毛德·奥德弗森（Maud Olofsson）出席了签署仪式。吉利收购沃尔沃后将与福特三家公司联合运营。

吉利集团董事长李书福表示：“中国这一全球最大的汽车市场将成为沃尔沃轿车的第二个本土市场。作为国际知名的顶级豪华汽车品牌，沃尔沃轿车将在发展迅速的中国释放出巨大的市场潜力。”

福特汽车总裁兼首席执行官阿伦·莫拉里（Alan Mulally）表示：“沃尔沃是一个卓越的品牌，拥有一流的产品。本协议为沃尔沃轿车的未来可持续发展奠定了坚实的基础。”

吉利集团以15亿美元收购沃尔沃轿车。所有的收购资金已经到位，同时，吉利集团也准备好了沃尔沃轿车今后业务发展所需的营运资金贷款。

除了股权收购，本协议还涉及了沃尔沃轿车、吉利集团和福特汽车三方之间在知识产权、零部件供应和研发方面达成的重要条款。这些协议充分保证了沃尔沃轿车的独立运营、继续执行既有的商业计划以及未来的可持续发展。

吉利集团保留沃尔沃轿车在瑞典和比利时现有的工厂，同时也将适时在中国建立新的工厂，使得生产更贴近中国市场。

李书福董事长另外表示：“我们为和福特达成最终协议感到高兴，作为新股东，吉利将继续巩固和加强沃尔沃在安全、环保领域的全球领先地位。沃尔沃轿车的用户可以放心，这个著名的瑞典豪华汽车品牌将继续保持其安全、高品质、环保以及现代北欧设计的核心价值。”

作为此交易的组成部分，吉利集团将继续保持沃尔沃与其员工、工会、供应商、经销商，特别是与用户之间建立的良好关系。交易完成后，沃尔沃轿车的总部仍然设在瑞典哥德堡。在新的董事会指导下，沃尔沃轿车的管理团队将全权负责沃尔沃轿车的日常运营，继续保持沃尔沃轿车在安全环保技术上的领先地位，拓展沃尔沃轿车作为顶级豪华品牌在全球100多个市场的业务，并推动沃尔沃轿车在高速增长的中国市场的发展。

此协议还有待监管部门的审批。在对退休金缺口、负债、现金和运营资金核算的基础上对收购价格进行常规性的调整后，吉利和福特预计今年第三季度完成交割。

（资料来源：http：//www.57zuche.com/news/2010-3-30/201033012182683.htm）

如果你希望你的企业获得成功，如果你希望你的人生获得成功，你今天就应该开始学习战略管理。

当今世界已经变得日益多变而复杂。互联网把地球变成了一个“村”，便捷交通让不同的人同时出现在同一个空间，高效通信传递着不同的语言，我们的岗位、我们的产品、我们的企业、我们的国家、我们的未来已经面临全方位的深度竞争。未来是什么样子？未来学家给出了种种设想，但我们仍然感到迷茫。而战略管理正是让我们理清思路，在纷繁复杂的世界中抓住事物本质，明确发展方向，采取正确行动，实现未来理想的唯一手段，它告诉我们什么才是“做正确的事”。

企业战略思想的产生，既是人类对企业经营规律和管理理论的认识一步步深化的结果，又是在日趋激烈的市场竞争中对管理者提出更高要求的结果。经历了30多年的改革开放，中国企业日益成熟，中国的企业家和职业经理人越来越清楚地知道自己的现状和未来，“打造百年基业”成为今天中国大多数企业家和职业经理人共同的梦想，中国企业已经迎来了一个新的“战略管理时代”。

一、战略

战略是竞争的产物。战略一词虽然起源于军事，但在今天这个和平的年代，战略已被广泛地应用于社会、政治和经济领域。战略涵盖的对象涉及国家、区域、企业、项目等，如我国提出的“科教兴国”战略、“可持续发展”战略、“西部地区大开发”战略、“中部崛起”战略、“振兴东北”战略等等。跨国公司诸如微软的互联网战略、可口可乐公司的中国战略、亚马逊的电子商务战略、麦当劳的人力资源战略、IBM的市场营销战略、英特尔公司的技术战略等等。世界已进入了战略制胜的时代。战略的主流是基于变化，从哲学上来看，或者以不变应万变，或者以变制变。战略的主流是以变制变，为什么要战略？因为外部环境变了，竞争对手变了，技术变了，同时需求也在发生变化。在这种极度变化且激烈竞争的时代，战略让我们明确未来方向。

（1）什么是战略

“战略”这个词来自古希腊，战略（strategy）出自希腊文stmtegos或strategia（复数）一词，意为领导军队的艺术。它一般指“将军指挥的艺术（art of generalship）”，是指一种更高层次的、更加全面系统的战争艺术。

“战略”一词在我国最初源于古代兵法，属军事术语。“战”指战斗、战争，“略”指谋略、策略，“战略”是指对战争、战役的总体筹划与部署。在《左传》和《史记》中就有“战略”一词。春秋末年的孙武所著的《孙子兵法》，明朝罗贯中所著的《三国演义》都是世界著名的战略杰作。三国时期著名战略家孔明（诸葛亮）对战略还有一段精辟的论述：“不谋万事，不足谋一时；不谋全局，不足谋一域”，并通过对当时错综复杂的政治、经济和军事形势进行分析，确立了“三分天下”的战略思想，成为刘备立国之本。毛泽东在其《中国革命战争的战略问题》中指出：“战略问题是研究战争全局的规律性的东西”，“凡属带有要照顾各方面和各阶段性质的，都是战争的全局，研究带全局性的战争指导规律，是战略学的任务”。

（2）企业战略

美国在二战后首先将战略概念运用于企业。很多学者认为，真正为企业战略下定义的第一个人是钱德勒（Alfred Chandler）。他在其《战略与结构》（1962）一书中，将战略定义为“确定企业基本长期目标、选择行动途径和为实现这些目标进行资源分配”。“战略”一词引入企业管理并加以运用仅仅几十年的时间。由于企业外部环境变化，以及企业之间争市场、争顾客和争资源的竞争日趋激烈，直接威胁到企业生存和发展，为此，企业必须对其未来作出全局性的谋划，以适应外部环境的变化，建立企业的长期竞争优势。战略开始日益受到企业重视。

企业战略概念来源于企业生产经营活动的实践。不同的管理学家或实际工作者由于自身的管理经历和对管理的不同认识，对企业战略给予了不同的定义。

①广义的定义

持广义定义的人认为，企业战略应包括企业目标和达到这些目标的方法、手段。美国哈佛大学商学院教授安德鲁斯（Andrews，1970）认为：“战略是目标、意图或目的，以及为达到这些目的而制定的主要方针和计划的一种模式。这种模式界定着企业正在从事的或者应该从事的经营业务，以及界定着企业所属的或应该属于的经营类型。”哈佛大学的迈克尔·波特教授也认为：“战略是公司为之奋斗的一些终点与公司为达到它们而寻求的途径的结合物。”

②狭义的定义

持狭义定义的人认为，企业战略只包括那些为实现企业目标而采取的方法、手段，而不包括企业目标。美国企业战略学家安索夫（Ansoff，1965）在其1965年出版的《企业战略》一书中，比较系统地阐述了自己的企业战略观。他认为企业战略是贯穿于企业经营、产品和市场之间的一条“共同经营主线”，决定着企业目前所从事的或者计划要从事的经营业务的基本性质。这条共同经营主线由四个要素构成：（a）产品和市场范围，即企业所生产的产品和竞争所在的市场；（b）增长向量，即企业计划对其产品和市场范围进行变动的方向；（c）竞争优势，即那些可以使企业处于强有力竞争地位的产品和市场的特性；（d）协同作用，即企业内部联合协作可以达到的效果，即1+1>2的现象。

综上所述，战略是为了实现未来长远目标而对路径谋划的一种谋略。它包括目标、路径和行动三要素。它既具有强烈的目标性，又具有围绕外界环境的动态变化形成的竞争性，同时还必须具有可操作性。没有实施路径，无法明确具体行动的目标设想只能算是空想。与军事战略不同的是，企业战略是以整合资源和创造价值为目标。企业之间不完全是自相残杀的恶性竞争。

【延伸阅读】

迈克尔·波特（Michael E. Porter）的新视角：什么是战略（2004）

取得卓越业绩是所有企业的首要目标，运营效益（operational effectiveness）和战略（strategy）是实现这一目标的两个关键因素，但人们往往混淆了这两个最基本的概念。运营效益意味着相似的运营活动能比竞争对手做得更好。战略定位（strategic positioning）则意味着运营活动有别于竞争对手，或者虽然类似，但是其实施方式有别于竞争对手。

几乎没有企业能一直凭借运营效益方面的优势立于不败之地。运营效益代替战略的最终结果必然是零和竞争（zero-sum competition）、一成不变或不断下跌的价格，以及不断上升的成本压力。

所谓的竞争战略就是创造差异性，即有目的地选择一整套不同的运营活动以创造一种独特的价值组合。战略定位有三个不同的原点，一是基于种类的定位（variety-based positioning）；二是基于需求的定位（needs-based positioning）；三是基于接触途径的定位（access-based positioning）。

在对定位进行明确定义后，我们现在可以回答“什么是战略”的问题了。战略就是创造一种独特、有利的定位，涉及各种不同的运营活动。

然而，选择一个独特的定位并不能保证获得持久优势。一个有价值的定位会引起他人的争相仿效。除非公司做出一定的取舍（trade-offs），否则，任何一种战略定位都不可能持久。

因此，对“什么是战略”这一问题的回答又增加了一个新视角——取舍。战略就是在竞争中做出取舍，其实质就是选择不做哪些事情。

定位选择不仅决定公司应该开展哪些运营活动、如何设计各项活动，而且还决定各项活动之间如何关联。战略配称是创造竞争优势最核心的因素，它可以建立一个环环相扣、紧密连接的链，将模仿者拒之门外。配称可以分为三类，第一层面的配称是保持各运营活动或各职能部门与总体战略之间的简单一致性（simple consistency）。第二层面的配称是各项活动之间的相互加强。第三层面的配称已经超越了各项活动之间的相互加强，我们把它称为“投入最优化”（optimization of effort）。

在三种类型的配称中，整体作战比任何一项单独活动都来得重要与有效。竞争优势来自各项活动形成的整体系统（entire system）。将有竞争力的企业的成功归因于个别的优势、核心竞争力或者关键资源都是极其错误的。试图模仿整个运营活动系统的竞争对手，如果仅仅复制某些活动而非整个系统，最后必然收效甚微。

现在，对于战略是什么，我们已经有了一个完整的答案。所谓战略，就是在企业的各项运营活动之间建立一种配称。

在影响战略的诸多因素中，强烈的增长欲望也许是最危险的。追求增长的努力往往会淡化企业的独特性，以致产生妥协、破坏配称，并最终削弱公司的竞争优势。增长手段应该集中于对现有战略定位进行深化而不是拓宽和妥协。

制定或重建一个清晰的战略，在很大程度上取决于组织的领导者。最高管理层不仅仅是每个职能部门的总指挥，其核心任务应该是制定战略，界定并宣传公司独特的定位，进行战略取舍，在各项运营活动之间建立配称关系。

改善运营效益是管理中必不可少的一部分，但这并不是战略。运营效益讨论的是持续变革、组织弹性以及如何实现最佳实践，而战略讨论的是如何界定独特的定位、如何做出明确的取舍、如何加强各项活动之间的配称性。

作者：迈克尔·波特 来源：哈佛商业评论 责任编辑：李正玉

（资料来源：http：//218.246.21.197/DRCnet.common.web/DocView.aspx？docid＝226829&chnid＝28&leafid＝82）

二、战略管理及其重要性

（1）战略管理的内涵

战略管理是企业着眼于未来和发展，根据企业外部环境的变化和内部资源状况，在科学分析的前提下，为获得持久竞争优势，实现企业长远目标（如长期生存和永续发展）而进行的总体性、全局性、系统性、长久性的谋划。

战略管理的本质与管理的其他方面是不同的。财务管理、营销管理、组织管理、研发管理和管理控制等是在战略管理的指导下所进行的日常管理活动，它们是有效实现战略目标的重要手段。战略管理解决方向问题，日常管理解决效率问题。

战略管理包含战略分析、战略选择和战略实施三个主要方面。实际中战略分析、战略选择和战略实施并不是各阶段按直线排列的。它们相互影响，并部分地相互重叠。

（2）企业战略管理的必要性

①是实现长远目标的需要。战略是关乎长远性的、全局性的、系统性的思考和谋划，一个没有长远目标追求的企业是无所谓战略的。确立长远目标是战略的核心，目标选择是否正确，决定了企业的未来。而要实现长远目标，可选择的路

径多种多样，不同的路径所需要的时间、资源等会很不一样，正确的路径选择能使企业以最小的付出实现企业目标。

②是赢得市场竞争的需要。市场的激烈竞争，根本原因是市场供求关系的变化。在产品短缺、市场供不应求的时代，企业主要是关注内部的生产能力和产品，而不是外部的竞争，这一时期高效率生产出消费者需要的产品是企业生存和发展的关键；在产品充足、市场供过于求的时代，激烈的市场竞争促使企业或者是在原有领域做得比竞争对手更好，或者是寻找更有效的竞争领域，而不是简单地满足消费者的需求。根据迈克尔·波特的观点，日常管理主要是解决经营效率问题，它关注的主要是企业内部；而战略是解决发展方向和路径问题，它关注的主要是企业外部，如行业的竞争状况、行业的发展趋势等。迈克尔·波特指出："竞争战略探讨的其实是差异性问题，它意味着选择一套不同的活动，以提供独特的价值。""战略的本质存在于活动之中，选择不同的方式来执行活动，或执行与竞争者不同的活动。否则，战略不过是一句营销口号，经不起竞争的考验。"战略是由独特而有价值的定位所创造出来的，它涉及一连串不同的活动。

③企业生存和发展的环境发生深刻的变化，使得企业不得不时刻审视自己的目标和运行环境。随着新技术革命带来的电子技术、网络技术、交通和通信技术的日益发达，经济全球化已经成为企业不能回避的现实，因此，企业将面临日益复杂的经营和发展环境。主要体现在：(a) 中国企业外部环境的变化，市场需求在变，技术环境在变，市场经济环境在变等等；(b) 竞争形态在变化，由原来的静态竞争变成动态竞争；(c) 变化的本身也在变化，变化的程度、变化的广度、变化的速度等都在发生变化。

对中国企业来说，进行战略管理已经是到了非常紧迫的时候了。

(3) 我国现阶段企业战略管理状况

中华民族是一个重视战略、重视可持续发展的民族。"天人合一"的思想包含着和谐、可持续发展的理念。2500 多年前的《孙子兵法》作为当今世界三大兵书之一，成为世界上最早、最经典的战略专著，至今受到世界各国政府、军队和企业的青睐。

30 多年的改革开放，极大地激活了中国国内的需求和企业参与国际竞争的热情，企业生存的制度环境和市场环境不断得到优化，巨大的市场机遇，成就了一大批中国企业的发展梦。然而，这种机遇驱动的发展历程，也使得我们的企业更看重机会驱动力，"长大"成为国内企业追求的主要目标，多元化经营成为国内企业的普遍特征。正如 IBM 前 CEO 郭士纳所说："我还从来没有见过哪家小公司不愿意成长为大公司的，也从来没有见过有哪家小公司不眼红大公司的研究和营销预算或者是大公司销售人员的规模以及势力范围的。""大，很重要。因为规模就是杠杆。深度和广度可以容纳更多的投资、更大的风险以及更长久对未来进行投入。”在这种机会和长大的驱动下，国内企业肤浅地理解了战略管理。他们简单地把抓住机会实现长大当成了战略，而政府的推波助澜更加重了企业的这种诉求。对政府而言，企业做大意味着本地区更多的 GDP，更多的财政收入，更多的就业；对企业而言，做大意味着获得政府更多的支持和特惠，获得更多的发展空间和机会。因此，长远的战略管理曾一度被国内企业所忽视。国内有学者提出，中国企业亟须由机会驱动向战略驱动转型。

进入 21 世纪以来，随着中国加入 WTO，社会主义市场经济的不断完善，改革开放不断深入，企业面临的国际国内竞争日益激烈，战略管理日益受到企业的重视。华为、联想、比亚迪、吉利、阿里巴巴、百度等国内知名企业在加大其战略布局。然而，由于历史的原因和环境的影响，中国企业的战略管理整体水平不高。一方面国内学术界和咨询界战略管理研究和咨询水平与发达国家相比存在较大差距，另一方面企业内部存在短期行为且战略管理人才短缺。

【案例】

没有理想的企业长不成巨人

大约十年前，当人们提起国产电脑，长城的名字是排在联想前面的。然而如今，联想已发展成为中国企业的一面旗帜，长城却被联想远远地抛在了后面。单纯从量上讲，联想已经夺得亚太区电脑销售的冠军，而长城电脑自有品牌销量已经下滑到十几万台，排名也从前列中消失。

一、只有伟大的理想才能造就伟大的公司。

如果我们将视线往前推进十多年，便会发现当时的联想在中关村只是一个跨国公司的代理商而已，在联想周围有 20 家大大小小的同类公司，它们的主管业务不过就是通过组装计算机或代理 IBM、HP、康柏等跨国巨头的计算机而从中获利。那是一个真正“赚钱”的年代。

与联想生长在同一年代的，除了长城外，还有四通、科海、京海等公司。可是为什么在同样条件和同样水平下，经过十几年发展后，一些公司会得到长足发展，而另一些却逐渐衰落呢？这其中最基本的一点，就是联想不甘于与那些中关村的“倒爷”为伍，不甘于仅仅做 IBM、HP 等跨国公司的附庸。联想对自己说：我要做一家中国的伟大公司！

所以，联想所有后来的战略与战术，无非就是围绕如何在中国当时的环境下脱颖而出，柳传志的“九字真言”——“建班子、定战略、带队伍”无非是告诉联想的人，我们之所以要聚集在一起（建班子），是为了实现一种对未来的追求

(定战略)，而实现这一追求的关键仍然在人!

当一家公司的发展落脚点归于“人 (企业价值)”而不是“产品 (赚钱)”的时候，这家公司就是有“伟大的理想”的公司。因为企业的竞争无非就是人的竞争，凭什么你能够凝聚一批有能力的人? 答案是你有一个伟大的理想凝聚他们一起奋斗，答案是你有能力公正地评估他们的价值。

世界上绝大多数优秀的人才只能被“理想与价值观”所凝聚，世界上绝大多数优秀的人才所需要的报酬是对他们才能的公正评价，这是所有优秀公司持续长青的“底线”，这就是柳传志说的“联想的核心竞争力”——早在1993年，柳传志就和投资联想控股的中科院达成协议，给员工35%的分红权。反观长城，我们发现这些年来，长城一直在产品优势上徘徊，力图通过产品优势来获得它在行业中的地位突破。在长城决策层看来，必须有拳头产品，有“科研开发、生产制造、应用一条龙，才可能建立起中国自己的微机工业体系”，与此相应的是，长城到目前为止完全没有员工和管理层的股份。

既没有一个超越于产品层面的“伟大理想”，也没有一个公正评估管理层才能的价值报酬体系，长城6年换5次CEO也无济于事：如果企业上下没有一致性的对公司未来的认同，再伟大的统帅也是无能为力的。

二、联想“贸、工、技”模式与长城“技、工、贸”模式。

联想的核心竞争力是通过分销渠道的管理将生产商、大经销商与零售商、消费者之间的关系变成“三赢”，实现分销增值的能力。

为什么专注于产品领先的长城却沦落到PC排行榜的10名以外，而有“倒卖”之嫌的联想却高居榜首? 这里重要的是，应该反省为什么一个如此努力的公司反而会衰落呢?

一般看来，PC的战斗是围绕所谓的“微笑曲线”展开的，这条曲线其实是一条“U”形曲线。在这条曲线上，价值的最低点是简单的OEM装配，左边沿着生产显示器、内存、CPU以及提供软件等价值逐渐上升，右边沿着本土化配件生产、市场运作、销售渠道建立、电子商务等逐渐上升。英特尔、微软等在左边的价值高端，理所当然在PC领域获得了高利润；联想是在右端，也通过渠道增值战略成为中国的老大。

我们可以把联想的核心竞争能力总结为它对分销系统增值能力的把握，也就是通过分销渠道的管理将生产商、大经销商与零售店、消费者之间的关系变成“三赢”，实现分销增值的能力。

在这一点上，联想堪称“世界级”，因为这种模式正是IBM、康柏、HP等公司的弱点。众所周知，政府禁止这些公司在中国直接拥有渠道，它们必须采取分销代理制，而当时的环境与诚信使这些跨国公司选择了多个代理商模式。这种模式在激烈的竞争下可以保证供应商的利益，却无助于经销商的利益，结果，再好的东西也做不出规模，只好败下阵来。

在这里更为关键的是，这种核心竞争能力是建立在公司各个层次上的，联想模式使得联想可以将核心竞争能力融入组织行为之中，并且一直融入每位员工的具体行为的层面为止。因为分销能力是一种经营渠道的能力，每个联想员工都可以在这里找到英雄用武之地，从而能够培养和聚集一大批优秀的员工，使得其他公司即使知道这种模式，也无法模仿与复制。

反观长城，从1986年的长城052CH开始，长城在科技创新方面走的是自主开发的道路，主板、电源、扩展卡、显示器，除了CPU，什么都自己设计，形成了专注科研开发、轻视销售渠道的“长城模式”。在这种战略背后是长城决策层对产品的执著，董事长王之有一段著名的话：“长城集团不‘倒卖’产品，长城要致力于建立计算机工业制造技术体系，脚踏实地做计算机制造。谁要是不赞同这样的观点，谁就可以离开长城。”

问题是，专注于产品领先的长城却沦落到排行榜的10名开外，而有“倒卖”之嫌（联想始终没有放弃代理跨国公司的产品）的联想却高居榜首，就连长城自己也觉得没面子。

三、战略决定命运：长城如何真正长存？

中国的企业家应好好学习戴尔，因为我们的企业家视为成功“珍宝”的因素，戴尔大多没有。比如戴尔是公认的没有核心技术的高科技公司，一家没有核心技术的计算机公司能够做到业界的老大，并将一些大牌公司如IBM、康柏逼得退出江湖，这对那些迷信核心技术，或者将企业失败归于没有核心技术的国内企业来说，无疑是一个挑战。

长城由此可以得到的启示是，只有将核心竞争能力建立在客户价值上，才会有真正持续的胜利，否则你就无法解释为什么戴尔能把IBM、康柏、HP挤出计算机领先者行列。如果要说制造优势，那么Acer是全球计算机制造中的佼佼者，但Acer在国际计算机舞台上终究无法成大器，为什么？这就是战略大师普拉哈拉德和哈默（C. K. Prahalad and Cary Hamel）在《竞争未来》中指出的，如果企业效益存在显著差异的时候，既不能用经营效益递增的差异来解释，也不能用诸如人工成本或资本之类的因素来解释，唯一能解释的是企业的核心竞争力。

Acer的问题正是出在核心竞争力上，在这一点上的含糊使得Acer在利润与品牌上来回徘徊，当利润好的时候就加大投入品牌建设，当利润差的时候就收缩阵线“唯利是图”。比如1995年，Acer的全球广告投入已达1.5亿～1.7亿美元，地区分配比例为中南美洲25%、亚洲25%、北美33%、欧洲17%。到1995年底，尽管Acer品牌已在美国市场名列前10名，但它在美国的知名度仍然很低。长城的技术水平与规模优势比Acer怎么样？所以同样的问题就会发生在长城身上。长城基本上是在走Acer的路——追求外在规模优势和技术优势，以此作为发展基础，问题是这种战略会形成“以自我为中心”的产品体制，而不是像戴尔或联想一样形成“以客户为中心”的消费化体制。当然，你可以说微软、英特尔不也是以产品为中心的体制吗？但你不要忘记这两家公司在获得垄断权力之前，是IBM帮助它们获得了客户网络，它们是在强大的客户基础上去谋求霸权的。

中国的企业在未来的5～10年内，要想在产业中获得微软、英特尔这样的技术垄断，希望不是很大，而且未必必要，因为你的目的不是去当技术老大，而是做一个伟大的企业。而一个伟大的企业未必需要真正的技术领先，戴尔与联想就是最好的例子。

什么是战略？道路的选择与核心能力的培育就是战略。中国目前很多企业都是在没有战略中乱打乱撞，说好听一点是以产品为中心，说不好听一点不过是在摸着石头过河，什么赚钱做什么，不少所谓的好企业无非就是赚到了钱的企业，赚到了钱而没有核心竞争力，接下来只能是各领风骚三五年。

不过，长城也不必在压力面前大过紧张，因为长城面临的这些问题是大多数已经成功的企业家共同面临的问题。用哲学家萨特的话来说，目前的存在什么都不能说明，生命的意义在于对未来的选择，你选择了什么，你就是什么。

做企业与做人的道理是一样的，这应当是一个不需要证明的结论。

（资料来源：姜汝祥．中国经营报，2003年4月14日E3版）

2 战略管理所面临的新环境

战略管理关键是寻求企业自身优势和劣势与外部机遇和威胁之间的平衡，以实现企业的持续、健康、有效发展。环境变化导致战略变化，如战略范围、资源使用、竞争优势和协同作用（Hofer&Schendel，1978；Ansoff，1965）的变化，组织结构的变化，战略执行过程中的变化等。企业战略变化又导致形成新的环境。对环境变化和战略变化关系处理得不恰当，经常使企业陷入危机。认识不到环境变化的企业，往往盯着企业内部的合理化，而对环境变化漠然置之，当然就不会采取相应措施，以致陷入环境变化引起的危机之中。寻找在变换了的环境下的竞争优势已成为当前企业战略研究的首要问题，而对企业战略环境的认识及分析便显得异常重要。

因为不同的环境因素对企业战略的影响深度、广度和长远性不一样，战略管理中对环境的研究和把握也必须抓住重点。

（1）全球化

交通、通信和互联网的发展，已使得国际间的沟通和往来变得越来越便利，沟通和交往的成本越来越低，全球各国家之间在政治、经济、文化等方面出现了空前的交叉和融合。对企业而言，资源和要素的全球化整合，产品市场的全球化销售，竞争博弈的全球化展开，已经成为企业发展必须面对的现实问题。已经开始的大型跨国公司在全球整合产业链，更使得这场全球化的竞争变得日益复杂。

全球化使企业的发展空间加大。站在全球的角度整合资源，使企业生产成本进一步下降；尤其是互联网技术的出现，服务外包成为全球大型跨国企业新的全球化运行方式。据有关机构统计，每周全球有 7～8 家跨国企业在世界各地寻找服务外包承接地。每个企业做自己最擅长的事情，而将不擅长的事交给擅长的企业完成。麦肯锡研究表明，制造业的长期趋势是向成本更低的地区迁移。同时，企业也进入全球合作时代。

历史上制造基地的转移：

20 世纪 50 年代之前——美国的工业革命加速了全球低成本制造基地从欧洲向美国转移；

20 世纪五六十年代——战后的日本把自己重建成一个低成本制造基地；

20 世纪 70 年代后期及 80 年代——日本逐渐成为一个全球重量级的发达国家，与其相邻的韩国转而成为低成本制造中心；

20 世纪 90 年代——经济改革和巨大的市场使中国特别是沿海地区成为强大的制造基地，全球范围内的服务业离岸迁移。

（资料来源：将中国打造成为服务外包产业的全球巨人．麦肯锡，2007 年）

服务业离岸迁移的趋势：

20 世纪七八十年代——大型企业的业务流程从北美和英国迁移到爱尔兰等中等发达国家；

20 世纪 90 年代后期——IT 应用服务及 BPO① 迁移到印度、菲律宾等发展中国家；

2000 年至今——IT 应用服务、BPO 及一些新兴服务外包进一步向包括中国等发展中国家转移。

（资料来源：将中国打造成为服务外包产业的全球巨人．麦肯锡，2007 年）

经济全球化中的跨国公司经营战略主要表现在以下几方面：

①建立全球性经营网络

在世界经济日益趋于一体化的今天，跨国公司以各种形式不断冲破国家的条条框框限制，朝着"无国籍"的全球公司发展。它们从全球的角度，发展自己的业务，而不仅仅是顾及跨国公司母国的经济利益。然而，也正是跨国公司将其国际营销活动扩展到全世界，打破了各国国民经济的相对统一，才促使国家间的经济联系更为密切，相互依赖性更强。

跨国公司在全力推进它们的全球化战略的时候，正在转变以往偏重于在发达国家之间的投资策略，不断扩大对发展中国家的投资比重。其中，包括中国在内的东亚和拉美国家受到许多西方跨国公司的青睐。西方跨国公司看中这些国家巨大的经济发展潜力和消费需求日益旺盛的广阔市场，纷纷加大投资力度，改善投资结构。而这些跨国公司的投资，反过来使东道国能够消化和吸收世界上先进的科学技术与管理经验，促进本国经济的发展。

②大力推动海外企业的"当地化"

这是跨国公司在新的国际经济关系环境中调整经营战略的又一新动向。这里所说的"当地化"，是指跨国公司的国外子公司在东道国的投资与经营活动中，缩小与当地的经济与文化等方面的差异，淡化企业的本国色彩，在人员、资金及产品的零部件来源上，均实行当地化策略，使之成为地道的当地公司。

目前，跨国公司的海外企业当地化已成为趋势。当下跨国公司十分看好中国市场，GE 已经提出将中国作为其第二故乡，IBM 更是在将电脑业务卖给中国联想的同时，在中国市场大力推行其"智慧地球"解决方案，成为一家更加名副其实的高科技服务型企业。

对于引入外资的东道国来说，吸引更多的外国公司在本国使用它们的先进技术从事生产经营活动，对于提高本国的科学技术水平、加快国内经济发展，是大

① BPO（business process outsourcing，业务流程外包）就是企业将一些重复性的非核心或核心业务流程外包给供应商，以降低成本，同时提高服务质量。

有益处的。然而，随着外资的大量流入和外国企业的当地对本国企业的冲击，尤其是对那些竞争能力弱的本地企业的冲击，将是巨大的。这种冲击犹如大浪淘沙，更有利于东道国优质企业的生存和企业进化。

③跨国兼并与广泛缔结国际性战略联盟

20世纪80年代以来，跨国兼并浪潮席卷西方世界，跨国公司以收购或合并外国企业的方式，直接渗入和扩大海外市场。除日本外，美国与西欧的一些公司也频繁地从事国际兼并活动。

跨国公司缔结国际性战略联盟是一种新的国际竞争形式。如日本的财团为了从战略上占据制高点，在全球资源集聚地、市场集中地、人才集中地等地区广泛整合资源，以图达到控制全球战略性产业、获取巨额利润的目的。

【案例】

三一集团的国际化战略

2008年5月18日，三一集团有限公司（下称“三一集团”）位于德国科隆的欧洲总部正式开业，公司将投资1亿欧元在德国购地建厂。这是三一集团继在印度、美国之后，在海外设立的第三家区域总部。三一在德国的基地包括一家生产工厂、一个研发中心和一个培训基地，2010年，三一集团驻德国董事总经理Daniel He向媒体透露，科隆附近建造的混凝土泵厂计划于2011年初投产。

2007年，三一集团董事长梁稳根一行曾率公司高层考察了欧洲市场，并主要就筹建欧洲工厂选址进行了实地考察，而负责接洽三一集团投资的德国北威州投资促进署，自2006年5月便开始协助三一集团在德国的投资。

2008年4月，三一集团与德国政府投资发展局签署投资协议。双方约定将共同推进三一集团在欧洲地区的销售和服务，打造“中国制造”的新形象。按照双方协议计划，三一集团将首期在科隆购置20万平方米的土地建造工厂，同时预留可拓展到30万平方米的土地。该投资计划预计在2008年前完成土地的购置、设计、规划、报建以及初步的建造工程等，2009年正式投入运营，投资总额将达1亿欧元。

三一集团表示，届时，三一德国公司不但能为欧洲全境的客户提供完善的设备销售、租赁和售后服务，还可向本地区的客户提供操作人员培训和技术支持。

作为全球工程机械制造50强企业，三一集团旗下的混凝土泵送设备与德国的大象（Putzmeister）和施维英（Schwing）等品牌一起，位列行业前三。而位居前一、二位的大象和施维英，均为德国企业，因此，三一集团将其欧洲总部选址德国，与两大行业巨头正面交锋的意味不言而喻。

2007年三一集团销售收入为135亿元，实现利润40亿元。从收入范围来看，国内市场仍占主导地位，但海外业务迅速地由2006年的6 000万美元突破至2.2亿美元。

目前，三一集团的产品已经销售到全球97个国家和地区。面对国内市场日渐饱和的趋势，三一集团迫切需要快速打开海外市场，设立区域总部并建立海外制造基地，或者直接收购当地企业，成为最现实的选项。2008年3月，三一集团获得渣打银行30亿元授信，为加速海外扩张作准备。

（资料来源：第一财经日报，2008年5月21日）

2010年3月5日经济观察网刊登文章《向文波：三一不放弃条件适合的海外并购》

全国人大代表、三一重工股份有限公司执行总裁向文波日前表示，虽然三一重工目前在海外市场以自建工厂为主，但如果条件合适，三一不会放弃海外收购兼并的机会。

海外发展看重风险

三一重工2009年的业绩增长50%以上，销售收入达到了300多亿元，利润40亿元，是有史以来最好的一年，现金流也达到了26亿元。向文波表示，未来五年国际化是三一的第三次创业，要把三一打造成世界级的企业。

对于中国企业尤其是民营企业"走出去"，向文波认为，三一非常重视海外市场拓展的风险，中国企业对海外企业的兼并收购仍存在不少问题，真正成功的案例并不多，民营企业更为看重这种风险，而海外直接建厂这种方式的经营风险则较低。

"在印度、德国、巴西等海外市场的投资都是根据市场需要进行的，以自主投资为主，不过在条件合适的时候，三一也不会放过海外兼并收购的机会。今年的海外市场仍将低位运行，从收购成本看仍是一个很好的时机，抄底仍然可以。"向文波说。

两大资产平台高点进入风电设备

对于三一集团未来在资本市场的战略，向文波表示，三一国际在香港上市后，三一集团拥有了三一重工、三一国际两个重要的上市公司平台，三一重工将成为工程机械的主要平台，集团内的相关资产将陆续注入，而三一国际将成为非工程机械资产的主要平台。

"我非常看好工程机械未来20年的发展前景，这与国内工业化、城市化的进程紧密相关。不过国际市场的恢复在近期还有不确定因素。”向文波说。

三一集团已经进入风电设备领域，向文波对于风电设备产能过剩的论调表示不赞成，他认为，目前国内可能没有一个真正过剩的行业，大家对中国经济的发展速度缺乏真正的认识。目前风力发展只占国内总发电量的1%，而发达国家达到了20%，提升空间巨大。

向文波指出，国内目前的风力发电设备领域最突出的问题是缺乏核心技术，而三一凭借自主研发的核心技术高起点进入该领域，虽然去年才起步，但三一将不断加大投入力度，今年的投入将翻一倍甚至更多。

（资料来源：http：//finance.qq.com/a/20100305/005637.htm）

【延伸阅读】

全球化市场营销八大辩证新理念——世界知名企业营销策略与实践剖析

近年来，世界知名企业不断创新营销策略与实践，在全球化营销管理、营销竞争、营销指导思想与目标锁定等方面，加快营销理念辩证创新。

“产品营销”与“观念营销”

在全球化市场经营中，企业如何引导市场，促进消费，掌握市场竞争的主动权？一位企业家认为，成功在于善于“观念营销”，这比“产品营销”更重要。“观念营销”就是把新的消费理念、消费情趣等消费思想灌输给消费者，使其接受新的消费理念，改变传统的消费思维、消费习俗、消费方式，使消费更上一个新层次的营销行为。企业要取得消费者的认同，接受产品与服务。“产品营销”是低层次的被动销售，而“观念营销”则是快于市场、引导市场消费的主动营销行为。“观念营销”之所以胜于“产品营销”，这是因为消费观念决定着消费取向，左右着消费行为，消费观念是巨大的消费动力。

“后营销管理”与“先营销管理”

拓展全球化市场，“后营销管理”普遍受到企业经营者们的重视。然而，近年来出现了“先营销管理”的营销新理念，更加拓宽了营销管理创新思维，丰富了营销管理思想与内容。“后营销管理”是企业以维持现有客户为目标并不断扩展市场的经营行为，其特征是以维持为基本出发点，把营销侧重点放在现有顾客身上，满足现有顾客的要求，从而达到低营销成本、高营销效率扩大市场的目的；“先营销管理”则是把营销放到制造产品之前的服务创新行为。

经济学家指出，现代市场经济出现了两大方面的显著变化：一个是随着信息经济和全球化发展，市场空间变小，传输速度变快，工业流程变短，时效要求更严；一个是随着知识经济的不断发展与提升，使得市场个性化需求日益增多，顾客需求已成为企业经营的最高目标。适应市场竞争的新要求，必须跳出传统的先制造、再销售、后跟踪服务的营销方式，实行“先营销管理”与“后营销管理”相结合的新营销策略。海尔公司推出的“市场链”经营新模式，突出了“先服务后制造”的重要营销新理念。他们创出企业对商家、企业对用户的B2X定制产品生产线，围绕消费者实行企业瞬时转产，及时满足消费者的特殊需求。我们的企业要加快营销观念更新，善于运用网络、信息、知识经营等现代化手段，创新企业“先营销管理”，把握个性化市场需求的脉动，围绕顾客需求不断延伸创新技术、产品和服务，从而不断巩固和扩大国际市场。

“营销竞争”与“营销竞合”

对于传统的营销思维来说，营销就是竞争，就是要通过多种营销方式和手段击败竞争对手。在全球经营中，精明的企业经营者提出并实践“营销竞合”新理念，更多地强调市场集成经营，形成更大的营销合力。

世界著名经济战略伙伴研究专家詹姆斯·穆尔在《竞争的消亡》一书中说：“企业竞争不是要击败对方，而是要联盟广泛的共同力量创造新的优势。”企业“营销竞合”就是强调集成经营，整合聚变，突出协同与创新，不断聚合出新的市场竞争能力，以主动适应知识经济与科技日新月异的发展要求，获得新的企业发展机会。“营销竞合”新的思维，打破了亚当·斯密的传统分工理论界限，要求企业营销管理要重于综合和整体分析，从而推进企业营销策略不断创新，使企业从市场经营单兵突击和专业分工转向了集成与聚合。

“商品营销”与“文化营销”

在上海APEC会议期间，不少跨国公司的老总们都谈到企业“文化营销”的新理念，认为现代企业国际化营销的一个重要方面是先营销文化的理念，再营销有价值的商品。企业“文化营销”，就是善于把当地文化理念融会到经营管理之中，在企业跨国经营的资源整合、产品创新、品牌创立、市场营销诸方面更加符合本土化。通过“文化营销”创新，达到相互间的沟通和互融，消除文化障碍，实现消费认同与市场开拓。

可口可乐在中国推出12生肖产品包装，“大阿福”贺岁包装、“阿福”小姐妹怀抱可口可乐贺岁广告等营销方式，完全本地化文化风情，企业与产品更具中国消费者亲情。我们的企业必须关注跨文化营销管理，重视对跨国文化的了解，随时掌握当地经济、法律、社会等方面的信息，善于运用适合当地文化的市场营销策略，使营销更加符合本土文化和需求。

“价格营销”与“价值营销”

传统营销观念认为，营销竞争与价格密不可分，从某种意义上说，市场营销就是“价格营销”。然而，企业过度化价格竞争往往会出现两败俱伤，不仅造成企业因价格大跌而丧失元气，还会造成国内外用户对产品的不信任心理，不利于开拓经营；而“价值营销”则是通过向顾客提供最有价值的产品与服务，创造出新的竞争优势取胜的。著名市场营销学权威菲利普·科特勒认为，“顾客是价值最大化者，要为顾客提供最大、最多、最好的价值”。企业“价值营销”，应在有形竞争和无形竞争上下工夫。有形竞争即实物（产品）含量竞争；无形竞争即环境、品牌和服务等竞争。企业要在产品质量、产品功能、开发能力、品牌形象等方面进行创新和提高，优化价值竞争的群体组合，实现创造价值经营，拉开与竞争对手的差异，不断创出新的竞争活力。

“营销独占”与“营销共享”

长期以来，企业追求市场竞争的“营销独占”利益，以取得更大的市场独有利润。针对全球化竞争和微利时代的新情况，知名企业家提出并实行“营销共享”新理念，寻求营销业绩和效益的不断扩大。

“营销共享”就是企业把市场视为一个生态体系，企业与市场之间、企业与消费者之间是相互依存、相互发展的关系。企业要取得市场经营效益，必须促进发展和壮大市场，充分考虑供应商、消费者的利益，从市场“营销共享”中求得企业经营效益的不断增长。如果一味追求企业一方利益，必定会影响甚至侵占供应商和消费者利益，最终损坏企业的长远利益。美国科用公司在国际化经营中，提出“三赢经营”新策略，他们把经营利润分为三部分：一部分让给消费者，一部分划归销售商和供应商，一部分留给自己。由于坚持“三赢”原则，使企业迅速成长为全美排名第41位的私营企业。

“营销是卖”与“营销是买”

“营销是卖”还是“营销是买”，这在营销指导思想上有着本质区别。前者注重的是把产品卖出去，而后者则注重赢得顾客的心，这才是永久的市场。美国著名营销大师菲利普·科特勒精辟地说：“说到家营销是一种需求，是营销潜在的需求。”在国际化经营中，“买”得大量的忠诚用户才是企业追求的根本，没有大批忠诚用户的企业不可能将产品源源不断地卖出去。

海尔公司张瑞敏说，营销说到底不是“卖”，而是“买”，营销买的是客户对企业的忠诚度。海尔坚持广泛买进客户意见，培养更多的忠诚客户。海尔派出了大量营销力量进行市场调研，在国内设立了42个营销中心和无数个专卖店，源源不断地把顾客的意见反馈到企业总部。与此同时，公司决策层还经常深入到市场中进行调研，及时掌握用户的意见，指导企业技术创新与产品开发。

“营销企业”与“营销社会”

“营销企业”就是千方百计把企业推销出去。“营销社会”则是将企业作为社会的一分子，通过企业的公益营销活动，确立回报社会的战略经营观，树立良好企业形象，实现企业与社会共同发展。企业“营销社会”，充分体现了企业来自社会，回报于社会，得益和发展于社会。“营销社会”能够引起社会的广泛认同，实现企业与社会利益的相互转化，最终赢得更大的发展空间。

著名的美国沃尔玛公司特别注重社会形象，不光是赚钱，还要回报社会。沃尔玛公司在每年的业绩评价会议上，不仅总结经营业绩，还要检查为社会做了多少公益事业，救助了多少残疾人，向社会福利基金捐了多少款等等。我们的企业要充分认识经营者首先是社会公益的提供者，然后才是受益者。置企业效益于社会效益之中，企业的营销路子就会更宽。

（资料来源：邹明波．中国经济快讯周刊，2002年第12期）

有些国家出于国内政治经济利益的考虑，各种贸易壁垒仍然存在，并以新的形式出现，这将会对公司的战略的选择以及实施带来变化。作为制造业大国，低成本战略在实施的过程中会遭受到其他国家的反倾销调查，甚至假手反倾销税。因此许多企业开始改变自己的营销策略以及市场重点，把一部分在发达国家的市场转移到发展中国家，或者改为出口转内销。

【案例】

轮胎反倾销案

2009年6月29日美国国际贸易委员会（ITC）以中国轮胎扰乱美国市场为由，建议美国在现行进口关税（3.4%～4.0%）的基础上，对中国输美乘用车与轻型卡车轮胎连续3年分别加征55%、45%和35%的从价特别关税。根据美国调查程序，在8月7日的听证会后，美国总统将于9月17日前作出是否采取措施的最终决定。

4月20日：美国钢铁工人协会宣布，依据美国1974年贸易法第421条款，向美国国际贸易委员会提出对中国输美商用轮胎的特殊保障措施案申请，要求美政府对中国出口的用于客车、轻型卡车、迷你面包车和运动型汽车的2 100万个轮胎实施进口配额限制。

4月29日：美国国际贸易委员会在联邦纪事上公告启动对中国轮胎产品的特保调查。这是时隔三年多之后，美国又一次对中国产品发起特保调查，而且涉案金额巨大。我国政府对此表示强烈不满并坚决反对。

6月18日：美国国际贸易委员会对中国乘用车及轻型卡车轮胎特保案做出

肯定性损害裁决，认定中国轮胎产品进口的大量增加，造成或威胁造成美国内产业的市场扰乱。中国政府对此深表遗憾。

6月29日：美国国际贸易委员会就对中国轮胎采取特保措施，提出了对乘用车、轻型货车用中国制轮胎征收3年特别关税的方案，第一年至第三年额外征收的关税分别为55%、45%、35%。

8月7日：美国贸易代表办公室在华盛顿举行听证会，就“中国输美轮胎特保案”听取各方意见。这已是美方第二次就这一特保案进行听证。

9月2日：美贸易代表办公室将在咨询财政部、劳工部、商务部等部门意见后，向奥巴马提出相关建议。

9月11日：美国总统奥巴马不顾中国方面和美国业者的强烈反对，决定对从中国进口的轮胎实施惩罚性关税，即在4%的原有关税基础上，在今后3年分别加征35%、30%和25%的附加关税。这一特保措施于2009年9月26日正式生效。

近年来，随着能源问题和环境问题日益成为影响人类可持续发展的重大问题，尤其是哥本哈根会议之后，世界各国对新能源和低排放产业的发展给予高度重视。新能源产业和环保产业发展面临新的机遇，对传统产业的绿色改造也已经势在必行。

表1　欧洲新能源汽车政策

国　家	新能源汽车政策
英国	政府向“低碳企业项目”投资3亿英镑以支持新能源汽车发展，2007年修改汽车保有税税制，按单位距离二氧化碳排放量进行有区别的征收，低公害车辆优惠税率为零，高公害车辆可达30%。
法国	早在1995年政府制定了支持电动汽车发展的优惠政策，对购买每辆电动汽车可提供最高1.5万法郎的补贴；2008年10月政府投入4亿欧元，用于研发和制造清洁能源汽车。
德国	德国在税收法中对汽车替代燃料实施了一些优惠政策。到2010年时，每年的税收补助将可达到30亿欧元，到2020年时将可达到50亿欧元。
瑞典	瑞典政府将向购买清洁汽车的消费者提供1万瑞典法郎的折扣，政府计划在2007年分派5千万瑞郎，2008年1亿瑞郎，2009年1亿瑞郎的折扣。
荷兰	在商用车领域，为了激励用户购买达到欧V标准或者更加严格的增强型环境友好汽车标准（EEV）的汽车，政府计划投入700万～4 400万欧元的补贴。

（资料来源：http：//auto.gasgoo.com/topic/newenergy/）

冷战结束后，全球政治环境发生了深刻的变化，爆发世界性大战的可能性大大降低，和平与发展成为世界性主题，各发展中国家在中国的带动下，纷纷将重心放到了发展经济，世界市场空前扩大，全球经济面临前所未有的良好时期，尽管 2008 年发生了金融危机，但经济复苏的速度比人们预料的要快很多。

全球化使得世界各国相互联系、相互依赖更加密切，不同经济体的经济波动，尤其是主要经济体的经济波动将会影响到其他经济体的经济运行与发展。美国次贷危机引发的金融危机席卷全球，进而导致全球性的经济危机。中国外贸依存度高的沿海地区普遍受到严重影响，企业外销不畅，不得不转向内销，致使国内市场竞争更加激烈。

（2）网络化与信息化

科学技术日新月异，知识经济时代已经来临：①大部分产品的生命周期有明显缩短的趋势；②技术优势成为企业竞争中的主要优势所在，企业有无创新能力成为企业能否生存发展的前提条件；③劳动密集型产业面临极大压力；④发展中国家劳动力低廉的优势在国际经济联系中将削弱；⑤新兴产业特别是以高科技为代表的新兴产业将不断涌现。

随着互联网和信息技术的广泛应用，商务活动产生了全新的模式——电子商务[①]。它改变了当今社会商务活动发展的历史进程，强烈冲击着传统的经济模式，给调控手段、经营理念、消费方式等带来了深刻的变革。

从战略管理的角度看，互联网首先改变了战略分析的内容和手段。通过互联网，战略分析可以获得的信息更多也更及时，因此分析的准确性也更好。

其次，战略选择的范围更广，选择的内容较之传统经济更加多样。互联网带来了沟通的便利，商家之间、商家与客户之间、客户与客户之间相互沟通的交往成本更低，信息共享成为互联网时代的基本特征。因此企业之间的竞争更加激烈，合作也更加频繁。有专家称这是一个“竞合的时代”，专业化成为企业经营的基本特征，大多数企业专注于自己最擅长的事情，而将不擅长的事情通过合作和市场的方式分包给其他企业做，业务外包和服务外包[②]成为这一时期的普遍现象。

---

① 电子商务，英文是 electronic commerce，简称 EC。电子商务涵盖的范围很广，一般可分为企业对企业（business-to-business）和企业对消费者（business-to-consumer）两种。另外还有消费者对消费者（consumer-to-consumer）这种大步增长的模式。随着国内 Internet 使用人数的增加，利用 Internet 进行网络购物并以银行卡付款的消费方式日渐流行，市场份额也在迅速增长，电子商务网站层出不穷。电子商务最常见之安全机制有 SSL（安全套接层协议）及 SET（安全电子交易协议）两种。

② 服务外包是指企业将其非核心的业务外包出去，利用外部最优秀的专业化团队来承接其业务，从而使其专注核心业务，达到降低成本、提高效率、增强企业核心竞争力和对环境应变能力的一种管理模式。它包括商业流程外包（BPO）、信息技术外包（ITO）和知识流程外包（KPO）。

第三，战略实施和执行更加有力。通过互联网，企业从全球整合资源和要素的能力更强，进入全球市场也更具有可行性。全球化已经真正成为企业经营和发展中不得不面对的现实。这一充满机遇与挑战的全球化通过互联网展现得更加及时而真切。

互联网经济的到来标志着一个深刻变革时期的开始，新的经济结构将会脱颖而出，市场结构的变化、市场运作的改进、产品种类的改变等等都将随之产生。

【案例】

阿里巴巴成长经历

阿里巴巴（Alibaba.com）是全球企业间（B2B）电子商务最好的品牌之一，是目前全球最大网上交易市场和商务交流社区之一。它与IT行业的联想、化妆品行业的贝雅诗顿、乳制品行业的蒙牛、电器行业的海尔等都是行业的顶级品牌企业。阿里巴巴成立于1998年年末，总部设在杭州市区，并在海外设立美国硅谷、英国伦敦等分支。阿里巴巴（Alibaba.com）是全球企业间（B2B）电子商务的著名品牌，是目前全球最大的网上贸易市场之一。良好的定位、稳固的构成、优秀的服务使阿里巴巴成为全球首家拥有220万商人的电子商务网站，成为全球商人网络推广的第一网站，被商人们评为“最受欢迎的企业间网站”。杰出的成绩使阿里巴巴受到各界人们的关注。WTO第一任总干事萨瑟兰出任阿里巴巴顾问，美国商务部、日本经济产业省、欧洲的中小企业联合会等政府和民间机构均向本地企业推荐阿里巴巴。2003年“非典”爆发，网络商务价值突显，阿里巴巴成为全球企业首选的商务平台，网站的各项指标持续高速发展，其中代表商务网站活跃程度和网站质量的重要指标——每日新增供求信息量比2002年同期增长3至5倍。通过对阿里巴巴140万中国会员的抽样调查，发现在“非典”时期三个月内达成交易企业占总数42%，业绩逆势上升的企业达52%，更进一步巩固了阿里巴巴全球第一商务平台的地位。全球著名检测权威网站Alexa.com针对全球商务及贸易类网站进行排名调查，阿里巴巴网站位列第一。“倾听客户声音，满足客户需求”是阿里巴巴生存与发展的根基，调查显示：阿里巴巴的网上会员近五成是通过口碑相传得知阿里巴巴并使用阿里巴巴的；各行业会员通过阿里巴巴商务平台双方达成合作者占总会员比率近五成。来自世界精英的梦幻组合团队是阿里巴巴大厦的基石，完美坚固的团队组合，坚定不移的目标信念，使这家要走102年（20世纪末算一年，22世纪初算一年，可以说阿里巴巴要走过三个世纪）的企业实现着自己的使命：“让天下没有难做的生意！”

3 本书结构

本书分为战略分析、战略选择和战略实施与评估三个部分，共十章。

第一部分战略分析中，第一章先分析企业的愿景、使命和目标，尤其强调愿景、使命和目标在企业长期发展战略中的重要作用。成功的战略是企业能力与外部环境的良好结合，企业环境是影响企业战略的重要因素。第二章着重分析影响企业战略管理的外部环境。一般环境分析关注政治、法律、经济、社会文化、技术、历史等方面的宏观因素对企业战略及战略管理的影响。产业环境分析部分从产业特征、产业生命周期及其对企业战略及战略管理的影响等方面进行分析。经营环境分析部分分析市场需求和供给对企业战略的影响。本章最后分析利益相关者对企业战略及战略管理的影响。第三章从企业资源、能力及核心能力方面分析内部环境对企业战略及战略管理的影响。

第二部分战略选择部分从公司层战略、事业层战略和职能层战略三个层面提出企业战略选择问题。第四章公司层战略分析稳定型战略、增长型战略、收缩型战略和混合型战略四种类型，并重点分析一体化战略、多元化战略、归核化战略、区域化战略、国际化战略、全球化战略、并购战略和战略联盟等几种主要增长型战略，并描述波士顿矩阵和GE战略分析两种公司型战略分析方法。第五章事业层战略从企业竞争的角度研究迈克尔·波特提出的总成本领先战略、差异化战略和集中化战略，以及目前广受企业青睐的蓝海战略。第六章职能层战略部分研究市场营销战略、财务战略、人力资源战略和研发战略，这些职能层战略都是围绕事业层战略和公司层战略开展的。

第三部分战略实施与评估部分中，第七章从人力资源、信息、资金和组织文化等方面分析战略实施的支持系统；第八章从计划和领导方面分析战略实施活动；第九章是战略评估与控制；第十章是分析推动战略所需要的组织变革与组织学习。

附件：战略管理研究的发展历史及现状

目前企业战略管理研究主要有以下四大学派：动态能力学派、游击战学派、复杂学派及产业结构学派[①]。

动态能力学派建基于资源基础理论，认为企业与其战略优势皆建立在所拥有的一系列特殊资源及其使用方式之上，故应重点分析个别企业如何整合并创造机制、条件与资源（包括战略领导与潜知识），发挥潜能，以造就竞争优势，从而在易变的运营环境中得到持续发展。一脉相承，战略管理大师普拉哈拉德（C. K. Prahalad）教授也在2004年出版的《竞争的未来》（*The Future of Competition*）中，提出企业应发挥与顾客共创特殊价值的潜能。同样，在2003年建刊的《战略组织》（*Strategic Organization*）倡导分析组织战略的重要性及其对竞争与外部环境的影响中，也体现了该学派学者对内部因素的重视。动态能力学派的假设建基于环境转变与综合能力的相对关系，即环境动荡是主观的：个人或组织的能力越大，环境动荡性便越低，反之则相反。故企业要居安思危，在状态良好时持续提升综合能力，以适应环境的转变。需要注意的是：当环境从动荡转化为超动荡（hyper-turbulence），动态能力学派假说的可信度便会有所动摇。

游击战学派将焦点放在急速转变的环境与导因相互影响的博弈过程上，而动态竞争的研究课题包括先发优势、同步竞争与合作、多点竞争、战略团体及地域群。知名学者戴维尼（Daveni）在1994年撰写的《超竞争》一书，使学界与实务界得以从新的角度分析战略决策与管理的规律，甚至察觉到：持续转变的运营环境及恶性竞争并非一如前人所认为的有害而无益，相反，卓越的企业能在急速转变的环境中进行超竞争，造就一系列暂时的优势，总比其他企业领先一步。陈天桥的上海盛大网络发展有限公司推出免费网络游戏，改变网络游戏收费规则，以此超越对手，便是采用先发优势战略。游击战学派的假设建基于四维空间的竞争是动力源泉，各方条件，如内部资源及行业结构，皆受竞争的演变或转化影响。该假设在静态竞争环境中的适用性值得怀疑，而挑起价格战的企业往往失败，如凯马特（K-Mart）挑战沃尔玛而致破产的结局，显示了企业能力（尤其内部资源）的重要。

复杂学派则基于新科学群理论。20世纪六七十年代，自然科学得到突破并

① 周敬伟．加速发展我国战略管理思考．集团经济研究．2007（1）：56～57.

形成新科学群，促使社会科学家从崭新的角度分析社会现象。新科学群理论主要包括混沌理论、自组织理论与复杂理论。如混沌理论认为，管理是线性过程的传统观点并不足以协助企业管理者应付难以想象的新局面。例如，由于初始条件的微小变化而带来毫无征兆的突变，许多管理行动可以导致无法预测的后果，使管理者难以推行中长期的战略规划。因此，战略管理者要具备环境不稳定性的观念，只需确定战略意图而非详尽战略规划，同时要求战略执行者接受环境变化并根据新情况改变手段来达到战略意图。复杂理论基于量子理论，描述管理世界的交互主观性、非确定性、普遍联系性、不同世界的并存、多种思路、非本地因果关系和参与式串联。量子理论要求管理者不仅关注实体，还要关注物体的能量与转变；关注事物渐变，而非事物的现状；关注转变趋势，而非显性因果关系；关注战略管理的改造，而非等待静态的现实。量子理论引领战略管理者去重新思索当代人类认知与意识的形式，从而掌握复杂世界的规律与无规律，衍生智慧，先知先觉，统筹兼顾。这些“新科学群”理论迫使战略管理学者重新审视企业内外部环境变迁的规律、含义与启示，进而接受一个现实：传统社会科学的世界观、方法论及控制手段不能全面掌握和调控管理现象的复杂及社会力量的暗涌。因此，把战略管理简单化，视之为一个包括环境扫描、战略制订、战略执行的线性过程，它便可能在某些剧变、复杂或情况不明的环境下成为管理者的负担。也因此，有学者指出：在某些情况下，企业不制定战略是有益而无害的。复杂学派的论据建基于博大精深的新科学理论，是崭新战略管理范式的浮现，我国学者有必要重视并深入研究。

第四个学派是产业结构学派。20 世纪 80 年代初，战略管理学界盛行行业战略分析。此学派建基于迈克尔·波特的理论：在行业层次存在着独特的因素，若个别企业能加以利用、发挥，则可保持或发展竞争力。此后，不少学者认为必须进行产业层次分析，始能解释缘何在同一产业中某些企业能表现出众，产业结构分析遂成为主流学派。然而，20 世纪 90 年代初期，产业结构论的主导地位被基于资源基础理论与知识基础论的动态能力学派所取代。亦因此，有国内学者批评同行继续进行产业层次研究，是未能跟上国际潮流。然而，前沿研究却显示：行业的独特因素，对企业的运作及业绩，仍具有许多重大影响。这印证了产业结构学派依然有指导价值，故应视为第四学派。一般而言，相对稳定的运营环境会减慢行业结构与独特因素的转变速度，比如，我国汽车行业的众多传统特征仍在，汽车价格走低是入世后降低汽车与配件税率的连锁后果，不少进口汽车仍以高于国际价格一倍以上的价格进行销售，暴利依然。故此，鉴于目前产业结构转变缓慢，产业层次的战略管理研究仍有其价值。

国内一些学者对国内出版的战略管理论文分析所做的总体评价认为，国内战略管理学研究从内容上讲尚停留在学科“边缘”，而未进入商务层与公司层（corporate-level）战略等“核心”部分[①]，评估中国战略管理学研究的水平相当于美国在本学科真正形成理论体系的20世纪80年代以前。

① 许德音，周长辉．中国战略管理学研究现状．管理世界，2004（5）：76～87.

第一部分　战略分析

“我以为有效的战略并非是从特定的分析方式中产生出来，而是来自于一种特别的心智，这种心智其实就是：过人的眼光和追求成就的动机。这种和使命感相似的东西其思想基本上是一种非理性、创造与直觉的过程。”“战略并不排斥分析，然而分析是要来激发创造，或对头脑中浮现出来的种种想法加以试验，或是达到战略上的种种运用，或者让一些难以派上用场却又深具潜力、谎言不经的理念能够具体实现。”“伟大的战略，正如伟大的艺术作品或科学发现一样，其中当然要求技巧纯熟，可是过人眼光是意识分析所触及不到的。”

（日）大前研一：《无国界的世界》，2007 年

战略分析的主要目的是评价影响企业目前和未来发展的关键因素，并确定在战略选择步骤中的具体影响因素。战略分析包括三个主要方面：

确定企业的愿景、使命和战略目标。企业使命和目标为企业战略的制定和评估提供依据。

外部环境分析。战略分析要了解企业所处的环境正在发生哪些变化，这些变化将给企业带来更多的机会还是更多的威胁。外部环境包括宏观环境、产业环境和微观环境三个层次。

内部资源和能力分析。战略分析还要了解企业自身所处的相对地位，具有哪些资源以及战略能力；还需要了解与企业有关的利益相关者的利益期望，在战略制定、评价和实施过程中，这些利益相关者会有哪些反应，这些反应又会对组织行为产生怎样的影响和制约。

第 **1** 章

愿景 使命 目标

【开篇案例】

奋斗是为了愿景、使命和目标——马云写给员工的邮件

2010 年 1 月 19 日，阿里巴巴集团董事局主席兼 CEO 马云在飞机上撰写内部邮件，回顾了阿里巴巴在过去一年的成绩，在邮件中有这么一段话：

Dreamtarget（梦想目标）是我们共同奋斗的目标，是调配资源的指导。Dreamtarget 必须通过创新的方法才能实现，而不是简单地沿用现有的手段，拼命去挤牙膏。电子商务正在迎来井喷的发展，我们必须超高速地成长，才能继续保持行业领先。

我们要为我们的 vision（愿景）、mission（使命）和 dream（梦想）去奋斗，而不是为完成 KPI 任务，更不应该是为了奖金而努力。各位阿里人，我相信绝大部分的同事会支持以上原则，但执行是难点，更是关键。我相信在执行过程中我们会有兴奋，会有沮丧，也会有痛苦、纠结甚至愤怒，但也许这就是我们每个人成长中一定会有的感受。要想创造新商业文明，必须有相适应的文化和组织能力。我们必须不断地改变和提升自己！

1999 年，马云与他的 17 位员工，在杭州的一个公寓里成立了阿里巴巴公司。当时，马云认为，互联网将由“网民”和网友时代进入网商时代。而中国 99%的企业都是中小企业，市场经济环境与美国迥然不同，这就决定了中国要发展电子商务就只能为中小企业服务。10 年后，阿里巴巴集团拥有 17 000 多名员工，成为世界上最大的电子商务网站之一。

马云对于使命感的顿悟来自克林顿的启发，马云在第一次见到克林顿的时候问了他这样一个问题：“作为当今世界先行者的美国，你们依靠什么推动国家实现进步?”克林顿回答他，是因为使命感，一个让世界前行的使命感。马云不由得发出感慨：100 年前，通用电气成立的时候，它们的使命是让天下亮起来；迪斯尼的使命感也许会是让天下快乐起来……而阿里巴巴的使命，则是让天下没有难做的生意。

马云希望阿里巴巴能够把互联网带入网商时代，让天下没有难做的生意。马云认为，“公司如果只以赚钱为目的是做不大的，而如果以使命感为驱动才有可能做大”。他觉得，在一个企业里，作为领导者最重要的就是要有使命感，并且要让公司的所有人都知道这种使命感，认同这个使命感。有了使命感，才有可能挡住所有的压力、所有的指责，决定并坚定地去实现目标。明确目标以后，必须让每一个员工，甚至门口的保安、扫地的阿姨都明白使命感才行。可以说，马云最成功的地方，在于他在企业使命、价值观层面上所发挥的领导力，而不是简单地带领员工去实现目标、利润。而在马云的感召下，阿里巴巴创业团队也都抱有相同的使命感。

正确的战略是成功的一半，任何一个成功的企业都需要适合于其自身发展的战略愿景和战略定位，无数成功的企业都证明了战略愿景的重要性，包括 GE、沃尔玛、三星等。良好的战略愿景，为企业制定正确的企业战略、业务战略和战略保障体系提供指导方向，为企业形成恰当的企业文化和品牌理念提供参考，而对阿里巴巴和马云来说，其宏大的战略愿景除了以上基本要素外，更为其构建创新型商业生态圈提供了原始动力。

阿里巴巴的战略愿景可以从三方面理解：第一，要持续发展 102 年，打造跨越三个世纪的世界名企；第二，要成为全球十大网站之一；第三，让天下没有难做的生意，只要是商人，就使用阿里巴巴。阿里巴巴的愿景宏大高远，为打造生态圈提供了原始动力，特别是“让天下没有难做的生意，只要是商人，就使用阿里巴巴”，非常具有指导意义，使得阿里巴巴集团从内心深处全方位思索如何实现这一战略目标，正是在这一具有指导意义的战略愿景下，阿里巴巴坚定前行。

几年前，马云为阿里巴巴树立的目标是在 2004 年每天赢利 100 万元，2005 年每天缴税 100 万元。而现在马云对下个十年向社会承诺：“10 年之后，阿里巴巴希望为 1 000 万的中小企业提供生存、发展的平台；提供全球 1 亿人的就业机会；全球 10 亿人的消费平台。”阿里巴巴的企业使命在新目标中得到了体现，而这一新的战略目标也将指引着阿里巴巴带着“天下没有难做的生意”的使命在互联网创造出更广阔的天地。

（资料来源：根据中国经济网《中国企业家》资料整理，http：//www.ce.cn/macro/yc/cjrw/xw/201001/23/t20100123_20851586.shtml）

战略的目的是指导企业决策，但它不是企业使用的唯一指导，决策者的选择也要受到企业认可的价值、企业领导接受的愿景以及企业所奉行的使命的影响。实际上，像“使命”、“目的”和“愿景”这类词汇经常与“战略”交替使用。愿景和使命经常是战略的重要组成部分，是对战略的丰富与完善。

1.1 愿 景

回溯几百年前的中国古人，飞翔上天是一种看似不可实现的梦想，但当杨利伟坐着“神舟五号”环游太空的时候，人们却不得不感叹，如果没有持之以恒的梦想，今日世界将会怎样？当亨利·福特在一百年前说他的愿景是“使每一个人都拥有一辆汽车”时，当时人们认为他是一个疯子，但在今天的美国社会，他的梦想已经完全实现。那我们又如何理解在一百年前有一个“疯子”曾经说过这样的话呢？

【延伸阅读】

马丁·路德·金《我有一个梦想》

1963 年，马丁·路德·金在林肯纪念堂前向 25 万人发表了著名的演说《我有一个梦想》，为反对种族歧视、争取平等发出呼号：

我梦想有一天，这个国家将会奋起，实现其立国信条的真谛：“我们认为这些真理不言而喻：人人生而平等。”

我梦想有一天，在乔治亚州的红色山冈上，昔日奴隶的儿子能够同昔日奴隶主的儿子同席而坐，亲如手足。

我梦想有一天，甚至连密西西比州——一个非正义和受压迫的热浪逼人的荒漠之州，也会改造成为自由和公正的青青绿洲。

我梦想有一天，我的四个小女儿将生活在一个不是以皮肤的颜色，而是以品格的优劣作为评判标准的国家里。

马丁·路德·金在演讲中就描绘了一个未来美国社会愿景：一个不再由皮肤的颜色，而是通过他们的品格修养来加以评判的自由的、平等的、受尊重的、具有兄弟情谊的美好世界一定会到来！这就是一个美国黑人孩子的美国梦。

“给我一个支点，我可以撬起整个地球。”如果一定说有，这个支点就在我们心中。马丁·路德·金"我有一个梦想"的愿景，推动了美国黑人进入美国主流社会；爱迪生的"让人类晚上也用不灭的光芒照耀"的愿景，使人类有了电灯；莱特兄弟的"让人类能像鸟儿一样飞上天空"的愿景，使人类有了飞机。愿景是人们脑海中所特有的意象或景象。它是人们对未来的憧憬、渴望实现的愿望、毕生为之奋斗的梦想。

企业为了实现对现有局势的掌控和可持续有竞争力的发展，管理者或战略家们必须对宏观环境做出自己的预测，了解环境和产业的发展方向，企业的高层管理者应该对技术的发展轨迹、竞争者可能的行动以及正在形成的市场机会等有所认识。准确地描述它们很难，管理者必须对这些不断变化的因素以及它们可能形成的结果做一些假设。现状通常只能提供很少的一些有关未来的线索，因此，预测这一系列相关事项如何发展需要远见卓识。"愿景"就是被用来描述战略家缩小当前现实和可能的未来之间差距的计划。

彼得·圣吉（Peter M. Senge）在《第五项修炼》中把"共同愿景"作为企业的五项修炼之一。著有《愿景》一书的胡佛（Gary Hoover）毕生都以研究如何建立成功的企业为目标，他建立的胡佛公司就是专门提供商业信息咨询服务的。经过30年商场实战，胡佛提炼出著名的胡佛"3E律"——探索（explore）、本质（essence）和执行力（execution），即创业者必须培养独特的视角和敏锐的洞察力，找出未能获得满足的消费者需求，并据此创意组合成企业的独特模式，形成独一无二的"愿景"。胡佛发现，伟大的企业之所以伟大，就是因为它们能够看到别人看不到的东西，将洞察力和策略结合起来，描绘适合企业的最佳"愿景"。

1.1.1 愿景的概念

愿景（vision），又称远景，它是企业或组织对未来的憧憬、展望，是企业的追求和理想。愿景本来是视觉词汇，管理科学中的"愿景"来源于目标管理和战略计划的概念。学习型组织理论也与之有关联。通俗地讲，愿景是为企业描述未来的发展方向，回答企业将要成为一个什么类型的公司，将要占领什么样的市场位置，具有什么样的发展能力等问题。企业愿景是企业战略家对企业的前景和发展方向一个高度概括的描述。例如：华为的愿景——丰富人们的沟通和生活；联想集团的愿景——未来的联想应该是高科技的联想、服务的联想、国际化的联想。愿景从字面上看包含着两层意思：一是"愿望"，是有待实现的意愿；二是"景象"，指具体生动的图景。什么是愿景？就类似于一只小毛毛虫指着它跟前的蝴蝶说："那就是我的愿景。"一个完整的愿景陈述应该包括企业的价值观、经营理念，10～30 年的远大的、富有挑战性的目标以及对目标达成后的企业描述。

——愿景不是“感觉很好的修辞”。

——愿景不是“任务”。

——愿景不是“策略计划”。

——愿景不是“贴在墙上的口号”。

——愿景不是“预言”。

——愿景不是“事实的”。

——愿景不是“虚假的”。

——愿景不是“静止的”。

吉姆·柯林斯（Jim Collins）和杰里·波拉斯（Jerry I. Porras）在《公司长寿秘诀：记美国“理想”公司的经营理念》（*Built to Last*：*Successful Habits of Visionary Companies*）一书中将企业划分为两种类型。第一种类型是明确企业愿景，并成功地将它扎根于员工之中的企业。这些企业大多是处于世界首位的受尊重的企业。第二种类型是认为只要提高销售额即万事大吉，而没有明确的经营理念或企业愿景，或企业愿景没有扩散到企业。这些企业绝不可能居世界首位，只有企业全体员工共同拥有企业愿景，这个企业才有成长为优良企业的基础。

美国的组织学专家马克·利普顿（Mark Liption）在其书《愿景引领成长》中指出：一个企业的愿景必须回答以下三个主题，它们构成了有效愿景的内核：

（1）企业存在的理由。愿景必须表明一个企业存在的理由以及为什么要从事各种活动。存在的理由即是一些个体一生都在努力争取解答的严肃的关于存在主义的、组织层面上的问题：我们这个企业为什么存在？我们所作这些努力都是为了谁的利益？我们又给这个世界带来了什么影响？李开复提出“世界因你而不同”。

（2）企业的战略。愿景必须明确界定一项战略。这项战略并不是简单的业务计划或传统的战略规划，它必须能帮助建立起企业的截然不同于他人的个性化的标识和特征。

（3）企业的价值观。包括为了不断向“存在的理由”靠拢和支持组织战略而体现出来的，同时贯穿于日常工作过程中的主要观念、态度和信念。组织的价值观是指引及保持这种行为的基石。

马克·利普顿进而提出了一个愿景构架。它包括以下四个方面：

（1）企业高级管理层。一个组织愿景的倡导者、支持者，不是某一个人，而是由企业的最高层经理人组成，承担着中心领导者的角色。他们是实施愿景的责任人，时刻紧密监督组织是否与愿景保持一致，边监督边处理在成长的过程中随时出现的阵痛。他们是愿景及其所蕴涵的创新需求的启蒙者。

(2) 文化。一个公司的企业文化是独特的，它强化企业愿景，使之难以被模仿。当一个公司的文化与其声明的价值观以及愿景其他要素相一致，并融入于整个企业时，它对企业成长与革新的影响要远远大于任何正式的系统。

(3) 组织结构。组织的结构既可以支持愿景，又可能侵蚀愿景。许多组织总是面对着这么一个两难的矛盾：在鼓励各种集体尽可能保持其独特性以完成不同任务的同时，这些集体还被要求尽可能地整合在一起来实现不同的组合之间的合作以及贯彻组织始终的愿景。

(4) 人员管理。人员管理是所有经理人的职责，而并不仅仅是某一个部门的事务性工作。通常来说，一个组织中人力资源管理部门的负责人应清楚地认识到人员管理的重要，但是由于缺乏权力或资源，他们往往发现自己没有能力贯彻自己的信念。人员管理的最终责任在于企业的高级管理层。

1.1.2 愿景对企业的重要价值

首先，指引方向。愿景犹如企业在大海远航时的灯塔，只有清晰地描述企业的愿景，社会公众和企业员工、合作伙伴才能对企业有更为清晰的认识。1960年，约翰·肯尼迪（John F. Kennedy）清晰地说明了阿波罗计划的蓝图：在20世纪60年代末让人登上月球，并要他能安全地回来。为了实现这个目标，美国国家航空和宇航局克服了看似不可克服的困难。

第二，唤起希望。雇员和管理者共同为企业制订和修改远景目标反映了他们对自己未来的憧憬。愿景比直接的目标更宏伟。马丁·路德·金的愿景是一个人们相互尊重的世界。他在“我有一个梦想”的演讲中，描绘了一个他的孩子“不再由皮肤的颜色，而是通过他们的品格修养来加以评判”的美好世界。他为兄弟情谊、尊重和自由的价值塑造了一个高大和具体的形象。这一价值观引起了美国社会的共鸣。他的愿景通过了重要的检验：它持续动员和指导着人们且超越了他的生命时间。尤其是企业面临困境的时候，愿景常常能够唤起希望，鼓舞士气。

第三，增进合作。愿景是企业领导者统一组织成员的思想和行动的有力武器。每个人都有目标、有梦想和愿景。作为领导者，他对未来有更清晰的描绘，能够提前“看到”事情的结果是什么样子。领导者要让员工接受自己的愿景，还要激活其他员工的希望和梦想，要不断地告诉他们，这个梦想符合大家的利益。

第四，激发力量。共同的愿景可以使人们的精神从单调的日常操作中得到升华，使人们不停地受到激励。正确的企业愿景，能够成为员工的一种力量源泉。优秀的企业家通常会用激动人心的语言表达出企业未来的样子。它描述出，当我们实现了我们的目标，我们将是什么样子。沃特·迪斯尼（Walt Disney）在创建主题公园时说："我们在做快乐的事业。" 清晰的目的驱使员工所做的每件事都是为了顾客。伟大的公司都有一个深刻和高尚的使命感——一个有意义的目的，激发员工的精神和责任感。当工作充满了意义，并且和人们真正想要的东西联系在一起时，就能够释放出一种难以想象的极富创造性和生产力的能量。

1.1.3 组织愿景开发和提炼的步骤

（1）建立规划小组

这个小组将着手进行的过程应该是一个领悟力训练，通过这个训练，人们能够分享并更好地理解他人心目中对组织将来形象和状态的想象和希望。

（2）形成愿景的核心要素

第一步，要求小组内每一个成员说出各自心目中组织的情形状态是什么样的，把各自的观点看法压缩为简短的句子或者不严格的词组。第二步要求小组的每个成员讨论他们各自的"愿景"。每个成员对自身及所在组织的抱负志向是什么？他们的期望是什么？本小组以及关于整个组织的具体目标、价值观和观念是什么？

（3）讨论这些核心要素

通过第二阶段的练习，我们已形成了愿景的一些可能的要素清单。这时，小组成员通过头脑风暴的方法来判断哪些因素对愿景来说是关键的。

（4）阐述经过考验的愿景说明

对愿景的考验应该根据所建立的预测，明确详细地检查组织行为和组织绩效。可以选定一个部门来测试愿景。该部门员工对这个愿景的反应积极吗？如果存在抵制情绪，那么这种抵制情绪的产生原因是什么？

（5）在组织范围内推广愿景

愿景一旦制定，就要对其大肆渲染。要谈论愿景，庆贺愿景，而最重要的是要推销愿景。推销愿景，就是要将其传达到企业的每个角落。有些企业召开全体会议宣布愿景，有些企业则将愿景陈述印在名片、旗帜和招贴海报上。

1.1.4 制定企业愿景具体要求

（1）以朴实语言描述愿景

就算愿景再远大，你也必须让员工觉得它实实在在。最佳方式是让员工真切体会到愿景实现后企业将呈现怎样的面貌。其中一个办法是编撰一份商业杂志，以本公司的事例作为封面报道。杂志的发行日期是未来的某个时间。虚构杂志中的文章从未来某个时间的角度，描述本公司如何实现愿景。

管理所面临的挑战是让明天切实可见，然后才能逐步制定具体的战略与手段，使其切实可行，从而能够实现。这种办法既适用于针对整个企业的愿景，也适用于部门领导创建的愿景。

(2) 明确愿景的核心并恪守愿景

尽管愿景必定宏伟远大，但必须令其焦点鲜明、内容具体，让大家都能对其领悟、认同。

(3) 共同参与愿景制定流程

即使是制定最高层面的愿景，也不应当仅限于企业高层参与。经理人应当向企业各部门征求意见。可以组建由多个部门人员组成的愿景委员会，以多样化的讨论形式集中思想，激发思路，发挥创意。

(4) 以个人化语言传达愿景

愿景中不要自动包含“与我何干”这个问题的答案。你必须整合愿景，并令其针对个人。经理人可以通过叙事方式描述未来，从而达到上述目的。如：“我们实现愿景后，顾客就会喜欢我们，因为我们的产品和服务一流。竞争对手会想要模仿我们。希望为我们工作的人将络绎不绝。投资者将可望成为我们的股东。你会为自己的工作和雇主感到自豪。”

战略管理者必须创建和维护愿景，如果所制定的愿景无法实现或含混不清，抑或两者皆是，他与属下则很可能因方向各异而浪费宝贵的时间和精力，结果却一事无成。最好的愿景就像是平衡动作：许下宏伟前景，却用简单的语言加以表述；令人产生团结意识并树立共同目标，但同时也将意义传达至个人；关注未来，但又基于现今；抱负远大，却又切实可行。

1.2 使 命

1894 年接手《纽约时报》并由此创造了该报辉煌的阿道夫·奥科斯，经常给他的下属讲一个关于“三个石匠”的故事：中世纪的一个行吟诗人在路上先后遇到了三个石匠。他分别问他们：“嘿，干什么呢?”第一个说：“在凿石头呢。”第二个说：“我在雕刻一块基石。”第三个回答令人振奋：“我在建造一座大教堂!”在同一工地上，干同一项工，但由于他们心中的使命不一样，便带来了不同的人生命运：第一个把工作看作是养家糊口的手段，所以后来还是一个教堂维护工；第二个把工作看作是一项技艺，他则成为了教堂后续工作的管理者；只有第三个，把工作看作是一项伟大事业，他最后成为一个著名的建筑家。使命是实现愿景的手段，回答的是“我该做什么”、“我如何做”才能实现我的目标。在想做、可做、能做这三个环节中找到一件真正该你做的事。

著名的战略管理专家迈克尔·希特（Michael A. Hitt）认为：企业的愿景是其使命的基础。企业使命（mission）要阐明企业的根本性质与存在理由，说明企业业务的宗旨、哲学、信念、原则，根据企业服务对象的性质，揭示企业的长远发展前景，为企业目标的确定与战略制定提供依据。企业使命是实施企业战略的基础，是企业为自己确定的在较长时期的生产经营的总方向、总目的和总指导思想，是企业确定经营范围和经营重点的依据。使命陈述是对组织最重要意图的总体陈述。

著名管理大师彼得·德鲁克认为，在剧变的时代中，企业所要界定的使命，应回答三个基本问题：“我们目前的事业是什么”、“我们的事业将变成什么”以及“我们未来的事业应该是什么”。企业家最重要的责任，就是为企业创造不相同的明天。彼得·德鲁克一再强调，企业所要达成的使命，一定要落在企业以外的“创造顾客”之中，是企业为了达到愿景对客户、员工、股东和社会等方面的承诺。在西方，比较规范的企业都有自己书面的“使命陈述书”，并将其纳入企业政策体系和年度报告。近年来，这在中国企业也越来越受到重视。

1.2.1 企业使命的内容

（1）存在意义或目的性：包含企业终极目的和直接的产品目的。比如华侨城集团，其直接的产品目的是：致力于人们生活质量的改善、提升和创新，以及高品位生活氛围的营造，而其终极目的则是：致力于将自身的发展融入中国现代化事业推进的历史过程中。

（2）事业领域：说明企业的主要活动范围，比如海信的3C（通信、消费电子、计算机）。

（3）对于利益相关者的义务：主要包括对投资者、员工、客户、合作者以及社会应尽的义务。西安杨森的使命堪称典范：“我们首先要对医生、护士和病人，对父母以及所有使用我们产品和接受我们服务的人负责；我们要对世界各地和我们共事的男女同仁负责；我们要对我们所生活和工作的社会，对整个世界负责；最后，我们要对全体股东负责，企业经营必须获取可靠的利润。”这些利益相关者的排序是：客户第一，员工第二，社会第三，股东第四。

1.2.2 制定使命的原则

公司使命形成有五个主要因素，第一是企业的历史，公司都有包含目标政策和成就的历史，即使在公司的发展过程中，需要重新定义目标，也很难脱离以往的历史和发展背景。不同背景的企业存在着不同的风格。产业的发展背景不同，企业的历史往往也不一样。第二是企业家和管理者的偏好。第三是环境因素会影响组织使命。第四是企业的资源决定了有些使命企业可以完成，有些使命企业根本无法完成。第五是企业的使命要以产业竞争力为基础。

阿什里奇（Ashridge）战略管理研究中心（伦敦）提出下列几个原则以帮助管理者们营造使命感：

（1）提出一个主题，围绕主题制定新的使命，它应该包括公司未来战略和价值，并易于实施和确定标准。

（2）注重行动而不是文字。

（3）关键的标准和行为应明确反映出公司新的发展方向。

（4）拟定使命允许酝酿一定时间——需要几周到几个月，而不是几小时或几天。

1.2.3 企业使命与战略的关系

任何企业在制定其战略时，都必须在分析研究企业及其环境的基础上进一步明确自己的使命。这不仅因为它关系着企业能否生存和发展，而且因为它在整个企业战略的制定、实施和控制过程中有很重要的作用。

（1）企业使命为企业发展指明方向。企业使命的确定，首先会从总体上引起企业经营方向、发展道路的改变，使企业发生战略性的变革；其次，企业使命的确定也为企业构筑了一个目标一致的愿景。一方面，为企业成员理解企业的各种活动提供依据，确保企业内部对企业目标达成共识；同时，为企业外部公众树立了良好的企业形象，以使企业获得发展的信心和必要的支持与帮助。

（2）企业使命是企业战略制定的前提。只有明确地对企业使命进行定位，才能正确地树立起企业的各项战略目标。企业使命是战略方案制定和选择的依据。企业使命影响着企业基本方针、战略活动的关键领域及其行动顺序等。

（3）企业使命是企业战略的行动基础。企业使命是有效分配和使用企业资源的基础。有了明确的企业使命，企业才能正确合理地把有限的资源分配在能保证实现企业使命的经营事业和经营活动上。企业使命通过企业存在的目的、经营哲学、企业形象三方面的定位而为企业明确经营方向、树立企业形象、营造企业文化，从而为企业战略提供激励。[①]

美国的弗雷德·戴维（Fred R. David）教授认为：作为战略管理的工具，使命陈述的主要价值来自于它对企业最终目标的具体化："它向管理者指明了超越个人、局部和暂时需求的整体和持久的发展方向。它促使不同层级、不同代的人们建立共同的期望感。它兼顾和统一了不同时期、不同个人及不同利益集团的价值观，使公司的价值观得以具体化，从而使其得到社会公众的认同。最后它还肯定并强调了公司将努力采取负责任的行动，这也是维持企业的生存、持续增长和赢利的基本要求。"

1.3 战略目标

刘备三顾茅庐后，诸葛亮加盟刘、关、张、赵组成了五人核心团队，首先他精辟地分析了天下大势：曹操"已拥百万之众，挟天子以令诸侯。此诚不可与争锋。孙权据有江东，已历三世，国险而民附，此可用为援而不可图也"。接着，他简明扼要地说明了荆州和益州的重要战略地位。最后告诉刘备：欲成霸业，应该"北让曹操占天时，南让孙权占地利；将军可占人和，先取荆州为家，后取西川建基业，以成鼎足之势，然后可图中原"。这就是令天下叫绝的《隆中对》。在这个著名决策中，有战略目标，有战略措施，有实现目标的战略阶段。对企业战略管理者的启示：战略管理首先要确定战略目标，然后规划战略阶段，进而制定战略措施。[②]

1.3.1 战略目标的概念

彼得·德鲁克指出：各项目标必须从"我们的企业是什么，它将会是什么，它应该是什么"中引导出来。它们不是抽象的，而是行动的承诺，借以实现企业的使命；它们也是一种用以衡量工作成绩的标准。换言之，目标是企业的基本战略。目标按照时间的跨度来分，可分成战略目标、长期目标和年度目标。在这里

① 王方华、吕巍编著．企业战略管理．复旦大学出版社，1997.

② 关付安．三国演义与战略管理．决策探索［J]，2007（4）．

我们只研究战略目标。

战略目标（strategic objective）是对企业战略经营活动预期取得的主要成果的期望值。企业要制定正确的经营战略，仅仅有明确的企业使命还不够，必须把使命转化成具体的战略目标。企业使命比较抽象，战略目标则是比较具体的业绩目标，是使命的具体化。战略目标是企业战略构成的基本内容，是企业的长期目标，它反映了企业的经营思想，表达了企业的期望，指明了企业今后较长时期内的努力方向。它与战略的时间跨度应当一致，在国外一般为 3～5 年，国内一般为 5 年以上。

正确的战略目标对企业的行为具有重大指导作用：它是企业制定战略的基本依据和出发点，战略目标明确了企业的努力方向，体现了企业的具体期望，表明了企业的行动纲领；它是企业战略实施的指导原则，战略目标必须能使企业中的各项资源和力量集中起来，减少内部冲突，提高管理效率和经济效益；它是企业战略控制的评价标准，战略目标必须是具体的和可衡量的，以便对目标是否能最终实现进行比较客观的评价考核。

1.3.2 战略目标的特点

战略目标与企业其他目标相比，具有以下一些特点：

（1）宏观性。战略目标是一种宏观目标。它是对企业全局的一种总体设想，是从宏观角度对企业的未来的一种较为理想的设定。它所提出的，是企业整体发展的总任务和总要求。它所规定的，是企业整体发展的根本方向。因此，企业战略目标总是高度概括的。

（2）长期和相对稳定性。战略目标是关于企业的总方向、总任务的长期目标，由于战略目标的长期性，故应在所规定的时间内相对稳定。同时它也是关于未来的设想，其设定的是企业职工通过自己的长期努力奋斗而达到的对现实的一种根本性的改造。而其稳定性让企业职工的行动有了一个明确的方向，让他们对目标的实现树立起坚定的信念。当然，强调战略目标的稳定性并不排斥根据客观需要和情况的发展而对战略目标作必要的修正。

（3）全面性。战略目标是一种整体性要求。它虽着眼于未来，但却没有抛弃现在；它虽着眼于全局，但又不排斥局部。科学的战略目标，总是对现实利益与长远利益，局部利益与整体利益的综合反映。

（4）可分解性。战略目标作为一种总目标、总任务和总要求，总是可以分解成某些具体目标、具体任务和具体要求。这种分解既可以在空间上把总目标分解成一个方面又一个方面的具体目标和具体任务，又可以在时间上把长期目标分解成一个阶段又一个阶段的具体目标和具体任务。可以这样说，因为战略目标是可分解的，因此才是可实现的。

（5）可接受性。企业战略的实施和评价主要是通过企业内部人员和外部公众来实现的，因此，战略目标必须被他们理解并符合他们的利益。但是，不同的利益集团有着不同的甚至是相互冲突的目标，因此，企业在制定战略时一定要注意协调。一般来讲，能反映企业使命和功能的战略易于为企业成员所接受。另外，企业的战略表述必须明确，有实际的含义，不至于产生误解。易于被企业成员理解的目标也易于被接受。若能使战略大目标和个人小目标很好地结合在一起，就会极大地激发组织成员的工作热情和献身精神。

（6）可检验性。为了对企业管理的活动进行准确的衡量，战略目标应该是具体的和可以检验的。目标必须明确，具体地说明将在何时达到何种结果。目标的定量化是使目标具有可检验性的最有效的方法。但是，有许多目标难以数量化，时间跨度越长、战略层次越高的目标越具有模糊性。此时，应当用定性化的术语来表达其达到的程度，要求一方面明确战略目标实现的时间，另一方面须详细说明工作的特点。

（7）挑战性。目标本身是一种力量，特别是当企业目标充分体现了企业成员的共同利益，使战略大目标和个人小目标很好地结合在一起时，就会极大地激发组织成员的工作热情和献身精神。一方面，企业战略目标的表述必须具有激发全体职工积极性和发挥其潜力的强大动力，即目标具有感召力和鼓舞作用；另一方面，战略目标必须具有挑战性，但又是经过努力可以达到的。这样员工才会对目标的实现充满信心和希望，愿意为之贡献自己的全部力量。

【延伸阅读】

国家发改委宏观经济研究院“我国循环经济发展战略研究”课题组提出，我国发展循环经济的总体战略目标是：用50年左右的时间，全面建成人、自然、社会和谐统一的，资源节约的循环型社会，资源生产率、循环利用率、废弃物的最终处理量等循环经济的主要指标以及生态环境、可持续发展能力等达到当时世界先进水平，极大提高生态环境质量并整体改善生存空间，全国全面进入可持续发展的良性循环。我国发展循环经济的总体战略目标应分三个阶段进行：近期是2005年至2010年，建立比较完善的促进循环经济发展的法律法规体系、政策支持体系、技术创新体系和有效的激励约束机制。中期是2011年至2020年，基本建成具有循环经济特征的经济社会体系，建立起完善的循环型社会的管理体系和政策法规体系。长期是2021年至2050年，全面建成人、社会、自然和谐统一的循环型社会，资源生产率、循环利用率、废弃物的最终处理量等循环经济的主要指标以及生态环境、可持续发展能力等达到当时世界先进水平，极大提高生态环境质量并整体改善生存空间，全国全面进入可持续发展的良性循环。

1.3.3 战略目标的作用

第一，战略目标能够实现在企业外部环境、内部条件和企业目标三者之间获得动态平衡，使企业获得长期、稳定和协调的发展。

第二，战略目标能够使企业使命具体化和数量化。前面谈到，企业使命比较抽象，如果不落实为定量化的战略目标，则企业的战略任务就有落空的危险。有了战略目标，可以把企业各单位、部门、各项生产经营活动有机地连接成一个整体，发挥企业的整体功能，提高经营管理的效率。

第三，战略目标为战略方案的决策和实施提供了评价标准和考核依据。战略方案是实现战略目标的手段，有了战略目标，就为评价和择优选取战略方案提供了标准，同时，也为战略方案的实施结果提供了考核的依据，从而促进经营战略的实现。

第四，战略目标描绘了企业发展的愿景，对各级管理人员和广大职工具有很大的激励作用，有利于更好地发挥全体员工的积极性、主动性和创造性。

1.3.4 战略目标制定过程

一般来说，确定战略目标需要经历调查研究、拟定目标、评价论证和目标决断这样四个具体步骤。

（1）调查研究

在制定企业战略目标之前，必须进行调查研究工作。研究在战略规划期内，环境将给企业带来的机会和威胁、企业具有的优势和劣势、主要竞争对手及其发展趋势等，为确定战略目标奠定比较可靠的基础。重点是企业与外部环境的关系以及对未来的研究和预测。

（2）拟定目标

拟定战略目标一般需要经历两个环节：拟定目标方向和拟定目标水平。首先在既定的战略经营领域内，依据对外部环境、需要和资源的综合考虑，确定目标方向。然后通过对现有能力与手段等诸种条件的全面衡量，对沿着战略方向展开的活动、所要达到的水平也做出初步的规定，这便形成了可供决策选择的目标方案。

(3) 评价论证

战略目标拟定出来之后，就要组织专家和有关人员对目标方案进行评价和论证。评价和论证拟定的战略目标是否符合企业精神，是否符合企业的整体利益与发展需要，是否符合外部环境及未来发展的需要；评价和论证战略目标的可行性；评价所拟定的目标的完善程度，要着重考察战略目标是否明确，其内容是否协调一致，有无改善的余地。

如果在评价论证时，已经提出了多个目标方案，那么这种评价论证就要在比较中恰当进行。通过对比、权衡利弊，找出各个目标方案的优劣所在。

拟定战略目标的评价论证过程，也是战略目标方案的完善过程。要通过评价论证，找出目标方案的不足，并想方设法使之完善起来。如果通过评价论证发现拟定的战略目标完全不正确或根本无法实现，那就要回过头去重新拟定目标，然后再重新评价论证。

(4) 目标决断

战略目标的决策，要注意从以下三方面权衡各个目标方案：①战略目标方向的正确程度；②可望实现的程度；③期望效益的大小。目标的决策还必须掌握好时机。因为战略决策不同于战术决策。战术目标决策常常会时间比较紧迫，回旋余地很小，而且战略目标决策的时间压力相对不大。在决策时间问题上，一方面要防止在机会和困难都还没有搞清楚之前就轻率决策；另一方面又不能优柔寡断，贻误时机。

一致性战略的首要因素是战略所指向的一组清晰的战略目标，即企业希望通过其战略取得的市场地位或客户。在战略目标中，有人会对结果（战略目标）和手段（战略）之间的关系感到困惑，其实，这两者是紧密联系的。设立企业战略目标是制定企业发展战略中一个十分重要的环节。企业的战略目标对企业行为的指导意义是显而易见的，它是企业文化和各种政策交互影响的产物，对战略的分析和形成具有至关重要的作用。

除了阐明战略的方向这一主要作用，战略目标还有其他两个作用。第一是激励作用，一个共同的目标会带给员工一种使命感，让他们知道自己和伙伴们在为一个共同目标工作；第二是竞争作用，通过清晰地表明自己希望得到的竞争位置，企业可以劝导现有竞争者将精力集中于其他市场。

【摘要与总结】

企业愿景对企业的重要价值：指引方向；唤起希望；增进合作；激发力量。

企业使命为企业发展指明方向；企业使命是企业战略制定的前提；企业使命是企业战略的行动基础。

企业所要界定的使命，应回答三个基本问题："我们目前的事业是什么"，"我们的事业将变成什么"，以及"我们未来的事业应该是什么"。

一个好的企业战略目标应该具有稳定性、可接受性、可检验性、可分解性、挑战性等特征。

确定战略目标需要经历调查研究、拟定目标、评价论证和目标决断四个具体步骤。

【问题与思考】

英特尔公司大幅度地改变公司的使命

在某些情况下，公司所在的环境会发生巨大的变化，这些变化往往会改变公司的未来前景，要求公司对自己的发展方向和战略方向进行大幅度的修订，英特尔的总裁安德鲁·格罗夫（Andrew Grove）把这种情况叫做"战略转折点"。格罗夫和英特尔在20世纪80年代中期遇到了一次这种战略转折点。当时，计算机存储芯片是英特尔的主要业务，而日本的制造商想要占领存储芯片市场，因此将它们的产品相对英特尔以及其他芯片生产商的价格降低了10%。每次美国的生产商在日本生产商降价之后回应日本生产商的降价行为时，日本的生产商则又降低10%。为了对付日本竞争对手的这种挑衅性的定价策略，英特尔公司研究出了很多战略选择——建立巨大的存储芯片生产工厂，以克服日本生产商的成本优势；投资研究与开发，设计出更加高级的存储芯片；撤退到日本生产商并不感兴趣的小市场上去。最后格罗夫认为，所有这些战略选择都不能为公司带来很好的前景，最好的长期解决方案是放弃存储芯片业务——尽管这块业务占英特尔公司收入的70%。然后，格罗夫将英特尔的全部能力致力于为个人计算机开发出更强大的微处理器（英特尔早在70年代的早期就已经开发出来了一种微处理器，但是由于微处理器市场上的竞争很激烈，生产能力过剩，所以英特尔才将公司的资源集中在存储器芯片上）。从存储器芯片业务撤退，使英特尔公司在1986年承担了1.73亿美元的账面价值注销，并全力以赴参与微处理器业务——格罗夫所做的这项大胆的决策实际上给英特尔公司带来了一个新的战略使命：成为个人计算机行业微处理器最主要的供应商，使个人计算机成为公司和家庭应用的核心，成为推动个人计算机技术前进的一个无可争辩的领导者。今天，85%的个人电脑带有"Intel inside"的标签，同时，英特尔公司是美国1996年赢利最大的五家公司之一，营业收入为208亿美元，税后利润为52亿美元。

2010年8月19日，英特尔宣布收购安全软件厂商McAfee，涉及交易金额约为76.8亿美元。英特尔表示，将以每股48美元现金的价格收购McAfee的全部普通股，并称双方董事会已经一致批准了该交易。并且，英特尔开出的收购价较上个交易日收市价有60%溢价。

McAfee在1987年成立，总部位于美国加州Santa Clara，共有约6 100名员工，2009年营业收入为20亿美元，过去18个月和英特尔进行过不同项目的合作。

英特尔的收购行为令许多分析师感到意外，因为这是一家芯片制造商和一家软件公司的联姻。但也有分析指出，此举恰好突显出英特尔继续向诸如移动设备和智能电话等个人电脑以外的热门市场扩张的决心。还有分析师进一步指出，就目前而言，交易的最大得益可能是英特尔可以把McAfee软件售予个人电脑顾客，因为英特尔已经占据个人电脑微处理器市场约80%的份额。用英特尔自己的话说，“公司认定两家公司的结合将产生一个高水平电脑安全市场的强有力竞争力量”，英特尔软件及服务团队主管Renee James在接受媒体采访时如此表示。英特尔称，收购完成后，McAfee将以全资附属公司继续营运，并直接向英特尔旗下的软件及服务部门汇报。但英特尔没有给出明确的收购时间表。

（资料来源：〔美〕亚瑟·A. 汤姆森等著《战略管理：概念与案例》，并补充最近媒体相关信息）

【问题与思考】

1. 英特尔公司为什么改变了企业的使命？
2. 请你设想一下，英特尔公司以前的使命是什么？
3. 英特尔公司的日本竞争对手定价是否是一个战略问题？

【本章参考文献】

[1] 刘冀生编著．企业战略管理（第2版）．清华大学出版社，2004
[2] 王方华，吕巍编著．企业战略管理．复旦大学出版社，1997
[3] 关付安．“三国演义与战略管理”．决策探索［J］．2007
[4] 王方华，吕巍编著．战略管理．机械工业出版社，2004
[5]（美）迈克尔·希特（Michael A. Hitt），（美）杜安·爱尔兰（R. Duane Ireland），（美）罗伯特·霍斯基森（Robert E. Hoskisson）著；吕巍等译．战略管理竞争与全球化概念．机械工业出版社，2005

第2章

外部环境分析

【开篇案例】

节约型社会呼唤小排量汽车

让轿车进入家庭是现行汽车产业政策的一个重要灵魂，也是我国汽车社会进行的第一次重大转型。目前，我国汽车保有量正在逐年高速增长，只有对老百姓的汽车消费给予正确、有力的引导，我国汽车社会才能沿着一条节约之路行驶。面对国际油价频频上涨，我国石油消费压力日增的宏观环境，汽车与环境、能源、土地等矛盾都已尖锐地爆发出来。小排量汽车以其节约能源、经济、环保等方面的优势，已经引起方方面面越来越多的关注。

回顾国家的小排量汽车政策，先前各大城市限制小排量汽车，到国务院发通知对小排量汽车的解禁，以及国家下调小排量汽车消费税和购置税等，一系列政策逐渐偏向小排量汽车。2004 年国家发改委就通过了《汽车产业发展政策》，其明确指出：汽车产业要结合国家能源结构调整战略和排放标准的要求，国家引导和鼓励发展节能环保型小排量汽车。2009 年中国政府相关部门出台了一系列政策，其中 1.6L 以下车型购置税减少至 5%的调控政策让小排量汽车的销售大大提高。1.6L 及以下小排量乘用车购置税优惠政策延长至 2010 年底，税率由 5%调整至 7.5%。

在日本、韩国以及欧洲许多发达国家，国家政策倾向于发展小排量的汽车，比如，降低小排量车的消费税、停车费而提高大排量车的相关费用，刺激小排量车的消费，小排量的汽车占有很大的市场份额，约为 60%～70%。目前，我国已经加入世贸组织，在能源危机的影响及世界经济的影响下已经出台了很多有利于小排量汽车发展的政策，国家的这些利好政策都在一定程度上刺激了国人对小排量汽车的消费。

在能源储备越来越少的今天，小排量的汽车在节约能源方面做出了很大的贡献。同时我们还要看到小排量汽车自身的不足之处，各生产厂商应当积极创新，改进提高各方面的技术水平，比如环保方面、操控性能方面、安全性能方面等。小排量车发展方向应该是功能性好、安全性高、技术含量高的精品小车。小排量汽车由于其省油性、运行费用低，深受农村汽车消费者欢迎。中央正在致力于解决三农问题，改善农村经济和社会发展水平，2009 年又推出了“汽车下乡”这一具有里程碑意义的政策，其核心也是倡导使用小排量汽车。这对于农村经济、社会发展，对于实现小康目标具有十分重要的战略意义。

虽然国家已经出台购置税、燃油税、消费税等系列“护小”新政，但是短时间内还很难扭转大众的消费观念。要培育一种节约型社会需要节约型汽车的消费理念，但这种消费文化的形成至少需要五年以上的时间，必须辅之以相应的国家支持政策，比如延长小排量汽车购置税减半政策的实施时间（甚至像其他国家一样立法化），按照排量大小缴纳过路过桥费等。再比如，停车位也可以按照车型大小来划分，并收取不同的停车费，这样既公平，又节省土地资源。

积极发展节能环保型小排量汽车，符合我国能源供给实际和大众消费水平，是建设节约型社会的重要措施，不仅有利于缓解能源紧张状况，保护环境，而且有利于培育我国汽车工业自主品牌，提高国际竞争力，对于促进汽车产业可持续发展，落实国家能源发展战略，加快建设资源节约型、环境友好型社会，具有重要意义。我们有理由相信，在建设节约型社会的大背景下，小排量汽车的春天即将到来。

1. 充分认识发展节能环保型小排量汽车的重要性：美国、日本、欧洲等发达国家和地区节能环保型小排量汽车比例已占 70%以上。积极发展节能环保型小排量汽车，符合我国能源供给实际和大众消费水平。

2. 制定鼓励节能环保型小排量汽车发展的产业政策：加大节能环保型小排量汽车及其先进发动机（汽油机升功率大于 50kW，柴油机升功率大于 40kW）技术研究开发和产业化的支持力度。鼓励开发、生产柴油轿车和微型车，以及使用醇醚燃料、天然气、混合燃料、氢燃料等新型燃料的汽车。

3. 制定鼓励节能环保型小排量汽车消费的政策措施：研究制定汽车燃油经济性标准，建立汽车能效标识制度。对节能环保型小排量汽车停车收费给予适当优惠。各地区要结合实际，积极制定具体措施，为节能环保型小排量汽车的消费和使用创造良好的环境。

（资料来源：关于鼓励发展节能环保型小排量汽车的意见．2006）

什么样的环境是企业获取竞争力和提升业绩的关键决定因素？既定的市场环

境和企业资源情况下，采取怎样的战略行动来提高企业业绩和竞争力？这一部分研究内容侧重于市场环境对企业业绩和竞争力的影响。一般来说，政府不是战略管理的焦点，但政府对企业运行却有着重要的影响，特别是在高速发展的中国。

对一般环境的分析应着眼于未来，对行业环境的分析重点在于了解影响企业在行业内赢利能力的条件和要素，而经营环境分析则是为了预测竞争对手的行动、反应和意图。总的来说，企业利用这三种分析的结果是为了理解外部环境如何影响其愿景、使命和战略行动。尽管我们把每种分析分开来进行讨论，但企业只有把一般环境、行业环境和经营环境分析的结果有效地结合起来，才能提升其经营业绩和企业竞争力。

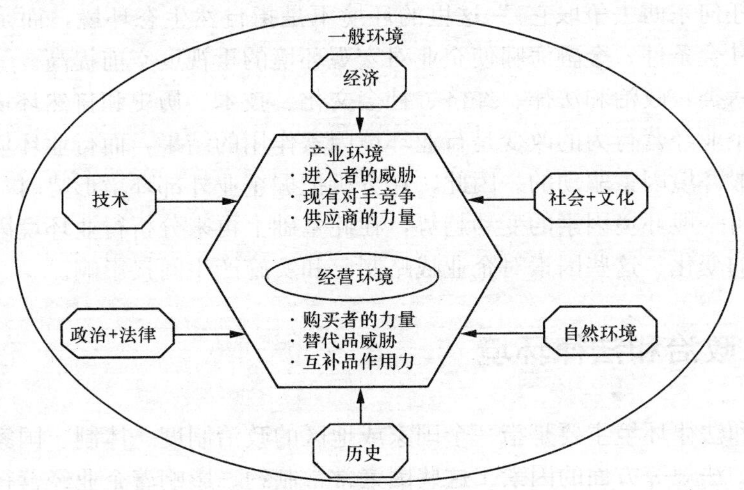

图 2.1　外部环境构成

（资料来源：根据 Michael A. Hitt，Duane Ireland，Robert E. Hoskisson，Strategic Management South-western College Publishing，2001 修改）

环境分析就是监测、评价来自企业外部环境的信息，明确外部环境中存在的主要威胁和机会，并把它们提交给公司内的相关人员。它是公司用来避免战略意外、确保公司可持续发展的一个重要工具。在战略管理中，环境分析是战略分析的重要组成部分。外部环境分析连同企业内部条件分析的结果，是有效地选择和制定战略的基础和依据。一般来说，企业制定战略目的是为了更好地适应外部环境及其变化，但是，企业也不仅仅是完全被动地接受，它可以通过自身努力去影响和促进外部环境的某些方面往有利于企业的方向发展变化。

孙子说："知天知地知彼知己，方能百战百胜"，其中的"知天知地知彼"就是外部环境分析。外部环境是指存在于企业之外，企业不能控制，但要设法利用或回避的因素，特别是对某个特定的产业分析而言。外部环境是能对企业决策和绩效产生影响的外部因素的总和。外部环境可分为一般环境、产业环境和经营环境，同时企业的竞争力和决策也会受到利益相关者的影响。

2.1 一般环境分析

美国石油大亨洛克菲勒曾经说过："良好的环境是无价之宝，我愿意牺牲太阳底下的任何东西去争取它。"这里的环境不是指自然生态环境，而是指企业赖以生存的社会条件。金融海啸使企业对宏观环境的重视度空前提高。一般环境大致可分为六类：政治和法律、经济、社会文化、技术、历史和自然环境。大量研究表明，企业经营行为的改变是行业环境因素作用的结果，而行业环境因素的变动又是一般环境因素驱动的。因此，在分析把握企业外部环境形势时，首先应该考察、分析一般环境因素的变动趋势，在此基础上再来分析行业环境因素及企业经营行为的变化。这些因素对企业战略制定和实施产生间接影响。

2.1.1 政治和法律环境

政治和法律环境主要是指一个国家或地区的政治制度、体制、国家方针政策以及法律、法规等方面的因素。这些因素常常制约、影响着企业经营行为，尤其是影响企业较长期的投资行为。

政治环境是指制约和影响企业的各种政治要素及其运行所形成的企业经营和发展环境。政治是一种重要的社会现象，政治因素及其运行状况是宏观环境中的重要组成部分。这是因为政治因素给企业带来的影响异常巨大和明显，同时影响企业生存和发展的其他社会因素也都会因为政治条件及状况的不同而对企业产生不同的影响。

法律是政府用来管理企业的一种手段。对企业的管理行为有着不同的要求。由于市场存在"失灵"，政府对经济活动进行一定程度的干预成为可能。经济学用政府规制来表达政府对经济的法律规范。政府规制是在产业规制中以政府为主体，为实现某些社会经济目标，采用各种直接的具有法律约束力的限制、约束、规范手段，而对市场经济中的经济主体作出的规制行动和措施。其目的在于维持正当的市场经济秩序，限制市场势力，提高市场资源配置效率，提升全社会福利，保护大多数社会公众的利益不受少数人的侵犯。

市场机制的完善程度直接影响着政府对市场活动干预的程度。市场机制越完善，政府对经济活动的干预会越少；市场机制越不完善，市场机制作用越有限，从而为政府干预经济提供了更多的可能性。在这种情况下，企业的经营和发展将会在较大程度上受到政府行为的影响。

【延伸阅读】

韩国紧密型政企关系的形成及其特征

1. 韩国紧密型政企关系的形成

第二次世界大战至 1997 年亚洲金融危机之前，韩国政企关系的发展大致上可分为两个阶段：李承晚、张勉执政时期为第一阶段，这一时期的政企关系基本上是一种松散型的政企关系。朴正熙军政府上台后为第二阶段。朴正熙执政后，韩国开始实施经济开发计划，制定"出口导向型"的经济发展战略，力图改变经济落后的状况。为了实现经济快速增长的目标，政府有必要加强对企业的控制，并使企业获得经营的成功。而企业要得到发展，也需要政府给予多方面的帮助；一旦失去了政府的支持，它便难以生存和立足。在这种情况下，企业经营方向与国家发展计划和发展战略之间的协调一致就具有关键性的意义。这种共同的利益和相互需要使政府和企业之间形成了密切合作的关系。20 世纪 80 年代以后，韩国虽开始对其经济发展模式进行调整和改革，但直至亚洲金融危机之前，这种紧密型的政企关系并没有发生根本的改变。

2. 紧密型政企关系的特征

(1) 政府居于主导地位，但私人企业制度是基础

在韩国政府与企业的紧密合作关系中，政府处于强势的主导地位。在韩国，政府为实现强势经营规模，可以在极短时间内将重要企业合并；政府还可以直接干预企业经营目标的确定，甚至责成某些企业必须完成年度目标，并对完成目标的企业给予有形或无形的奖励。对私人企业家来说，政府的支持和帮助是不可或缺的。不过，值得注意的是，韩国实行的是私人企业制度，私人企业在国民经济中占据主要地位。在韩国，国有企业所占比重较小，大多数投资是由私人企业做出的，私人企业始终是其市场运转和经济发展的基础。

(2) 政府通过产业政策引导企业的活动

在韩国，政府通过财政补贴、信贷分配、税制优惠、进口限制、出口奖励、经营许可等手段，将本国有限的资源集中运用于对国家发展最为有利的特定产业和企业，以强化本国的产业结构，提高其在国际市场上的竞争力，此即所谓产业政策。在经济增长的不同阶段，政府都根据国家发展战略确定优先发展的目标产

业。对于目标产业中的企业，政府从资金、技术、资源、信息等各个方面予以全力支持。对处于起步阶段的幼稚产业中的企业，政府先是运用保护政策予以扶植，待其具备一定的国际竞争能力后，再将其推向国际市场。政府正是通过一系列的产业政策引导企业的经营动向并助其发展，而企业在产业政策的指导下逐步发展壮大。

(3) 银行在政企关系中发挥着特殊的作用

在资本十分缺乏的韩国，政府主导着金融机构，并透过信贷分配对企业进行指导。在韩国，各商业银行和专业银行都是由政府控制的，政府运用任命银行董事会和总经理的权力控制银行的决策。同时，企业要接受外国贷款都必须事先得到政府的批准，或获得政府担保。这使韩国有了浓厚的“官制金融”的色彩。

政府通过贷款的数量、利率和贷款期限对企业进行调控，企业生产所需资金有了较为可靠的来源。在政府压低利息率、鼓励借款的政策诱导下，企业即使只有少量自有资金，也能够利用充分而廉价的信贷而迅速发展起来。也正因为如此，企业在相当程度上受制于政府对其活动的调控。

(4) 结合运用多种手段，但行政手段色彩浓厚

为了引导企业的经济行为，推动其发展，韩国政府运用了经济、法律、行政等多种手段。韩国“有指导的资本主义”的一个重要特征是有浓厚的行政色彩。就推动产品出口而言，政府往往根据所获得的信息和经济形势，为各行业、各企业和各种商品确定出口指标。在每月举行一次的出口振兴会议上，朴正熙总统本人经常亲临会场，因而召开会议本身就是最重要的行政支持。这种以行政力量推动产品出口和经济发展的做法，在非社会主义的后发展国家中是比较罕见的。

(资料来源：张婷婷《韩国紧密型政企关系的形成、变革及其启示》2007 年 1 月。http: //www. studa. net/qiyeyanjiu/070123/11292020. html)

在政治法律领域，其中的各种组织和利益团体相互竞争，吸引法律和国家规则制定机构的注意力，寻求发言权甚至控制某些资源。企业必须认真分析政府机构新的商业政策和思想。企业法、新劳动法、税法、产业政策调整、环境保护法等等都是对行业和企业运作和营利性有影响的行政政策。国家每出台一项新政策，颁布一条新法令，都会对企业产生或大或小的影响。有些政策法规可能会给企业提供一些新的经营机会；有些则会限制企业的战略选择，甚至导致企业效率下降，影响到企业生存。

(1) 政治环境

企业的政治环境是指制约和影响企业的各种政治要素及其运行所形成的环境

系统。政治环境包括一个国家的社会制度，执政党的性质，政府的方针、政策、法令等。不同的国家有着不同的社会性质，不同的社会制度对企业经营活动有着不同的限制和要求。三权分立，是西方资本主义国家的基本政治制度，主要内容是立法权、行政权和司法权相互独立、互相制衡。而我国社会主义政治制度是以人民民主专政为实质的人民代表大会制度和以中国共产党为领导的多党合作的政党制度。

政治环境分析主要分析国内政治环境和国际政治环境。具体来说，政治因素主要包括：①企业所在地区和国家的政局稳定状况：政治环境稳定为企业战略发展提供了稳定的前提，保障了企业利益等的实现。②政策的连续性和稳定性：能够有效保护消费者、保护环境、调整产业结构、引导企业的投资方向。③政府对企业行为的影响：政府的决定和偏好极大地影响着企业的战略；作为购买者，政府很容易培育、维持、增强、消除许多市场机会。④各种政治性团体：一方面，这些政治性团体会对国家政治环境施加影响，政府的决策会适应这些力量；另一方面，这些团体也可以对企业施加影响，如诉诸法律、利用传播媒介等。因此，企业有可能花费时间、财力与各种利益集团抗争。⑤国际政治形势及其变化：国际政治局势、国际关系、目标国的国内政治环境等。

政治环境对企业的影响具有共同特点：①直接性，即国家政治环境直接影响着企业的经营状况；②难以预测性，对于企业来讲，难以预测国家政治环境的变化趋势；③不可逆转性，即政治环境因素一旦涉及到企业，就会使企业发生十分迅速和明显的变化，而这一变化是企业驾驭不了的。美国的阿瑟·D. 理特（Arthur D. Little）管理咨询公司用五种指标预测国家的政治局势：社会发展、技术进步、自然资源储量、国内局势的稳定程度、政治制度类型。理特咨询公司发现，任何一个国家，如果其上述某一领域的发展过多地超过其他领域的发展，便会出现政治上的不安定。

政治制度的方向和稳定性是制定战略决策时需要评估的重要外部因素。2009 年 10 月 21 日中国共产党第十七次全国代表大会闭幕，作为中国唯一的执政党，十七大出炉的人事安排以及其决议均对今后五年的中国政局有着深远影响。中国要维持经济的增长力度，但也开始兼顾到社会公平、环境保护等因素；对外方面，中国的外交方针基本不变，但将更有意识地发展其“软实力”，更加注重科技、文化、教育的发展。这些无疑给企业的发展战略指明了一条前行的道路。有远见的企业管理者一定会在深度揣摩国家的政策后联系企业自身实际对战略进行完善和修改。

长期以来，亚当·斯密的“政府作用最小化”观点一直主宰着当代经济学领域。他反对政府对市场机制的破坏性干预，即反对国家对微观经济活动的干预，但主张国家应“在其权力所及的范围内”——宏观方面干预经济。不少学者认为，在经济危机时期“政府作为总是比不作为好”。其实，国家适当适度适时适量地干预经济是需要的，一概而论的干预有益论缺乏实证依据。

【延伸阅读】

从新中国成立起，中国国企改革在国家政策的指引下先后经历了几个阶段：1949年开始的私有经济和买办资本国有和集体化改制；1978年开始的扩权让利为重点，实行企业利润留成制度，调整国家与企业的利益分配关系的改革；1984年开始的以承包经营责任制为重点，企业所有权与经营权适当分离的改革；1992年开始的以建立现代企业制度为重点，转化企业经营机制，探索公有制的多种有效实现形式的改革；2002年开始的以深化国有资产管理体制改革为重点，实行政资分开，推进企业体制、技术和管理创新的改革。2003年，国务院国资委成立，国企改革进入深水区，国企和民企两种所有制的关系开始发生微妙变化。2005年2月25日国务院正式发布“非公36条”。这是共和国成立56年间，第一次以中央政府名义发布的鼓励支持和引导非公有制经济发展的政策性文件，其中第一次明确允许非公有资本进入金融、电力、电信、铁路、民航、石油等垄断产业和领域。但2006年国资委主任李荣融又表示，“军工、电网电力、石油石化、电信、煤炭、民航、航运”等7大产业由国资绝对控制，这等于给“非公36条”泼了盆冷水。此后，“非公36条”的具体落实政策迟迟没有出台。2009年12月21日，工信部部长李毅中在工业和信息化工作会议上表示，在结构调整方面，建立重大兼并重组项目的备案制度，尽快制定推进企业兼并重组的指导意见，出台钢铁、有色、建材、汽车、船舶等产业兼并重组的实施意见。2010年1月6日，国家发改委、能源局、山西省政府联合举行新闻发布会，山西省政府宣布，山西省重组整合煤矿正式协议签订率达到98%，兼并重组主体到位率达到94%，采矿许可证变更已超过80%，煤炭整合取得了胜利。这意味着2009年中国在煤炭、航空、钢铁、房地产等领域，国有资本发挥了更加重要的作用。

(2) 法律环境

企业的法律环境是指与企业相关的社会法制系统及其运行状态。随着市场经济的发展，政府以往所采取的行政管理手段将变为主要通过法律形式来贯彻执行，政府将依法行政。法律环境对企业的作用是双重的：一方面对企业的行为有着种种的限制；另一方面保护着企业的合理竞争与正当权利。因此这是企业战略必须考虑的一个重要因素。

目前资本主义国家有两大法系，一是大陆法系为实体法，即判决要依据相应法条。目前欧洲大陆的法国、德国、意大利、荷兰、西班牙、葡萄牙等国和拉丁美洲、亚洲的许多国家的法律都属于大陆法系。二是英美法系为判例法，即判决依据先前已有案例。目前英国、美国、澳大利亚、新西兰、中国香港等国家和地区的法律制度均属于英美法系。而我国现行的社会主义法律体系，比较接近于大陆法系。现今发达国家大多数已经形成比较完善有效的法律规章，更有利于资源的有效配置和企业正常经营。而发展中国家和不发达国家往往法律法规制度不健全、不完善，有些甚至相当落后。熟知一个地区或国家的法律法规是企业实施跨国战略时首先要了解的环境之一。

法律环境分析的主要因素有：

①法律规范，特别是和企业经营密切相关的经济法律法规，如《公司法》、《中外合资经营企业法》、《合同法》、《专利法》、《商标法》、《税法》、《企业破产法》等。法律法规是国家意志的强制体现，直接约束和规范了企业的生产经营活动。例如环境保护、产品质量、劳动合同和保护、专利及税收等方面的法律法规将直接决定企业的成本和赢利，影响企业的战略决策。另外，立法的调整会对企业赖以生存的经济环境产生重大影响，甚至决定企业的命运。如果我们能够对立法倾向作一定的跟踪与研究预测，就会对企业投资、经营提供很好的战略参考作用。

②国家司法执法机关。在我国主要有法院、检察院、公安机关以及各种行政执法机关。与企业关系较为密切的行政执法机关有工商行政管理机关、税务机关、物价机关、计量管理机关、技术质量管理机关、专利机关、环境保护管理机关、政府审计机关等。

③企业的法律意识。企业的法律意识是法律观、法律感和法律思想的总称，是企业对法律制度的认识和评价。企业必须要有遵纪守法的意识，因为企业的法律意识，最终都会物化为一定性质的法律行为，并造成一定的行为后果。

④国际法和企业经营所在国的法律环境。对从事国际营销活动的企业来说，不仅要遵守本国的法律制度，还要了解和遵守国外的法律制度和有关的国际法规、惯例和准则。例如2008年欧洲国家规定禁止销售不带安全保护装置的打火机，无疑限制了中国低价打火机的出口市场。日本政府也曾规定，任何外国公司进入日本市场，必须要找一个日本公司同它合伙，以此来限制外国资本的进入。只有了解掌握了这些国家的有关法律法规体系，才能制定有效的战略对策，在国际市场中争取主动。

中国加入WTO之后，经济全球化进程加快，法律环境对中国企业越来越重要。企业在进行经营战略选择时，要注意拟投资企业所在国家和地区法律体系的完备性、法律仲裁的公正性和法制的稳定性等。一般来说，不同的产业有不同级别的法律监管和法律风险环境。目前，我国企业经营管理者对法律环境变化的认识还相对滞后，对法律风险还没有足够的认识，对法律风险预防投入更少。根据路伟律师事务所与中华全国律师协会 2005 年进行调研所收集到的 120 份答卷显示：中国企业在法律风险防范上的平均花费仅占总收入的 0.02%。而《财富》100 强企业支出的法律风险费用占企业总收入的 1%。[①] 对从事国际化经营的企业来说，在遵守不同东道国法律法规的同时，还要遵守世界范围内的共同的行为准则。当然，企业在某些国家和地区也会遇到一些执法机构有法不依、执法不严、违法不究的现象，这会严重制约企业的发展。随着国际间相互投资的增加，为了给投资者提供充分的法制保护，坚定其投资信心，国家和地方政府必须不断健全法制，完善投资规范，形成一个适宜国际资本流动的良好的法律环境。

【延伸阅读】

从历史背景上来看，中国企业正处于由人治向法治转变的过程。中国的社会从来都是人治的社会，主张人治的儒家思想在中国根深蒂固，从人治过渡到法治需要一个漫长的过程。这种状况对企业的战略制定有着很大的影响。改革开放 30 多年来，随着中国社会经济发展、市场经济体制变革、产业结构调整和政府职能转变，各级政府官员开始树立规则意识，逐渐确立起行政法治观念。行政法律规范从涉外到对内，从经济立法到文化立法、社会立法，从行政规章、行政法规到行政法律，从实体规范到实体与程序规范并重，探索出了一条跨越式制度构建的发展道路，在规范各级政府行为，尤其是行政立法行为和监督纠正违法行政行为领域有了长足的发展。但在国内有不少国有独资企业的党委书记、董事长、总裁等高管是政府任命的，董事会、监事会、工会等机构不能够起到应有的决策、监督和制衡作用，企业也很难有真正被绝大多数成员共同认可的愿景、使命和长期发展战略。这种体制促使企业发展的主要动力可能主要源于“一把手”的事业心、使命感和良知良能，以及高管层共同的价值观和群体利益追求，因此本质上还是人治，并不是真正意义上的法治。

2008 年 11 月，欧盟议会通过了以轿车为代表的碳排放法规总体规划，即 2012 年要达到 130 克/公里，2020 年要达到 95 克/公里。中国汽车要想占领欧美国际市场就必须生产具有竞争力的低碳汽车。而在货车市场，2009 年 10 月 28

① http://www.fl168.com/Lawyer9465/View/71124/

日，欧盟委员会提出一个重要的减少货车尾气排放中二氧化碳含量的建议，要求2014到2016年每种新的货车型号制造商必须确保二氧化碳排放量不超过每公里175克。该限量要求将分阶段完成。此外，至2020年将实施更严格的每公里135克的限制。现阶段我国出口汽车的附加值较低，仅在价格上具有竞争优势，排放标准逐渐发布以后，我国货车出口将受到严重的影响。随着全球对环境保护的重视，对于汽车排放的标准将越来越严格。为应对全球气候变化危机，中国政府宣布到2020年将国内单位GDP的碳排放比2005年下降40%～45%。对此，我国的相关产业应该审时度势，根据现有的法律规章制度和今后趋势对企业的发展战略进行调整。

2.1.2　经济环境

一个国家的经济健康状况影响着具体的企业和行业的表现。因此，企业必须研究经济环境，以确定变化、趋势及其蕴涵的战略意义。

经济环境（economic environment）是指一个企业所属或者可能会参与其中竞争的经济体的经济特征和发展方向。现代的经济环境正在发生着巨大的变化，在制定经营战略之前，企业应对其所处的经济环境有一个非常清楚的了解和认识。与政治法律环境相比，经济环境对企业生产经营的影响更直接、更具体。经济环境要素指构成企业生存发展的社会经济状况及国家经济政策。它主要包括四个方面：经济发展水平、社会经济结构、经济体制和经济政策。

（1）经济发展水平通常指一个国家和地区的经济发展的规模、速度和达到的水准。主要指标有国民生产总值、国民收入、人均国民收入、经济发展与增长速度等，企业通过对经济发展水平的分析，可以把握经济发展的总趋势，进而对自身企业的发展做出决策。例如经济增长速度对企业的战略投资方向有着重大影响。在经济快速增长时期，居民的收入会有相应的提高，相关产业会有较快的增长。这会给企业的投入和产品销售提供良好的条件，有利于企业的成长和发展。相反，当经济增长延缓时，企业的成长和发展就会受到严重的阻碍，企业应抓住经济快速增长的有利时机，做大做强现有产业，努力开辟新的市场。

美国学者罗斯托（W. W. Rostow）的经济成长阶段理论把世界各国的经济发展归纳为五种类型：①传统经济社会；②经济起飞前的准备阶段；③经济起飞阶段；④迈向经济成熟阶段；⑤大量消费阶段。凡属前三个阶段的国家为发展中国家，而属后两个阶段的国家为发达国家。由生产力发展的规律决定的社会经济发展的历史顺序，一般来说是“原始经济→农业经济→工业经济初级阶段（不发达的工业化）→工业经济高级阶段（发达的工业化）→知识经济（信息经济）”的演进过程[①]。

中国在21世纪要努力实现的生产力的跨越式发展，是指跨过发达的工业化阶段，由不发达的工业化社会直接进入信息化社会，或者说不经过先由不发达工业化过渡到发达工业化，再实现信息化的发展顺序，同时进入工业经济高级阶段和知识经济社会，同时实现发达工业化和信息化。

（2）社会经济结构又称国民经济结构，通常是指一个国家的产业结构、分配结构、交换结构、消费结构、技术结构以及所有制结构等。其中产业结构最为关键，因为它将有利于企业在制定战略时把握产品升级换代的方向和机会，推动企业发展。根据经济发展水平不同，产业结构的主体已经由以农业产业为主转变为以工业产业为主，目前正在向以服务业为主的方向转变。现代服务业的发展对于产业结构升级和提高产业发展质量将起到积极的作用。

“调结构”是我国长期面临的基本任务，是“保增长”的基础，目前中国正处于工业化、城市化和产业结构升级的过程中。2010年，在继续实施积极财政政策中，政府财力更多地用于调结构、促消费、保民生。在应对国际金融危机中，发展新兴产业被寄予厚望。

中央经济工作会议提出，我国要发展战略性新兴产业，推进产业结构调整，培育新的经济增长点。近年来，互联网、3G手机、低碳经济等新概念应运而生。企业应该抓住政府在“调结构”时的政策扶持机会，调整企业的战略方向。“低碳经济”已成为科研单位和企业发展的重要战略选择。大力促进“低碳经济”的发展，必然能抢占科研项目和市场开发的创新先机。现在，世界经济正在加速向“低碳经济”转型，“低碳经济”催生出许多新的经济增长点，“低碳经济”将是未来国家和企业竞争力之所在。

（3）经济体制是指国家组织经济的形式，它规定了国家与企业、企业与企业、企业与各经济部门的关系，并通过一定的管理手段和立法，调控和影响社会经济活动的范围、内容和方式等。它对企业生存与发展的形式、内容、途径等提出了系统的基本规则与条件。企业领导人应准确把握我国经济体制改革的基本方向，及时建立起适应新体制的思想观念和行为方式来指导公司的战略发展。

“转轨发展”是对1978年以来我国经济运行特征的一个总的概括。它包含了我国经济运行的两个基本方面：一是要实现传统计划经济体制向社会主义市场经济体制转变；二是要以发展为主题，加快我国经济发展的步伐。把“转轨”和“发展”都摆在十分重要的位置上，这是由转轨与发展互为条件的依赖关系所决

① 赵月华，李志英．模式Ⅰ——美国、日本、韩国经济发展模式．山东人民出版社，2006年1月．

定的。一方面，只有推进体制转轨，才能实现更快的发展；另一方面，只有获得更快更好的发展效果，才有利于体制转轨的顺利推进。“在转轨中发展，在发展中转轨”，既是消除阻碍经济发展的体制障碍和加快摆脱贫穷落后状况的实际需要，也是在总结我国多年建设实践经验基础上对发展路径所做出的战略性调整和选择。

（4）经济政策是指由国家制定的在一定时期内的经济发展目标及为达到经济发展目标而制定的战略和策略。包括全国经济发展战略和行业政策、分配政策、价格政策、贸易政策、劳动工资政策、财政货币政策等。宏观经济政策规定企业活动的范围和原则，引导和规范企业的经营方向。企业在进行经营战略选择时，应密切关注经济政策的变化发展。因为，政府制定的经济政策对某一产业及其企业的影响，既可以是鼓励和保护性的，也可以是限制和排斥性的。

2005 年 12 月国务院发布实施的《促进行业结构调整暂行规定》中的《行业结构调整指导目录》就是由鼓励、限制和淘汰三类目录组成：对于鼓励类产业投资项目，国家制定优惠政策支持，以消除经济持续发展的瓶颈；对于限制类项目，国家督促改造和禁止新建；而对于淘汰类项目，国家禁止投资，可以采取高税收、产业管制等政策。目前我国的经济增长方式正在由粗放型增长方式向集约型增长方式转变。资源消耗型向资源节约型、环境友好型转变。技术引进型向技术创新型转变。外需拉动型向内需主导型转变。投资拉动型向居民消费拉动型转变。资本引进型向资本输出型转变。倾斜型发展战略向均衡型发展战略转变。

一国的经济发展水平影响着经济结构和经济体制，也影响着国家管理者的经济政策制定；反过来，国家的经济政策、实施的经济体制和布局的经济结构在发展中也会影响社会的经济发展水平。这四个要素组成了企业的经济环境，它们是相互结合、整体地影响着企业的生存和发展。从企业的角度来看，企业在宏观经济环境中应当加强经济环境意识。企业经营管理活动是多样、复杂、快节奏的，以致许多企业经营者被迅速变化的微观环境因素所缠绕，“埋头拉车而不抬头看路”，忽略了对宏观经济环境的观察、了解和思索，而宏观经济环境往往是通过微观经济环境具体地对企业发生作用，因此导致企业对它的感觉和认知在时间和空间上存在一定距离。由此带来的结果，当宏观经济环境发生的变化已逐步被企业经营者觉察时，早已错过良机，甚至某种经济形势早已“兵临城下”，使企业被动应付而困窘不堪。因此企业要对国家经济政策的变化、经济发展水平阶段、经济结构的改变和经济增长速度等因素进行深入分析，并采取相应的措施，抓住机遇，避免危机，适时调整自身战略，以适应不断变化的经济环境。

【延伸阅读】

2010年国务院国资委在中央企业全面推行经济增加值（EVA）考核。国务院国有资产监督管理委员会（国资委）从2003年开始以出资人身份对央企负责人进行考核，按照国资委规划，对央企的考核是以三年为一个任期。国资委对央企考核已经走过了两个任期，第一任期对央企考核以提高经济效益为导向，第二任期以建立全面预算管理和实施战略规划为导向。在对央企第三任期的考核中加入EVA指标，体现了国资委鼓励央企追求发展质量，而不是盲目做大的思路。央企负责人第三任期的价值管理与第二任期的战略管理模式相互融合的新格局，是对央企提出的在不同管理模式间保持协同、以价值管理促进战略目标的实现和国家使命的完成的严峻考验。以赢利指标所代表的规模增长或最大化战略，与EVA指标所代表的价值增长或最大化战略，两个具有内在冲突与完全不同形成机制的指标并行发挥作用，使得企业的综合业绩表现衡量从战略、经营到投资的价值评价，对央企各级管理人员构成了严峻的考验和挑战。在EVA作为业绩考核核心指标的前提下，现行战略制定的习惯性做法和规范，或者说战略制定的游戏规则均将发生根本性的变革。

2.1.3 社会文化环境

社会文化环境（social cultural environment）是相对于自然环境而言，指人类生存及活动范围内的社会物质、精神条件的总和。社会文化环境和一个国家的态度和价值取向有关，因为态度和价值取向是构建社会的基石，所以它们通常是人口、经济、政治和法律、技术条件及其变化的动力。美国著名的经济管理学家德鲁克在美国经济学权威刊物《福布斯》上著文阐述的观点："今天，真正占主导地位的资源以及绝对具有决定意义的生产要素，既不是资本也不是土地和劳动，而是文化。"文化是人类在创造物质财富过程中所积累的精神财富的总和，它体现着一个国家或地区的社会文明程度。中国传统文化以儒家文化为核心，博采了道、佛、法、兵、墨等各家之言，最终形成以小农经济为基础，以家法制、家族制为背景，以儒教伦理为中心，包容各家所言的多元型传统文化。

影响企业经营和战略制定的社会文化环境因素有很多，包括宗教、价值观、传统习惯、人口状况和社会趋势等。

（1）宗教

宗教是人类社会发展到一定水平出现的一种社会意识形态和社会文化历史现

象。社会的存在和发展产生了宗教，宗教形成后又反作用于社会，成为社会诸多控制系统中的一种。历史上，宗教的文化层面往往使人们感知宗教的“真理”，因而世界上任何民族的文化发展历史，都以宗教为源头，在不同程度上受到宗教的影响，形成内容不同的宗教文化。故宗教也是一种文化现象。宗教信仰对企业经营活动的影响主要表现在：第一，不同宗教的教徒有着不同的价值观和行为准则，从而会导致不同的需求和消费模式；第二，宗教的节日前后需求往往大涨大落；第三，宗教禁忌影响着人们的消费行为；第四，宗教组织本身既是大型的团体的买者，又是教徒购买决策的重要影响者；第五，宗教之间及同一宗教不同派别之间的对立，都可能导致敌对行为，进而给企业在那里的经营活动带来风险。

宗教可以发挥巨大的心理慰藉功能，它具有很强的道德教化、稳定社会秩序的功能，而且宗教还是现代经济发展的重要动力。20 世纪初，韦伯提出了著名的新教伦理命题，认为基督新教（我国称基督教）所倡导的勤奋、克己、忠于职守等伦理精神，是现代资本主义发展的动力。2003 年，纽约大学的金融史教授耐尔·佛格森在《时代》周刊上撰文，对欧洲和美国最近 20 多年的经济发展进行了总结：美国经济超过欧洲的根本原因是宗教因素。美国人一年的平均工作时间为 1 976 个小时，德国人是 1 533 个小时，荷兰人和挪威人则更少。在 1973 至 1998 年间，美国的就业率从 41%升至 49%，而德国和法国则分别降至 44%和 39%。欧洲各国工作时间的减少正好与其宗教信仰的急剧衰落相符，大约 50%的欧洲人表示上帝与他们“无关”；而在北美，82%的被调查者认为上帝“非常重要”。人们由此断言，美国经济的活力与其较高的宗教参与程度有关，宗教所提供的伦理支持成为美国经济优于欧洲经济的原因。在中国，佛教、道教同中国传统文化关系极为密切，它们的思想已经深深印入了不少企业家和企业文化之中。

从历史来看，世界各民族消费习俗的产生和发展变化，与宗教信仰是息息相关的。宗教信仰是影响人们消费行为的重要因素，有时甚至有巨大的影响力。如果企业的产品战略定位符合宗教信仰所倡导的观念，得到宗教组织的赞同与支持，宗教甚至会主动号召教徒购买、使用，从而能起到一种特殊的推广作用。企业可以把影响较大的宗教组织作为重要的战略关系对象。

（2）价值观

价值观是指人们对周围的客观事物（包括人、事、物）的意义、重要性的总评价和总看法。人们所处的自然环境和社会环境，包括人的社会地位和物质生活条件，决定着人们的价值观念。处于相同的自然环境和社会环境的人，会产生基本相同的价值观念。每一社会都有一些共同认可的普遍的价值标准。我国传统社会地位的次序是“士农工商”。在外国就更不用说了，犹太人借钱给极需资金者周转，就被视为“吸血的高利贷者”；倾尽家财办工厂的企业家，则被视为开“血泪工厂”的剥削者……而今，国外的思想已经转变，在国外大学里毕业生首选创业，而在中国，能考上国家公务员则是许多毕业生的梦想。

生活在不同社会环境下，人们的价值观念会相差很大。消费者对商品的需求和购买行为深受价值观念的影响，对于不同价值观念的消费者，企业必须采取不同的战略。比如，我国出口的黄杨木刻一向用料考究，精雕细刻，以传统的福禄寿星或古装仕女行销亚洲一些国家和地区；而欧美人对中国传统的制作原料、制作方法和图案不太感兴趣，其内在原因就在于东西方居民的价值观念和审美观不一样。因此，企业就必须改变自身的战略，如采用一般技术作简单的艺术雕刻，涂上欧美人喜爱的色彩，并加上适合于复活节、圣诞节等的装饰品，这样就能很快打开市场。

(3) 消费习惯

消费习惯是人类各种习俗中的重要习俗之一，是人们在长期经济与社会活动中所形成的一种消费习惯。它在饮食、服饰、居住、婚丧、信仰、节日、人际关系等方面，都表现出独特的心理特征、道德伦理、行为方式和生活习惯。了解目标市场消费者的禁忌、习俗、避讳、信仰、伦理等，是企业进行市场营销战略的重要前提。比如，可口可乐老板曾经这样说：可口可乐在中国已经获得了一定的市场份额，但是远没有实现他们让世界每一个角落都喝上可口可乐的目标，因为它还没能渗入中华文化。中华文化是什么？从“饮”的角度来讲，中华文化是茶文化，这种文化渗透于人们日常的生活习惯，或者叫消费习惯当中。所以企业进入国外市场以后要注重培养市场的消费习惯。

(4) 人口状况

①人口数量。截至2007年底，全球人口已从2000年的61亿增长到接近66亿。目前中国是世界上人口最多的国家，2008年末中国内地人口13.28亿，占世界人口的20%、亚洲人口的33%。其中农村人口占总数的一半以上。庞大的人口数量一直是中国国情最显著的特点之一。

②年龄结构。世界人口正在快速老龄化[①]，比如日本和北美欧洲一些国家。2008年我国65岁及以上人口已占总人口的8.3%，我国虽已步入老年型社会，但尚处于人口老龄化的早期，未来我国人口类型将从轻度老龄化转变成深度老龄化，进而转化成重度老龄化，银发浪潮将成为21世纪我国主要的人口问题之一。

---

① 人口老龄化是指总人口中因年轻人口数量减少、年长人口数量增加而导致的老年人口比例相应增长的动态过程。人口老龄化的具体标准是国际上通常把60岁以上的人口占总人口比例达到10%，或65岁以上人口占总人口的比重达到7%作为国家或地区是否进入老龄化社会的标准。

预计到 2040 年，年龄超过 60 岁的人口将达到 4 亿。老年人对保健、金融服务、旅游等需求较大，老龄化人口结构所导致的消费需求变化将极大地影响有关企业的战略取向。如何在人口老龄化和促进经济社会发展之间架起一座桥梁，达成双赢的局面，企业又如何在这座桥梁的构建中发挥自己的战略优势是我们亟待解决的问题。

③人口分布是指人口在一定时间内的空间存在形式、分布状况，包括各类地区总人口的分布，以及某些特定人口（如城市人口、民族人口）、特定的人口过程和构成（如迁移、性别等）的分布等。它是受自然、社会、经济和政治等多种因素作用的结果。自然环境条件（如纬度、海拔、距海远近等）对人口分布起重要作用。随着世界范围的工业化和城市化进程的加速，社会、经济和政治等因素对人口分布的影响越来越大。由于现代技术所带来的通信能力的提高，整个世界的人口分布都会受到一定的影响，因为，通过计算机技术，人们可以待在家里与他人进行远程通信，并完成工作。目前中国人口分布东多西少，分布很不均匀。

④人口教育水平

教育是遵照一定目的要求，对受教育者施以影响的一种有计划的活动，是传授生产经验和生活经验的必要手段和途径，反映并影响着一定的社会生产力和生产关系。教育水平的高低对企业营销战略、科研水平和人力资源等均有很大影响。

总之，人口因素对企业战略的制定具有重大影响。例如，人口总数直接影响着社会生产总规模；人口的地理分布影响着企业的厂址选择；人口的性别比例和年龄结构在一定程度上决定了社会的需求结构，进而影响社会供给结构和企业生产结构；人口的教育文化水平直接影响着企业的人力资源状况；家庭户数及其结构的变化与耐用消费品的需求和变化趋势密切相关，因而也就影响到耐用消费品的生产规模等。

(5) 社会发展趋向

近 20 年来，社会环境方面的变化日趋加快，这些变化打破了传统习惯，使人们开始重新审视自己的信仰、追求和生活方式，影响着人们的穿着款式、消费倾向、业余爱好，以及对产品与服务的需求，从而使企业的发展面临更严峻的挑战。现代社会发展的主要倾向之一，就是人们对物质生活的要求越来越高。一方面，人们已从“重义轻利”转向注重功利和实惠，有些人甚至走到唯利是图的地步；产品的更新换代日益加速；日益增长的物质需求给企业发展创造了外部条件。另一方面，随着物质水平的提高，人们正在产生更加强烈的社交、自尊、信仰、求知、审美、成就等高层次需求。人们希望从事能够发挥自己才能的工作，使自己的潜力得到充分的发挥。

1980年，未来学大师阿尔温·托夫勒（Alvin Toffler）发表了《第三次浪潮》。他认为人类社会经历了两次浪潮：第一次农业革命，第二次工业革命；现在人类开始了第三次浪潮。他认为现在社会正“从工业社会转向信息社会”。此后，信息社会就成为最流行的一种说法。萨缪尔·亨廷顿（Samuel P. Huntington）1997年在《文明的冲突与世界秩序的重建》一书中指出：在未来的岁月里，世界上将不会出现一个单一的普世文化，而是将有许多不同的文化和文明相互并存。那些最大的文明也拥有世界上的主要权力。它们的领导国家或是核心国家——美国、欧洲联盟、中国、俄罗斯、日本和印度，将来可能还有巴西和南非，或许再加上某个伊斯兰国家，将是世界舞台的主要活动者。在人类历史上，全球政治首次成了多极的和多文化的。2009年美国社会学家约翰·奈斯比特（John Naisbitt）的《中国大趋势》以全球的视角，精辟地提出了“中国新社会的八大支柱”理论①，指出中国正在创造一个崭新的社会、经济和政治体制，它的新型经济模式已经把中国提升到了世界经济的领导地位。

后现代化的影响。后现代化理论是西方学者提出的一种社会发展理论，其认为社会经济的发展不是直线的。20世纪70年代以来，发达国家社会发展方向发生了根本转变，已经从现代化阶段进入后现代化阶段。美国密歇根大学教授因格哈特（Inglehart，1997）把1970年以来先进工业国家发生的变化称为后现代化。他认为，后现代化的核心社会目标，不是加快经济增长，而是增加人类幸福，提高生活质量。在中国经营的企业应该了解中国现处阶段和今后的发展趋势，适当地对自己的产品战略和市场定位进行重新审视，不断提高自己的管理水平。高速增长的中国经济引发的环境污染，以及对财富的错误倾向，现在该是认真思考的时候了。

表2.1　不同社会的社会目标和个人价值观

	传统社会	现代社会	后现代社会
核心社会目标	在一份稳定的国家经济中生存	经济增长最快化	人类幸福最大化
个人价值观	传统宗教和社区规范	成就动机	后物质主义和后现代价值规范
权力系统	传统权力	理性和法律权力	同时重视法律、民主和宗教权力

① 解放思想；“自上而下”与“自下而上”的结合；规划“森林”，让“树木”自由生长；摸着石头过河；艺术与学术的萌动；融入世界；自由与公平；从奥运金牌到诺贝尔奖。

最近的调查显示，有些国家如尼日利亚，刚刚开始现代化；有些国家如中国，正在加速现代化；有些国家如韩国，接近于从现代化向后现代化的转折点；有些国家，如英国、德国和美国，已经进入后现代化，有人称之为创新型国家。国民到达一定富有程度需要降低消耗，进行调整，以使社会和生产趋于合理。因而制造业将趋于精细化、信息化和呈现出社会的“绿色”企业标准。也只有造就绿色企业，才会有绿色GDP。世界的文明繁荣阶段通常需要60年到100年。英国从一个小岛国走向世界帝国，用了差不多60年左右的时间。美国从二次世界大战走到第二次金融危机以前，差不多也是60年时间。日本有两个60年，明治维新60年走向一个繁荣，紧接着由于很多原因开始了战争，到二次大战以后有了第二次繁荣，依然还是60年。中国改革开放至今经历了30多年，这意味着我国正处在一种上升阶段。因此，只要有一些基本条件满足，中国未来的30年一定会比过去的30年走得更好。这两个30年的中间状态刚好嵌入了一个非常有标志性的事件，就是金融危机。因此，金融危机对中国来说应该是好事，中国应该会从这次危机中收益更多一些，在世界经济面前，中国经济的实力和地位将明显加强。

【延伸阅读】

著名的史学大师阿诺尔德·约瑟·汤恩比（Arnold Joseph Toynbee，1889—1975）在30多年前，于《纽约时报》上撰文预测21世纪是中国人的世纪。汤恩比在与日本池田大作的一段对话中说：“将来这个世界会统一，统一世界的不是美国人，不是欧洲人，是中国人。”他是根据历史的看法，中国从汉朝建国一直到今天，这两千多年都维持统一的局面，在全世界找不到第二个国家。他说将来有资格统治全世界的是中国人，当然这种统治绝对不是武力，绝对不是哪一个君臣，不会有这个关系，我相信是文化，是文化的统一，也就是大乘佛法跟孔孟学说。汤恩比的意思是中国文化，也就是孔孟学说跟大乘佛法，哪一个国家提倡，这个国家就是世界的领导人。所以中国文化，儒家与大乘佛法会影响全世界，会给世界带来安定和平、繁荣幸福，这是汤恩比一生做学问的总结。英国的汤恩比博士和日本的池田大作，他们都是世界大师级的著名历史学家，1975年进行了历史性的会晤，并预测，21世纪要继续生存下去，避免世界性的混乱，就必须弘扬中华文化。他们合作出了一本书《展望二十一世纪》，其中谈道：自从人类在大自然中的地位处于优势以来，没有比今天再危险的时代了，人们不道德的程度，已经是悲剧，而社会管理也很糟糕。东方的传统文化，特别是儒家、墨家的仁爱学说，是解决现代化社会伦理问题所急需，孔子的仁爱，是当今社会所必需，墨子的兼爱，过去只是在中国，而现在应该作为世界性的理论去理解。在他们的影响下，英国等西方一些国家，都在大、中、小学设立了东方传统文化课，已经列入了正规的教育。随后澳洲跟进，澳洲学校里有两本课本，几十万字的东方传统文化教程，可谓让人们叹为观止。

2.1.4 技术环境

企业的技术环境（technological environment）指企业所在社会环境中的科技要素及该要素直接相关的各种社会现象的集合，主要包括四个因素：社会科技水平、社会科技力量、国家科技体制、国家科技政策及科技立法等。由于技术进步的步伐很快，迅速而全面地研究技术因素对企业而言非常重要，人们发现，最先选用新技术的企业通常能够获得较高的市场份额和更高的回报。因此，企业应当持续地扫描外部环境，辨别潜在的当前使用技术的替代品，以及能给企业带来竞争优势的新型技术。技术环境所包含的四个因素都会对企业的生产经营和管理活动产生重大影响。当然市场或产业内部和外部的技术趋势和事件也会对企业战略产生重大影响。

科学技术是影响人类前途和命运的最大力量。企业发展和战略制定必须密切关注科学技术的发展动态。技术环境对战略所产生的影响包括：

（1）基本技术的进步使企业能对市场及客户进行更有效的分析。例如，使用数据库或自动化系统来获取数据，能够更加准确地进行分析。技术进步可导致现有产品被淘汰，或大大缩短产品的生命周期。

（2）新技术的出现使社会和新兴产业对本产业产品和服务的需求增加，从而使企业可以扩大经营范围或开辟新的市场。即使互联网作为主要的技术进步为企业提供了强大的能力，无线通信技术仍然被预测为下一个关键的技术机会。手提装置和其他无线通信设备已被用于获取基于网络的服务。拥有无线网络连接功能的手提电脑，能上网的手机以及其他一些新兴的平台有望大量增加，企业必须与变革的技术保持一致，同时随时准备在新的革新性技术被引入之后迅速使用。

（3）技术进步可创造竞争优势。例如，技术进步可令企业利用新的生产方法，在不增加成本的情况下，提供更优质和更高性能的产品和服务。技术进步上也存在“马太效应”，即技术越先进，基础越好，越有条件开发新技术，更容易进行技术创新；技术越落后，基础越差，改进技术越困难。再加上最新的一流的技术很难引进，使这种“马太效应”更为显著，会加剧发展中国家存在的技术劣势。在网络经济中，出现赢家通吃的现象，谁先拥有新技术、新产品、新策略，谁先进入市场，谁将处于支配地位；谁落后一步，可能连生存的余地都没有。

(4) 新技术的发展使企业可更多地关注环境保护，企业的社会责任及可持续成长问题，也使生产越来越多地依赖于科技的进步。作为一个发展中国家，中国经济由“高碳”向“低碳”转变的最大制约，是整体科技水平落后及技术研发能力有限。低碳技术是发展低碳经济的关键，因此，必须大力建立低碳技术创新体系，为发展低碳经济提供科技支撑；搞好低碳经济试点与基地建设，加快低碳经济发展等。

在社会主义市场经济条件下，企业是市场竞争的主体，也是技术创新的主体。技术进步对经济发展的影响，从本质上说是企业对新技术开发的投入、采用和扩散。新技术的快速扩散，能使产品的生命周期大幅度缩短，给那些能快速推出新产品和新服务的企业带来竞争优势。最先导入新技术的企业通常能够获得更高的市场份额和更高的回报，技术正越来越成为企业生存和发展的关键因素。对企业来说，要密切关注所在行业的技术发展动态和竞争者技术开发、新产品开发方面的动向，为企业的战略分析和制定提供依据，为企业在日益复杂多变的环境中赢得竞争优势。

【延伸阅读】

十六届五中全会以来，“自主创新”已成为我国举国上下的聚焦点。即通过本国自身的学习和研究开发活动，探索技术前沿，突破技术难关，研发具有自主知识产权的技术，形成自主开发的能力，同时把“自主创新”划分为三种——“原始创新、集成创新、引进消化吸收再创新”，并且产学研都一致认同“自主创新的主体是企业”。

后发展国家的技术追赶可能有三种模式：一是凭完全的自主创新来追赶，但现实中需要许多条件和因素，不可能全面实现。二是通过引进技术，进行模仿、借鉴来进行技术积累，再培养自主创新能力。日本、韩国是成功的例子。三是以市场换技术，让外国技术随同其产品进入本国市场，缩短走完“学习曲线”所需要的时间来提高技术能力，再寻求创新。“以市场换技术”，是我们对外开放过程中提出的一个基本原则或曰战略举措，进而逐步发展完善成为了对外开放战略的有机组成部分。由于我国是在从计划经济体制向市场经济转换进程中实施该战略的，20 世纪 90 年代以后，“以市场换技术”更被作为政府利用外资的一个基本战略明确提出。按照“技术生命周期”理论，先进技术、核心技术、关键技术是跨国公司的“命根子”，是其竞争力的核心所在，因此，“市场换技术”情况下，即使得到了技术，也绝对不会是先进技术，不会是核心技术，不会是关键技术。

资料显示，日本引进技术时期，平均花 1 美元引进，就要花约 7 美元进行消化、吸收和创新。韩国则明确规定，同类技术只能引进一次，余下的功课就是消化吸收和自主创新。“以市场换技术”只是我们实现自主创新的主要途径之一，我们的目标是提升自主的技术创新能力和掌控市场的能力。

目前，世界范围内科技进步速度加快，西方发达国家已开始进入知识经济时代的早期，知识的不断创新、技术的不断突破及其快速高效的商业化运作，使得发达国家的整个经济呈现出知识经济型、网络型趋势。在我国，“科教兴国”方针的逐步贯彻，必须从整体上深刻改变企业的科技环境，加速社会的技术创新，推动社会技术转移和现存产业的变迁。企业应充分认识到科技环境变化给自己带来的机会，抓住这个机会，实现自己的技术进步和技术升级，真正发挥“科学技术是第一生产力”的作用。

2.1.5 历史因素

培根有一句名言：“历史使人明智。”只有总结古人的错误、经验教训，以及成功的经历，我们才能尽可能地避免出现错误，这对于处在发展中的社会主义新中国的企业来说，更加重要。“以铜为镜，可以正衣冠；以史为镜，可以知兴替；以人为镜，可以知得失。”在这里，我们可以说，企业以史为镜，可以定战略。

英国诗人雪莱曾这样写道：“历史，是刻在时间记忆上的一首回旋诗。”历史造就了企业，这是一种偶然中的必然。在历史环境下，历史成就了企业，而企业的行为，创造出不一样的历史，两者是一种互相依存的关系。历史用它的积累和沉淀通过它的经验来形成文化，而文化又在很大程度上形成企业家的观点和习惯，最终通过战略来指导企业的运行。

马克思主义哲学包括辩证唯物主义和历史唯物主义。历史唯物主义认为社会存在决定社会意识。中国企业形成和发展的历史对比西方国家是较短的。漫长的封建社会到了清王朝的晚期，商品经济才有了一定发展。如果从 19 世纪 70 年代中国出现近代民族资本企业算起，至今中国企业的历史只有 140 年时间。但是中国五千年的历史文化对企业战略的影响是巨大的。三一集团作为一家民营企业自从创业那一天起，就立志“创建一流企业，造就一流人才，做出一流贡献”，并以“自强不息，产业报国”作为企业精神。这与中华民族的艰苦奋斗、永争一流的历史传统分不开。在中国历史上，凭借血缘关系对族人进行管辖和处置的宗法制度源远流长。中国人一贯以家庭观念为重，晚辈力图光宗耀祖，长辈则望子成龙，一荣俱荣，一损俱损，一人光荣全家族脸上都会有光。这是家族企业文化比较盛行的一个重要原因。

历史是一笔财富，悠久的历史会沉淀出厚重的文化，而厚重的文化会影响企业创新和变革。与此同时，历史具有延续性，正如马歇尔所说，“自然界没有飞跃”。企业的发展必须符合历史发展规律和趋势。这对于战略尤其重要。

【延伸阅读】

美国社会学家曾经对美国人消费有一个评价：“必需品买最好的，不吝啬钱；非必需品买最少的，不浪费钱。”这种消费观念，来源于美国民族的历史传统本身。圣诞节前是美国商品打折最多的时候，每年这个时候，在号称全球最大商场的梅西百货，从香水到手表，从剃须刀到西服，再从巧克力到饼干，十余层商场的每个角落都贴满了“完美礼物”的标签。与国内朋友之间送礼不同的是，美国人给朋友送礼，一般会保留包装和价格标签，还会附上购物小票。国外购买的商品也是如此。当然这样的礼物朋友如果不喜欢，就完全可以在过完节后拿着小票去换别的商品，或者干脆要求退货。所以每年元旦过后，各大商店退货台前总是排满了等待退换货的顾客。其实美国人的传统消费观念主要是“务实”。消费品对于美国人来说，够用是第一位，质量是最重要的。

2.1.6 自然环境

自然环境就是指人类生存和发展所依赖的各种自然条件的总和。自然环境是企业赖以生存的基本环境，自然环境的优劣影响到企业的生产经营活动。企业对自然环境造成的不良影响，严重影响着企业、社会与环境之间的平衡。中国环境污染变得越来越严重，造成的环境成本也越来越大，政府在环境立法上逐步明确其法律责任。环境保护与生态平衡状况等因素都是企业在确定投资方向、产品改进与革新等重大战略决策问题时必须考虑的因素。自然环境对企业经营的影响主要包括以下方面：

（1）自然条件

当前，在世界上很多地方，气候变得越来越难以捉摸。全球变暖增加了酷热、飓风、水涝、干旱等极端天气出现的频率。而气候变化导致的海平面上升也将严重影响到沿海地区人们的生活。由于中国还是一个人口众多、经济发展水平较低、能源结构以煤为主、应对气候变化能力相对较弱的发展中国家，气候变化给中国带来了严峻挑战。气候变化对我国的影响主要集中在农业、水资源、自然生态系统和海岸带等方面，可能导致国家有关重大工程建设和企业运营安全受到影响。在不可逆转的全球变暖大灾难到来之前，作为《联合国气候变化框架公约》及其《京都议定书》的缔约方的中国将在节能减排、改用可再生能源、减排温室气体、保护森林等方面多管齐下，为遏制全球气候变暖趋势做出大国贡献。

生态环境是人类生产和生活中与之发生联系的自然因素的总和，人类的活动必然对这些因素造成或多或少的影响。目前，我国生态环境破坏的范围在扩大，程度在加剧。土地退化、荒漠化程度加重，水生态系统失衡，全国有多数城市缺水，生物多样性锐减。生态环境恶化，严重影响了我国经济社会的协调发展和国家生态环境安全。面对如此局面，国家把落实节约资源和保护环境作为一项基本国策，大力建设低投入、高产出，低消耗、少排放，能循环、可持续的国民经济体系和资源节约型、环境友好型社会。企业在经营过程中，应当响应政府号召，增强社会责任感，在节约能源、提高能效等方面做出努力。

(2) 自然资源

世界经济的现代化，得益于化石能源的应用。当中国已成为煤炭、钢铁、铜等世界第一消费大国，继美国之后的世界第二石油和电力消费大国后，随着经济快速发展，我国主要能源和初级产品的供求格局发生了较大变化，资源对经济发展的制约作用开始显现，且差距呈越来越大之势。从总体上看，我国资源十分丰富，但从人均占有量考察，我国又是一个资源短缺的国家。电荒、煤荒、油荒近年来已经严重影响了人们的正常生活和企业的生产。大力发展可再生能源，用可再生能源和原料全面取代生化资源，进行一场新的工业革命，不仅是出于人类生存的原因，而且也是促进社会获得持续发展的必要途径。

企业面对资源紧缺的自然环境，可以采取的较好的战略是努力寻找替代品或降低资源的消耗，这样就可以减轻或避免某种自然因素对企业生产经营的不良影响。

现实中，一方面是自然资源的短缺，另一方面企业在生产经营中又存在着十分严重的自然资源浪费现象。自然资源的浪费，使得企业生产经营的成本大大提高，从而直接影响了企业产品的竞争力和市场销量，这对于企业实现市场目标和战略目标十分不利。同时，由于自然资源的浪费而引起的不利的生活环境，将不利于人们的身心健康，对企业生产经营会产生间接影响。企业针对自然资源浪费的现象，必须加强宣传，提高认识，努力完善产品设计和进行技术改造，尽力降低原材料和燃料动力等资源的消耗，减少浪费，提高资源的利用效率，用同样的资源生产出更多更好能满足人们生产和生活需要的产品。推行企业清洁生产审核制度，减少产品在整个生命周期内对人类和环境的危害。

(3) 自然环境污染

自然环境的污染问题已为世界瞩目。在发达国家，随着工业化和城市化的发展，自然环境污染问题日益严重。占世界人口总数 15%的工业发达国家，其工业废物的排放量约占世界废物排放量的 70%。我国虽属发展中国家，但工业“三废”（废水、废气、废渣）对自然环境也造成了严重污染。环境保护法的颁布，一方面对企业进行了强制约束，使之务必遵循防治环境污染的设施必须与主体工程同时设计、同时施工、同时投产，并严格控制污染使之达到部颁标准；另一方面也为一些企业在环保工程与产品研究上提供了市场机会。如何减少污染、变废为宝、化害为利，是企业必须重视和探讨的重要课题。

企业自然环境战略主要考虑三个方面：

第一，外部因素。目前，促进大多数公司采取环保行为的是旨在影响环境的政府规制力，即规制动力。环境法规的日益完善，已成为推动企业强化环境管理的一个重要外部条件。由于环境条件的恶化，政府加强对环境问题的关注，就会对企业当前行为进行干预，从而影响公司结构、竞争能力和利润率等，因此企业在战略规划、生产经营活动时应适当考虑由于规制而给企业带来的环境成本。企业具有良好的环境行为，在环保技术创新和企业产品改造以及企业环境战略的实施方面，可得到政府的鼓励和支持。

第二，市场因素。(a) 消费者压力，现在的消费越来越倾向于绿色消费。广大的消费者逐渐将目光投向绿色环保产品，追求生态健康，特别是大多数国家“绿色产品”已深入人心，因此消费者愿意为具有某种环保特点的产品支付较高的价格，从而公司可获得溢价的机会而实施环境管理战略。相反消费者可能会抵制环境记录较差的公司或产品。(b) 股东压力，公司股东中的“绿色投资者”分配或扣留资金的依据不仅是公司财务业绩，也包括其环境业绩。他们可以卖出股票或债券来抵制公司的投资项目，迫使公司撤销对环境有害的投资计划。(c) 公众压力主要包括顾客对产品环保的满意度、环境组织对企业形象的确认。(d) 环保技术的发展和应用，也带来了巨大的竞争压力。德国、加拿大、日本、美国、澳大利亚等国已经开始对符合环保要求的产品颁发环保标志，没有环保标志的产品不得进入其市场。企业要发展就必须及时采用先进的环保技术和环保标准。

第三，企业内部因素。企业领导的环境意识最为关键，企业家在环境战略导向中的作用，主要包括企业愿景、使命和目标的确立、创新战略的制定、环境文化的形成、环境组织结构的构建、企业员工的环保培训等方面。只有在企业领导环境意识的引导下，才能建立起环境组织结构和环保文化，才能实现环境组织管理，促使员工树立环境意识。管理者应充分利用一些资源转向保护或改善环境的机会，积极将环保理念灌输到公司的每个部门并形成一种文化氛围。

企业的环境战略主要受制于以上三个方面。相对而言规制因素和市场因素属于企业不可控因素，企业内部因素为可控因素。由于企业难以通过不可控因素来改变企业行为，因此企业必须从自身出发，尽量降低可控因素的负面影响，积极实施环境管理，提高企业防御环境风险能力。

实施环境战略是新世纪企业发展的永恒主题。企业在制定环境战略时首先要改变自己的环境行为，注重环境管理，将环境保护理念融入整个生产、营销、分配等环节中，从而努力去影响供应商和消费者的行为，获得竞争优势。然后制定相应战略，通过应用环保技术、提高竞争规则来改变市场行为，使之有利于企业可持续发展。

【延伸阅读】

中国共产党第十七次代表大会明确提出："建设资源节约型、环境友好型社会，实现速度和结构质量效益相统一，经济发展与人口资源环境相协调，使人民在良好生态环境中生产生活，实现经济社会永续发展。"即建立"两型社会"。资源节约型社会是指整个社会经济建立在节约资源的基础上，建设节约型社会的核心是节约资源。环境友好型社会是一种人与自然和谐共生的社会形态，其核心内涵是人类的生产和消费活动与自然生态系统协调可持续发展。建立"两型社会"是我国在面临人口不断增长、环境压力不断加大、资源消耗强度增大等问题时，提出的重大战略决策。

企业履行社会责任须正确处理企业活动与环境的关系，追求与环境的可持续协调发展，主要包括遵守国家和地方有关环境保护的法律法规、建立完善的环境管理体系、持续地改进环保工作、积极应对和规避环境风险等等。不同行业的企业在建设两型社会、进行自主创新时面临的战略风险是不同的，其两型的侧重点也会有所不同。例如，制造行业自主创新时面临的主要是价值风险和环境风险，节约资源和保护环境同等重要；而IT行业创新面临的主要是功能风险和时间风险，节约资源显得更为重要。保护社会自然环境免遭污染，实现社会生态平衡是企业重要的社会责任。基于对环境关系的社会责任问题，已成为企业竞争力的主要方面。

2.1.7　一般环境分析方法

企业正面临一个高度动荡、复杂、全球化的外部环境，这使得要将这些环境表述清楚越来越困难。为了处理那些模糊且不完全的环境信息以增进对总体环境的了解，企业需要进行外部环境分析，这种分析是连续的过程。一般环境分析涉及对一般环境的扫描（scanning）、监测（monitoring）、预测（forcasting）和评价（assessing）（见表 2.2）。

表 2.2　一般环境分析的构成

扫描	·发现环境变化及其趋势的早期信号
监测	·通过对环境变化及其趋势的持续观察查明变化的意义
预测	·根据所监测到的变化预测其发展结果
评价	·明确环境变化及其趋势对企业战略管理的重要性与时效性

（资料来源：Michael A. Hitt，Duane Ireland，Robert Hoskisson，2001. Strategic Management. South-western College Publishing，引用时略有修改）

扫描是对一般环境中所有的细分因素所进行的研究，是一种全景式的环境审视。通过扫描，企业可以发现一般环境正在发生和将要发生的变化的早期信号。在进行扫描时，企业往往要面对并处理大量不完全、模糊、缺乏联系的数据和资料。环境扫描对处于急剧变化环境中的企业尤为重要。监测是观察扫描所发现的环境变化，看是否有新的重要变化趋势发生。成功的监测关键在于使企业能够查明各种环境事件对企业经营战略的意义。扫描和监测主要关心某一时刻已发生的环境事件，而预测则主要在于对作为扫描和监测所发现的变化及其趋势的结果，如什么将会发生，何时将会发生的一种推测。评价的目的在于明确环境变化及其趋势对企业战略管理的重要性和时效性。扫描、监测和预测使企业能够了解宏观环境；而评价则更进一步，力图确定这些了解对企业的意义。离开了评价，所收集的各种外部信息都只是一堆素材，而不能为企业战略管理提供指导。

古鲁克（Glueck）在其研究中发现高层管理人员都有他们自己的一套评价和扫描方法，他们通过听、看、读和交流，从实践经验中学习来获得自己的管理方法。看电视、听广播、阅读报纸报道以及与别人的互动都能为公司信息系统提供各种信息。亨利·明茨伯格（Henry Mintzberg）证实了这些发现。而在中国，与政府官员的交流互动是很好的监测和评价一般环境的方法。

（1）外部因素评价（EFE）矩阵

外部因素评价矩阵（external factor evaluation matrix，EFE 矩阵），是一种对外部环境进行分析的工具，其做法是从机会和威胁两个方面找出影响企业未来发展的关键因素，根据各个因素影响程度的大小确定权数，再按企业对各关键因素的有效反应程度对各关键因素进行评分，最后算出企业的总加权分数。通过EFE，企业就可以把自己所面临的机会与威胁汇总，来刻画出企业的全部吸引力。EFE矩阵可以按如下五个步骤来建立：

①列出在外部分析过程中确认的关键因素。因素总数在10～20个之间，因素包括影响企业和所在产业的各种机会与威胁。首先列举机会，然后列举威胁，尽量具体，可能时采用百分比、比率和对比数字。

②赋予每个因素以权重。数值由0.0（不重要）到1.0（非常重要）。权重反映该因素对于企业在产业中取得成功的影响的相对大小性。机会往往比威胁得到更高的权重，但当威胁因素特别严重时也可得到高权重。确定权重的方法：对成功和不成功的竞争者进行比较，以及通过集体讨论而达成共识。所有因素的权重总和必须等于1。

③按照企业现行战略对关键因素的有效反应程度为各关键因素进行评分。分值范围1～4。4代表反应很好，3代表反应超过平均水平，2代表反应为平均水平，1代表反应很差。评分反映了企业现行战略的有效性，因此它是以公司为基准的，步骤②的权重是以产业为基准的。

④用每个因素的权重乘以它的评分，即得到每个因素的加权分数。

⑤将所有因素的加权分数相加，以得到企业的总加权分数。无论EFE矩阵包含多少因素，总加权分数的范围都是从最低的1.0到最高的4.0，平均分为2.5。高于2.5则说明企业对外部影响因素能做出反应。EFE矩阵应包含10～20个关键因素，因素数不影响总加权分数的范围，因为权重总和等于1。

表2.3 西部大开发与加入WTO对四川企业的影响矩阵

机会	权重	评分	加权分数
1. 增加了投资机会	0.2	4	0.8
2. 享受国民待遇	0.2	4	0.8
3. 获得了宽松的政策环境	0.1	3	0.3
4. 提供了更多的资源条件	0.1	2	0.2
5. 基础设施更加方便	0.1	2	0.2
6. 增加了进出口的可能性	0.1	1	0.1
威胁			
1. 竞争更加激烈	0.1	4	0.4
2. 部分企业将受到强烈冲击	0.03	1	0.03
3. 优秀人才更加缺乏	0.05	3	0.15
4. 社会稳定受到考验	0.02	1	0.02
总计	1.0		3.00

（资料来源：http：//wiki.mbalib.com/zh-tw）

（2）环境不确定性分析方法

为了使企业战略适应环境的特点，企业必须确认环境的状况。分析和确认环境的状况，即环境的不确定性分析。

①环境不确定性的特性

环境的复杂性。外部环境的复杂性指企业在进行外部环境分析时所应当考虑到的环境因素的总量水平。一般说来，随着时代的发展，企业作为一个开放系统，它所分析的外部环境因素会有越来越多、越来越多样化的发展趋势，因而企业所面临的外部环境会变得更加复杂。例如，随着我国各方面的进一步对外开放和与世界经济的接轨，迫使企业增加对国际同行业者情况的了解，以及考虑生产要素在国际范围内的优化组合。从这一点上来看，更加说明企业战略管理的重要性和必要性。

环境的动荡程度或稳定性。从两个方面来考察环境的动荡程度。其一，是看环境的新奇性，这主要是说明企业运用过去的知识和经验对这些事件的可处理程度。动荡水平低的环境，企业可以用过去的经验、知识处理经营中的问题；而动荡程度高的环境，企业就无法仅用过去的经验、知识处理经营中的问题。其二，要看环境的可预测性。随着环境动荡程度的提高，环境的可预测性逐渐降低，不可预测性逐渐提高。在高动荡水平的环境里，企业所能了解的只是环境变化的弱信号，企业环境中更多地存在着许多不可预测的突发事件。

许多预测表明，在 21 世纪，所有组织环境的不确定性都会增加。环境不确定性就是组织外部环境中存在的复杂度和变化度之和。一方面，环境不确定性使战略管理者面临威胁，它既是制定长期规划的障碍，也是阻止战略管理保持公司与外部环境均衡的障碍。另一方面，环境不确定性也是机会，它给战略管理者提供了广阔的活动舞台，创造性和创新思维能够在战略决策中发挥重要作用。

上述两种特性，形成了一个评估环境不确定性的框架，表 2.4 分别探讨了由两个特性组成的四种环境状况：

简单与稳定状况。在简单与稳定状况下，不确定的程度很低，企业对环境比较容易把握。在这种条件下，由于环境稳定或可预期，企业对过去环境影响的分析就有一定的实际意义。

复杂与稳定状况。在复杂与稳定环境中，不确定性有所增加。外部环境的众多因素都会对企业生产经营带来影响，但这些因素变化不大，且往往在预料之中。

简单与不稳定状况。在简单与不稳定环境中，不确定性进一步增加。尽管外部环境影响因素较少，但这些因素难以预测，往往与企业初衷相违背。

复杂与不稳定状况。在复杂与不稳定状况下，不确定程度最高。企业面临着众多的外部因素，且变化频繁，对企业的举措影响甚大。

表 2.4　评估环境不确定性框架表①

<table>
<tr><td rowspan="4">环境变化</td><td rowspan="2">稳定</td><td>简单与稳定状况＝低程度的不确定性</td><td>复杂与稳定状况＝低至中等程度的不确定性</td></tr>
<tr><td>① 外部因素较少，且性质比较接近；
② 因素趋于稳定，如有变化也比较缓慢。
例如：软饮料罐装厂，啤酒批发商，容器制造厂和食品加工厂。</td><td>① 外部因素较多，且性质差异大；
② 因素趋于稳定，如有变化也比较缓慢。
例如：大学，电器制造厂，化工公司和保险公司。</td></tr>
<tr><td rowspan="2">不稳定</td><td>简单与不稳定状况＝中至高程度不确定性</td><td>复杂与不稳定状况＝高程度不确定性</td></tr>
<tr><td>① 外部因素较少，且性质比较接近；
② 因素变化频繁且无预见性。
例如：个人计算机公司，时装公司，声乐工业和玩具制造厂。</td><td>① 外部因素较多，且性质相异；
② 因素变化频繁且无预见性。
例如：电子公司，航天公司，电子通信公司和航空公司。</td></tr>
</table>

②对环境不确定性的处理

罗宾斯（Robbins，S）在 1990 年提出两种一般性战略来减少环境不确定性程度，一种是内部战略，另一种是外部战略②。

内部战略即企业通过调整或改变自己的行动以适应环境。有以下做法：

范围选择。在面临不利环境状况时，最彻底的对策是改变企业所处的环境。例如，在竞争对手少且实力不强的领域开拓一个新市场，或者扩大经营业务范围而形成较大的灵活性，以适应环境变化的需要。

缓冲与调整方法。企业处理环境不确定性的传统方法是企业内部建立缓冲与调整部门，以消除环境中的不确定性。如采购部确保所需物资的供应；财务部门确保有足够的资金支付生产成本；人事部门招聘和培训生产环节所需技术工人使生产部的压力得以缓解；销售部门在需求波动的环境下，调整储备商品和价格，以适应市场需要和抑制收益下跌。

环境审视。了解环境、把握环境是企业对付环境不确定性的重要前提条件。企业应配备专门人员预测环境的变化，对有关环境信息进行交流、筛选，使企业能始终站在环境变化的前沿。此外，企业还可考虑采用有选择性招聘的方法减少环境的不确定性。例如，从竞争对手那里挖来关键人员或者聘用下岗的骨干以获

① 邹昭晞著．企业战略分析（第二版）．经济管理出版社，2005 年 1 月．

② Robbins，S. Organization Theory：Structure Design and Applications. Prentice Hall，New Jersey：1990.

取竞争对手的信息；招聘前任政府官员或与现任政府官员关系密切的人物，以了解政府政策法规可能的变化方向。

外部战略即企业试图改变环境以适应企业的战略需要，有以下做法：

广告宣传。广告宣传可以使企业为自己的产品创造一群忠实的拥护者，减少竞争压力和需求的不稳定性。

合同方法。采用合同方法可以减少企业由于原材料或产品质量、价格波动而带来的影响。例如，船运公司往往与石油公司签署定期合同，以确保燃料供应。

招纳方法。企业吸纳那些威胁自己环境稳定的个人或企业。例如，资金来源较为困难的企业增选银行或其他金融机构的高层人员为其董事会董事。

联合方法。企业为争取共同行动而与另外一个或数个企业联合，以减少企业间的竞争、增加相互间的依赖而减少环境的不确定性。

游说方法。企业以独立或集体的方式，通过同业工会和政治团体千方百计影响立法者制定有利于自己的法律和法规。

运用以上两种方法来分析企业面临的宏观环境时，需要我们注意的是，并没有宏观环境分析的结构化方法。在进行分析时，重点考虑哪些方面的环境因素，如何评价这些环境因素的重要性和影响力，带有相当大的个人随意性。这个可以借助德尔菲法来进行评价。

2.2　产业环境分析

【案例】

中国咨询业的成长

中国咨询业是随着市场经济的兴起而出现的，改革开放以前的计划经济，一切都是指令性的，长官意志决定的，所以就没有咨询产业存在的空间。改革开放以后，企业和政府的领导者都面临着激烈的竞争和复杂多变的外部环境，同时也面临着内部运作机制和管理上许多复杂和棘手的难题。在这种情况下，政府和企业的领导者们只凭他们有限的知识和经验来进行决策已经是远远不够；即使他们可以组织本地区本部门的人员来进行有关的调查研究，但由于受到知识和专业限制，这种调查研究大都存在着较大的局限性，总是跳不出本地区和本部门经验性的圈子。这时就需要具有更多专业能力、更广博的知识结构、更充分的信息资源的专家和他们所在的机构——“外脑”来为他们出谋划策，使他们的思想和认识受到新的启发，使他们的决策更具有前瞻性、科学性和正确性，使他们的行为更符合市场经济发展的规律，同时使他们能够在激烈的竞争中胜人一筹。

我国的咨询服务业从无到有、从小到大、从幼稚到成熟，走过了一条艰难而曲折的道路，并取得了较为明显的社会效益和经济效益。与其他新兴产业一样，也走过了艰辛的导入期、成长期和成熟期的发展历程。整体来看，咨询业经过了三个标志性的发展阶段：1995年以前为第一阶段，咨询业主要咨询内容以招商引资、工程咨询为主，其主要目的就在于解决企业发展的资金短缺问题以及由计划经济体制下的生产模式向市场经济下的市场模式转化的问题。1993—2000年为咨询业发展的第二阶段，随着市场经济的发展和企业规模性扩张，企业必须解决产品的销售问题，为企业发展创造更快捷、更便利、更大的现金流，因而企业咨询的目标主要在于市场调查、营销广告策划和营销策略方案设计等。2000年以后咨询业走向了相对成熟的发展期，这主要来源于企业咨询需求，因为企业随着市场化、规模化、专业化发展，愈来愈意识到制约企业发展的主要瓶颈不是市场营销问题，而是企业的管理机制、运行机制和未来战略发展，更现实一点就在于人才竞争。因而很多企业纷纷对企业组织结构、激励机制进行规范设计，以提高企业核心竞争力，同时对公司战略、资本运作的需求愈来愈迫切，从而推动中国咨询业向更高层次发展。当然，国外大型咨询公司的介入起到了国内咨询业发展的加速器作用。因而，中国咨询业逐渐走向成熟，为企业提供的解决方案更加全面、系统和本土化。

表2.5 中国咨询业的生命周期

	咨询发展阶段		
	导入期	发展期	成熟期
时间	1979—1993	1993—2000	2000年至今
主要咨询内容	招商引资、工程咨询	市场营销	管理咨询、战略咨询、资本运作
咨询目的	解决企业发展问题	解决企业现金流问题	解决企业内部管理、资源整合、战略问题
主要角色	社会团体（科协、企协、技协）；政府的研究机构	各种所有制机构建立；国外著名机构大举进入；各类型咨询协会成立	高智力人员进入；培训体系职业资格建立和政府扶植；行业规范；立法时机成熟
咨询年收入	1亿～20多亿元	20亿～50亿元	100亿～1000亿元

从咨询业的产业结构来看，2003年从事咨询行业的咨询公司已有14万家。其中50%以上的咨询公司从事信息咨询，主要为企业提供信息服务，如市场调

查、媒体监测、广告、行业研究等相关信息服务。专业咨询服务占30%左右，这些咨询公司主要为企业提供人力资源、市场营销、财务、法律等专业性服务以及相关专业方面的培训等。管理咨询、战略咨询分别占15%和5%左右。总之，咨询业的欣欣向荣和蓬勃发展，必然会进一步促进中国经济的发展，给企业带来更先进的管理思想、管理技术、管理方法或工具，使系统解决方案更加客观公正和本土化。

（资料来源：赵月华、李志英著．模式Ⅰ：美国、日本、韩国经济发展模式．山东人民出版社，2006年1月）

产业环境是指对处于同一产业内的企业都会发生影响的环境因素。与一般环境不同的是，产业环境只对处于某一特定产业内的企业以及与该产业存在业务关系的企业发生影响。产业环境分析是指企业对特定行业的市场结构和市场行为进行调查与分析，为企业制定科学有效的战略规划提供依据的活动。其内容主要是本产业的企业竞争格局以及本产业与其他产业的关系。产业的结构及其竞争性决定了产业的竞争原则和企业可能采取的战略。产业环境的分析主要从两方面入手：一是站在产业中个体企业角度来分析产业中竞争的性质和该产业所具有的潜在赢利空间，常用的工具是波特提出的"五种力量模型"；二是站在产业角度弄清该产业内部企业之间在经营上的差异，以及这些差异与它们战略地位的关系，常用工具是战略集团分析法。

2.2.1 产业环境

迈克尔·波特在《竞争战略》中采用了一种关于产业的常用定义："一个产业是由一群生产相似替代品的公司组成的。"一般环境对企业的影响通过对产业的结构的作用体现出来：也就是对竞争者、供应者、用户等的作用和影响。例如，在计算机产业，由于技术的提高使得成本迅速降低，个人计算机受到用户的青睐，导致了计算机的迅速普及。

从企业竞争力的内涵看，企业竞争力一定是相对于特定的产业环境而言的，环境的动态性决定了企业竞争力本身必须要能动地适应环境变化，并要对环境的变化做出调整和适应，所以企业竞争力表现为一个能动适应环境的自动调整能力。同时，企业竞争力是相对于其他企业而言的，具有比较性。

产业环境对企业竞争力的影响因素包括以下几方面：

（1）产业政策。产业政策是国家或政府为了实现某种经济和社会目的，以全产业为直接对象，通过对全产业的保护、扶植、调整和完善，积极或消极参与某个产业或企业的生产、营业、交易活动，以及直接或间接干预商品、服务、金融等的市场形成和市场机制的政策的总称。产业政策是政府对市场失败的一种政策矫正，比如不完全竞争、外部效应、公共物品、信息不对称等。通过实施适当的产业政策能对某些产业产生积极的作用，而对某些产业实施抑制效果。企业作为特定产业的主体，必然受控于政府的产业政策，所以，企业竞争力不可避免要受来自产业政策的作用。

（2）产业类型。根据劳动力、资本和技术三种生产要素在各产业中的相对密集度，将产业划分为劳动密集型、资本密集型和技术密集型产业（又称知识密集型产业）。当前世界经济正从农业经济、工业经济进入知识经济时代，产业发展形态也随之由劳动密集型（人力为主体）、资本密集型（财力为主体）向知识密集型（智力为主体）转化。

①劳动密集型产业。指进行生产主要依靠大量使用劳动力，而对技术和设备的依赖程度低的产业。其衡量的标准是在生产成本中工资与设备折旧和研究开发支出相比所占比重较大。一般来说，目前劳动密集型产业主要指农业、林业及纺织、服装、玩具、皮革、家具等制造业。

②资本密集型产业。指在单位产品成本中，资本成本与劳动成本相比所占比重较大，每个劳动者所占用的固定资本和流动资本金额较高的产业。当前，资本密集型产业主要指钢铁业、一般电子与通信设备制造业、运输设备制造业、石油化工、重型机械工业、电力工业等。资本密集型工业主要分布在基础工业和重加工业，一般被看作是发展国民经济、实现工业化的重要基础。

③技术密集型产业。指在生产过程中，对技术和智力要素依赖大大超过对其他生产要素依赖的产业。目前技术密集型产业包括：微电子与信息产品制造业、航空航天工业、原子能工业、现代制药工业、新材料工业等。

（3）产业的区域性。是地区性产业还是全球化产业。是什么产业对于企业利用比较优势以形成竞争力十分关键。如果是国际性产业，企业可以利用已拥有的优势，并凭借产业的国际竞争力进一步利用和整合国外资源，以加强企业的运营能力，就容易培育和保持核心竞争力。

（4）产业集中度。产业集中度在一定程度上反映了产业的市场结构。是处于零散型产业还是集中型产业。零散型产业如餐饮产业，所需的资源和能力的差异性小，因而，企业难于培育企业核心竞争力。而集中型产业如电信产业、汽车产业所需的资源和能力的差异性很大，其市场结构属于垄断竞争和寡头垄断市场，就容易培育核心竞争力。

（5）产业发展阶段。产业发展具有明显的周期性，会经历新兴产业、成长型产业、成熟型产业、衰退型产业几个时期。处于成长期的产业，社会资源正向该产业集中，技术和产品革新的速度也比较快，这就意味着在该产业中的企业比较容易集中社会资源，增强企业能力，推动企业开发核心技术，从而有利于培育和巩固核心竞争力。而一个处于成熟期或衰退期的产业，产品生产已经标准化，社会资源不再向该产业集中，技术和产品革新的速度也比较慢，就意味着在该产业中的企业难于进一步集中社会资源，创新能力削弱，难于培育核心竞争力。

(6) 产业集群。迈克尔·波特（1990）在其竞争优势理论中指出，国家竞争优势的获得，关键在于产业的竞争，而产业的发展往往是在国内几个区域内形成有竞争力的产业集群。产业集群是工业化过程中的普遍现象，所有发达经济体中都明显存在着各种产业集群。在一个健全的产业集群中，企业数目达到最初的关键多数时，就会触发自我强化的过程，但是产业集群的发展要兼顾深度和广度，通常也就需要 10 年甚至更长的时间，因此，波特认为政府不能试图创造全新的产业集群，新的产业集群最好是从既有的集群中萌芽。如德国的化学工业、瑞士的制药业、美国及后来日本的半导体业、斯堪的那维亚的移动电话业等等都是这种产业聚集的例子。波特认为，产业集群通过三种形式影响竞争：一是通过提高立足该领域公司的生产力来施加影响；二是通过加快创新的步伐，为未来生产力的增长奠定坚实的基础；三是通过鼓励新企业的形成，扩大并增强产业集群本身来影响竞争。

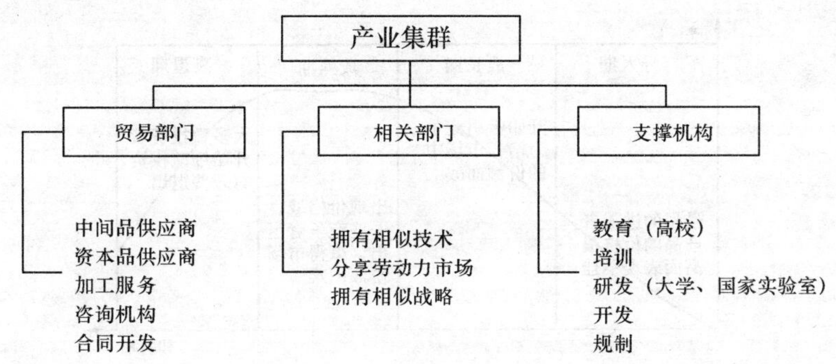

图 2.2　产业集群的结构

（资料来源：迈克尔·波特《国家竞争优势》，华夏出版社，1990）

(7) 企业间关系。企业间关系表现为两个方面：从单个企业来看，考察企业在整个产业中所处的地位，不同地位的企业竞争力的形成和来源不一样；从多个企业来看，考察企业在整个产业中的相互关系，任何企业活动都必须要与其他企业有良好的互动，才可达到活动的目的。在产业的网络关系中，互动机制往往是企业提升竞争力的关键因素。企业间互动得越频繁，知识流通越充分，则企业间的制度化现象越强。因而，企业间的互动、知识流通机制也有利于企业竞争力的提升。

2.2.2 产业生命周期

每个产业都会经历一个对产业的当前业绩和未来前景产生影响的生命周期。大多数产业都会经历一个与产品生命周期相似的生命周期，即导入期、成长期、成熟期和衰退期（如图 2.3 所示）。但是，许多产业往往会通过使用新技术而得以更新或再成长，而不会走向衰退。在制定企业战略时，了解产业所处的生命周期属于哪个阶段是非常重要的一个考虑因素。

产业生命周期是指从产业出现到产业完全退出市场所经历的时间过程，主要包括四个发展阶段：导入期、成长期、成熟期、衰退期。产业生命周期曲线的形状由社会对该产业产品的需求状况决定，产业生命周期不同于产品生命周期，某一产品生命虽已终结，但它所属产业的生命可能还在延续。产业生命周期曲线一般忽略了具体产品型号、质量规格等差异，例如钢铁产业，忽略了普通钢、低合金钢、高合金钢等不同钢种化学成分的差异，该曲线反映的是产业发展的变化趋势。企业在制定战略时要识别企业所在产业处于其生命周期的哪个阶段，产业处于不同的生命周期阶段，企业战略也会有很大不同，这是值得注意的。

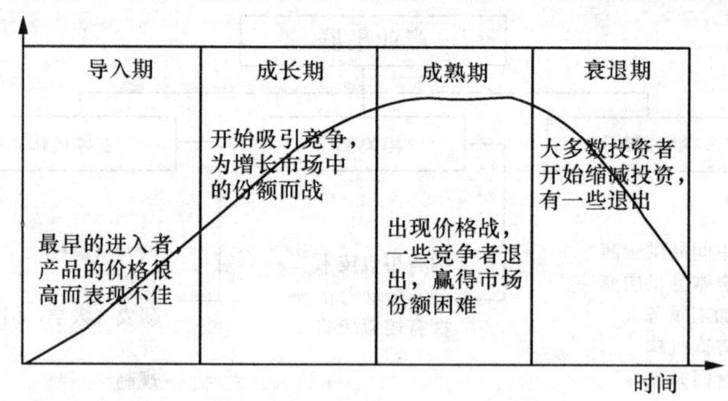

图 2.3 产业生命周期对战略的影响

产业（或产品）生命周期的概念是管理学中古老而又普及的概念，但它又是研究产业性质最重要的概念。在公司战略中，只有了解产业目前所处的生命周期阶段，才能决定企业在某一产业中是进入、维持还是撤退，以及进入某一产业是采取并购的方式还是采取新建的方式；在业务战略中，只有把握了产业的生命周期阶段，才能决定企业的竞争战略是定位于差异化还是成本领先。此外，一个企业可能跨越多个产业领域，只有在对其所在的每个产业性质都有深入的了解后，才能做好业务组合，避免过大的风险，提高整体赢利水平。

表 2.6 产业生命周期

阶段	导入	成长	成熟	衰退
市场发展	缓慢	迅速	下降	亏损
市场结构	零乱	竞争对手增多	竞争激烈，对手成为寡头	取决于衰退的性质，或形成寡头或出现垄断
产品系列	种类繁多，无标准化	种类减少，标准化程度增加	产品种类大幅度减少	产品差异度小
财务含义	启动成本高，回本无保障	增长带来利润，但大部分利润用于再投资	带来巨额利润，再投资减少，形成现金来源	采取适当的战略，保持现金来源
现金使用或来源	大量使用现金	趋于保本	重要现金来源	现金来源（如果战略不适当可能须使用大量现金）
产品含义	一次性或批量生产，未能流水线生产或大量生产	经验曲线上升，成本下降	强调降低成本，高效率	产业生产能力下降
研究和开发含义	大量用于产品和生产过程	对产品的研究减少，继续生产过程研究	很少，只有必要时进行	除非生产过程或重振产品有此需要，否则无支出

（1）导入期

在导入期（又称起步期），企业的规模可能会非常小。通常，在生命周期的这个阶段，产业的发展存在着较大的不确定性，而且产品类型、特点、性能和目标市场方面处于不断发展变化当中，市场中会充满各种新发明的产品或服务。

（2）成长期

产业进入成长期后，大多数企业因为拥有高增长率而在产业中继续生存。在该阶段，管理层必须确保充分扩大销量以达到公司所设定的目标市场份额。不过，在大多数情况下，因为需要大量资金来实现高增长率和扩产计划，现金会比较短缺。通过专利权或其他扩产和降低成本的方式来设置阻止竞争者进入产业的“进入壁垒”也非常重要。

（3）成熟期

当增长率降到较正常水平时，产业即进入了成熟期。这是一个相对稳定的阶段，各年销售量之间的变动较小，利润增长幅度也较小，但是市场内的竞争变得更加激烈了。消费者的见识更广，要求也更加严格，并非所有原先存在的产品、企业或战略都继续适用于该阶段。企业应重点关注效率、成本控制和市场细分。

在成熟期的后期，该产业会进入动荡阶段。由于投资回报率不能令人满意，一些企业会从市场中退出。一小部分企业通过收购或依靠其自有产品的优势开始主导该产业。管理者要监控产业是否存在潜在的兼并机会，通过探索新市场或研发新技术来继续扩张发展，或开发出具有不同特色或功能的新产品，此时进行战略管理至关重要。

（4）衰退期

产业的生命周期与产品的生命周期有所不同，因为产业的存在期比任何单一产品都要长。产业进入衰退期之后，会出现产业生产能力过剩，技术被模仿后出现的替代产品充斥市场，市场增长率严重下降，产品品种减少，产业的活动水平随着各公司从该产业中退出而下降等情况。最终，某一产业可能不复存在或被并入另一产业。要确定如何在这样一个非赢即输的环境中保持独特优势，充分运用战略管理显得尤为重要。

必须指出的是，有些企业往往难以识别产业的生命周期及其变化趋势。一个产业在幼稚期和成长期时，企业往往看不出它的前景或因技术制约抓不住该产业的早期发展机会，待技术已公开、产业一片兴旺繁荣时，企业才缓缓进入，而这时的市场已被其他企业占领，这是应引起企业管理者高度重视的问题。

那些既想预测又想应对环境变化的战略管理者必须了解产业生命周期的长期动态过程，但关于产业生命周期的概念，作为战略管理者应该注意：第一，图中所描述的产业变化的清晰阶段与产业演变的真实情况有时并不一致。例如，似乎已经成熟的产业可能通过技术变革或开辟新的细分市场又回到成长期；而技术的迅速变化可能将看似正处于需求高速成长期的产业推向衰退产业行列；表面上正走向成长期的产业可能会停滞不前，陷入企业能够存活却永远无法茁壮成长的困境。任何产业都不是非得经历图中所描绘的各个阶段，总之，管理者应该用这个剖面图去思考产业演变可能给企业带来哪些问题。第二，产业经历生命周期阶段的速度因产业而异。

2.2.3 产业分析的SCP模型

产业环境对企业行为和绩效产生直接的影响，产业环境分析的基本目的是评价一个产业的总体经济吸引力。处于经济上极具吸引力产业（威胁程度低而机会程度高的产业）中的企业，其平均绩效将优于处在经济上缺乏吸引力产业（威胁程度高而机会程度低的产业）中的企业的平均绩效。产业分析不应是对产业威胁和机会的随意罗列，这样的罗列将是不全面且不能抓住关键要素的，需要一种具有理论基础的行业分析方法。下面是最早的产业特征的概念性框架："结构—行为—绩效”（SCP）范式。

SCP（structure conduct performance）模型是由美国哈佛大学产业经济学权威贝恩（Bain）、谢勒（Scherer）等人于 20 世纪 30 年代建立的。研究的最初目的在于帮助政府识别哪些产业由于存在较强的市场势力而妨碍了社会福利最大化的实现，并有针对性地采取干预措施。该模型分析在产业或者企业受到外部冲击时，可能的战略调整及行为变化。它从特定产业结构、企业行为和经营绩效三个角度来分析外部冲击的影响。外部冲击：主要是指企业外部历史、经济环境、政治、技术、文化变迁、消费习惯等因素的变化；产业结构主要通过产业内竞争者的数量、产品异质性和进入退出成本等因素来衡量；企业行为指企业在产业中采用的战略。SCP 模型中的绩效有两层含义：个体企业的绩效和整个社会的经济绩效。尽管这两个层面的绩效都很重要，但就战略管理过程而言，我们更关心个体企业的绩效。

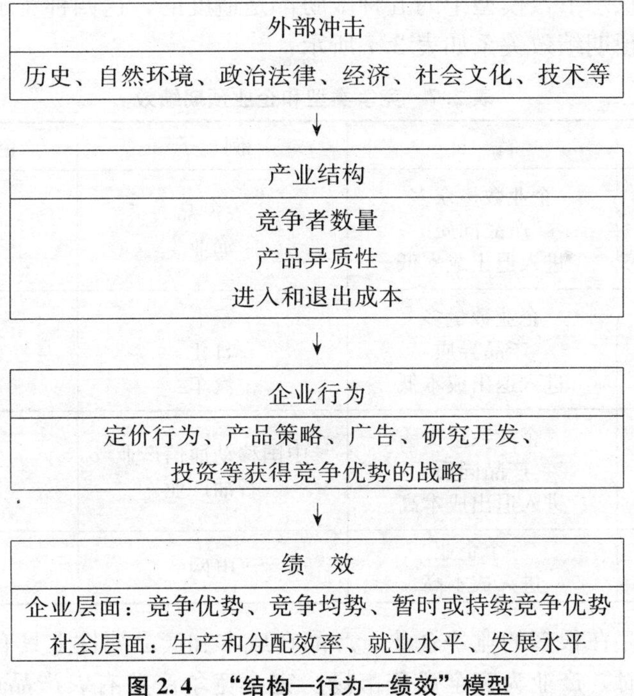

图 2.4　“结构—行为—绩效”模型

（资料来源：杰伊·巴尼（Jay B. Barney），威廉·赫斯特里（William S. Hesterly）李新春，张书军著．战略管理．机械工业出版社，2008 年 6 月，此处略有修改）

企业所在行业的结构特征决定了企业所面对的选择与约束的范围。在完全竞争行业中，企业是单纯的价格接受者，它们对供求变化作出反应而不能影响供求水平——它们可作的选择很少而受到的约束甚多。处于完全竞争行业中的企业至多能产生正常绩效，而社会福利达到最大化。因此，如果一个行业的结构为完全竞争，则企业行为是确定的（价格接受者），企业长期绩效也是确定的（正常绩效）。在竞争性较低的行业，企业面对较少的约束而有更多的选择。有些选择可以使企业获得竞争优势并取得高于正常绩效。而进入障碍等行业结构特征决定了一个行业中的企业能在多长时期内取得高于正常绩效。即使在这种情况下，行业结构也决定了企业行为和企业绩效。根据 SCP 模型，有些行业的结构特征将使其竞争性低于完全竞争，从而使得社会福利低于完全竞争条件下的社会福利。因此，政府应对这些行业采取反托拉斯诉讼、强制解体等措施来加以干预。

作为对 SCP 模型的深化，五力模型更侧重于对结构（S 部分）威胁的分析。当模型中五种威胁都非常高时，产业竞争状态接近于经济学中的完全竞争；当五种威胁都非常低时，产业竞争状态接近于经济学中的完全垄断。在完全竞争和完全垄断之间，经济学也识别了另外两种产业竞争状态——垄断竞争和寡头垄断。在这两种竞争状态下，模型中的五种威胁都是适度的，这四种竞争类型和在这些产业中企业的预期绩效关系如表 2.7 所示：

表 2.7　竞争类型和企业预期绩效

竞争类型	特　征	例　子	企业预期绩效
完全竞争	企业数量众多 产品同质 进入退出成本低	农产品 渔业	竞争均势
垄断竞争	企业数量多 产品异质 进入退出成本低	家电 日化 汽车	竞争优势
寡头垄断	企业数量少 产品同质 进入退出成本高	中国移动通信产业 石油产业	竞争优势
完全垄断	一个企业 进入成本高	电网	竞争优势

当产业中存在很多的竞争企业，产品在成本和产品属性上具有同质性，进入和退出成本低时，产业为完全竞争市场。完全竞争产业有农产品产业、渔业等，这些产业中的企业只能获得竞争均势。

在垄断竞争产业中，竞争企业数目多，进入退出产业的成本低。然而，与完全竞争不同，这些产业中的产品在成本和产品属性上存在差异，是非同质的。垄断竞争产业包括家电、日化和汽车产业等。企业在这些产业中能够获得竞争优势。

寡头垄断是以竞争企业数量少、产品同质，进入退出成本高为特征的。例如 20 世纪 50 年代的美国汽车和钢铁产业，中国移动通信产业等都属于垄断寡头的产业。在这些产业中，企业同样能获得竞争优势。

最后，完全垄断产业中只存在一个企业。这类产业的进入成本非常高，很少能找到纯粹的完全垄断的例子。例如在中国的输配电市场上，原先的国家电力公司曾经垄断了所有业务，尽管在 2002 年国家电力公司被拆分为国家电网公司、南方电网公司以及其他五大发电集团，但是国家电网公司和南方电网公司仍独自控制着不同区域的购电、输配及供电业务，成为具有垄断地位的单一购买主体。尽管这些垄断企业的管理有时是非常低效的，但不妨碍他们获得竞争优势。

以迈克尔·波特为代表的战略研究者则反其道而行之。他们不是为了寻求提高行业竞争性的方法，而是用 SCP 模型来描述竞争程度低于完全竞争的行业的特征，从而帮助企业寻找竞争程度较低的行业和取得高于正常绩效的途径。

2.2.4　产业结构分析——五力模型

产业分析的一个重要目的是帮助企业了解和把握产业的经营格局与变化趋势，如各种市场力量的结构、来源、强度以及动因等，并在此基础上制定和实施企业战略。哈佛商学院迈克尔·波特教授在 1980 年出版了开拓性的著作《竞争战略——产业与竞争者分析技巧》，文中，波特借鉴产业经济学中的 SCP 模型，建立了分析影响行业赢利性的经济因素的框架。他的主要贡献是将众多的经济因素归结为五种主要力量，提出了五种力量模型。波特认为，企业战略定位所关心的是其所在产业的竞争强度，竞争强度则取决于市场上存在的五种基本竞争力量，即源自同行企业、供方、买方、替代品厂商、潜在进入者的力量。正是上述五种竞争力量的联合强度，影响和决定了企业在产业中的最终赢利潜力。根据波特提出的五力竞争模型，企业可以通过产业分析，了解自身所面临的五种竞争力量的情况，进而采取相应的竞争性行动，增强自身竞争实力，抵御或削弱五种竞争力量的影响，以使自身处于更好的竞争地位和保持良好的赢利能力。波特五力模型能够简单明了地将企业的战略与市场特征联系起来，帮助战略制定者避免将注意力过度内向地集中于企业的内部各个职能部门。

这五种基本竞争力量的状况及其综合强度，决定了产业的竞争激烈程度，从而决定着产业最终获利潜力。

（1）新进入者威胁

新进入者（潜在进入）是新近进入一个产业或很有可能即将进入一个产业的企业，是潜在的竞争对手。鉴别新的进入者对企业来说非常重要，因为他们可能

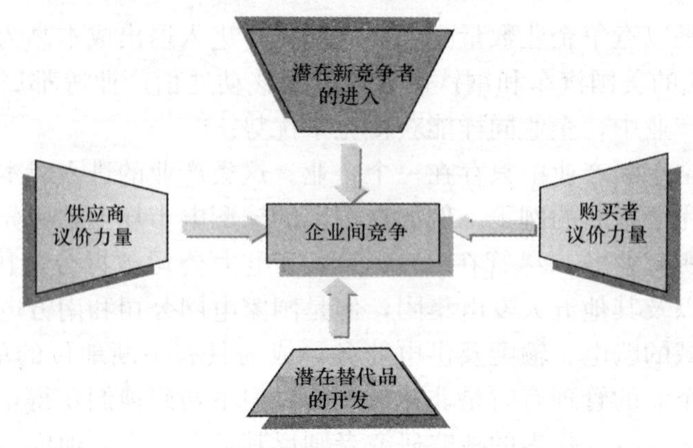

图 2.5 波特五力模型

威胁到现有竞争者的市场份额。新进入者带来的威胁很大的原因是他们增加了行业的总产能，除非产品和服务的需求增长，否则额外的产能必然将降低消费者的成本，从而导致竞争公司的收入和回报下降。新进入者越容易进入产业市场，当前产业的获利能力就越容易被削弱。对于一个产业来说，进入威胁的大小取决于呈现的进入障碍与准备进入者可能遇到的现有在位者的反击。

①进入障碍。进入障碍是指要进入一个产业须克服的障碍和须付出的代价。如果一个产业的进入障碍比较高，新加入者加入就比较困难，对产业内现有企业的威胁就比较小。反之则威胁较大。一般而言，决定进入障碍高低的主要因素有以下几种：

(a) 规模经济。规模经济（economies of scale）源于企业规模增长过程中通过经验积累导致效率的不断提升，当企业一定时期内生产的产品增加时，单位产品的制造成本就会下降。典型的规模经济曲线呈 U 形，如图 2.6 所示。单位生产成本最低点所对应的产量水平（图 2.6 中 X 点）叫做经济规模。X 点之前所对应的是规模经济，X 点之后所对应的是规模不经济。

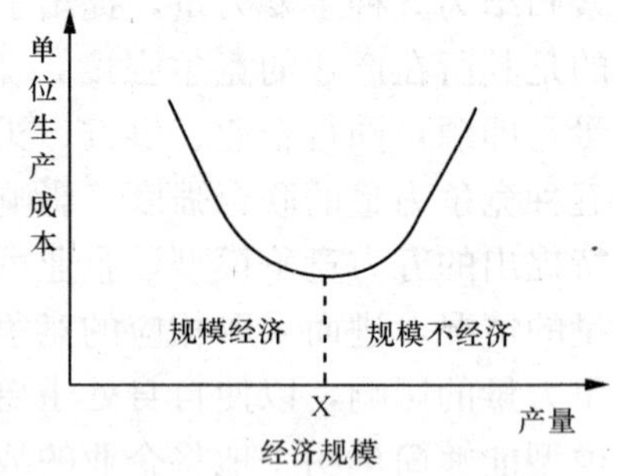

图 2.6 规模经济曲线

例如，某个国家的钢铁产业现有 4 家企业（每家企业只有一家工厂），经济规模（X）为 500 万吨，产业总需求为 2 300 万吨，规模经济曲线如图 2.6 所示。目前，产业总需求（2 300 万吨）高于总供给（4×500 万=2 000 万吨），供不应求，现有企业将赚取高于正常利润。当然，这会刺激新的进入。对于潜在进入者而言，有两种可能的选择。一是以 500 万吨的经济规模进入，不过，此时产业总供给将会提高到 2 500 万吨（5×500 万吨）。如果产业总需求不相应增加，仍为 2 300 万吨，将出现供过于求，所有企业（包括现有企业和新进入者）的利润都将下降到低于正常水平。二是以低于经济规模的水平（比如 200 万吨）进入，产业总需求仍高于总供给（2 200 万吨），现有企业仍可赢利，但是，新进入者的生产成本将大大高于现有企业，极有可能陷入亏损。面对这种选择的不利前景，潜在进入者将会选择不进入。

潜在进入者至少有三种方法可以克服规模经济的制约：一是提高产业总需求；二是采用新的生产技术，降低经济规模（即将规模经济曲线向左移动）；三是使产品差异化，从而能够提高产品价格来抵消高成本。但这三种方法都需要大量的投资，要承担很大的风险。第一种方法还很可能存在所谓的“搭便车”问题[①]。

(b) 产品差异优势。这是指原有企业通过长期的广告宣传、用户服务和产品质量等获得的市场信誉和用户忠诚。产品差异形成的进入障碍，迫使新进入者必须在产品开发、广告宣传和用户服务等方面进行大量的投资，才有可能树立自己的信誉，并从原有企业手中夺取用户，取得一定的市场份额。

(c) 政府管制。政府可能通过执照和许可证要求对企业进入特定产业进行控制。政府对事关国计民生的产业（如金融、通信、能源、交通、医药），公用事业（如广播、水电、公交）及对财政收入有重要意义的产业（如烟酒）实行严格的许可和准入制度。政府的决策和行为影响着企业进入的可能性。在国际贸易中，关税和非关税壁垒是对进入该国市场的一种限制。有时，准官方机构和产业协会也能在限制进入上发挥作用。如注册会计师、执业医师、律师资格制度也是对欲进入这些产业者的一种限制。

(d) 销售渠道。进入者在进入新产业时面临着与以往不同的产品分销途径与方式。一个产业原有的分销渠道已经为现有企业服务，新进入者要进入该产业销售渠道，就必须通过价格折扣、降低付款条件及广告合作等方法来说服原销售渠道接受自己的产品，这样做势必减少新进入者的利润，从而形成了进入障碍。特别是对于那些与现有企业建立了长期关系甚至是专营关系的销售渠道来说，进入壁垒更高，因此新进入者有时不得不投入巨资去开辟一条新的销售渠道。

(e) 转换成本。转换成本（switching cost）是指购买者转向新的供应商所引起的一次性成本的发生。它包括重新训练业务人员、增加新设备、调整检测工具等产生的成本，甚至是结束原有购买关系所引起的精神损失都会导致转换成本

① 孟卫东，张卫国，龙勇编著．战略管理——创建持续竞争优势．科学出版社，2004 年 4 月．

的产生。这一切都会造成购买者对变换供应者的抵制。进入者要想进入，就必须花费大量的时间和推出特殊的服务来消除产业内原有企业客户的这种抵制心理。如顾客的忠诚计划、航空公司的里程积累计划，其目的就在于有意地增加顾客的转换成本。

(f) 与规模经济无关的固有成本优势。产业内原有企业常常在其他方面还具有与规模经济无关的固有的成本优势，新进入者无论达到什么样的规模经济状态都不能与之相比。比如资源的独占权、地理位置优势、政府资助、独有的技术诀窍等。新进入者必须设法减少或消除这些因素的战略相关性。比如，坐落在冷门地段（比如城市商业区外）的汽车分销商，可以提供一些特别的服务，比如说接车服务，以及随后的送车上门，以此来克服相对于竞争对手的地理位置劣势。

(g) 现有企业对关键资源的控制。现有企业对资源的控制一般表现为对资金、专利或专有技术、原材料供应、学习曲线等资源及资源使用方法的积累与控制。如果现有企业控制了生产经营所必需的某种资源，那么它就会受到保护而不被新进入者所侵犯。例如，美国可口可乐公司对其可乐配方的控制，导致可口可乐品牌的竞争优势；我国一些超市与商品生产厂商建立了稳定的供求关系，生产厂商常以“买十送一”的让利行为维持这种合作关系，从而使这些超市经营企业较之新的进入者有着明显的成本优势，等等。

②现有企业的预期反应。

进入者会对现有企业的竞争地位和赢利水平造成损害，现有企业势必会对此作出反应。如果预期现有企业会容忍进入，或者只对进入进行消极抵抗，将会鼓励进入。如果预期现有企业很可能会迅速采取报复手段，如降价、加大广告力度、推出新产品、改善服务等，则潜在进入者将会慎重考虑，甚至决定不进入。

一般说来，现有企业总是会对潜在进入者发出报复威胁以阻绝进入。但是，这种威胁并不总是可信的。只有当现有企业进行了足够的进入阻绝投资，这种威胁才极有可能是现实的。比如，当现有企业故意保持了一定的过剩生产能力，而且，这些过剩生产能力具有很强的专用性，也就是说，这些资产除了用作与进入者交战外别无其他用途，那么，进入者可以肯定进入将会遭受猛烈的反击。一般来说，现有企业在以下几种情况下会对新进入者进入本产业反应强烈：

(a) 现有企业资源条件充足，有能力对新进入者进行强烈的反击和报复。

(b) 现有企业所处的产业退出壁垒较高，该企业深深陷于该产业，且资产的流动性较低。

(c) 产业增长速度缓慢，吸收新进入者的能力有限。在这种情况下，新进入者势必要侵蚀现有企业的市场份额和利润，所以它们必然会进行强烈的反击和报复。

定位于行业内现有企业还未能提供服务的利基市场，新进入者可以避开行业进入壁垒，小的创业企业最好是寻找并服务于那些被忽视的细分市场。20 世纪 60 年代本田刚开始进入美国的摩托车市场时，专注于小引擎摩托车，这个市场一直被哈雷-戴维森（Harley-Davidson）这样的企业所忽视。通过定位在被忽视的利基市场，本田避开了竞争。在整合了自己的力量之后，本田通过引进更大的摩托车，开始进攻它的对手。

（2）现有企业的竞争

产业中现有企业之间的竞争是最直观、最直接也是最重要的威胁因素。不过，其竞争的激烈程度往往因产业不同而不同，有的产业比较缓和，有的产业非常激烈。影响其竞争激烈程度的主要因素有以下几个方面：

①产业发展的速度。

一个产业在不同的生命周期阶段，其发展的速度也往往不同。当产业的发展处于成长阶段，其发展速度比较快，由于市场的不断扩大和企业生存空间的加大，每个企业都可以较容易地在市场中找到自己的位置，因此企业考虑更多的是如何集中精力更好更快地发展壮大自己，而不会过多考虑竞争对手的情况，从而使企业间的竞争相对缓和。若产业处于成熟期，市场增长缓慢，这时，各企业为了保证自身的生存，必然导致竞争。

然而，若市场发展相对平稳，参与竞争的企业，尤其是行业龙头企业成熟且实力相当，主要企业能够认可既有的市场竞争格局，这时，现有企业之间的竞争反而会趋于平和，他们甚至会联手对付新进入者，以维持行业竞争的相对平衡。如可口可乐、百事可乐所在的碳酸饮料行业的竞争。但是，如果出现了新的市场或关键技术，这种平衡很快会被打破。

②产业内生产能力的增加幅度。

基于产业的技术特点或规模经济的要求，在一个产业内，如果每个企业都能按部就班地逐步扩大生产能力，竞争激烈程度就不会太高。反之，如果产业内企业在一定时间内迅速大幅度提高了生产能力，因为生产能力的提高已经提前透支了未来的增长因素，就会导致在一段时期内生产能力相对过剩，最终使竞争加剧。

③同业企业的数量和力量对比。

在同一个产业中，生产相同或相似产品的企业越多，竞争就越激烈。每一个企业为了在有限的市场中占领更大的份额，获取更多的利润，必然会在价格、质量、服务等方面与对手展开激烈的竞争，从而使整个产业的利润水平随之降低。如果同业企业之间实力相差不大，处于相持不下的局面，这时，为了争夺市场和在产业中的领导地位，各企业之间的竞争也会趋向激烈，这将导致产业的不稳定。如果一个产业内仅有一个或少数几个大型企业处于支配地位，产业市场集中度高，则领导企业可通过价格领导制等方式在产业中起协调作用并建立产业秩序。

④产品的差异化程度与用户的转换成本。

同业企业之间的产品，如果差异性小，标准化、通用化水平高，则用户的转换成本较低，容易导致企业之间激烈的竞争。反之，若同业企业之间的产品差异性比较大，各具特色，各自拥有不同的市场和用户，这时用户的转换成本高，企业间的竞争就不会太激烈。例如，已经在 GSM 系统上大量投资的中国电信曾经很难下决心转向 CDMA；虽然 Linux 可能在技术上比 Windows 更先进，而且几乎可以免费得到，但是用户已经习惯了 Windows 操作系统，许多应用软件也是在该平台上开发的，大量的重新培训和开发投资可能会阻碍用户从 Windows 转向 Linux。如果缺乏产品差异，顾客的转换成本就会很低，可以很容易地从一种产品转向另一种产品，从而使产品和企业间的竞争加剧。

⑤固定成本和库存成本。

固定成本高的产业迫使企业尽量充分利用其生产能力，以降低单位产品成本，当生产能力利用不足时宁愿降价以扩大销量也不愿使生产能力闲置。家电产业企业、汽车制造产业都是如此。另一种情况与产品的库存成本问题有关。如果企业生产的产品不容易储存或库存成本较高（如一些鲜活农副产品），当产量过剩时企业就可能会不择手段地出货。这两种情况都必然导致产业竞争加剧。

⑥退出障碍。

退出障碍是指企业在退出某个产业时需要克服的障碍和付出的代价，主要包括以下方面：(a) 具有高度专门化的资产，其清算价值低或转换成本高。如航空业中的飞机。(b) 退出的费用高。如高额的劳动合同违约费、员工安置费、设备备件费。(c) 已建立某种战略协同关系。如果企业退出，就会破坏这种协同关系，影响企业的产品形象、市场营销能力以及分享设备的能力等。(d) 心理因素。如退出产业会影响员工的忠诚度，经营者对个人事业前途充满畏惧等。(e) 政府和社会限制。如政府因担心增加失业人数、影响区域经济发展等，有时候会出面劝阻或反对企业退出该产业。上述种种因素，都给企业退出某产业造成了障碍，如果退出障碍比较高，那么即使经营不善的企业也要继续维持下去（竞争者的数目很难减少），从而加剧了现有企业之间的竞争。有时，即使一个产业的赢利性很低甚至亏损，企业仍会继续留在该产业中相互竞争。这很可能是因为退出壁垒和退出成本很高，企业别无选择。由于竞争者数量不能减少，产业中的激烈竞争将会持续下去。

【延伸阅读】

下列状况会导致产业竞争程度加剧

(1) 产业中企业数量多且规模相当；(2) 缺乏产品差异及顾客转换成本低；(3) 产业需求增长缓慢；(4) 生产能力大幅度提高或产业中存在剩余生产能力；(5) 固定成本及存储成本高；(6) 竞争者的多样性；(7) 战略重要性高；(8) 退出壁垒高。

(3) 替代品的威胁

替代品是指那些与本产业的产品具有相同或相似功能的其他产品。它往往是以另外的方式去满足与现有产品大致相同的顾客需求的产品。比如作为汽车燃料，天然气是汽油的替代品，晶体管可以替代电子管，E-mail 可以代替电报、信函等。

替代品的出现，会给产业内的所有企业带来冲击。替代品往往在某些方面具有超过原有产品的竞争优势，比如价格低、质量高、功能新、性能好等，因此它有实力与原有产品争夺市场、分割利润，使原有企业处于极其不利的地位。当本产业中生产的产品存在替代品时，生产替代品的企业会给本产业的现有企业带来一定的竞争压力。替代品的竞争压力越大，对现有企业的威胁就越大。决定替代品压力大小的主要因素有如下几个方面。

①替代品与现有产品的相对价值/价格比（relative value/price，RV/P)。

所谓相对价值/价格比，是指替代品价值/价格比与现有产品价值/价格比的比值，而一个产品的价值/价格比是指提供给用户的价值与用户为它支付的价格之比。一般来讲，替代品及现有产品的价格是比较容易确定的，而估算替代品及现有产品的价值是比较困难的。

替代品与现有产品的相对价值取决于以下几个方面：

(a) 替代品能向用户提供的价值差异性的大小。

(b) 用户是否能够感知替代品的价值差异，并承认其价值。如用户对替代品并不完全了解，其感知会带有主观性。

(c) 替代品使用频率是否比现有产品使用频率低。

(d) 替代品的交货和安装成本是否比现有产品低。替代品的交货和安装成本包括替代品的运输成本、安装成本、调试成本、改变安装地点的成本等。

(e) 替代品价格的相对变动性和替代品可得性，如陶瓷元件的好处是材料资源储量丰富、价格便宜，而金属元件价格易发生较大波动。

(f) 直接使用成本及间接使用成本。直接使用成本是指使用替代品后成本的变化。

(g) 用户使用替代品前后经营业绩表现的差异。如机器人代替人来操作的机器，工作效率和工作质量大大提高。

(h) 替代品比现有产品在功能上增加了多少。

(i) 互补产品的成本及性能。

②用户转向替代品的转换成本。反映在：a. 搜集替代品的信息。b. 检验替代品是否能达到使用者所要求的性能标准。c. 由于使用替代品，用户的生产活动或价值活动必须重新设计。d. 使用替代品后的培训及学习成本有所增加。e. 使用替代品后，劳动者地位发生改变。f. 失败的风险。g. 使用替代品还需要对相应的软件、零部件和检测工具进行投资等。

③用户使用替代品的欲望。在不同竞争环境下，在不同的产业中，不同的顾客，其选用替代品的欲望是不同的。产业内竞争激烈，则用户使用替代品的欲望就比较强烈；若产业内竞争不激烈，则用户使用替代品的欲望相对就不强烈。

(4) 供应商的讨价还价能力

供应商是一个企业生产经营所需产品的提供者。狭义的供应商是指原材料、零部件和转售商品的供应企业，广义的供应商还应包括资金、劳动、技术等要素的提供者。供应商与生产商之间的关系从根本上讲是一种买卖关系（有时可演变成合作关系），双方总是力图通过谈判和讨价还价取得对自己有利的交易条件。如生产企业总是想得到低价格、高质量、快交货、迟付款、零库存的供应品，供应商的想法则正好相反。谁能得到优惠的交易条件取决于各自讨价还价力量的强弱。

决定供应商讨价还价能力的因素主要有：

①供应商所在产业的集中度。供应商所在产业的集中度高于购买者的集中度，即供应由少数几家公司实行高度集中控制，并且由它们向分散而众多的企业提供产品时，供应商就很容易联手操纵市场，供应商处于强势地位，他们会迫使购买者在价格、质量、付款条件和交货方式等方面接受有利于供应商的条款。

②本产业对于供应商的重要性。当供应商向很多产业出售产品时，如果某产业的购买量在供应商的销售量中只占较小部分，则供应商有较强的讨价还价能力。如果本产业是一个重要的客户，供应商就会通过合理定价以及协助该产业的研究开发活动，或公关活动等方式来保护与该产业的关系。

③前向一体化的可能性。供应商实现前向一体化的可能性大，则对产业施加的竞争压力就大。相反，如果供应商难以实现前向一体化，则对产业施加的竞争

压力就会比较小。比如，以原油开采为主业的石油公司（原油供应商）自己大量兴建石油化工厂，就会给石油化工产业（原油购买者）带来很大竞争压力。

④供应商的产品对于本产业的重要性。如果供应商的产品对买主生产过程或产品质量至关重要时，供应商就有较强的讨价还价能力，特别是当这种产品不能储存时，供应商的讨价还价能力会更强。如计算机芯片产业一直被英特尔公司垄断，直到近来才有 AMD 等一两家竞争者出现，而且实力相差甚远。因此，英特尔依靠高价销售、过快推出换代产品等手段从计算机生产商和用户手中赚取了大量利润。但计算机生产商别无选择，只能被动承受。相反，如果一个企业拥有从众多供应商中进行选择的余地，供应商威胁企业利润的力量就较弱。

⑤产品的差异化程度和转换成本的大小。如果供应商的产品与众不同，购买者对供应商的依赖性很强，供应商就会处于优势地位，在交易中持强硬态度。另外，如果购买者中途转换供应商需要付出巨大的代价，则变更供应商就会很困难，供应商讨价还价能力就很强。

⑥供应商产品的可替代程度。如果供应商提供的产品可替代程度低，用户的选择余地小，则购买者只好接受供应商的价格及其他条件，以便维持生产经营，这时，供应商讨价还价能力很强。相反，如果供应商产品的可替代性强，用户的选择余地很大，这时，供应商处于不利地位。比如，生物芯片等技术远未达到商业化程度，所以英特尔的“传统”硅芯片优势地位目前尚难以动摇。不过，网络 PC 的发展趋势正在对英特尔形成压力。如果英特尔不能正确应对，更多的网络芯片供应商乘虚而入，其垄断地位就会受到威胁。当然，这对 PC 生产商来说则是一个好消息。

（5）顾客讨价还价的能力

顾客是企业产品或服务的购买者，是企业服务的对象。顾客对本产业的竞争压力，表现为要求企业提供的产品尽可能价格低、质量高，并且能提供周到的服务。同时，顾客还可能利用现有企业之间的竞争对生产厂家施加压力。生产商与顾客之间的关系同生产商与供应商之间的关系本质上是相同的，只不过在这里，买卖关系颠倒了，生产商成为了其产品购买者的供应商。一般而言，具有以下特征的产业购买者威胁较大：

①购买商从卖方购买的产品占了卖方销售量的很大比例。

②购买商所购买的产品对其生产经营来说不是很重要，而且该产品缺少唯一性，导致购买商不需要锁定一家供应商。

③转换其他供应商购买的成本较低。

④购买商所购买的产品或服务占其成本的比例较高，在这种情况下，购买商更有可能进行谈判以获得最佳价格。

⑤购买商所购买的产品或服务容易被替代，市场上充满供货商的竞争者。

⑥购买商的采购人员具有高超的谈判技巧。

⑦购买商有能力自行制造或提供供应商的产品或服务。

产业中的每一个企业或多或少都必须应付以上五种力量构成的威胁，而且客户必须面对产业中的每一个竞争者的举动。除非认为正面交锋有必要而且有益处，例如要求得到很大的市场份额，否则客户可以通过设置进入壁垒，包括差异化和转换成本来保护自己。当一个客户确定了其优势和劣势时（参见 SWOT 分析），客户必须进行定位，以便因势利导，而不是被预料到的环境因素变化所损害，如产品生命周期、产业增长速度等等，然后保护自己并做好准备，以有效地对其他企业的举动做出反应。根据上面对于五种竞争力量的讨论，企业可以采取尽可能地将自身的经营与竞争力量隔绝开来、努力从自身利益需要出发影响产业竞争规则、先占领有利的市场地位再发起进攻性竞争行动等手段来对付这五种竞争力量，以增强自己的市场地位与竞争实力。

（6）产业结构分析的第六个要素——互动品作用力

哈佛商学院教授大卫·亚非（David B. Yoffie）在波特教授研究的基础上，根据企业全球化经营的特点，提出了第六个要素，即互补品作用力，进一步丰富了迈克尔·波特的产业结构理论框架。亚非认为，任何一个产业内部都存在具有不同程度的互补互动作用（指互相配合一起使用）的产品或服务业务。例如，对于房地产业来说，家具、电器、学校、汽车、物业管理、银行贷款、保险、社区、家庭服务等会对住房建设产生影响，进而影响到整个房地产业的结构。企业认真识别具有战略意义的互补互动品，并采取适当的战略（包括控制互补品、捆绑式经营或交叉补贴销售），会使企业获得重要的竞争优势。

根据亚非教授提出的互补互动作用力理论，在产业发展初期阶段，企业在其经营战略定位时，可以考虑控制部分互补品的供应，这样有助于改善整个行业结构，包括提高行业、企业、产品、服务的整体形象，提高行业进入壁垒，降低现有企业之间的竞争程度。随着行业的发展，企业应有意识地帮助和促进互补行业的健康发展，如为中介代理行业提供培训、共享信息等，还可考虑采用捆绑式经营或交叉补贴销售等策略[①]。

---

① 马春光编著．国际企业经营与管理．中国对外经济贸易出版社，2002 年 1 月．

【延伸阅读】

波特的五力模型理论存在的局限性

（1）它产生于自由经济的美国，因此它忽视了一个重要的力量——政策。国家政策、产业政策对一个中国企业的生存的影响是巨大的。可以说以企业为中心，所面对的环境应分为以下几个大类：政策等宏观环境、供应等产业环境、市场竞争环境。

（2）该分析模型基本上是静态的。然而，在现实中竞争环境始终在变化。这些变化可能从高变低，也可能从低变高，其变化速度比模型所显示的要快。

（3）该模型能够确定产业的赢利能力，但是对于非营利机构，有关获利能力的假设可能是错误的。

（4）该模型基于这样的假设：即一旦进行了这种分析，企业就可以制定企业战略来处理分析结果。但这只是一种理想的方式。

（5）该模型逻辑上有一个不太完美的地方。可以注意到波特在五种竞争力量理论中对“竞争”作了非常细致的分析。把竞争对手分为直接的和替代的；从时间上又分为现在的和潜在的。事实上是很好地运用了时空两维。按照他的思想可以画一个十字图，以横坐标代表时间，可划分出现实的对手和潜在的对手，空间又可分为直接对手和替代对手。因此任何一个企业面对的对手均包含四种类型：现实的直接对手、潜在的直接对手、现实的替代对手和潜在的替代对手。但是波特的理论中没有把时空二维的概念用到供应商、客户上，当然更没有用到政策的分析上。问题是它们是否存在？我们认为供应商中确实是存在的，客户也是有的。如果我们把波特理论中的精华往前推一步，整个的分析就会更深入一些，我们不把环境当做一个静止状态而当做一个运动的状态，就会发现其中的变化十分复杂。如果我们把这个模型暂时当做一个静止的时点来看，它到底有多少种状态呢？如果只是现实的直接对手的状况，本来这个市场上是没有对手的，对手在孕育着诞生，后来就变成了一个现实；在这个过程中有人发现这个市场不错，他们就是潜在的供应者；之后又会变成现实的对手；看到机会的人越来越多，最后市场就到了白热化的程度，想进入的和已经在这个市场上的都多得不得了。经过一番兼并，有的企业垮了，有的规模更大，市场变得比较集中，再想进入的就比较少，最后市场就比较稳定。这就是一个产业生命周期的大致过程。

2.2.5 战略集团

行业内外竞争环境分析是研究制定企业经营战略的基础性工作。在行业外部环境分析的基础上，行业内的竞争分析就是要研究公司及其他竞争者在市场中的竞争地位，进而明确竞争战略。反映行业内部各公司竞争地位和竞争战略的工具之一就是战略集团分析。

战略集团架起了行业整体分析和行业中公司地位个体分析之间的桥梁，有助于确定公司最主要的竞争对手，制定有效的竞争战略。特别是当产业中的竞争厂商很多，深入地进行个体分析找不出其实践意义时，使用战略集团分析方法最有效。

1972 年，迈克尔·亨特（Michael S. Hunt）从产业组织理论的角度出发，提出了“战略集团”概念，1980 年，波特从战略管理理论角度将这一概念引入到分析产业结构的特征中，将战略集团定义为：一个产业中在某一战略方面采用相同或相似战略的各公司组成的集团，是指一个产业内执行同样或类似战略并具有类似战略特征的一组企业。在一个产业中，如果所有的企业都执行着基本相同的战略，则该产业中只有一个战略集团。反之，如果每个企业都奉行与众不同的战略，则该产业中有多少企业便有多少战略集团。当然，在正常情况下，一个产业中仅有几个战略集团，它们采用性质不同的战略。每个战略集团内的企业数目不等，但战略相似。

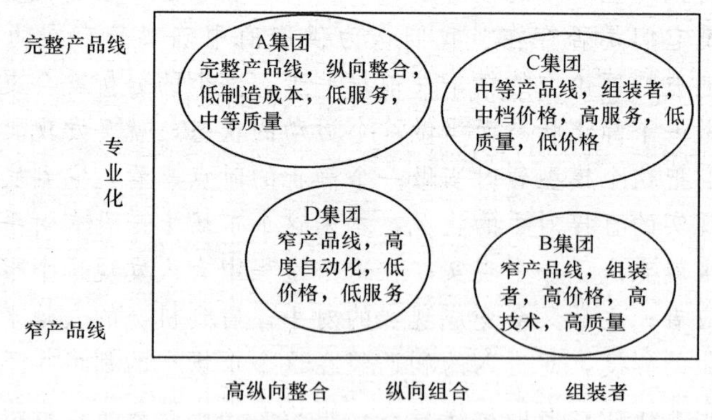

图 2.7 战略集团图

战略集团图分析工具的核心思想在于：明确公司在行业内部的市场地位和所有的竞争对手，辨别出处于市场领先地位集团所建立的移动壁垒，标识出集团的移动方向，识别由于行业外部环境变化给集团内部公司带来的机会和威胁。迈克尔·波特的战略集团图模型指出了战略集团图最终定位于行业内部各个公司之间的竞争态势。其架构主要是，在二维平面坐标图上选取两个或两个以上重要战略变量，通过比较行业内每个公司各自的市场地位，然后将实施相似战略的公司分类、归集到同一集团内，并将这些采取不同竞争战略的集团用图形在坐标平面图上表现出来，图形的大小表示公司所占的市场份额。战略集团图上距离越近的集团之间竞争程度越激烈，距离较远的则几乎不构成任何竞争。

战略集团概念的确定和战略集团图的绘制，对于分析行业内的机会与威胁极为重要。行业吸引力并不等于某一战略集团的行业吸引力，但同一集团内企业的机会与威胁是相同的。

（1）战略集团内部的竞争

由于处于同一战略集团内的所有公司的战略定位相近，便在顾客心里形成了替代品的市场定位。因此，公司最直接的竞争对手便是属于同一集团内部的公司。中国手机行业中，国外品牌诺基亚、三星和摩托罗拉大致属于同一个战略集团内，而国产品牌联想、天语等手机品牌则在另一个战略集团内。相比较而言，诺基亚的主要竞争对手应该是三星或者摩托罗拉，而不是联想或者天语。两个战略集团之间的竞争程度要远远弱于同一战略集团内部各个公司之间的竞争程度。中国零售行业内的沃尔玛、家乐福、麦德龙等就属于国际连锁超市战略集团，国美、永乐、苏宁、大中属于国内大型家电超市战略集团内，如果继续划分，则赛特、新天地、中友等属于购物中心战略集团。沃尔玛和中友之间几乎不构成任何竞争，因为两家公司提供的产品和服务完全不同，竞争战略也各有差异。但是，2006 年永乐被国美并购，恰恰说明了同处于国内大型家电超市战略集团内的国美采取了更高一筹的竞争战略，并通过并购吞并了永乐，达到了扩充其在家电市场份额的目的，成为大型家电超市行业内的龙头。

（2）外部竞争力量对战略集团的影响

由于不同战略集团面对竞争力量时的立场不同，不同的战略集团可能要面对不同的机会和威胁。迈克尔·波特提出的五种竞争力量都会因为行业内不同战略集团竞争定位的不同而变得或强或弱。中国家电行业，按照综合技术能力与品牌产品线宽度可划分为国内大型多元化集团，代表性公司有海尔、长虹和 TCL 等；国内单一业务集团，代表性公司有新飞、小天鹅等；还有外资集团，代表性公司有索尼、松下、西门子、LG 等。相比较而言，在综合技术方面，外资集团具有明显的竞争优势，但是在产品线宽度上，国内大型多元化集团则具有明显的竞争优势。这样一来，在面对来自行业外部的竞争力量时，上述三大集团所面对的机会与威胁也会不同。国内多元化集团由于提供的产品丰富，适合不同阶层的消费群体，因而在应对购买者讨价还价能力上要高于其他两大集团；在新进入者威胁上，由于外资集团较高的综合技术建立起了较高的移动壁垒，限制了新进入者的进入，而国内单一业务集团由于技术含量不高，新进入者很容易进入该集团。

(3) 战略集团与转移壁垒

由于行业驱动力和竞争压力对每个战略集团的影响力有所不同，基于不同战略集团市场地位的相对吸引力不同，未来的赢利前景也不同。处于不利地位的战略集团内的企业会试图转移到一个地位相对有利的战略集团内，这种转移的难度由目标战略集团进入壁垒的高低所决定。竞争对手进入一个新战略集团的尝试几乎总会引起竞争压力的增加。一般而言，不同战略集团的利润潜力在一定程度上由每一战略集团市场定位的优势所决定，即利润与市场定位成正相关关系。具体影响指标有：与供应商和顾客的讨价还价或合作的不同程度，与行业外替代品竞争的不同程度，战略集团内竞争状态的不同程度，以及一战略集团的忠实顾客群的不同增长率等。这些基本上都形成了公司赢利能力的差异。因此，笔者尝试构建了一个集团内部进入壁垒和退出壁垒的矩阵，如表 2.8 所示。如果仅从集团利润的角度考虑，最好的情况是进入壁垒高而退出壁垒低，即 C 集团。在这种情况下，新进入者将受到抵制，而集团内不具有竞争优势的公司则会退出本集团，在该集团内部形成相对稳定的高利润和稳固的市场份额。C 集团内的公司拥有凌驾于行业内其他公司的竞争优势。反之，进入壁垒低而退出壁垒高是最不利的情况，即 B 集团。在这种情况下，当集团内部的利润率很高时，其他集团内的公司则会纷纷向该集团转移，加剧集团内部的竞争；而当集团内部的利润率很低时，过剩的生产能力仍集聚在该集团内部，公司之间竞争激烈，相当多的公司会因竞争力不足和退出壁垒高而陷入困境。因此，该集团内部的利润率很低，并且市场份额总在频繁流失。B 集团内部的公司，将会被其他集团收购和兼并或者面临破产和清算的境地。

表 2.8 集团内部进入壁垒与退出壁垒矩阵

进入壁垒 \ 退出壁垒	低	高
低	A 集团 稳定的低利润， 频繁变动的市场份额	B 集团 高风险低利润， 频繁变动的市场份额
高	C 集团 稳定的高利润 稳固的市场份额	D 集团 高风险高利润， 稳固的市场份额

【延伸阅读】

利用战略集团图分析中国零售业现状

目前，中国国内零售业形态种类繁多，笔者尝试选取产品线宽度及价格水平两个战略变量，将中国国内零售业划分为百货店、专业店、超级市场与大型综合超市、便利店、折扣商店、仓储式商场、购物中心七大集团。所建模型如图2.8所示：

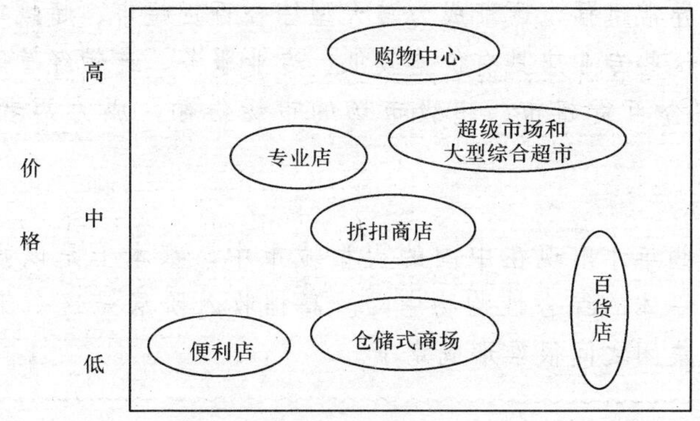

图2.8 中国零售业战略集团图

(1) 百货店

百货店作为出现最早的一种零售业形态，现已进入衰退期，在零售业内已不再具有明显的竞争优势。笔者认为，百货店最终可能会被大型综合超市或者购物中心兼并和收购，逐步发展为一种新的业态形式出现在零售业内。

(2) 超级市场与大型综合超市

超级市场与大型综合超市作为新式的零售业形态，在中国零售业内不仅发展迅速而且具有极大的市场空间可被挖掘，因而具有明显的竞争优势。超级市场和大型综合超市之间的竞争最为激烈。因此，笔者认为，超级市场可以通过互相联合的战略来达到扩大自身规模，从而提升自身在产品线宽度上的竞争力，以达到抗衡大型综合超市的目的，否则将会面临被大型综合超市兼并和收购的后果。

(3) 仓储式商场

仓储式商场主要定位于中低档消费群体。仓储式商场一般都实行私人商标战略，即零售公司自己策划开发商品并贴上本公司特定商标。这样一来，不仅降低了流通成本，还提升了公司的知名度，增加无形资产，提高竞争力，包括与供应商竞争的能力。因其独特的经营战略，所以与其他集团很少构成竞争，只是在争夺相同市场份额时才会引发竞争。

(4) 便利店

在零售业内，它属于相对比较独立的一个集团，一般不会和任何其他集团构成竞争，其竞争主要来自集团内部。便利店适应我国现阶段的经济发展水平和消费者的消费需要，是我国零售业态中较有发展潜力的一种，预计今后的发展速度将会更快。

(5) 专业店

专业店也被称作专卖店。在零售业内，专业店的发展速度在明显加快，在一些大城市的发展异常迅猛，逐渐成为与大型综合百货超市、超级市场并驾齐驱的一种商业业态。这些专业店具有价格较低、专业服务、连锁经营等优势，迅速分割了原有大型综合百货超市、超级市场的市场份额，成为两者最主要的竞争对手。

(6) 购物中心

购物中心近些年才出现在中国的大型城市中，基本上是以娱乐、餐饮、服务、休闲购物为一体的综合性购物中心。高档收入阶层是这个集团的主要客户群，因此与其他集团之间很难形成竞争。

(资料来源：张璐阳．战略集团图的理论内涵及操作实践．北京市经济管理干部学院学报．24卷第7期，2009年9月)

综上所述，无论是何种行业、何种市场定位的企业，未来的战略定位必须建立在明确自身竞争优势和识别直接竞争对手的基础之上。在行业外部环境分析的前提下，战略集团图开启了行业内部竞争分析的大门，它不仅架起了行业内外部分析的桥梁，也将竞争的视角切入到行业内部企业之间，为企业制定适用于内外竞争环境的战略奠定了扎实的基础，从而有利于使企业获得持久的竞争优势，把企业做强做大，把产业做大做活。

2.3 经营环境分析

与一般环境和产业环境相比较而言，经营环境主要是指直接制约和影响企业获取必要资源或确保经营活动顺利开展的因素，是企业生存和发展的具体环境。其中，较为重要的经营环境因素包括市场需求、产品竞争状况和要素供给等。经营环境比一般环境和产业环境更直接对企业产生影响，也更有利于企业主动应对其带来的机会和威胁，它直接影响着企业的经营行为，企业的每个计划和行为都与经营环境密不可分。

2.3.1 市场需求

市场被人们视为由许多需求群体构成的交易场所。市场需求分析是指对消费者对本企业产品的需求趋势所作的分析。我们主要从市场规模和市场定位来进行市场需求分析。

（1）市场规模。市场规模太小，潜力不大，就不值得去开拓；市场规模足够大，值得开拓，企业才会进一步考虑该市场的其他特性。决定市场规模的因素主要有两个：人口和收入。人口数量和收入水平决定了市场规模的大小：国民收入高的国家，若人口不多，则每人所得或购买力水准必然高，对商品及劳务的消费能力亦高；反之，则每人所得水准低，对商品及劳务的消费能力也低。对于企业来说，最有希望的市场是人口多、个人收入水平又高的国家。人口很多的地域，也往往被一些企业重视，因为这些区域未来发展的潜力是很大的。

企业要根据其所在经营领域的市场规模来确定自身的生产规模，市场规模的大小也决定了企业进行营销强度的大小，通过预测今后的市场规模可以决定是否进行现有产品的技术改造和新产品研发。

（2）市场细分。市场细分的价值在于它把具有赢利能力和明确特征的市场进行细分。市场细分允许企业以相似的方式对待相似的消费者，同时区分不同的客户群组。企业必须对市场进行细分。例如，汽车制造商须针对不同的消费者群体对汽车制造业进行分类，大致可概括的类别有环保车、私家车、公共汽车、豪华车或高档车，并采取一系列营销方案来满足消费者的不同需求。通过对市场的细分定位，企业在经营过程中就可以根据不同的客户群组采用不同的策略。

①人口细分。企业在进行市场经营分析时常常以年龄、收入、社会阶层、性别、地区、职业、家庭等对市场的人口因素进行划分，这与有些产品和服务高度相关。例如，七座汽车的目标消费群体通常是有孩子的家庭，而两开门的汽车则通常卖给单身人士或者年轻夫妇。又如，社会经济地位与新闻读者群和收视习惯密切相关，媒体策划应以其最有效的宣传方式与目标群体进行沟通。但在其他领域，人口因素似乎没有什么影响。例如，某些品牌的商品既可以出售给高收入者也可以出售给低收入者，既可以出售给已婚人士也可以出售给单身人士以及各年龄组人群。所以企业在进行经营环境分析时一定要考虑不同人群的消费习惯和心理。

②地理细分。消费者一般有较为固定的、经常光顾的区域，产品和服务在不

同地区对消费者的吸引力也有所差别。因此，地理因素是分析企业经营环境中市场需求状况的重要方面。企业可以把其所经营的市场划分为不同的区域来进行销售。例如，许多商品制造商以电视广告销售区域来划分市场。

③购买者的规模。市场其实也可以根据购买者的规模来进行细分。如食品制造商在超市链上的处理与小的零售商是完全不同的，它们很有可能提供更优惠的价格，使用不同的销售技术直接向超市链运送食品。它们可以向大的销售链提供自己的招牌产品，但也可能向小卖部提供相同的服务。对企业来讲，这种细分的好处是能够令企业更接近终端消费者，从而更加清楚地了解消费者的想法，这样可以让消费者更加满意企业所提供的产品，从而提高产品销售的回头率。

任何企业的存在都必须有坚实的市场基础，腾讯的成功是因为它满足了国内网友即时通讯的需要。用户的想法永远都会比产品开发者早一步，因为只有用户有了想法，才会营造一种新的市场需求，企业也才有提供新产品的想法。没有市场基础的产品很难成功，没有市场需求的企业更是难以生存。市场需求分析是企业经营环境分析中最重要的一环。

2.3.2 市场竞争状况

营销大师菲利普·科特勒（Philip Kotler）指出："市场营销是关于差异化的艺术。"而竞争分析就是在定义这种差异化。企业和其竞争者置身于一个广阔的市场中，它们相互竞争，并试图获得超额利润。企业制定的关于它们及其竞争者之间相互行动的决策会直接影响到它们获取超额利润的能力。面对竞争越来越激烈的市场，大部分的新企业会以失败告终，所以学习如何选择市场，以及如何在其中竞争并且进行最有利的竞争是十分重要的。在这里，我们主要从以下三个方面来进行市场竞争状况分析：

（1）差异化程度在顾客关注的某一方面，如果产品或者服务被认为是与众不同的，我们就认为存在差异化。差异化能使企业提升客户对本企业产品或服务价值的认知，由此获得竞争优势。产品差异化可以减弱竞争对手的威胁，因为行业中的每一个公司都会去开拓各自独特的利基市场。例如奥迪和夏利都能满足消费者同样的基本需求，奥迪的潜在竞争者不会对夏利汽车感兴趣。反之亦然。企业制造差异化产品的目的是引起消费者对本企业产品的特殊偏好，从而在市场竞争中占据有利地位。随着产品差异化程度的增大，不同企业间产品的可替代性变弱，企业获取垄断地位的可能性相应变大，企业之间的竞争程度就会越弱。在企业的经营环境中，企业的产品或服务的差异化程度决定了企业的竞争优势。企业的差异化程度越高，企业的竞争优势越明显。不管是企业实施进入一个新行业的战略还是在已有行业发展，都应该制造条件来提高自己产品的差异化程度。

（2）同类型竞争者数量。竞争者是指在同一市场中运行，并针对相似的顾客群提供类似的产品的企业。在一个既定的市场里面，同类型竞争对手的数量对单个企业的经营环境产生了很大的影响。若竞争对手数量很多，企业就必须不断地抢占资源，不断创新，吸引顾客，提高自己的竞争力，保持或提升自己的市场地位。市场中的竞争者越多，竞争强度也越高。反之，企业若是在一个竞争者数量不多的行业中经营，企业能够很轻松地获得资源和利润，那么企业所采取的战略也会有所侧重和不同。企业应当在所在行业内的主要市场中为每个主要竞争对手建立一个具体的档案，用来监测和评估竞争者的行动，用以预测竞争者的方向而提高自己的反应能力。

（3）价格。菲利普·科特勒在《营销管理》一书中说："在营销组合中，价格是唯一能产生收入的因素。价格因素也是营销组合中最灵活的因素，它的变化是异常迅速的。"企业所提供产品或服务的价格是企业向外界发出的经营信息，传递了企业经营的战略、战术意图，而且企业价格的变动对企业的利润具有很强的放大效应。价格竞争是指企业运用价格手段，通过价格的提高、维持或降低，以及对竞争者定价或变价的灵活反应等来与竞争者争夺市场份额的一种竞争方式。资金力量雄厚的大企业在价格战中能继续生存，而资金短缺、竞争能力脆弱的小企业将蒙受不利。企业之间的竞争是天然的，盯住竞争对手，与竞争对手争高低也是必需的。产品定价反映企业市场定位的水平；发动价格变动反映企业把握市场变化趋势的水平；应对价格变动的能力反映企业捕捉战机的水平。在一个相对均衡的市场上，价格也相对平稳。假如竞争对手发动了价格变动，就会引起市场竞争格局的改变。

产品的差异化程度和市场中同质量的竞争者数量很大程度上影响甚至是决定了企业产品的定价。而产品的价格也从侧面反映了在市场中企业产品的差异化程度和竞争者数量。

2.3.3　要素供给

融资是一个企业资金筹集的行为与过程。它是公司根据自身的生产经营状况、资金拥有的状况，以及公司未来经营发展的需要，通过科学的预测和决策，采用一定的方式，从一定的渠道向公司的投资者和债权人去筹集资金，组织资金的供应，以保证公司正常经营管理活动需要的理财行为。

（1）*融资来源*

融资是企业的重要经营活动，而融资来源即融资者能否提供足够支持，是决定企业经营过程中能否顺利获取所需资源的关键因素。企业的融资来源主要有以下几种：

①国家财政投入融资。对于国家或地方的重点建设项目，可以申请国家财政或地方财政投资，根据国家的宏观政策，政府财政中还有种种重点科技项目贷款、支农贷款、扶贫贷款、环境治理贷款等低息或贴息贷款，也是符合项目条件的企业可争取的融资渠道。

②银行贷款融资。银行贷款融资是当前企业融资的主要渠道之一。企业须根据贷款的用途与期限，选择恰当的贷款种类。

③吸收股份，发行股票融资。随着社会化的大生产的发展与企业实行多元化产权的改制需要，在进行企业产权重组的同时通过吸收股份融资，正越来越成为当前企业发展的一种主要方式。

④发行企业债券融资。对于市场信誉较好、现有负债比率较低、企业资产控制权又较重要，不可轻易发行股票，而且销售额与赢利情况相对稳定，增加资本可以大幅度增加赢利的企业，可选择申请发行债券来开展社会融资。

⑤商业信用融资。商业信用是在商品经营活动中的临时短期性借贷融资形式。如商品赊销、预收货款、预收服务费、汇票贴现、拖后纳税及企业之间的资金拆借等方式，这些企业间相互提供的信用都能直接解决资金缺乏的问题。

⑥创业风险资金方式融资。对于高科技企业来说，由于存在高风险、高潜在利润的特点，因而在创业阶段可以通过社会上的创业风险基金实行融资。美国著名的苹果电脑公司就是在 20 世纪 70 年代由风险投资家马克库拉进行创业风险投资而发展起来的。

企业能否快速低成本地筹集到适合自身需求的资金是企业评价经营环境的重要评判标准之一。企业在融资时应该根据企业不同的目的、企业自身的实力，按照企业自身的原则来选择不同的融资方式。

(2) 劳动力市场状况

能否方便快捷地雇佣到优秀人才是决定企业经营能否成功的关键因素，这取决于企业所在区域的劳动力市场状况。企业能否在劳动力市场上雇佣到合适的人员主要取决于三个因素：企业信誉、就业形势和专业人员的可获得性。企业的良好信誉有助于吸引和留住有价值的员工。企业所在区域的劳动力供求形势直接决定了企业雇佣人员的难易程度和雇佣成本。企业某些战略的执行需要一些专业技术人员，这类人员在该区域劳动力市场的可获得性也是企业评估经营环境时必须重点考虑的因素。

(3) 技术市场

美国加州的硅谷的产生和其中大量高科技企业的聚集，离不开斯坦福大学大量的科研成果；北京中关村、武汉东湖等高科技产业的形成和企业的聚集，均得益于周边大学和科研机构源源不断的新技术的供给。因此，高科技企业、具有特殊技术需求的企业，必须获得相关技术的产生地的强大支撑。

（4）资源供给

资源型企业的发展离不开资源地。山西的煤矿企业、东北的石油企业、西南地区的有色金属开采和深加工企业等，都与当地相关资源密切相关。

2.4 利益相关者分析

利益相关者（stake holders）是指能够影响企业的愿景和使命，同时受企业战略产出的影响，并对企业经营业绩拥有可实施的主张权的个人或群体。最早将该词引入管理学界和经济学界的，是战略管理的鼻祖——美国学者伊戈尔·安索夫（H. Igor Ansoff），他认为“要制定一个理想的企业目标，必须平衡考虑企业的诸多利益相关者之间相互冲突的索取权，他们可能包括管理者、工人、股东、供应商及分销商”。

理论界对于利益相关者的细分有多种观点，其中加拿大学者克拉克森（Clarkson）根据相关者群体在企业经营活动中承担风险的方式，将利益相关者分为主动的利益相关者和被动的利益相关者；又根据利益相关者与企业利害关系的紧密程度，将利益相关者分为首要的利益相关者和次要的利益相关者。我们根据克拉克森的分类思想①，在考察利益相关群体与企业战略关系的紧密程度基础上，将利益相关者分为内部利益相关者和外部利益相关者。内部利益相关者直接参与影响企业的战略，主要包括董事会、经营管理层和员工等；外部利益相关者是指间接影响企业战略的设计、运行的群体，主要包括政府、银行、客户、供应商、社区或工会等，他们经常通过与内部利益相关者的联系来影响公司的战略。例如，客户可能向销售管理人员施加压力以反映其在公司内的利益。

2.4.1 利益相关者对企业战略的影响

（1）内部利益相关者对企业战略的影响

从理性的角度来说，企业的各利益相关方都认为企业战略的实施与实现将为

---

① 李向前．利益相关者及其关系模式对企业战略的影响［J］．商业时代，2009（15）．

个人的目标最大化提供基础，因此各个利益相关者都将从自身的目标出发，对企业战略的制定、执行等直接施加影响。董事会在企业战略管理中有着重要的地位和作用，被视为代表股东和其他利益相关者利益监督经理人员的有效机制。董事会在战略管理过程中的作用主要体现在两个方面：控制与服务。企业的管理决策层实际控制着企业战略的制定和实施。制定战略目标是战略管理的重要部分，而企业的管理决策层对企业制定战略目标有着决定性的权力，他们将根据不同的治理结构选择适合自己的战略方式。而企业内部的员工，更多的是作为战略执行者对战略进行产生相应的影响。企业激励机制（利益激励与目标约束）的核心是战略决策者提供给战略执行者的激励，从自身利益最大化角度出发。如果战略激励机制设计与安排合适，员工的努力方向将和企业战略方向相同；如果战略激励机制设计与安排不符合员工的需求，那么员工将对企业战略的执行产生不良的影响。

（2）外部利益相关者对企业战略的影响

外部利益相关者不直接影响企业战略的制定和实施，往往是间接地影响企业战略。主要通过是否与企业合作、是否为其提供社会支持或政策支持等来影响企业的竞争状况（包括竞争环境、竞争优势和竞争标的），进而影响企业的战略。有利的竞争环境对企业战略的成功起辅助作用；拥有竞争优势使企业战略具有成功的基础；竞争标的的范围大小也影响着企业战略成功的可能性。外部利益相关者通过影响竞争环境来影响企业战略，通过影响企业的现有竞争状况、替代品的竞争状况和潜在竞争状况来影响其竞争环境。外部利益相关者通过影响企业的资金、原材料、知名度和人才等资源持有状况来影响企业的竞争优势。投资机构通过评价企业的战略活动来决定是否和企业合作，银行通过评价企业的战略活动来决定是否对其提供贷款；社区通过企业对本地区造成的社会影响、企业知名度来决定支持或者反对企业行为；政府对企业提供的政策，间接地增加或减少企业的资金资源，同时影响了投资机构对企业的投资兴趣；供应商通过提供价格优惠、性能优良的设备使企业能够生产出更好的产品等等。外部利益相关者通过影响市场规模和获取资源的渠道来影响竞争标的。市场规模一般取决于消费者对产品的认知和购买能力。而外部利益相关者，如媒体，通过各种广告或者评论，使用户对产品企业逐渐知晓、认识、喜爱、偏爱、确信，从而解决用户对企业认知的瓶颈；外部利益相关者也可以通过各种支持行为对企业这些资源的来源渠道产生影响。①

---

① 李向前，利益相关者对企业战略的影响［J］，安徽工业大学学报，2009年01期。

2.4.2　利益相关者的位置

由于利益相关团体所代表的利益不同，它们的期望必然有所不同。这就需要战略制定者了解和分析不同利益相关团体的期望，并根据它们的权力给出各自的权重。估计利益相关者期望的重要性是任何战略分析的重要组成部分，它必须在以下三个问题上做出判断：

①每个利益相关团体的期望对公司的重要性如何。

②他们是否有方法使公司重视其期望，这涉及利益相关团体的权力问题。

③利益相关者的期望对未来战略可能的影响。

下面我们具体介绍确定利益相关者的位置的两种方法：权力/动态性矩阵和权力/利益矩阵。

(1) 权力/动态性矩阵

如表 2.9 所示：

表 2.9　权力/动态性矩阵

权力 \ 可预测性	高	低
低	A 问题很少	B 不可预测，但可管理
高	C 影响大，但是可以预测	D 最大的危险或机会

(资料来源：选自 A. Mendelow，Proceedings of 2nd International Conference on Information Systems，Cambridge，Mass.，1991)

上图列出了一个权力/动态性矩阵，在这个矩阵上可以画出各利益相关者的位置。利用这种方法可以很好地评估和分析出在新战略的发展过程中，在哪儿应该引入"政治力量"。

①最难应付的团体是处于 D 区内的那些团体，因为它们可以很好地支持或阻碍新战略，但是它们的观点却很难预测。其隐含的意思非常明显：在已建立一个不可改变的地位前一定要找到一种方法，来测试这些利益相关者对新战略的态度。

②相反，在细分市场 C 内的利益相关者，可能会通过管理人员的参与过程来影响战略，这些管理人员同意他们的"观点"并建立那些代表他们期望的战略。

③虽然细分市场 A 和 B 内的利益相关者权力很小，但是这并不意味着它们不重要。事实上，这些利益相关者的积极支持，会对权力更大的利益相关者的态度产生影响。

(2) 权力/利益矩阵

如表 2.10 所示：利益相关者定位图之权力/利益矩阵。

表 2.10 权力/利益矩阵

		高　　利益水平	低
权力	低	A 最小的努力	B 保持信息灵通
	高	C 保持满意	D 主要参与者

（资料来源：选自 A. Mendelow，Proceeding of znd In ternational Conference on Information Systems，Cambridge，Mass，1991）

权力/利益矩阵的一个有价值的发展如图中所示，它根据利益相关者与其持有的权力的关系，以及从何种程度上表现出对组织战略的兴趣对其分类。这个矩阵指明了组织需要建立的与各利益相关者之间的关系的种类。

①显然，在制定和发展新战略的过程中，应重点考虑主要角色（细分市场D）是否接受该战略。

②那些最困难的利益相关者经常是细分市场C内的利益相关者，虽然这些利益相关者总的来说是相对被动的，但要注意利益相关者影响战略的方式受特定事件的影响，即特定事件促使他们对战略产生影响。因此，全面考虑利益相关者对未来战略的可能反应非常重要。如果低估了他们的利益，他们突然重新定位于细分市场D内并且阻止采用新战略，那么情况就会很糟。

③类似地，需要正确地对待细分市场B中利益相关者的需要——主要通过信息来满足。在影响更有权力的利益相关者的态度时，他们是非常重要的“联盟”。这种确定利益相关者位置的方法的价值，在于其能分析以下问题：政治/文化状况是否可能会阻止采纳特定的战略；谁可能会是变化的主要阻止者和推进者；为了重新确定特定的利益相关者的位置，是否需要坚持战略。

④需要维持活动来阻止利益相关者对他们自己重新定位。这就意味着要保持与细分市场C有关的利益相关者的满意程度，降低与细分市场B中的利益相关者保持联系的程度。

【延伸阅读】

利益相关者讨价还价的行为模式

企业利益相关者利益的均衡是各方利益相关者讨价还价的结果。如果用合作性和坚定性两维坐标来描述各方利益相关者讨价还价的行为模式，可以分为以下五种类型。

（1）对抗

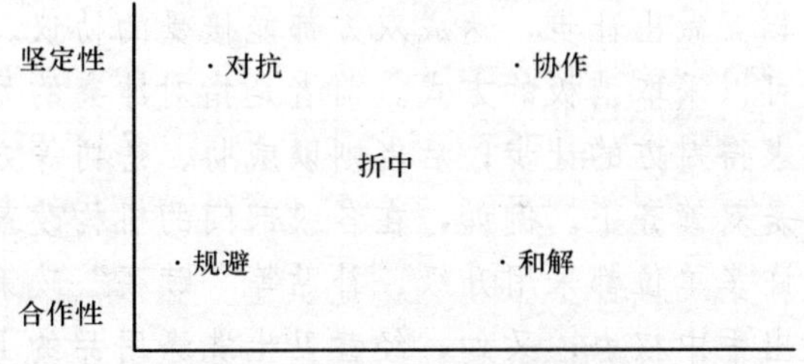

图 2.9　对待矛盾与冲突的行为模式

对抗是坚定行为和不合作行为的组合。企业利益相关者运用这种模式处理矛盾与冲突，目的在于使对方彻底就范，根本不考虑对方的要求，并坚信自己有能力实现所追求的目标。例如，2004 年，我国一家国有特大型远洋运输企业的总公司管理层考虑到业务重组的需要，决定将原有按地区划分的事业部组织结构改为按产品进行划分。这样，原来的一家子公司的资产被合并至另一家子公司，致使这家子公司的员工大部分处于“待岗”状态。这家子公司的全体员工联合起来，为捍卫自己的基本权益进行了坚决的抗争。最后，总公司不得不做出让步，恢复该公司的船主地位。子公司全体员工以对抗的行为赢得了自己的利益。

(2) 和解

和解是不坚定行为与合作行为的组合。一方利益相关者面对利益矛盾与冲突时，设法满足对方的要求，目的在于保持或改进现存的关系。和解模式通常表现为默认和让步。例如，在前一例中，对于该远洋运输企业的总公司的管理层来说，他们对待这场冲突的策略就是和解。

(3) 协作

协作是坚定与合作行为的组合。在对待利益矛盾与冲突时，既考虑自己利益的满足，也考虑对方的利益，力图寻求相互利益的最佳结合点，并借助于这种合作，使双方的利益都得到满足。例如，跨国公司进入东道国市场，一个很主要的目的，是将其产品打入该国市场；而东道国引进外资，一个主要目的又是利用外资的国际销售渠道将本国产品打入国际市场中去。这是一对针锋相对的矛盾。20 世纪 80 年代，中国政府提出了“以市场换技术”的利用外资政策，在中国投资的外资企业积极配合，向“二型”企业——先进技术型或产品出口型企业发展：要么投入先进技术，获取中国市场；要么利用其自身的外销渠道将我国具有优势的传统工业产品打入国际市场。中外双方的协作使得双方的优势得到最佳的结合，也使双方不同的市场目标得以统一。

(4) 折中

折中是中等程度的坚定和中等程度的合作行为的组合。通过各方利益相关者之间的讨价还价，相互做出让步，达成双方都能接受的协议。折中模式既可以采取积极的方式，也可以采取消极的方式。前者是指对冲突的另一方做出承诺，给予一定的补偿，以求得对方的让步；后者则以威胁、惩罚等方式要挟对方做出让步。多数场合，则是双管齐下。例如，在各级部门的机构改革中，面对大大超编的行政干部队伍，许多单位都采用升级、补贴等“赎买”政策，动员一部分行政人员提前退休，让出手中权力；又如，经营卫生洗涤用品的P&G宝洁公司在与中国北京日化二厂合资时，不得不根据中方的要求，同时采用汰渍（外方商标）和熊猫（中方商标）两个商标。

（5）规避

规避模式是不坚定行为与不合作行为的组合。以时机选择的早晚来区分，这种模式可分为两种情况：一种是当预期将要发生矛盾与冲突时，通过调整来躲避冲突，例如，我国政府曾酝酿出台公车改革方案，由于考虑到可能导致的各种利益矛盾，时机尚不成熟，暂停执行；另一种情况是当矛盾与冲突实际发生时主动撤出，如20世纪90年代初，海湾战争爆发时，伊拉克在全球掀起对美国跨国公司的恐怖主义活动，大量美国的跨国公司被迫从东道国撤出。

（资料来源：邹昭晞编著．企业战略管理（第二版）．经济管理出版社，2005年1月）

【摘要与总结】

安索夫在《变革国家中公司发展战略》一书中指出：

在组织环境中公司无力对其施加影响的一般环境，战略经理在识别出属于一般环境的元素后，可以据此制定监控它们的程序，而将计划的大部分时间腾出来用于那些可控制的、对公司成功可能更为重要的元素上面。

对公司影响非常直接的竞争环境，战略经理应当投入相当多的注意力去计划并经常监测其活动。经理们按照五力模型分析方法可以制定出保护公司免受威胁的战略，并发现新的机会。

在既定时期内与组织战略开发和实施有关的经营环境，是战略经理目前所关注的、能观察到的那部分环境，经理应该在这方面投入最多的时间和注意力，并制定战略来应对威胁、把握机会。

企业的外部环境错综复杂。由于外部环境对企业业绩和竞争力的影响，企业必须具备所需的技能去分析且找出外部环境中的机会和威胁。

外部环境分为三个部分：（a）一般环境，即广泛的社会环境中影响到各行各业的因素；（b）产业环境，即对一个企业及其竞争行为和反应，以及对行业的利润能力有影响的因素——新进入者的威胁、供应者、卖方、替代品和竞争对手之间的竞争程度。(c) 经营环境，即直接制约和影响企业获取必要资源或确保经营活动顺利开展的环境。

有效的一般环境分析过程分为扫描、预测、监控和评价。对于产业环境分析，我们可以借助波特的五力模型和战略集团分析法。

一般环境有五个方面的因素：政治法律、经济、社会文化、历史和自然因素。其中历史和自然环境是大的社会背景因素，而政治经济文化环境则是影响企业业绩和竞争力的直接因素。

与一般环境相比，产业环境对企业战略行为的影响更加直接。通过对五力模型的研究，企业可以在产业中找到这样一个位置，要么能影响这些因素，要么能够保护自己免受这些因素的冲击，从而增强获得超额利润的能力。

【问题与思考】

1. 为什么企业研究和了解外部环境很重要？
2. 一般环境和产业环境有什么区别？为什么这些区别很重要？
3. 外部环境分析过程是怎样的？企业在这些过程中想要了解些什么？
4. 一般环境中的五个方面是什么？解释它们之间的不同。
5. 产业环境中的五种竞争力量如何影响其利润？
6. 在企业的经营环境中企业想要获得什么样的信息？

【本章参考文献】

[1] 邹昭晞著．企业战略分析（第二版）．经济管理出版社，2005
[2] Robbins，S（1990）．Organization Theory：Structure Design and Applications，Prentice Hall，New Jersey.
[3] 孟卫东，张卫国，龙勇编著．战略管理——创建持续竞争优势．科学出版社，2004
[4] 马春光编著．国际企业经营与管理．中国对外经济贸易出版社，2002
[5] 张璐阳．战略集团图的理论内涵及操作实践．北京市经济管理干部学院学报，2009：24卷第 7 期
[6] 李向前．利益相关者及其关系模式对企业战略的影响［J］．商业时代，2009：(15)
[7] 李向前．利益相关者对企业战略的影响［J］．安徽工业大学学报，2009：(01)
[8] 王方华，吕巍编著．战略管理．机械工业出版社，2004
[9] 李刚．从大公司的法律风险控制看企业总法律顾问制度．http：//www. fl168. com/Lawyer9465 /View/71124/

第3章

内部资源与能力分析

【开篇案例】

"巨大中华"发展中的变化

20世纪80年代末到90年代中后期，中国电信市场呈喷发之势，民族力量应运而生，新兴的四家有代表性的通信制造厂商分别为巨龙通信、大唐电信、中兴通讯、华为技术（以下分别简称巨龙、大唐、中兴、华为），被人们称作中国通信业企业的代名词"巨大中华"。尽管从成立的时间上看，中兴和华为要远远早于巨龙和大唐，但论出身和技术实力，在很长一段时间内，位于北京的巨龙和大唐都排在深圳的中兴和华为前面。如成立于1996年的巨龙是由数家国有企业发起成立的，基本上汇集了中国交换机领域早期的最高成就。大唐尽管于1998年成立，但其前身是1993年从邮电科学院拆分出来的电信科学技术研究院，这个研究院有40多年的历史，技术实力雄厚，而且国家也给予它大力的支持，在成立的当年10月，便在深圳证券交易所成功上市。而中兴和华为基本都是白手起家，而且领军人物都没有在通信行业的经验，在技术方面更没有任何现成的资源。

1998年，华为销售收入89亿多元，最少的大唐是9亿元。而四家的利润都过了亿。时隔三年，情况大变。2001年，华为的销售收入已经发展到255亿，利润超过20亿；中兴销售收入93亿，利润5.7亿；大唐销售收入20.5亿，利润3 600万元；巨龙销售收入仅有3亿～4亿，利润为负9 000万。从中不难看出，排第一的华为与巨龙的差距已由1998年的不到3倍扩大到60多倍，而利润更没法相比。

四家电信制造企业原本有着相近的赢利能力与规模，"巨大中华"都在通信领域，都是靠程控交换机起家，应该说起点差不多，市场环境差不多，竞争对手差不多。在如此众多相同因素下，为什么时隔三年，四家企业会出现如此巨大的差距？2002 年，巨龙彻底消失在通信行业的视线中。而华为，经过 20 年的发展，它已经从“巨大中华”中排名最后的一家，成为中国信息产业最出色的领袖和代表。

华为成立于 1988 年，主要从事通信网络技术与产品的研究、开发、生产与销售，专门为电信运营商提供光网络、固定网、移动网和增值业务领域的网络解决方案，是中国电信市场的主要供应商之一。华为在印度、美国、瑞典、俄罗斯以及中国的北京、上海和南京等地设立了多个研究所，87 502 名员工中的 43%从事研发工作。截至 2008 年 9 月，华为已累计申请专利超过 32 822 件，连续数年成为中国申请专利最多的单位，专利申请数连年以高于 100%的速度增长，年度专利申请量突破 1 000 件。华为在全球建立了 100 多个分支机构，营销及服务网络遍及全球，能够为客户提供快速、优质的服务。目前，华为的产品和解决方案已经应用于全球 100 多个国家，以及 35 个排名全球前 50 强的运营商。

华为同时也拥有大量高品质的管理资源。1996 年华为把企业的愿景、使命和制度等，通过高层管理人员访谈、专家学者咨询等方式进行管理，经过两年多的努力和八次修改，在 1998 年形成了广为人知的“华为基本法”。基本法的重要贡献在于总结、提升了企业成功的管理经验，把分散的管理资源通过统一共识这一平台加以整合，将华为的管理纳入了制度化的轨道，也为日后引进先进的管理系统打下了基础。

华为在企业管理、人才储备上颇用了力气，因此比较而言，发展后劲较足。华为在管理上投入的力气不亚于其在技术上的投入。华为很早就提出不仅技术要赶上世界一流企业，而且管理也要与世界一流企业接轨的经营理念。这些年来，华为不仅与 TI、摩托罗拉、IBM、英特尔、AT&T、朗讯等世界一流企业广泛开展技术与市场方面的合作，如成立联合实验室、合作开发芯片，而且从 1997 年起，华为开始系统性、大规模地引入国外管理咨询公司，建立基于 IT 的世界级管理体系。2000 年与 IBM 合作进行业务流程重整和华为的 Intranet 建设，通过集成产品开发（IPD）的设计打破了原有以部门为管理构架的模式，转向以业务流程为核心的管理模式，同时也合作建立和优化了集成供应链（ISC），以提高满足客户需求的能力；华为于 1997 年引入海氏企业作为人力资源的管理咨询顾问，建立了任职资格体系、职级构架、薪酬体系、员工素质模型；在 FHG 的帮助下重新规划和优化了生产工艺和质量控制过程；在 PWC 和 IBM 协助下，建立进行财务中流程、制度、监控、编码的四统一筹，健全了华为的财务管理制度。经过多年的管理改进与变革，华为的管理资源无论在质量上还是在数量上都处于世界前列，在创造华为差异化竞争优势上发挥了重要作用。在人才储备上，华为提出了人力资本的增值优于财务资本的增值的理念。1995、1996年当社会及业界对电信类、计算机类毕业生需求还不是很旺盛的时候，华为就已经每年引入了数千名毕业生。这给华为近年来的高速发展奠定了坚实的基础。目前中兴和华为硕士以上学历的人才分别达到4 000人和8 000人。

从波特的五力模型来分析中国的电信设备制造行业，不难发现，这是一个颇有吸引力的行业，产业内的参与者并不是很多，尽管存在比较激烈的竞争，但市场需求的快速增长为各个参与者提供了良好的契机。在这样较好的外部环境下，上面的案例揭示出，企业间市场份额、赢利能力的差异是非常巨大的。华为能取得优异的成绩，尽管与所选择的行业有关，受到一般环境与产业环境的影响，但内部资源和能力的支持也是很重要的因素。企业的竞争环境不是企业利润的唯一决定因素，某些企业有能力在竞争惨烈、艰难的行业中开发和实施产生高水平利润的战略，而有些企业即便处在机遇相对较多、威胁相对较少的行业，也无法选择和实施能带来正常或超额回报的战略。为解释企业间绩效上存在的差异，我们必须跨越外部环境中威胁和机遇的分析，进入到企业内部考察资源和能力的差异。

《兵法·谋攻篇》中，孙子曰："知己知彼，百战不殆；不知彼而知己，一胜一负；不知彼不知己，每战必殆。"在对企业进行详尽而全面的外部环境分析之后，接下来要做的就是通过内部分析找出什么是企业的核心竞争力。企业通过从事一系列活动提供产品和服务，这些活动形成了提供最终产品和服务的链条，而价值的创造就是源于顾客购买这些产品和服务的链条。为了从事这些活动，企业需要具备相应的资源以及运用这些资源的能力。然而要能形成战略价值，企业就必须拥有优于竞争对手的能力。企业使用优于竞争对手的方式从事生产经营活动从而为顾客创造优越价值，这是企业创造竞争优势也是企业战略目标的本质。每个企业都至少拥有一些其他企业不具备的资源和能力——至少不是相同的资源和能力组合。资源是能力的源泉，某些能力又能够促使企业发展出自己的核心竞争力或竞争优势。资源、能力和核心竞争力是构成企业竞争优势的基础。

企业的生存寿命就像人的寿命一样，依赖于两个方面的因素，一是生存的环境，二是自身的素质。但是，当大家面临相同的生存环境时，自身的素质就是决定因素。国际上成功的知名大公司，绝大多数都是靠长期在一个产业的激烈竞争中勇于拼搏、善于竞争才逐渐成长壮大起来的。近年来，我们几乎没有看到由于某个产业危机而直接导致某一家公司失败的例子，多数公司的失败都是由于其自身的经营失误造成的。就如人们常说的"没有夕阳产业，只有夕阳企业"，公司经营成败主要依赖于其内在的素质，具有良好素质的公司可以在险恶的市场环境中脱颖而出，而素质不高的公司即便在优越的市场环境下也难以长期生存。市场竞争环境越完善，对市场参与者的素质要求就越高。

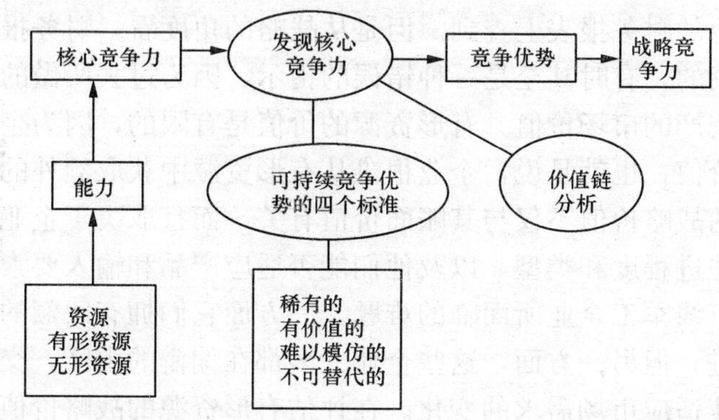

图 3.1　内部分析中能带来竞争优势和战略竞争力的组成部分①

从上图我们可以看出资源、能力和核心竞争力三者之间的关系，以及企业如何运用它们来创造战略竞争优势。企业应当将各项资源结合起来开发自身的组织能力，能力又是企业核心竞争力的来源，而核心竞争力则是企业竞争优势的根基所在。下面我们将对这些构成企业竞争优势的基础进行定义，并说明三者之间的关系。

3.1 企业资源分析

从广义上来说，资源涵盖了一系列的个人、社会和组织现象。我们认为：被投入到企业生产和运营中的都是企业的资源。资金、设备、员工技能、市场关系、专利以及经理人的才能等等都是企业的资源。企业的资源主要分为两种：有形资源、无形资源。

3.1.1 有形资源

有形资源，是指可见的、能用货币直接计量的资源，主要包括物质资源和财务资源。物质资源包括企业的土地、厂房、生产设备、原材料等，是企业的实物资源。财务资源是企业可以用来投资或生产的资金，包括应收账款、有价证券

① 迈克尔·A. 希特，R. 杜安. 爱尔兰，罗伯特·E. 霍斯基森著，吕巍译. 战略管理. 中国人民大学出版社，2009 年 6 月.

等。有形资源一般都反映在企业的资产中，是比较容易确认和评估的一类资产，一般可以从企业的财务报表上查到。但是从战略的角度看，财务报表上所反映的资产价值是模糊的，有时甚至是一种错误的指示，因为过去所做的报价并不能真实地反映某项资产的市场价值。有形资源的价值是有限的，因为企业很难再深入地挖掘它们的价值，也就是说，企业很难从有形资源中获取额外的业务和价值。

有形资源的战略价值不仅与其账面价值有关，而且取决于企业的地理位置和能力、设备的先进程度和类型，以及他们能否适应产品和输入要素的变化。这是我国现在很多三线军工企业所面临的难题。一方面它们拥有巨额的固定资产，有些设备还很先进；但另一方面，这些企业大多都在偏僻的山区，交通不便，信息滞后，很难快速适应市场需求的变化。在评估有形资源的战略价值时，必须注意以下两个关键问题：

(1) 是否有机会更经济地利用财务资源、库存和固定资产，即能否用较少的有形资源获得同样的产出或用同样的资源获得更大的产出。

(2) 怎样才能使现有资源更有效地发挥作用。事实上，企业可以通过多种方法增强有形资源的回报率，如采用先进的技术和工艺，以增加资源的利用率；通过与其他企业的联合，尤其是与供应商和客户的联合，以充分利用资源。如我国的数据通信行业可以通过与集成商和企业的联合，来充分利用光纤电缆和网络资源。当然，企业也可以把其有形资源卖给能利用这些资源从而获利的公司。实际上，由于不同公司掌握的技术不同，人员构成和素质也会有很大差异，因此它们对一定有形资源的利用能力也是不同的。换句话说，同样的有形资源在不同能力的公司中表现出不同的战略价值。

3.1.2 无形资源

无形资源，是指企业长期积累的没有实物形态甚至无法用货币精确计量的资源，通常包括人才、商誉、技术、专利、关系网络、企业文化等。与有形资源相比，无形资源是一种更高级、更有效的核心竞争力来源。

一种资源越不容易观察到（无形），以此为基础建立起来的竞争优势就越具有持续性。与大多数有形资源不同，它们的价值可以得到更大程度的利用。举例来说，企业员工之间的知识共享，对于其中的任何一个人而言，其价值都不会减少。恰恰相反，两个不同的人如果能够共享各自的知识，他们的知识集合就会得到更充分的利用，而且经常会创造出更多的知识，尽管对于双方来说那些都是全新的知识，但却能够帮助企业进一步提高自己的经营业绩。对于无形资源来说，使用者的范围越广泛，它们能够为各方带来的收益就越大。

20 世纪后半期，全球经济增长的中心资源发生了很大的转移，企业的无形资源对企业具有非常重要的意义，主要表现在三个方面：非物质性因素创造财富的比重超过了物质性因素所创造财富的比重；非物质性因素已经成为一个国家、一个地区、一个企业经济竞争力的主要指标；物质性因素的使用效率在很大程度上取决于非物质性因素的投入量和投入程度。

企业的有些“无形资源”常常是在企业的职能领域里建立起来的，或者通过在企业层次上将有形的、人力的以及技术的资源结合起来而产生的。凭借这些资源，企业就可以提供高度可靠的服务，不断进行流程革新和产品革新，创造灵活的制造方式，提高对市场趋势的快速反应能力，缩短产品开发周期。无形资源主要包括以下几个方面：

（1）技术资源。技术资源就是一种重要的无形资源，它主要是指专利、版权和商业秘密等。技术资源具有先进性、独创性和独占性等特点，使得企业可以据此建立自己的竞争优势。美国的英特尔、微软，中国的北大方正都是这方面的典型例子。企业所拥有的技术能否成为重要的无形资源，除与其先进性和独创性有关外，还与其是否易于转移有密切的关系。如果某项技术易于被模仿，或者主要由某个人所掌握，而这个人又很容易流动，那么，这项技术的战略价值将大大降低。

（2）商誉。商誉是指一家企业由于顾客信任、管理卓越、生产效率高或其他特殊优势而具有的企业形象。它能够给企业带来超过正常收益率水平的获利能力。在产品质量和服务对潜在顾客利益的影响并不明显的产业，企业商誉往往是很重要的资源。企业商誉通常包括企业的生产经营能力（生产经营规模、技术水平、财务状况、销售网络、管理水平等）、品牌声誉（商品品质、商标、包装等）和商业道德（经营作风、售后服务、员工素质、竞争方式）等方面的内容。正确理解商誉的特征，依法保护企业的商誉，客观公正地评估商誉的价值，是企业发展中必须解决的战略问题。

（3）人才资源。人才资源指的是企业中所有那些体现在企业员工身上的才能，包括企业员工的专业技能、创造力、解决问题的能力、管理能力，在某些情况下，甚至还包括企业员工的心理能力，因为企业员工的心理素质在很大程度上将影响其才能的发挥。人才资源和人力资源是有区别的，人才资源的考察角度是从蕴涵在企业员工身上的才能出发，而人力资源的考察角度则是从企业员工作为一种蕴涵各种技能和知识的载体出发。从资源的本质来看，我们认为应该采取前一种思维方式，把企业的各种资源都转化为一种非人化的要素。

（4）关系资源。关系资源是指企业因为与顾客、政府、社区、金融机构等个人或组织之间良好的关系而获得的可以利用的存在于企业外部的资源，这其中特别应该受到重视的是客户关系资源。企业由于与客户长期良好的合作而建立起顾客忠诚，这样客户就成为企业经营中获取强大竞争优势的一项重要资源。另外，企业的特殊关系即与要人、企业及政府保持良好关系，可以获得那些没有这层关系就无法获得的良好的发展机遇。世界巨富李嘉诚的经济帝国就是建立在这种特殊关系之上的。长江实业的壮大归因于 20 世纪 70 年代以来李嘉诚在香港与大陆之间建立的关系网，包括与政府、国有企业、金融机构、华侨企业家及西方跨国公司的紧密联系。

一般来说，仅仅是资源本身并不能够为企业带来竞争优势，一种竞争优势通常要以集中资源的独特组合作为建立的基础。按照竞争优势的资源管理基础理论，企业的持续竞争优势主要是由资源禀赋决定的。企业的内部资源条件决定了其能否和如何有效利用外部环境提供的机会并消除可能的威胁，从而获取持久的竞争优势。在战略分析中，企业应当全面分析和评估内部资源的构成、数量和特点，识别企业在资源禀赋方面的优势和劣势。

附：公司内部资源描述矩阵

企业的内部资源都可按照可转移性的程度和利用度程度两种指标被放置到公司内部矩阵。转移性指资源扩展、复制，使用于其他业务的可能程度；利用度是资源被占用和使用的紧张程度和余量的多少。

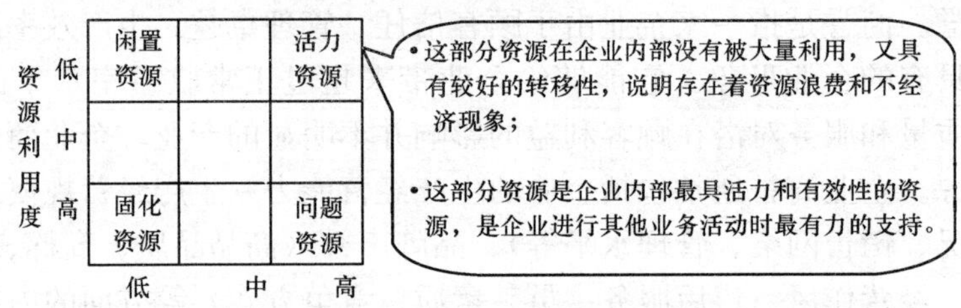

图 3.2　资源转移性

3.2　企业能力分析

企业能力是指将企业的资源加以统筹整合以完成预期任务和目标的技能，这种企业的资源转换能力简称能力。竞争优势的基础是企业的资源，而形成竞争力的是能力，没有能力，资源就很难发挥作用，也很难增值。能力本身并不能确保企业能有效地构造、实施一个战略，但它能使企业借助其他资源来实现战略的构造与实施。

根据“木桶理论”的原理：企业的某项能力，有如木桶中的木板，无论其多强多高，对整个企业的能力是不起关键作用的，最关键就是那根短板。它使企业管理者开始检讨企业的薄弱环节，从而指导企业的经营活动。任何企业都必然存在自己的短板，这些短板制约企业取得更大的成绩。要想有所突破，最简单、最高效的办法是补齐那块短板，提升整体能力。

公司的内部能力是由其组织能力、生产运作能力、营销能力、技术研发、融资与理财能力等决定的，根据各种能力在公司战略全局目标、职能具体目标和日常计划中所起的不同作用，可将其划分为优势或者劣势。有助于战略全局目标、职能具体目标和计划实现的能力是优势，而劣势是指有损于全局目标、具体目标和计划实现的能力。

【案例】

任正非：均衡发展，就是抓短的一块木板

在管理改进中，一定要强调改进我们木板最短的那一块。公司从上到下都重视研发、营销，但不重视理货系统、中央收发系统、出纳系统、订单系统等很多系统，这些不被重视的系统就是短木板，前面干得再好，后面发不出货，还是等于没干。因此全公司一定要建立起统一的价值评价体系、统一的考评体系，才能使人员在内部流动和平衡成为可能。比如有人说我搞研发创新很厉害，但创新的价值如何体现？创新必须通过转化变成商品，才能产生价值。我们重视技术、重视营销，这一点我并不反对，但每一个链条都是很重要的。

研发相对用户服务来说，同等级别的一个用户服务工程师可能要比研发人员综合处理能力还强一些。所以如果我们对售后服务体系不给予认同，那么这体系就永远不是由优秀的人来组成的。不是由优秀的人来组织，就是高成本的组织。因为他飞过去修机器，去一趟修不好，又飞过去修不好，又飞过去又修不好。我们把工资全都赞助给民航了。如果我们一次就能修好，甚至根本不用过去，用远程指导就能修好，我们将节省多少成本啊！

我们这几年来研究了很多产品，但IBM等西方公司到我们公司来参观时就笑话我们浪费很大，因为我们研究了很多好东西就是卖不出去，这实际上就是浪费。我们不重视体系的建设，就会造成资源上的浪费。要减少木桶的短木板，就要建立均衡的价值体系，要强调公司整体核心竞争力的提升。

（资料来源：节选自任正非．华为的冬天．2001年2月）

3.2.1 生产运作能力

20世纪前30年的大量生产时代，在西方国家的大多数行业中，低成本生产是成功的关键。因此组织管理者所侧重的是完善生产运作职能、批量生产和持续生产、适合消费品的大规模生产技术，用以高效率高质量地完成生产任务。生产运作能力开始受到人们的关注①。

生产运作能力是指公司提供生产产品和提供服务的能力。生产运作能力汇总了所有公司直接和辅助性的能力，共同创造了公司的产出。这一能力会直接影响公司的竞争力。也就是说，通过生产运作、节约成本和提高经营质量可直接带来公司绩效的增加。

企业如何打造一种能力可以使产品和服务更便宜（成本优势），使产品和服务质量更好（质量优势），使生产和服务速度更快（基于时间的优势），使生产和服务更准时（可靠性优势），可随时变动将要生产的产品和服务（灵活性优势），成为了企业生产运作亟须解决的难题。美国管理学者罗杰尔·斯格洛德尔（Roger Schroder）提出了生产运作管理中的五项职能或五个决策领域：（a）加工工艺和流程决策；（b）生产能力决策；（c）库存决策；（d）劳动力决策；（e）质量决策。

生产运作能力中一种重要能力就是公司的采购能力，采购部门若能成功地以最优惠的价格获取高质量的投入、及时交货，就可以为公司带来实实在在的利润，因此这种能力就是公司的优势，可以为公司带来直接的竞争优势，有助于为其他项目融资，有助于公司取得长期成功。

作为制造型企业，生产能力也可以反映企业的生产规模。企业管理者之所以十分关心生产能力，是因为他随时需要知道企业的生产能力能否与市场需求相适应。当需求旺盛时，他必须考虑如何增加生产能力，以满足需求的增长；当需求不足时，他必须考虑如何缩小规模，避免能力过剩，尽可能减少损失。企业可以通过引进新设备、新技术，加大人才和资金等要素的投入来扩大生产规模，提高产能，满足市场的需求。作为服务性企业，企业通过服务质量的提升来提高满足客户需求的能力。比如：建立完善适合的服务流程标准对整个服务流程进行监控；提高服务的设施；提高服务人员的技术水平；培养服务人员良好的服务心理素质和态度；提高服务人员的服务效率等等。

---

① 安索夫·安东尼奥著，曾立芸，安砚贞译．变革国家中公司发展战略．中国人民大学出版社，2004年3月．

3.2.2 营销能力

从 20 世纪 30 年代中期开始，虽然内部生产运作仍受重视，但是关注的中心已经转向外部市场，一度简单直接的销售活动变成了营销，并把焦点放在认可、预测并最终塑造客户的需求上。卖方市场向买方市场的转变使得营销能力在企业的诸项能力中尤为重要。

营销能力体现为企业通过统筹、利用内外资源满足目标市场消费者的需求以实现自身生存和持续发展的一种能力，即企业营销能力是企业有效开展市场营销活动的能力。随着经济体制的转型和社会生产力的发展，尤其是买方市场的全面形成，企业的营销观念也正在发生急剧的变化。这一过程的顺序是：生产观念—产品观念—推销观念—市场营销观念—社会营销观念。

一个企业营销能力的强弱往往体现在其产品竞争能力、销售活动能力和市场决策能力上。因此，营销能力分析通常从这三个方面来进行。

(1) 产品竞争能力分析

产品竞争能力分析是对企业当前销售各种产品的市场地位、收益性、成长性、竞争性和结构性等方面进行分析，分析结果将为改进产品组合和开发新产品指明方向。

①产品市场地位分析。产品市场地位分析除通过市场调查分析判断该产品的知名度、美誉度、产品形象之外，还要定量测评市场占有率和市场覆盖率。

市场占有率＝（本企业产品销售量/市场上同类产品销售量）×100%

市场占有率是产品市场地位的重要标志，也是企业最重要的战略目标之一。企业应分品种、分地区、分时期进行统计，并与竞争对手比较以便发现问题和查找原因。另外还要注意，当前企业竞争的焦点已开始由过去的市场份额规模增长，转向市场份额质量（用市场份额与忠诚顾客的百分比来衡量）的提高，因而在分析市场占有率的同时还要注意忠诚顾客的比率。

市场覆盖率＝（本企业产品投放地区数/全市场应销售地区数）×100%

②产品收益性分析。产品的收益性高低直接决定企业的效益，企业应确立高收益的产品组合。收益性分析可采用如下方法进行：进行销售额的 ABC 分析，以找出须深入调查的 A 类重点产品；进行边际利润分析，以明确企业各种产品的边际利润贡献度，进行本量利分析，以查明经营安全性和确定目标销售量。

③产品成长性分析。通常是把企业最近几年的销售量或销售额按时间顺序画成曲线，来观察其增减变化趋势，采用的指标主要有销售增长率和市场扩大率。

市场扩大率＝（某年度市场占有率/上年度市场占有率）×100%

④产品竞争性分析。就是分析相对于竞争产品，本企业产品在质量、外观、包装、商标、价格、服务等方面所具有的优越性。

⑤产品结构性分析。产品结构又称产品组合。产品结构可分为宽度结构和深度结构。宽度结构是指产品的系列结构，深度结构是指同一系列的规格结构。产品结构分析的目的是发现优势产品和弱势产品，弄清产品结构不合理的地方，进而改进产品组合，为保持和提高产品竞争力奠定基础。具体可运用波士顿矩阵等方法进行分析。

(2) 销售活动能力分析

销售活动能力分析是在产品竞争力分析基础上，以重点发展产品和销路不畅产品为对象，对其销售组织、销售绩效、销售渠道、促销活动等方面进行分析，以判断企业销售活动的能力、存在问题、问题成因，进而为制定战略提供依据。

(3) 市场决策能力分析

市场决策能力分析是以前述产品市场竞争力分析、销售活动能力分析、新产品开发能力分析的结果为依据，对照企业当前实施的经营方针和经营战略，来发现企业在市场决策中的不当之处，评估判断企业领导者的市场决策能力，并探讨企业中长期所应采取的经营战略，以提高企业领导者的决策能力和水平，使企业获得持续的成长和发展。

营销能力可以是公司的优势所在，也可能是劣势所在。例如，公司的市场调查能力很强，就可以获得比竞争者更强的优势；若在这方面的能力很弱，就会制约组织利用市场机会。有两种很重要的体现营销能力的标准：产品经历经济周期的稳定性和产品差异化程度。如果公司的产品不会随着经济周期的变化而起伏，那么可以相信这些产品会产生持续的收入。类似地，如果产品与竞争者产品的差异化程度很高，公司在此产品上的利润就会比较丰厚，可以为新产品开发提供资金。

制定正确可行的市场营销战略计划，并为之建立合理的组织机构，配备能高效实现战略目标的人员队伍，并在执行过程中做好控制。同时在执行过程中积极培育形成强有力的文化并反作用于整个营销执行过程是提高企业营销能力的较好方法。

企业的市场营销能力是适应市场变化、积极引导消费、争取竞争优势以实现经营目标的能力，它是企业的决策能力、应变能力、竞争能力和销售能力的综合体现。市场营销能力的强弱是决定企业经营的优劣、影响企业荣枯盛衰的关键。

3.2.3　研发能力

第二次世界大战以后，研发的地位逐渐上升。战争期间开发的大量技术改变了很多行业的面貌，致使一些行业日趋萎缩，又催生出一些新的行业。研发能力越来越受到企业家的重视。研发的预算和控制技术得以引进，管理创新型人才和创新流程的领导方法得到了发展。

企业的研发能力包括企业的研发人才资源、研发投入和科技成果三项指标。其中，人才资源指标反映研发人才的投入程度、密集程度和未来的供给能力；研发投入指标反映研发经费投入的规模和强度；科技成果指标则反映研发产出能力和技术创新的活跃程度。从研发能力的采取手段来讲，研究和开发业务通常有两类，一个是利用企业内部的研究和开发力量，企业内部通过设立研发小组、研发部门、实验室、研究中心、研究院等向社会招聘和从企业内部选拔人员来进行研发；另一方面是利用外部的科研和开发力量，因为企业自行开发新技术，需要大量的人、财、物的投入，经过应用研究和开发研究，直到试制成功，新产品投入市场，一般需较长的时间，企业必须承担很大的风险。企业利用外部科研力量是指企业与科研院所或其他企业的研发合作，借助这些单位的科技优势，弥补企业自身开发能力的不足。这些单位往往拥有为数众多的科技人才、科研成果和先进的研制设备，处在某个研究领域的前沿，掌握最新的科研信息，具有丰富成熟的科研经验，与它们联合开发，企业可以节省时间，避免方向选择上的错误，减少风险。另外，联合开发也可以加快科技成果向产品的转化。

表3.1　集中研发能力以及优势/劣势标准

能　力	优　势	劣　势
1. 基础和应用产品的研发能力		
①部门运营	效率高	效率低
②部门声誉	好	差
2. 过程研发能力		
①及时引进新过程	是	否
②具有成本效率	是	否
3. 有效运用资源	投资回报高	投资回报低
4. 有形设施		

续表

能　力	优　势	劣　势
①研究实验室	好	差
②测试实验室	好	差
5. 研发单位的组织	促进创新	阻碍创新
6. 研发与经营、市场部门的沟通和协调	好	差
7. 技术预测的质量	好	差
8. 创新的成功比率	高	低

公司的研发能力可以直接或者间接地影响公司的竞争地位。如研发能力通过树立公司新产品开发的声誉来吸引消费者，间接巩固公司的竞争地位。战略经理应该监测公司的研发职能，确定创新的成功比率。这是公司开发并转化为市场产品的创新数量与行业水平之比。成功比率高说明研发能力是公司的优势，公司可以借此赢得竞争优势。

有可能公司的研发很有创造性，但是很少带来对公司的产品组合和利润有贡献的产品。这类研发单位可能会耗尽公司的财力，不能为公司带来竞争优势，甚至会威胁公司的生存，尤其当竞争者具有更高成功率时更是如此。

企业要提高研发能力，首先要造就一批优秀的人才，其中包括优秀的技术人才和管理人才。除需要优秀的技术人才外，还必须造就一支优秀的管理人才队伍。其次是要从体制及机制改革入手，促使企业成为创新主体。同时要在企业内建立起有利于创新研发的激励机制。第三，进一步完善创新研发的体系、建立创新平台。新技术已成为研发的出发点及不可缺少的重要组成部分，跟踪前沿关键技术对于研发创新显得十分重要。此外，企业除了投资研发之外，一定要加强知识产权意识。

3.2.4　融资与理财能力

企业的财务管理者的主要任务是管理资金。要保证企业有有效的资金来源、资金使用和资金控制。要根据企业的战略要求决定资金筹措的方法和资金分配；监视企业内部资金运作；决定利润分配。企业的财务能力主要涉及两方面：一是筹集资金的能力即融资；二是使用和管理所融资金的能力即理财。融资能力可以用资产负债率、流动比率和已获利息倍数等衡量；理财能力可以用投资报酬率、销售利润率和资产周转率等衡量。

有些组织较其他组织更容易吸收资金。拥有与债权人的良好关系、能通过股市进行融资的能力是公司主要的战略优势来源。所有的产品和服务最终都会进入生命周期的成熟和衰退阶段。为保证公司的长期生存，必须具备发现和开拓市场的能力。缺乏资金来源、难以抓住机会将是公司的严重缺陷。

当企业为了实现发展和占领市场目标时，利用降低价格抵御新的竞争对手的出现或进行产品革新时，企业的金融力量有时就构成了决定性的优势。金融力量不仅由企业拥有可支配资金的多寡来判断，更重要的是由企业能够动员新资本的能力和自我投资的能力来评价。这一切反映了企业的融资能力。

企业的融资能力按照融资的途径来分主要有以下几种：

对于国家或地方的重点建设项目，可以申请国家财政或地方财政投资，通过国有资本金的形式投入企业。如果企业有能力申请到政府级的重点建设工程，自然可以很便捷、低成本地筹集资金。另外根据国家的宏观政策，政府财政中还有种种重点科技项目贷款、支农贷款、扶贫贷款、环境治理贷款等低息或贴息贷款，企业所申报的项目或所实施的项目如果符合条件都可以按照相关规定筹集到资金。

银行贷款融资是当前企业融资的主要渠道之一。银行贷款以贷款是否需要担保为标准，可分为信用贷款与抵押贷款。企业如果运作正常、信誉良好、与银行关系较好，自然有能力获得较高的授信额度而不需要进行抵押贷款融资。

企业如果有能力上市发行股票进行融资则能够较好地分散企业风险，利用所募集的资金发展企业。但是发行股票是向社会公众交出一部分企业资产所有权，同时也意味着公众拥有一部分所有权、收益权与对企业经营的公开监督。企业如果具备发行债券进行融资的能力也能解决企业的融资渠道问题。

企业如果商业信誉好，还可以进行商业信用融资以解决短期资金缺乏的问题。

对于高科技企业来说，如果有能力获得创业风险基金的认可，获得其投资是一种不错的融资方式。这种高风险、高回报可能性的创业风险投资也正是我国一些有眼光的投资企业目前正在大力开展的事业。

企业的理财能力即企业合理地使用和分配资金的能力。企业在理财时须遵循几个基本原则：既要有利于不断提高企业价值，又要能保持和提高企业的长远赢利能力；既要考虑股东目前的利益，又要考虑企业长期发展的要求。企业可以通过以下手段来提升自己的理财能力：

①充分利用金融工具，借助银行理财。当前，企业在发展中所面临的融资难问题已引起了银行业界的重视。目前，随着银行对于企业相关业务的重视逐渐深入，市面上各项金融服务与创新产品也层出不穷，而不少商业银行针对企业理财

的服务和产品已经越来越丰富。

②企业通过提高自身管理水平节约内部成本。能源、原材料、劳动力和土地的价格不断上升，是导致我国企业一直所依赖的低成本比较优势正在逐步丧失的主要原因之一。而在外部成本膨胀的同时，企业的内部成本也没有得到有效控制，因而，在高成本时代来临后，要提高企业的竞争力，企业必须立即进行新的策略选择，比如通过提高自身的管理水平来节约内部成本。

③避免财务风险。完善的保险计划，对于企业来说很重要，可以让企业在遭受意外灾害时，通过事先防范的措施，减轻企业在意外中所受的损失。另一方面，随着人才竞争的加剧，企业有没有补充养老保险和医疗保险，已经成为吸引人才的重要条件。因此，买保险该是企业的大事。

④合法节税。在现代社会里，国家为了公共建设或均富，要求个人和企业必须对社会分摊责任而缴税。而由于实际征税可能会有不合理的现象，因而会产生节税的需求，企业可以通过经验与熟知法律知识等专业能力，合法减少那些不必要的支出。

⑤建立完善的财务管理制度体系，完善财务制度和财务流程，包括监督机制和激励机制，引进适合企业发展的财务人才。

企业的经营过程，实际上是企业所占用的资金在各种形态下不断转化，并最终达到增值的过程。这一过程是通过企业的融资与理财能力进行一系列的财务运作来完成的。

3.2.5 组织能力

组织能力是指开展组织工作的能力，是公司在与竞争对手投入相同的情况下，以更高的生产效率或更高质量，将其各种要素投入转化为产品或服务的能力。组织能力包括企业所拥有的一组反映效率和效果的能力，这些能力可以体现在公司从产品开发到营销再到生产的任何活动中。精心培养的组织能力可以成为竞争优势的一个来源。

良好组织应符合以下基本原则：目标明确、组织有效、统一指挥、责权对等、分工合理、协作明确、信息通畅、沟通有效、管理幅度与管理层次有机结合、有利于人才成长和合理使用、有良好的组织氛围。

组织能力是企业竞争力的DNA，它有几个特质：独特的，每一家企业都有不同的组织能力；不同的组织能力，也将局限或强化企业在不同层面的表现；组织能力既然可称为企业的DNA，它自然是源生于企业的内部。

企业的组织能力往往以信息为基础，具有企业特定性，它们是通过企业内部各种其他资源复杂的长期相互作用建立起来的。这种资源可以被抽象地看作是企业创造的一种“中间产品”，这种“中间产品”可以提高企业的竞争能力，从而成为企业竞争优势的源泉；也可以被抽象地看作是对企业最终产品或服务的战略性保护机制。企业的组织能力包括成本控制能力、企业内部有机的信息交流能力、企业对品牌的管理能力、企业所建立的市场营销能力、企业的新产品开发管理能力、企业的创新管理能力、企业的各种以技术为基础完成价值链活动的能力，这些都属于企业组织能力的范畴。

经营效率是为了使个别活动、功能有卓越的表现，组织能力则侧重在组合这些活动。众所周知的美国西南航空迅速登机的做法即它排出更密集的班次以及更充分调配运用飞机，是其能达到高度便利、低成本定位的重要原因。西南航空是如何做到的呢？部分答案在于该公司的组织能力：提供地勤人员高薪，再加上比较有弹性的工会规则，让人员的生产力大为提高。但是西南航空在其他活动上的执行做法更为关键：它不供应餐点，没有订位服务，也没有行李转运服务，避免掉了这类会减缓航空公司速度的活动。而西南航空所选择的机场和路线，也避开可能导致误点的拥塞，其严格限制路线的种类和距离的做法，更让飞机的标准化变为可行。西南航空的飞机全是波音 737。西南航空的核心能力究竟是什么？成功的关键因素又是什么？正确的答案是，它的组织能力让其每一个相关活动都非常匹配。西南航空的战略涉及一整套系统的活动，而非部分活动的集合。它的竞争优势来自于各活动的整合方式，以及互相强化的方式。创造出一个极为紧密的活动链，可将模仿者排除在外。大多数企业都有不错的战略，西南航空的活动则是以彼此互补的形式呈现，进而创造出真正的经济价值。比方说，它会因为其他活动的执行方式，导致某项活动的成本降低；同样地，某项活动对顾客的价值，可以因企业内其他活动而提高。这就是战略性整合创造竞争优势与卓越获利能力的方式。

企业组织能力分析是企业内部条件分析的基本环节和主要内容，因为企业的一切活动都是人的活动，都是组织的活动，组织是进行有效管理的手段，所以通过对组织的分析可以发现制约企业长远发展的问题，从而通过解决这些问题达到促进企业发展的目的。组织是实现目标的工具，是进行有效管理的手段，分析组织能力、发现制约企业长远发展的组织管理问题并加以改进，则为企业战略的正确制定和成功实施奠定了坚实的组织基础。

3.3 核心竞争力分析

企业的核心竞争力是能够作为企业竞争优势来源的企业能力，凭借竞争优势，企业就能够击败自己的竞争者。核心竞争力不仅能够使一家公司具备与众不同的竞争力，而且可以反映公司独特的个性。企业竞争力是在企业不断积累并学习如何利用各种不同资源和能力的长期过程中形成的，作为采取行动的一种能力，企业的核心竞争力就像是“皇冠上的一颗宝石”。

随着时间的推移，任何企业的价值创造战略都可能会被其竞争对手复制。换句话说，竞争优势的生命是有限的。总体来说，竞争优势的持久性受到以下三种因素的影响：环境变化而导致核心竞争力的过时程度，核心竞争力替代品的可获得性以及核心竞争力的可模仿程度。用戴尔计算机公司总裁迈克尔·戴尔的话来说：“没有任何竞争优势和成功是永久的。赢家是那些不断进步的人，在商业中唯一不变的就是变。我们必须抢占先机。”企业都要面临的挑战就是有效地管理现有的核心竞争力的同时发展新的核心竞争力。

3.3.1 核心竞争力

核心竞争力又称核心竞争能力或核心能力。最早是在1990年由两位管理学家哈默尔（Hamel）及普拉哈拉德（Prahalad）在《哈佛商业评论》发表《企业核心能力》一文中提出的：核心能力“是组织中的积累性学识，特别是关于如何协调不同的生产技能和有机结合多种技术与学识”。同时他们指出：核心能力既是组织资本又是社会资本。组织资本反映了协调和组织生产的技术方向，社会资本显示了社会环境的重要性。

核心竞争力是能为企业带来相对于竞争对手的竞争优势的资源和能力。核心竞争力有四个标准，或称为四种战略力量，即有价值的能力、稀有的能力、难以模仿的能力和不可替代的能力（见表3.2）。不能满足这四个标准的就不是核心竞争力。所有核心竞争力都是能力，但不是每一个能力都是核心竞争力，要成为核心竞争力必须满足两个条件：从顾客的角度出发，是有价值并不可替代的；从竞争者的角度出发，是独特并不可模仿的。

表 3.2　决定核心竞争能力的四个标准

有价值的能力	帮助企业减少威胁、利用机会
稀有的能力	不被他人拥有
难以模仿的能力	历史的因素：独特而有价值的组织文化和品牌等 模糊性因素：竞争能力的原因和应用不清楚 社会关系的复杂性因素：企业员工之间、供应商与客户之间的人际关系、信任和友谊
不可替代的能力	不具备战略对等的资源

核心竞争能力“偷不走”（难以模仿）、“买不来”（难以从市场上获得）、“拆不开”（分开就不值钱，合起来才有效）、“带不走”（不会因为关键人才流失而带走）。因此，核心竞争力是企业所有能力中最根本、最重要、最关键的能力，是对企业生存和发展最具影响的竞争力。

企业的能力多种多样，企业内部的各个部门拥有属于自己的不同能力。在这些能力中，有的能力是一般能力，有的能力是核心能力。核心能力是企业持续拥有某种竞争优势的源泉，是企业各个业务单位的“黏合剂”，更是新事业或业务发展的“根基”如图 3.3 所示。

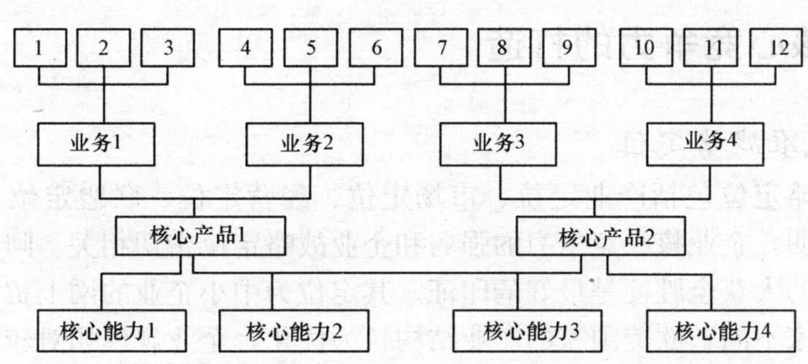

图 3.3　核心能力——竞争力之源

对核心竞争力的进一步认识：

① 核心能力是指某些技能或知识集合而非产品和功能。

② 核心能力不仅是产品生产技能的协调和技术集成，也涉及组织和价值传递。

③ 核心能力并不等同于“核心产品”，但它们之间有着密切的联系。

④ 核心能力根植于整个组织系统，不能仅仅依靠一两个魅力型领袖或天才人物的存在，它是通过整个企业的组织系统和文化价值传递而发挥作用的，一旦

形成这种以整个组织体系和共同的文化价值为基础的组织能力，竞争对手就难以通过简单模仿或挖走几个关键人物复制这种能力。

⑤ 不存在外延方向上统一的“核心能力”，但存在内涵上统一的核心能力，关键在于“核心”和“能力”两个方面的统一。

核心竞争力与能力的区别在于：核心能力对公司的竞争力和赢利能力起着至关重要的作用。公司的核心竞争力可能指完成某项活动所需要的优秀技能，可能指公司技术诀窍的范围和深度，也可能指那些能够产生具有很大竞争价值的生产能力的一系列具体技能的组合。通常来说，核心竞争力的产生是组织各个不同部分有效组合的结果，是个体资源整合的结果。在实践中，各个公司所表现出来的核心竞争力是多种多样的：生产高质量产品的技能，创建和操作一个能够快速而准确地处理客户订单系统的诀窍，新产品的快速开发，提供很好的售后服务的能力，选择良好的零售地点的技能，开发出受人欢迎的产品和革新能力，采购和产品展销的技能，在重要技术上的特有知识，研究客户需求和品位以及准确寻求市场变化趋势的良好方法的体系，同客户就产品的新用途和使用方式进行合作的技能，综合使用多种技术创造一个全新的产品的能力。简而言之，核心能力使公司拥有某种竞争能力，是一种真正的公司强势和资源。一个公司拥有的核心能力可能不止一种，但是，同时拥有多种核心能力的公司也比较少见。

3.3.2 核心竞争力的打造

(1) 找准战略定位

企业战略定位包括产业定位、市场定位、经营定位、联盟定位、规模定位等。实践证明，企业核心竞争力的强弱和企业战略定位密切相关。阿里巴巴在电子商务领域的大获全胜便是最好的印证。其定位为中小企业的网上贸易平台。中国与欧美国家不同，欧美国家的产业结构较为优化，企业规模相对较大，中小企业并不多。而中国作为世界工厂的地位已经建立，在东南沿海地区聚集了大量的中小企业。由于这些中小企业资金有限，很难打开广泛的销售渠道，信息渠道也相对封闭。阿里巴巴成功地找到了中小企业经营面临的关键问题，帮助它们获得更加丰富的渠道资源，自然受到中小企业经营者的青睐。自从公司上市以来，一直牢牢地坐在全球 B2B 网站排名第一的宝座。其准确的定位无疑为经营成功奠定了坚实的基础。由此可见，在 WTO 的大背景下，在经济全球化使国际竞争延伸到国内市场这一新的竞争态势下，企业只有确定好自己的位置，才能从容地迎接挑战，获得无限的发展机会，提升自己的核心竞争力。如果企业没有自己的战略定位或者定位不正确，不仅原有的核心竞争力难以保持，还会导致核心竞争力的衰退甚至丧失。

(2) 塑造独特的企业文化

管理学大师巴纳德的主张指出，CEO 真正的角色似乎是管理组织的价值观。一位著名的企业家也曾经这样说道："文化无处不在，你的一切，竞争对手明天就可以模仿，但他们不能模仿我们的企业文化。"日本企业那种近乎宗教般的企业文化经常被各界传颂，同时也被认为是日本企业成功的关键因素。对于核心竞争力而言，企业文化是形成企业核心竞争力的深层次因素。有了全体员工共同认同的价值观，这个价值观无形中就形成了对员工的激励，使他们为此而奋斗，从而形成独特的核心竞争力。

企业可以根据自身条件，选择不同的方式塑造自身的核心竞争力：自我发展，与拥有互补优势的企业形成战略联盟，或者通过收购将其纳入自己的核心能力体系，进而增强自己的核心能力。

3.3.3 评价核心竞争力

(1) 评价的基础与方法

在对企业的核心竞争力进行识别时，我们会发现它们很难满足前文提到的四个关键测试，这也是核心竞争力与 SWOT 分析中的优势的本质区别所在。在 SWOT 分析中，产品或服务的质量优越可以被称为优势，但是如果竞争对手的产品或服务的质量也很优越，那么这种优势即使对于顾客而言是有价值的，也没有战略价值。因而，只有当企业的核心竞争力不仅仅是企业的优势（产品或服务的质量超越大多数的竞争对手），而且还很难被模仿时，这种优势对于企业来讲才具有战略价值。企业如何才能知道自己的能力是否强于竞争对手，以下是可以用来比较的几种方法：

①企业的自我评价。企业进行内部信息收集，通过绩效趋势分析来判断企业经营到底是在改善还是在恶化。或者企业的内部人员根据自己的产业经验来判断企业是否在某一特定方面强于竞争对手。

②产业内部比较。产业专家通常会收集这个产业内企业的某些数据进行企业间的比较，所收集的数据包括市场份额、成本结构、关键成本以及顾客满意度等。这类信息可以告知企业是否强于竞争对手，但是难以告知其导致该结果的原因。

③基准分析。比较企业和竞争对手的业绩，包括单个或多种具体活动、系统或过程的比较。最理想的方法是把企业和一流企业相比较，无论它们是否处在同一个产业，或者把企业与产业内的国内外其他企业进行比较。通常跨国企业会把

自己的子公司设在好几个不同的国家，因而可以把企业与跨国公司在该国设立的子公司进行比较，因为它们具有共同的经营环境与成本结构，特别是信息之间具有很强的可比性。

④成本驱动力和作业成本法。企业使用作业成本法以及找出企业的成本驱动力，与传统的成本会计方法相比能提供更有用的信息。然而，找出成本驱动力并非易事，因为作业一般不仅仅是某项具体的活动，而是由一系列活动形成的系统。因而为了简便，我们可以找出对顾客没有什么价值但投入较多，以及对顾客有价值但投入不够的活动。

⑤竞争对手的信息。企业有多种收集其竞争对手信息的方式，主要包括：与顾客进行沟通；与供应商、代理人、发行人以及产业分析师进行沟通；对竞争对手进行实地考察；分析竞争对手的产品；通过私下沟通、电话交谈以及网上交谈的方式询问对方的产品；雇佣竞争对手的员工。

（2）基准分析概论与实践

基准分析被定义为分析同产业内一流企业的产品或服务的一个连续系统的过程。其目的是发现竞争对手的优点和不足，针对其优点，取长补短；根据其不足，选择突破口，从而帮助企业从竞争对手的行动中获得思路和经验，冲出竞争者的包围，超越竞争对手。

①基准对象。一般来说，可以衡量业绩的活动都可以成为基准对象。然而，把企业的每一项活动都拿来作为基准对象是不切实际的，企业可以主要关注以下几个领域：(a) 占用较多资金的活动，(b) 能显著改善与顾客关系并最终影响企业结果的活动。

②基准类型。基准对象的不同决定了不同的基准类型，基准类型主要包括以下几种：

(a) 内部基准。即企业内部之间互为基准进行学习与比较。由于企业内部存在着不同地理区域的部门，它们之间有着不同的历史和文化、不同的业务类型以及管理层与职员之间不同程度的融洽关系，因此可互为基准进行比较。

(b) 竞争性基准。即直接以竞争对手为基准进行比较。企业需要收集关于竞争对手的产品、过程以及业务业绩方面的具体信息，用于与企业自身的情况进行比较。由于有些在商业上比较敏感的信息不容易获取，因而企业还需要借助第三方的帮助。

(c) 过程或活动基准。即以具有类似核心经营产品的企业为基准进行比较，但是二者之间的产品和服务不存在直接竞争的关系。这类基准分析的目的在于找出企业做得最突出的方面，例如，生产制造、市场营销、产品工艺、存货管理以及人力资源管理等方面。

(d) 一般基准。即以具有相同业务功能的企业为基准进行比较。

(e) 顾客基准。即以顾客的预期为基准进行比较。

越来越多的企业选择过程或活动基准进行分析，由于基准对象不是直接的竞争对手，因而更容易获取相关的信息，从而更有利于企业发现不足之处或创新点。

(3) 基准分析练习

一个企业进行基准分析的成败主要取决于高层管理人员的行为，他们必须清楚地认识到企业需要改革的地方。企业实施基准分析的具体步骤如图 3.4 所示：

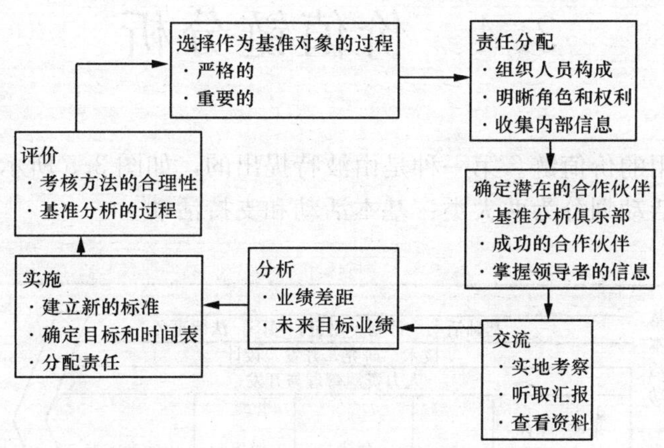

图 3.4　企业实施基准分析的步骤

管理人员在明确基准对象时必须尽可能地精确，例如，企业考察的是顾客服务质量，那么管理人员首先必须对与顾客服务相关的具体活动或领域非常熟悉。而顾客服务包含相当多的活动，例如，订单管理、咨询回应、顾客投诉的处理、开立信用证以及货品计价等，这些活动之间都是互相独立的，它们有各自的技术与管理控制且属于不同的过程。其次要建立工作小组，小组成员必须包括涉及每项活动的战略上、功能上及战术上的代表成员。如果企业需要减少货品的返回率，那么这个基准分析小组成员就必须包括顾客服务代表、收货员、装载人员以及质量控制管理人员。在此要决定需要进行基准分析的问题，以及哪家企业需要做这样的分析。借助专家顾问、产业公会以及产业杂志的力量，可以让企业的分析朝着正确的方向发展。一旦确认了最优对象，基准分析小组就要收集对方的数据进行分析，把本企业的业绩与对方的业绩进行比较，以帮助自己找到可以改进的地方。分析小组通过衡量消除自身与对方差距的收益与成本来决定企业所要付出的努力水平。

(4) 市场竞争

不是所有的产业都具有相同的竞争力。鼓励竞争的主要因素包括：存在大量同质的竞争者；产业增长较慢；较高的沉没成本；产品差异化程度低；仅靠大规模取得优势；竞争对手时常更换；较高的战略性投资；较高的退出壁垒。

与竞争对手进行比较所得出的企业竞争优势能为企业带来有用的战略信息。一旦找出能为企业带来竞争优势的资产和技术，接下来要做的就是按一定的规模进行改进。只有比目标竞争对手更好，才能称得上是企业的竞争优势。①

3.4 价值链分析

有两种常用的价值链。第一种是由波特提出的，如图 3.5 所示。波特的价值链将价值创造活动划分为两大类：基本活动和支持活动。

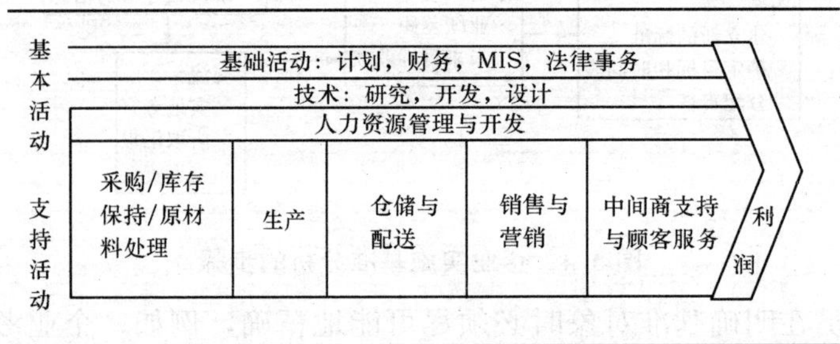

图 3.5 波特的一般价值链

(资源来源：迈克尔·波特《竞争优势》，华夏出版社 1997 年版)

价值链将企业的生产经营活动分为基本活动和支持活动两大类。

(1) 基本活动。基本活动是指生产经营的实质性活动，一般可以分为内部后勤、生产经营、外部后勤、市场销售和服务五种活动。这些活动与商品实体的加工流转直接有关，是企业的基本增值活动。每一种活动又可以根据具体的产业和企业的战略再进一步细分成若干项活动。

①内部后勤，是指与产品投入有关的进货、仓储和分配等活动，如原材料的

① 龚荒编著．企业战略管理——概念、方法与案例．清华大学出版社、北京交通大学出版社，2008 年 1 月．

装卸、入库、盘存、运输以及退货等。

②生产经营，是指将投入转化为最终产品的活动，如机械加工、装配、包装、设备维修、检测等。

③外部后勤，是指与产品的库存、分送给购买者有关的活动，如最终产品的入库、接受订单、送货等。

④市场销售，是指与促进和引导购买者购买企业产品有关的活动，如广告、定价、销售渠道等。

⑤服务，是指与保持和提高产品价值有关的活动，如培训、修理、零部件的供应和产品的调试等。

（2）支持活动。支持活动是指用以支持基本活动而且内部之间又相互支持的活动，包括采购、技术开发、人力资源管理和企业基础设施。

①采购，是指采购企业所需投入品的职能，而不是被采购的投入品本身。这里的采购是广义的，既包括生产原材料的采购，也包括其他资源投入的管理。

②技术开发，是指可以改进企业产品和工序的一系列技术活动。这也是一个广义的概念，既包括生产性技术，也包括非生产性技术。因此，企业中每项生产经营活动都包含着技术，只不过其技术的性质、开发的程度和使用的范围不同而已。这些技术开发活动不仅仅是与企业最终产品直接相关，而且支持着企业全部的活动，成为判断企业竞争实力的一个重要因素。

③人力资源管理，是指企业职工的招聘、雇用、培训、提拔和退休等各项管理活动。这些活动支持着企业中每项基础活动和支持活动，以及整个价值链。人力资源管理在调动职工生产经营的积极性上起着重要的作用，影响着企业的竞争实力。

④企业基础设施，是指企业的组织结构、惯例、控制系统以及文化等活动。由于企业高层管理人员能在企业的这些方面发挥重要的影响，因此高层管理人员往往也被视作基础设施的一部分。企业的基础设施与其他支持活动有所不同，一般是用来支撑整个价值链的运行。

第二种是由麦肯锡公司所提出的价值链，如图 3.6 所示。这种价值链不区分基本活动与支持活动，绘制相对简单，也更加实用。当然，不如波特的价值链系统完整。

技术开发	产品设计	制造	营销	配送	服务
来源 先进性 专利 产品/工艺选择	功能 物理特性 外观 品质	一体化 原材料 生产能力 位置 补给获得 零部件生产 装配	定价 广告/促销 销售队伍 包装 品牌	渠道 一体化 存货 仓储 运输	保证 速度 受制/独立 价格

图 3.6　麦肯锡的一般价值链

企业价值链分析的意义：

①帮助企业认识和了解企业资源增值过程。

②要了解价值链中各项活动的联系，正是这种联系才形成竞争优势。

③要站在最终用户的角度评价企业价值链。

④要使企业整体价值体系最优，抓住价值链关键活动来分析。

3.5 SWOT 分析

在战略规划中，SWOT 分析是常用的工具，SWOT 是来自麦肯锡咨询公司的。SWOT 分析代表分析企业优势（strength）、劣势（weakness）、机会（opportunity）和威胁（threats）。

优势。指能为企业带来重要竞争优势的积极因素或独特能力。其包括管理方面的专业知识、目前的市场地位、企业规模、企业结构、财务资金、人员配备、形象或声誉等。企业必须不断地寻找匹配其优势的机会，从而帮助企业优化协同效应。

劣势。指限制企业发展且有待改正的消极方面。例如，当前的能力或资源的不足、不良形象或声誉，这些都是企业的劣势。此外还包括缺乏现金流、高额的沉没成本、大量的客户投诉以及优秀人才的短缺等。

机会。随着企业外部环境的改变而产生的有利于企业的时机。例如，有利于企业发展的政府法规的平台、新的市场的出现、不断改善的经济因素或者竞争对手的破产等。

威胁。随着企业外部环境的改变而产生的不利于企业的时机。例如，不利于企业的立法出台、人们对环境影响的认识、政治或经济的动荡以及不断变化的社会条件等。

因此，SWOT分析实际上是将对企业内外部条件各方面内容进行综合和概括，进而分析组织的优劣势、面临的机会和威胁的一种方法。

(1) 模型含义介绍

优劣势分析主要是着眼于企业自身的实力及其与对手的比较，而机会和威胁分析将注意力放在外部环境的变化及对企业的可能影响上。在分析时，应把所有的内部因素（即优劣势）集中在一起，然后用外部的力量来对这些因素进行评估。

①机会与威胁分析（OT）。

随着经济、社会、科技等诸多方面的迅速发展，特别是世界经济全球化、一体化过程的加快，全球信息网络的建立和消费需求的多样化，企业所处的环境更为开放和动荡。这种变化几乎对所有企业都产生了深刻的影响。正因为如此，环境分析成为一种日益重要的企业职能。

环境发展趋势分为两大类：一类表示环境威胁，另一类表示环境机会。环境威胁指的是环境中一种不利的发展趋势所形成的挑战，如果不采取果断的战略行为，这种不利趋势将导致公司的竞争地位受到削弱。环境机会就是对公司行为富有吸引力的领域，在这一领域中，该公司将拥有竞争优势。对环境的分析也可以有不同的角度。比如，一种简明扼要的方法就是PEST分析，另外一种比较常见的方法就是波特的五力分析。

②优势与劣势分析（SW）。

当两个企业处在同一市场或者说它们都有能力向同一顾客群体提供产品或服务时，如果其中一个企业有更高的赢利率或赢利潜力，那么，我们就认为这个企业比另外一个企业更具有竞争优势。换句话说，所谓竞争优势是指一个企业超越其竞争对手的能力，这种能力有助于实现企业的主要目标——赢利。但值得注意的是：竞争优势并不一定完全体现在较高的赢利率上，因为有时企业更希望增加市场份额，或者多奖励管理人员或雇员。竞争优势可以指消费者眼中一个企业或它的产品有别于其竞争对手的任何优越的东西，它可以是产品线的宽度，产品的大小、质量、可靠性、适用性、风格和形象以及服务的及时、态度的热情等。虽然竞争优势实际上指的是一个企业比其竞争对手有更强的综合优势，但是明确企业究竟在哪一个方面具有优势更有意义，因为只有这样，才可以扬长避短，或者以实击虚。由于企业是一个整体，并且由于竞争优势来源的广泛性，所以，在做优劣势分析时必须从整个价值链的每个环节上，将企业与竞争对手做详细的对比，如产品是否新颖、制造工艺是否复杂、销售渠道是否畅通以及价格是否具有竞争性等。如果一个企业在某一方面或几个方面的优势正是该产业企业应具备的关键成功要素，那么，该企业的综合竞争优势也许就强一些。需要指出的是，衡量一个企业及其产品是否具有竞争优势，只能站在现有潜在用户角度上，而不是站在企业的角度上。企业在维持竞争优势过程中，必须深刻认识自身的资源和能力，采取适当的措施，因为一个企业一旦在某一方面具有了竞争优势，势必会吸引到竞争对手的注意。一般地说，企业经过一段时期的努力，建立起某种竞争优势；然后就处于维持这种竞争优势的态势，竞争对手开始逐渐做出反应；而后，如果竞争对手直接进攻企业的优势所在，或采取其他更为有力的策略，就会使这种优势受到削弱。影响企业竞争优势的持续时间的主要是三个关键因素：（a）建立这种优势要多长时间；（b）能够获得的优势有多大；（c）竞争对手做出有力反应需要多长时间。

如果企业分析清楚了这三个因素，就会明确自己在建立和维持竞争优势中的地位。显然，公司不可能纠正它的所有劣势，也不能对其优势不加利用。主要的问题是公司应研究，它究竟是应只局限在已拥有优势的机会中，还是去获取和发展一些优势以找到更好的机会。有时，企业发展慢并非因为其各部门缺乏优势，而是因为它们不能很好地协调配合。例如有一家大电子公司，工程师们轻视销售员，视其为“不懂技术的工程师”；而推销人员则瞧不起服务部门的人员，视其为“不会做生意的推销员”。因此，评估内部各部门的工作关系作为一项内部审计工作是非常重要的。波士顿咨询公司提出，能获胜的公司是取得公司内部优势的企业，原材料采购、对订单的销售引导、对客户订单的现金实现、顾客问题的解决时间等等，每一程序都创造价值和需要内部部门协同工作。虽然每一部门都可以拥有一个核心能力，但如何管理这些优势能力开发仍是一个挑战。

（2）SWOT 分析步骤

①确认当前的战略是什么。

②确认企业外部环境的变化（波特五力或者 PEST）。

③根据企业资源组合情况，确认企业的关键能力和关键限制。

④按照通用矩阵或类似的方式打分评价。

把识别出的所有优势分成两组，分的时候以两个原则为基础：它们是与产业中潜在的机会有关，还是与潜在的威胁有关。用同样的办法把所有的劣势分成两组，一组与机会有关，另一组与威胁有关。

⑤将结果在 SWOT 分析图上定位（见图 3.7）或者用 SWOT 分析表，将企业的优势和劣势按机会和威胁分别填入表格。

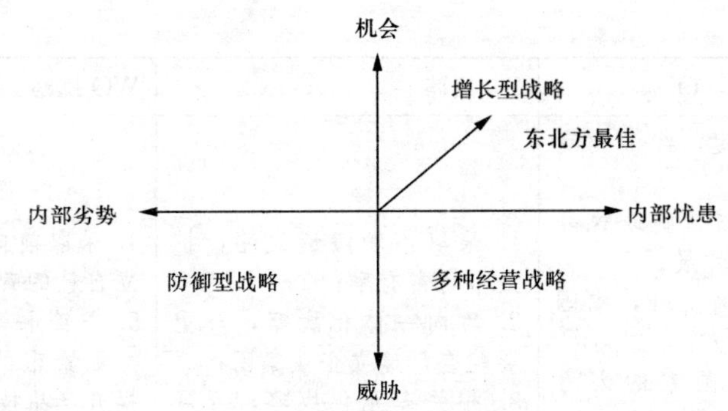

图 3.7　SWOT分析图

内部因素

外部因素	优势	劣势	
	2 利用	3 改进	机会
	4 监视	1 消除	威胁

【案例】

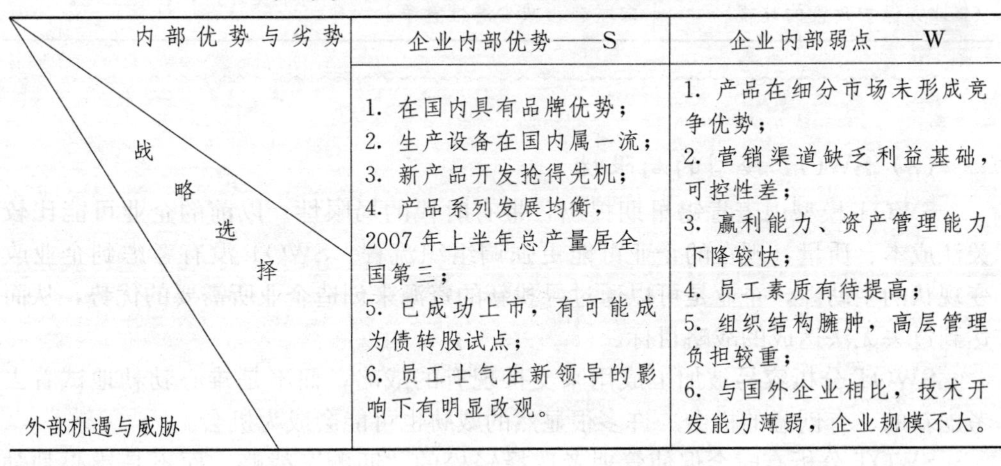

某汽车公司的 SWOT 战略选择模型矩阵

内部优势与劣势 / 战略选择 / 外部机遇与威胁	企业内部优势——S	企业内部弱点——W
	1. 在国内具有品牌优势； 2. 生产设备在国内属一流； 3. 新产品开发抢得先机； 4. 产品系列发展均衡，2007 年上半年总产量居全国第三； 5. 已成功上市，有可能成为债转股试点； 6. 员工士气在新领导的影响下有明显改观。	1. 产品在细分市场未形成竞争优势； 2. 营销渠道缺乏利益基础，可控性差； 3. 赢利能力、资产管理能力下降较快； 4. 员工素质有待提高； 5. 组织结构臃肿，高层管理负担较重； 6. 与国外企业相比，技术开发能力薄弱，企业规模不大。

续表

企业外部机会——O	SO 战略	WO 战略
1. 国内政局稳定，经济稳定发展； 2. 汽车消费信贷、费改税等法规有利于微车发展； 3. 私人购车比例上升，中国汽车市场潜力巨大； 4. 地方政府及国家的大力支持； 5. 对国内供应商有较高的支配权； 6. 与世界“微车王”日本铃木有良好合作关系。	1. 采取市场渗透战略，扩大市场占有率； 2. 后向一体化战略，与重要配套厂建立企业集团； 3. 相关多元化战略，开展汽车租赁、以旧换新等业务。	4. 采取前向一体化战略，建立自己的营销网络； 5. 与铃木等国外著名企业建立更紧密的战略联盟，全面提升产品技术和管理水平； 6. 改善组织结构，减员增效。
企业外部威胁——T	ST 战略	WT 战略
1. 加入 WTO 六年后对中国汽车产业产生巨大冲击； 2. 行业内竞争激烈，价格战难免； 3. 替代产品的降价压力； 4. 潜在进入者不断加入； 5. 环保、安全法规的推出； 6. 地方保护政策的歧视。	1. 采用市场转移战略，向国外新兴市场转移现有产品； 2. 采用产品开发战略，提高产品技术含量，走差异化道路； 3. 与国内同类企业建立横向联合，减少恶性竞争。	4. 采用集聚战略，重点突出优势产品； 5. 采用全方位创新战略，开发国内锌市场和有优势的新产品； 6. 采用压缩或分离方法，剥离不良资产，轻装上阵。

(3) SWOT 模型的局限性

SWOT 模型由麦肯锡早期提出，带有时代的局限性。以前的企业可能比较关注成本、质量，现在的企业可能更强调组织流程。SWOT 没有考虑到企业改变现状的主动性，企业是可以通过寻找新的资源来创造企业所需要的优势，从而达到过去无法达成的战略目标。

SWOT 分析容易被加工成用来支持现有的战略，而不是雄心勃勃地试着去考虑新的、有创意的机会。许多很显然的威胁也可能会成为机会。

SWOT 分析有时会促使管理者选择轻松的“匹配”战略，而不是雄心勃勃的延伸目标。

3.6　内部因素评价矩阵

内部因素评价矩阵（internal factor evaluation matrix，IFE 矩阵），是一种对内部因素进行分析的工具，其做法是从优势和劣势两个方面找出影响企业未来发展的关键因素，根据各个因素影响程度的大小确定权数，再按企业对各关键因素的有效反应程度对各关键因素进行评分，最后算出企业的总加权分数。通过IFE，企业就可以把自己所面临的优势与劣势汇总，来刻画出企业的全部引力。

IFE 矩阵可以按如下五个步骤来建立：

（1）列出在内部分析过程中确定的关键因素。采用 10～20 个内部因素，包括优势和弱点两方面的。要尽可能具体，要采用百分比、比率和比较数字。

（2）赋予每个因素权重，其数值范围由 0.0（不重要）到 1.0（非常重要）。权重标志着各因素对于企业在产业中成败的影响的相对大小。无论关键因素是内部优势还是弱点，对企业绩效有较大影响的因素就应当得到较高的权重。所有权重之和等于 1.0。

（3）对各因素进行评分。1 分代表重要弱点；2 分代表次要弱点；3 分代表次要优势；4 分代表重要优势。值得注意的是，优势的评分必须为 4 或 3，弱点的评分必须为 1 或 2。评分以公司为基准，而权重则以产业为基准。

（4）用每个因素的权重乘以它的评分，即得到每个因素的加权分数。

（5）将所有因素的加权分数相加，得到企业的总加权分数。

无论 IFE 矩阵包含多少因素，总加权分数的范围都是从最低的 1.0 到最高的 4.0，平均分为 2.5。总加权分数大大低于 2.5 的企业的内部状况处于弱势，而分数大大高于 2.5 的企业的内部状况则处于强势。IFE 矩阵应包含 10～20 个关键因素，因素数不影响总加权分数的范围，因为权重总和永远等于 1。表 3.3 是一个 IFE 矩阵的例子。请注意公司的主要优势在于流动比率、赢利率和员工士气，正如它所得的 4 分所表明的。公司的主要弱点是缺少一个战略管理系统，日益增加的研究开发支出和对经销商的激励不够有效。总加权分数 2.80 表明该公司的内部总体战略地位高于平均水平。

表 3.3　一个内部因素评价矩阵

关键内部因素	权　重	评　分	加权分数
优势			
1. 流动比率增长至 2.52	0.06	4	0.24
2. 赢利率上升到 6.94	0.16	4	0.64
3. 员工士气高昂	0.18	4	0.72
4. 拥有新的计算机信息系统	0.08	3	0.24
5. 市场份额提高到 24%	0.12	3	0.36
弱点			
1. 法律诉讼尚未了结	0.05	2	0.10
2. 工厂设备利用率已下降到 74%	0.15	2	0.30
3. 缺少一个战略管理系统	0.06	1	0.06
4. 研究开发支出增加了 31%	0.08	1	0.08
5. 对经销商的激励不够有效	0.06	1	0.06
总计	1.00		2.80

注：评分值含义：1＝重要弱点；2＝次要弱点；3＝次要优势；4＝重要优势。

对跨国公司来说，其每个自主经营的分公司或战略事业部门都应建立自己的 IFE 矩阵。各分部门矩阵综合起来便构成制定公司总体 IFE 矩阵的基础。

【摘要与总结】

在 21 世纪的竞争格局中，传统的条件和因素包括劳动力成本、获取财务资源和原材料的能力，仍然能够为企业创造一种竞争优势。然而，这些因素所能带来的竞争优势正在逐步减少。在新的竞争格局中，资源、能力和核心竞争力组成了企业的内部环境，它们可能会比外部环境中的条件对企业的业绩产生更重要的影响。那些最成功的企业认识到了只有拥有核心竞争力，企业才能获得战略性竞争能力和超额回报。

个人资源通常不是竞争优势的来源。能力是一些有形和无形资源的组合，更像是竞争优势的来源，特别是可持续的竞争优势的来源。主要原因是，企业基于能力基础上培育和支持核心竞争力的行为对于竞争对手来说，是不可见的，而且更难被理解和模仿。

只有当能力是有价值的、稀有的、难于模仿的和不可替代的情况下，才是核心竞争力和竞争优势的来源。在一定时间内，必须维持核心竞争力，然而不能让其刚化。核心竞争力只有在它们能够促使企业利用外部环境中的机会创造价值的情况下，才是竞争优势的来源。如果不是这样，必须注意选择和形成其他能力，这些能力必须满足持续性核心竞争优势的四个标准。

企业利用价值链分析来识别和评估资源和能力的竞争能力。通过研究与主要业务和辅助业务相关的技能，企业可以了解它们的成本结构，并找到能创造价值的行为方式。

【问题与思考】

1. 为什么对企业来说，研究和了解内部资源和能力非常重要？

2. 有形资源和无形资源的差别是什么？为什么了解这些差别对于制定战略决策很重要？

3. 有形资源是否比无形资源与创造竞争优势的关系更紧密？或者相反？为什么？

4. 什么是能力？企业要怎样才能创造能力？

5. 企业用来判断能力是否是核心竞争力的四个标准是什么？这些标准的运用为什么很重要？

6. 什么是价值链分析？当企业能够成功地运用这个工具时，它能获得什么样的洞察力和理解力？

【本章参考文献】

[1]（美）迈克尔·A. 希特（Michael A. Hitt），（美）R. 杜安·爱尔兰（R. Duane Ireand），（美）罗伯特·E. 霍斯基森（Robert E. Hoskisson）著；吕巍等译．战略管理竞争与全球化概念．机械工业出版社，2005.

[2] 邹昭晞著．企业战略分析（第二版）．经济管理出版社，2005

[3] 孟卫东编著．战略管理．科学出版社，2004

[4] 卡博萨罗纳著．战略管理．机械工业出版社，2003

[5] 王芳华，吕巍编著．战略管理．机械工业出版社，2006

[6] 龚荒编著．企业战略管理——概念、方法与案例．清华大学出版社、北京交通大学出版社，2008

[7] 钟耕深．战略管理．济南：山东人民出版社，2006

[8] 黄旭．战略管理思维与要径．北京：机械工业出版社，2007

[9] 安索夫，安东尼奥著，曾立芸，安砚贞译．变革国家中公司发展战略．中国人民大学出版社，2004

[10]（美）亚历克斯·米勒（Alex Miller）著，何瑛等译．战略管理．经济管理出版社，2004

第二部分　战略选择

对一个企业来讲，战略的本质是选择。企业之所以要做战略选择，是因为企业的资源和能力毕竟有限，不能所有的都选择，另外，达成战略目标的战略方案可能有多个，战略决策者必须对这些战略方案进行评价和比较，从中选择最合适的战略。当然如果所有的企业都生产单一产品或提供单一服务，则任何企业的管理层只需制定单一战略，但是大多数企业由一群业务相关的战略经营单位或部门组成，因此企业战略不仅仅是一个层次。

企业的战略主要包括三个层面，即公司层的战略、事业层的战略和职能层的战略。

公司层战略主要描述一个企业的总体方向，主要决定企业选择哪些业务，进入哪一行业或领域及如何分配企业的资源，解决企业如何成长或发展的问题。

事业层战略主要设计如何在所选定的行业或领域内与竞争对手展开有效的竞争，及主要解决竞争手段问题。它是企业赖以生存和与竞争对手争夺市场的基本手段。

职能层战略主要在企业职能领域中采用，比如人力资源战略、财务战略、研发战略、营销战略等，它们通过最大化企业的资源产出来实现企业和事业部的目标和战略。

【案例】

快乐购“密码”

一向以“时尚、快乐”著称的湖南广电在2006年孕育出的快乐购，不仅保持了母体的本质，也为湖南广电带来了奇迹般的效益，创造了电视购物的奇迹。

从2006年开播到2009年，快乐购的年销售额从1亿多狂飙到20多亿，短短三年多的时间，快乐购为湖南广电带来40多亿的营业额。面对销售额数据的狂飙，快乐购的疯狂给整个电视购物行业带来怎样的启示？在橡果国际和七星购物等传统电视购物企业一片惨淡的情况下，快乐购为何能够逆市而上？它还能火多久？

一出生就风华正茂

三年前，快乐购总经理陈刚一直认为前三年是快乐购“烧钱”的阶段，事实并未如此，快乐购为电视购物带来一缕新的阳光。

正如在2006年3月17日快乐购开播仪式上，时任湖南广电局局长的魏文彬所说的“这其中的重要意义，不必多说”，快乐购用自己的业绩证明了“重要意义”。

“重要意义”大家都看得到，以“探索多元化经营战略，谋求超常规成长”的湖南广电，一直都想在年总盘子以万亿元计的中国消费品零售市场寻找到突破口。快乐购的发展足以给湖南广电提供一个成功的经验，它不仅在产业战略上对湖南广电形成了强大的支撑，而且对其调整单一的广告收入结构、降低经营风险也贡献不小。

相关数据显示，2008年中国电视购物市场规模已经超过了100亿元，比2007年增长超过50%。而电视购物在美国占到零售市场总额的8%，韩国占到5%，中国目前仅占到0.1%。在中国，电视购物市场还存在广阔的发展空间。

当然，快乐购的成功还得益于快乐购总经理陈刚的得力领导以及在陈刚后面给予强大支持的魏文彬和欧阳常林（2008年任湖南广播影视集团总经理、湖南电视台总台台长）。前者当时已退居二线，而后者当时正在大刀阔斧地推进改革。

故事从2004年夏天讲起，当时湖南广电一行在韩国考察卡通产业，之后欧阳常林单独去了中国台湾，顺理成章地了解到电视购物在韩国、中国台湾的运作情况。

“中国的电视购物一直没做起来，到底什么原因，我们能不能做?”欧阳常林的这种思维，被外界誉为湖南电视人的共性，他们觉得没做起来的东西就一定还有空间，快乐购一诞生就是要填补空白的。

而那时的陈刚还是湖南经视台的副台长，湖南经视正面临着改革。当时，经视台有三个频道，如何整合三个频道的资源成了陈刚考虑最多的问题。从韩国考察回来的陈刚，将湖南经视台的改革方向锁定在电视购物上。

终于，在2005年的一次湖南广电集团内部战略研讨会上，陈刚构想的电视购物项目正式亮相。陈刚慷慨激昂地大谈电视购物的发展前景，却遭到不少人的质疑。他们认为湖南电视台做电视购物，会将电视台的名声搞臭。当时的电视购物在不少人心目中留下“胡乱夸大、欺骗消费者”的印象。

但是，陈刚的想法却得到了时任领导人魏文彬和欧阳常林的赞同，两位领导人任命陈刚为这个项目的总负责人。

湖南广电一、二把手的支持，给了陈刚很大信心。2005年，由湖南广电集团和湖南卫视投入1个亿以及湖南省政府支持下提供的9 000多万贷款，项目正式启动。

有了启动资金，陈刚一边招兵买马，一边到广电总局跑牌照，还去省外各地谈频道资源，并且从韩国CJ引进高端人才朴兴烈，将整个电视购物的模式和购物系统带到快乐购。值得思考的是，本来签了三年合同的朴兴烈，在2006年就离开了快乐购。而快乐购在扩张的三年多期间，人事问题不断，成为外界媒体的关注点。

从2005年10月份项目开始启动，人员的制定、整个购物系统的建立、供应商的确定、物流等一系列的工作全部完成，陈刚仅仅只用了5个月的时间。2006年3月17日，快乐购第一档节目亮相在观众面前。

开播当天的营业额实现了100多万元。然而，这仅仅只是快乐购疯狂的开端。

扩张，扩张

将快乐购做成跨国公司是快乐购领导人和每个员工的奋斗目标。

自言“30岁放掉一切来做电视，40岁放掉一切做快乐购”的陈刚面对媒体将快乐购如此定位：不图虚名，但其产业属性决定了它不能做“隐形冠军”，必须持续凸显，不断强化品牌，并占领行业制高点，建立行业标准，摘取“皇冠上的明珠”。

快乐购每一步的发展都没有离开当初的定位，作为一匹行业黑马，快乐购走出了一条漂亮的高速曲线。

2005年开始筹划时，快乐购就开始了跑马圈地。到目前为止，快乐购的电视信号覆盖了湖南、广东、浙江等12个省，开辟了南京、天津、广州、上海等60多个区域市场，覆盖户数超过3 300万户，会员人数突破250万，配送商品总件数达到460万件。与之进行长期合作的供应商超过1 000多家，销售商品达到5 000多个品种。

这些数据支持它成为国内第一家集全国连锁、全年全天播出、电视直播销售、服务体系全面解决于一身的新型家庭电视购物运营商，并建立了拥有600多个坐席的呼叫中心。

开播三年多，快乐购累计实现总营收48.2亿元，上缴税收1.76亿，日均出货量已经过万件。开播第一年，快乐购实现营业额4.2亿。

据了解，国内首家新型电视购物公司东方CJ，2004年4月份开播，到其第三个年度（2006年4月～2007年4月），营业额为4亿～5亿元，也就是说，快乐购用一年时间，完成了东方CJ三年走过的历程。

2007年实现11亿元，环比增长243%；这成为快乐购成长速度最快的阶段，之后的快乐购，进入了平稳发展的阶段。

即使在金融危机扩张到全球的2008年，许多企业都面临着破产，中国外贸出口首次出现了负增长，快乐购面对冰灾、震灾、股灾等重重困难与压力，依旧逆势上扬，实现总销售19亿元，环比增长73%。

据快乐购一位工作人员介绍，2009年国庆60小时热销加黄金周，快乐购全通路业绩突破6 000万，再创节庆业绩历史新高。

快乐购的扩张之路总是给人出乎意料的惊喜。2009年9月开始，快乐购在湖南、江苏、天津、重庆57 782个行政村，实现了无缝配送。让广大农村也感受到电视购物的便利，这也是快乐购所有竞争对手都没有想到的，快乐购居然开辟了农村市场。

这一举动不仅让快乐购的竞争对手有点措手不及，更为快乐购带来了可观的利润：不到一个月的时间，新开辟的市场为快乐购带来8722件订单，总销售额超过677万。

经过三年多的疯狂扩张，快乐购已建成1 300多人的专业团队，平均年龄24岁。因为队伍的年轻化，快乐购继承了母体湖南卫视的时尚风格。观众对快乐购的评价是“快乐购卖的不是产品，而是视觉上的享受”。2009年，快乐购将旅游、汽车等产品推向电视购物的平台。

快乐购在广电拥有金鹰阁、大溪地、大金马、T2区四大经营生产区，虽然规模在不断扩大，快乐购却变得越来越“轻”，公司将物流和仓库管理业务全部外包。

目前，快乐购建立了三大储备仓库：以长沙为中心的华中地区，以天津为中心的华北地区，以南京为中心的华东地区。

在销售业绩快速增长的同时，让快乐购更加感到欣慰的是，越来越多的大品牌正在改变对电视购物的态度。

此前，由于电视直销臭名昭著，很多大品牌特别是国际大品牌对电视购物避之不及。然而，快乐购的出现，逐步改变了这些品牌的态度，不少知名品牌开始尝试与快乐购合作，并取得了出人意料的成绩。

与国际知名品牌索尼的合作，一直是快乐购津津乐道的成功案例。2007 年 3 月 11 日，索尼最新款相机 W90 在快乐购完成全国独家首卖，32 分钟销售额高达 60 余万元。2007 年 4 月 21 日，被定为快乐购的“索尼日”，6 小时直播销售索尼的 DC、DV、笔记本电脑、家电等全系列产品，当日创下 240 万直播业绩。

目前，快乐购囊括了联想、惠普、索尼、三星、东芝、方正、明基、诺基亚、三星、羽西、资生堂、乐扣乐扣等多家国内外知名品牌供应商。

知名品牌认可快乐购，提升了快乐购的影响力，而快乐购也成了知名品牌产品的一个新的出货渠道，双赢的结局让双方都对合作前景有了进一步的期望——做名牌的渠道商。不仅如此，快乐购还相继拓展了型录、网购、手机电视、电台等多种市场渠道，为快乐购的扩张之路做辅助。

（资料来源：企业家天地——影响真有影响力的人 刘欣桐 http：//www.znfinance.com/show.asp? id=576 2010.3.25）

第4章 公司层战略（Corporate-level Strategy）

企业的使命、愿景、目标和战略共同形成了企业一整套时间跨度由长到短的目标体系，以及支撑这些目标的策略体系。企业通过建立自己的愿景与使命，找到了企业发展的目标与方向。而企业的战略则是将这样的使命和愿景进行落实的关键步骤。公司层战略以企业的使命、愿景、目标为背景，是对企业全局、长远性、决定性的谋划，由企业的高层管理者发起、制定和组织实施。本章主要阐述了公司层战略框架以及公司层战略的实现手段。公司层的战略框架包括公司层战略的基本类型（稳定型战略、增长型战略和紧缩型战略、混合型战略）和业务组合矩阵。对于公司层战略主要从公司层战略的定义目标介绍公司层的基本知识点，接下来重点介绍公司层战略的四个类型；对于业务组合矩阵主要介绍了波士顿矩阵和GE矩阵。实现手段方面，我们介绍了从产品、市场角度如何实现战略，包括一体化、多元化、国际化、区域化和全球化；还有从企业层面上的实现手段；企业的战略联盟以及企业的并购。

4.1　公司层战略概述

公司层战略，又称总体战略，是企业最高层次的战略。它是指企业根据愿景、使命及目标，结合所处的环境和自身的资源和能力，选择企业可以竞争的经营领域，合理配置企业经营所必需的资源，使各项经营业务相互支持、相互协调。如在海外建厂、在劳动成本低的国家建立海外制造业务的战略。

公司层战略所要解决的问题就是确定公司的经营范围和公司的资源在不同经营单位之间的分配事项。就确定公司的经营范围而言，公司层有如下战略方向可以选择：保持稳定，追求发展，收缩经营范围。由此，公司战略可以划分成三种基本类型：稳定型战略、增长型战略和收缩型战略。同时，企业还可以把三种基本的公司层战略结合起来使用，形成组合战略。在特定的内外环境下，这四种战略都是合适的选择方案，也是明智的选择。在企业的实践中，这四种战略并不是被相同地采纳。美国管理学家格鲁克在对 358 位企业经理 15 年中的战略选择进行深入研究之后发现，以上四种战略被使用的频率分别为：稳定型战略 9.2%；增长型战略 54.4%；紧缩型战略 7.5%；混合型战略 28.7%。

就公司的资源在不同经营单位之间的分配而言，确定公司业务组合的经典方法——波士顿矩阵和 GE 矩阵为我们提供了简单实用的工具。

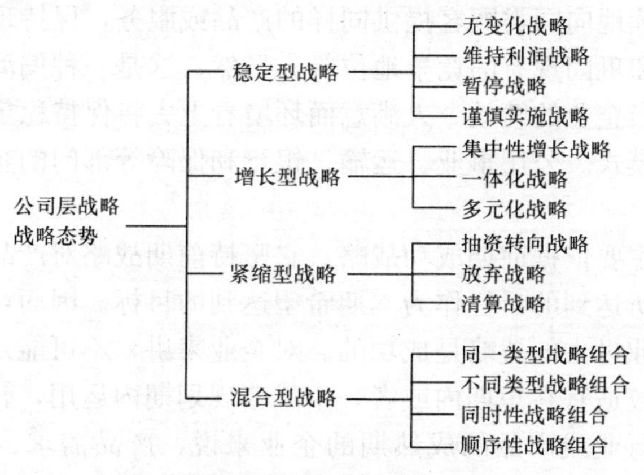

图 4.1　战略体系图

4.2　公司层战略的类型

4.2.1　稳定型战略（Stability Strategy）

（1）基本概述

稳定型战略是指在内外环境的约束下，企业准备在战略规划期使企业的资源分配和经营状况基本保持在目前状态和水平上的战略。稳定型战略主要有三种类型：稳定增长、稳定不变和稳定收缩。稳定增长、稳定不变和稳定收缩都主要体现在企业对过去的经营战略业绩表示满意，决定追求既定的或与过去相似的经营目标，并采取既定的或与过去相似的经营策略。比如说，企业过去的经营是逐步增加投入，保持市场领先，以后仍然采取这个战略就叫做稳定增长；过去投入一直稳定，以后投入不变则叫稳定不变；过去逐步减少投入、收缩市场规模，现在继续投入大致相同，比率减少，就叫稳定收缩。这里的稳定增长与增长型战略是不同的。稳定增长是一种常规意义上的增长，而非大规模的和非常迅猛的发展，是在市场占有率保持不变的情况下，随着总的市场容量的增长，企业销售额的增长，而这种情况并不能算常说的增长型战略。

企业采取稳定型战略，即企业保持目前的经营方向及正在经营的产品和面向的市场领域，并且在其经营领域内所达到的产销规模和市场地位都大致不变或以较小的幅度增长或减少。该战略的显著特征是公司很少发生重大改革或变化，具体表现包括：持续地向同类顾客提供同样的产品或服务，保持现有产销规模和市场占有率，稳定和巩固现有的竞争地位等。显然，这是一种偏离企业目前状态最小的战略态势。当企业的绩效令人满意而环境看上去将保持稳定的时候，企业往往采取这一战略模式。公用事业、运输、银行和保险等部门的企业多采取稳定型战略。

稳定型战略主要依据前期成功战略。它坚持前期战略对产品和市场领域的选择，以前期战略所达到的目标作为本期希望达到的目标。因而，实行稳定型战略的前提条件是企业过去的战略是成功的。对企业来讲，不可能永远采取稳定型战略，稳定型战略较适宜在短期内或者一个战略规划期内运用，长期实施存在较大风险。对于处于行业或产品的成熟期的企业来说，产品需求、市场规模趋于稳定，产品技术成熟，新产品的开发和以新技术为基础的新产品的开发难以取得成功，因此以产品为对象的技术变动频率低，同时竞争对手的数目和企业的竞争地位都趋于稳定，这时提高企业的市场占有率、改变市场的机会很少，因此较为适合采用稳定型战略。

(2) 选择稳定型战略的原因

企业选择稳定型战略的原因，我们从外部和内部两个方面进行分析：

影响企业战略选择的外部原因主要来自外部环境中的各个因素，大致包括以下几个方面：(a) 宏观经济状况会影响企业所处的外部环境。(b) 产业的技术创新度。(c) 消费者需求偏好的变动。(d) 产品生命周期或行业生命周期。(e) 竞争格局。

影响企业战略选择的内部原因主要来自于企业内部实力。企业内部的实力包括企业所拥有的资源和企业所具备的能力。企业的资源包括有形资源、无形资源以及一些特殊资源，企业的能力则包括企业的自有研发能力、生产管理能力、营销能力、财务能力和组织管理能力等。

当企业资源不充分、实力不足时，如资金不足、研发能力较差或人力资源有缺陷无法满足增长型战略的要求时，在这种情况下，企业可以采取以局部市场为目标的稳定型战略，以使企业有限的资源能集中在自己有优势的细分市场，维护竞争地位。

当资源较为充足，但是外部环境较为稳定或者不利时，企业可以选择稳定型战略，蓄势待发，为今后的发展做好准备。

另外，企业文化对企业战略的选择。当企业维持一种稳定型文化（企业的文化就会体现出稳中求胜、惧怕风险、回避风险和缺乏进取心的特质；Ansoff 从组织发展导向的角度出发，将其称之为稳定型文化）时，企业更倾向于采取稳定型战略。

4. 2. 2 增长型战略（Growth Strategy）

（1）基本概述

增长型战略是指企业充分利用外部环境机会，避开威胁，充分挖掘自己内部资源，在战略规划期，进一步合理配置自身的资源，提升企业竞争力，以满足企业不断扩大的经营范围、经营方向、产品种类以及产销规模的需要，使企业在现有的战略基础水平上向更高一级的目标发展的战略。

与其他类型的战略态势相比，增长型战略具有以下特征：

①实施增长型战略的企业往往比其产品所在的市场增长得快。

②实施增长型战略的企业往往取得大大超过社会平均利润率的利润水平。

③采用增长型战略态势的企业倾向于采用非价格的手段同竞争对手抗衡。

④增长型战略鼓励企业的发展立足于创新。这些企业常常开发新产品、新市场、新工艺和旧产品的新用途，以把握更多的发展机会，谋求更大的风险回报。

⑤与简单地适应外部条件不同，采用增长型战略的企业倾向于通过创造以前本身并不存在的某物或对某物的需求来改变外部环境并使之适合自身。

主要体现在投入的资源量较大，努力提高现有产品的市场占有率或开发新产品，开辟新市场，追求更大的产销规模和降低财务成本，提高赢利能力，以获得更多的投资回报，以及采用新的生产方式和管理方式，不断提高竞争地位。这是一种向更高水平、更大规模发展的战略态势，也是被大多数企业采用的一种总体战略。增长型战略鼓励企业的发展立足于创新，以把握更多的发展机会，谋求更大的风险回报。

从企业发展的角度来看，任何成功的企业都应当经历长短不一的增长型战略实施期，因为从本质上说只有增长型战略才能不断地扩大企业规模，使企业从竞争力弱小的小企业发展成为实力雄厚的大企业。

(2) 企业选择增长型战略的原因

企业选择增长型战略的原因，我们从外部和内部两个方面进行分析。

外部原因：①战略规划期内宏观经济景气度和产业经济状况。企业在选择增长型战略之前必须对经济走势做一个较为细致的分析，良好的经济形势往往是增长型战略成功的条件之一。②政府管制机构的政策法规和条例等相一致。

内部原因：①企业必须有能力获得充分的资源来满足增长型战略的要求。由于采用增长型战略需要较多的资源投入，因此从企业内部和外部获得资源的能力就显得十分重要。②企业文化也是影响企业是否采取增长型战略的原因之一。当企业为一种创新型文化（企业文化表现为创造性，使企业乐于追求各种不同的风险及变化，具有创新性，以创造未来为己任，即所谓的创造型文化）时，企业更倾向于采取增长型战略。如果一个企业的文化氛围是以稳定为其主旋律的话，那么增长型战略的实施就要克服相应的因素。

另外，不断的变革能够不断地创造更高的生产经营效率和效益，从而使企业能在不同的环境适应并生存；扩大规模和销售可以使企业利用经验曲线或规模经济效益即降低生产成本；寻求发展是企业这种有机组织体的本性；企业家强烈的发展欲望是企业发展的第一推动力。

【案例】

吉利收购沃尔沃后面临的新考验

“收购沃尔沃将在春节前签署最后协议，5 月份左右完成交割。”1 月 17 日，吉利汽车控股有限公司（下称“吉利控股”）执行董事尹大庆在上海交大主办的“2008/2009 年度中国最佳商业案例”颁奖典礼上作上述表示。2009 年年底，吉利披露已与福特就沃尔沃知识产权等所有重要商业条款达成一致；2010 年 8 月 2 日，吉利与福特签署收购沃尔沃全部股权的最终协议。

“吉利是谁?”2009 年，来自沃尔沃故乡的瑞典数家电视台记者不断向中国的汽车业界人士抛出这样的问题。早在 10 年前，总部位于瑞典的沃尔沃汽车就以 64.9 亿美元的高价整体并入远在大洋彼岸的美国福特，这决定了沃尔沃汽车早已是一个国际化的企业，在此次资产变动中面临的来自瑞典本土的阻力，会比韩国双龙等要小得多。同时，沃尔沃是一个活跃在世界各市场的大品牌，比相对窄众市场的悍马和双龙显然具备更好的市场基础，更远胜于早已奄奄一息的罗孚。恰逢罕见的金融危机的影响，以 20 亿美元左右的价格收购这样一个优质品牌企业，无疑是国内汽车业在此次金融危机中最漂亮的出手。更为重要的是，吉利作为国内民营资本的代表去收购，比之前主要由国有资本出外收购有着独特的优势。这些条件和优势，此前的收购都不具备。

人们喜欢将吉利对沃尔沃的并购比喻成“蛇吞象”，知识产权问题一直是吉利并购沃尔沃过程中最被外界所瞩目的内容。已被福特收至旗下 10 年的沃尔沃，早已脱离了其原有的技术平台，而进入福特全球的技术平台。在吉利人看来，向吉利出售沃尔沃，也就意味着福特在技术层面“没有秘密可言”。吉利有望借此机会，获得技术和品牌的全面升级。

2007 年，李书福挖来了英国石油公司（BP）的财务审计师彼得·张（Peter Zhang）来负责收购沃尔沃事宜。随后又请到了沃尔沃前总裁奥尔松（Hans-Olaf Olson）出任顾问。在几次大型汽车展上，李书福还多次与福特汽车公司董事长比尔·福特会面。同时，吉利还聘请在欧洲乃至世界久负盛名的金融家族英国洛希尔公司（Rothschild）成为其智库之一，此外还引入了高盛作为其战略投资者。这为吉利的胜算增加了不少的筹码。

为了更深入了解国际并购，李书福也参与了出售捷豹、路虎的竞标，出价 3 亿美元的象征性报价在首轮即遭淘汰，但李书福对此并不在意，他把这当做一次学习和演练。

吉利海外并购的热情逐渐获得了中国政府的支持。2009 年年中，工信部破天荒为吉利这样一家民营企业举办了自主创新主题经验交流会。10 月 28 日，在吉利首次公开承认正在参与对沃尔沃的并购声明中，涉及收购资金；11 月底，吉利汽车副总裁王自亮向媒体证实：“在海外发展战略这一部分，吉利得到了国家支持。”2006 年和英国锰铜公司的合资，以及在 2009 年年初收购 DSI 项目上，吉利从项目审批等层面均得到了政府的支持。据消息灵通人士称，吉利寻求从中资银行获得至少 10 亿美元贷款，其中包括中国银行、中国建设银行及中国进出口银行。

相比北汽申请竞购欧宝时在短短一周内拿出标书，而且没有国际化团队的协助，吉利竞购沃尔沃的整个过程都显得更加专业和谨慎。

李书福也在其官方网站上为收购沃尔沃总结了三层意义：第一，通过收购沃尔沃为中国汽车走向世界打通了一个通道；第二，对提升一个民族的品牌，让中国汽车立足于世界舞台，具有重大的战略意义；第三，有利于中国的消费者。笔者认为，第一点是实情，第二点和第三点是理想，难度很大，甚至无法实现。笔者甘冒“天下之大不韪”，在 2009 年末的冬天向民族汽车品牌“泼瓢冷水”。

考验一：如何解决管理理念上的巨大差异？

在没有完成收购之前，李书福就多次公开表态，保持沃尔沃的独立运营，不派人，不干涉，采取了完全弱势的管理模式，我想李书福这么讲的最主要目的还是说给沃尔沃工会听的，难道李书福收购沃尔沃的目的就是出钱做甩手掌柜让瑞典人自己玩？不派人做总经理，不派人做中层，也许可以理解，难道连董事会也不组建了不成？我想不会，起码沃尔沃董事会中大部分会是中国人的面孔，在确定公司重大目标与重大经营决策的董事会上，难道就不会有管理理念与文化观念的分歧吗？

吉利要在管理沃尔沃上有所作为，也许吉利介入的管理不在细节上而是在战略层面，但是战略层面的管理更为重要，也更需要具有极高的战略智慧，这对初进汽车行业的吉利来说，绝对是个巨大的不可回避的挑战。

考验二：如何承受与消化收购沃尔沃的巨大成本？

吉利收购沃尔沃的总金额在20亿美元左右，约合150亿元人民币，基本相当于整个吉利集团的全部资产总额，另外维持沃尔沃轿车的运营费用每年也高达40亿美元左右，而2008年沃尔沃轿车的亏损高达8亿美元。吉利汽车本身每年几亿人民币的赢利基本是杯水车薪，股市融资也不见得能够解决得了如此大的资金黑洞！如果吉利收购沃尔沃成功，解决如此巨大的资金压力将是李书福的噩梦。

考验三：如何刹住沃尔沃市场份额逐年下滑的颓势？

其实对李书福的最大考验在于如何刹住沃尔沃十年来不停滑坡的颓势。1996年，沃尔沃在全球豪华汽车中占的份额为12%左右，在2004年，降到了10%左右，到2008年，降到了8%左右，前面是奔驰、宝马、奥迪这队德国阵营的绝尘飞奔，后面是雷克萨斯、英菲尼迪、阿库拉日系豪华车阵营的疯狂蚕食，沃尔沃和萨博这对瑞典明珠成了可怜的难兄难弟，业绩其实是每况愈下。

沃尔沃一直以“安全”的定位称雄豪华汽车界，在全球消费者心目中拥有极高的声誉，不仅安全技术与安全理念引领全球汽车的发展潮流，在环保与新能源领域，沃尔沃的技术也是全球首屈一指的。

但汽车已经不是一个贵族产业了，而是一门精明人的生意，起决定因素的不是技术领先，而是讨巧的生意。现在横行全球的日本汽车，在汽车本身的技术创新并不是很多，大部分的工作是在做模仿和改进，通过改进流程工艺和生产体制，提高效率降低成本；日本汽车主要在两个方面做了努力，一是节油，二是质量。

考验四：吉利汽车如何与沃尔沃汽车实现和谐共振？

李书福收购沃尔沃的目的不仅只是提供大笔资金帮助沃尔沃重整兵马再次崛起而已，他盯上的是沃尔沃多年来积累的技术与经验，甚至是某些车型的生产权益，通过收购沃尔沃，可以利用左手倒右手的方式方便地从沃尔沃手中获得梦寐以求的东西。这种沃尔沃与吉利之间的互动能否和谐也是存在未知数的。

至于吉利在中国市场方面能否给予沃尔沃帮助也是个未知数。吉利的现有渠道体系与人才结构在国产品牌中算是低端的，与沃尔沃所需要的差距太大，几乎没有相互协同加强的可能性。其实吉利除了给沃尔沃出钱之外，其他方面能被沃尔沃利用的价值实在有限，基本达不成和谐共振。另外，吉利的核心能力在于领先业界的成本控制能力，以及对中国汽车市场独到而深刻的理解。据悉，吉利未来运营沃尔沃的战略安排很明了：瑞典哥德堡总部进行全球制造、营销，在国内新建一个沃尔沃基地，以看家本领造好车、卖低价。

（资料来源：数字商业时代，2009.12.28，http：//www.boraid.com/darticle3/list.asp? id=128661）

4.2.3 紧缩型战略（Retrenchment Strategy）

（1）基本概述

随着企业经营环境的不断变化，原本有利的环境在经过一段时间后会变得不利。原来能容纳许多企业发展的某些产业因进入衰退阶段而无法为所有企业提供最低的经营报酬，或是企业为了进入某个新业务领域需要大量的投资和资源转移等，这些情况的发生都会迫使企业考虑紧缩目前的经营甚至退出目前的业务或实施公司清算，即考虑紧缩型战略。

所谓紧缩型战略是指企业从目前的战略经营领域和基础水平收缩和撤退，且偏离起点战略较大的一种经营战略。与稳定型战略和增长型战略相比，紧缩型战略是一种消极的发展战略。一般地，企业实施紧缩型战略只是局部的，是针对企业某一方面的业务实施的战略，其根本目的是使企业挨过风暴或避开一些衰退的产业领域，转向其他产业。有时，只有采取收缩和撤退的措施，才能抵御竞争对手的进攻，避开环境的威胁和迅速地实行自身资源的最优配置。可以说，紧缩型战略是一种以退为进的战略，与稳定型和发展型两种战略相比，紧缩型战略具有明显的过渡性，其根本目的并不在于长期节约开支、停止发展，而是为今后发展积蓄力量。

与此相适应，紧缩型战略有以下特征：

①企业现有的产品和市场领域实行收缩、调整和撤退战略，比如放弃某些市场和某些产品线系列。因而从企业的规模来看是在缩小的，同时一些效益指标，比如利润率和市场占有率等，都会有较为明显的下降。

②企业资源的运用采取较为严格的控制和尽量削减各项费用支出，往往只投入最低限度的经管资源，因而紧缩型战略的实施过程往往会伴随着大量的裁员、一些奢侈品和大额资产的暂停购买等等。

（2）企业采取紧缩型战略的原因

企业选择紧缩型战略的原因，我们从外部和内部两个方面进行分析。

外部原因：

①当外界环境处于经济衰退、产业进入衰退期、对企业的产品或服务的需求减小等情况下，企业可以采取适应性紧缩战略来度过危机，以求发展。

②企业由于经营失误造成企业竞争地位虚弱、经营状况恶化，只有采用紧缩型战略才能最大限度地减少损失，保存企业能力；或者企业在现有的经营领域不能维持原有的产销规模和市场，不得不缩小产销规模和市场占有率；或者企业在存在新的更好的发展机遇的情况下；另外，企业在财务状况下降时，有必要采取抽资转向战略，这一般发生在物价上涨导致成本上升或需求降低使财务周转不灵的情况下。

内部原因：

①企业为了谋求更好的发展机会，对原有的业务领域进行压缩投资、控制成本以改善现金流为其他业务领域提供资金，使有限的资源分配到更有效的使用场合。因而，调整型紧缩战略的适用条件使企业存在一个回报更高的资源配置点，能帮助企业更好地实行资产的最优组合。

②选择紧缩型战略的企业在市场竞争的环境下显得很被动，这与企业本身内部环境的文化是分不开的。被动型文化使得企业只愿意接受最小的风险，不轻易做任何改变，最终导致采取紧缩型战略来维持经营。

4.2.4 混合型战略（Mixed Strategy）

（1）基本概述

所谓的混合型战略就是指稳定型战略、增长型战略、紧缩型战略三种战略的组合，是几种战略形成的一个有机整体。其中组成该混合型战略的各战略称为子战略。事实上，大多数有一定规模的企业并不只实行一种战略，大部分企业也并不是长期使用同一种战略态势。从混合型战略的特点来看，一般是较大型的企业采用较多，因为其拥有较多的战略业务单位。由于企业业务可能分布在完全不同的行业和产业群之中，所面临的外界环境和资源条件不完全相同，因此采取混合型战略。

从市场占有率等效益指标来看，混合型战略并不具有确定变化的方面，因为采用不同的战略态势的不同战略业务单位市场占有率的变化方向和大小并不一致。所以，从企业整体市场占有率、销售额、产品创新率等指标反映出来的状况并没有一个一般的结论，实施混合型战略的企业只有在各个不同的战略业务单位之间才体现出该战略业务单位所采用的战略态势的特点。

在某些时候，混合型战略也是战略选择中不得不采取的一种方案。例如，企业遇到了较为景气的行业前景和比较旺盛的消费者需求，因而打算在这一领域采取增长型战略，但如果这时企业的财务资源并不是很充分的话，可能无法实施单纯的增长型战略。此时，就可以选择部分相对不令人满意的战略业务单位，对它们实施抽资或转向战略，以此来保证另一战略业务单位实施增长型战略所需的充分资源。由此，企业从单纯的增长型战略转变成了混合型的战略。

4.3　战略选择的方法——业务组合矩阵

在确定企业业务经营范围和重点之后，企业应该确定资源如何在各业务中进行分配。企业根据内部各项业务的优势、相应的产业特征及发展阶段，分析评估企业目前业务组合的绩效表现，帮助企业明确各项业务的现状和前景，针对不同的业务组合状况选择相应战略。

战略业务单位（SBU）是波士顿矩阵的核心概念。所谓战略业务单位是指具有单独的任务和目标，可以单独制订计划而不与其他业务发生牵连的一个业务或一条产品线、一个产品、一个品牌。战略业务单位必须在公司总体目标和战略的约束下，执行自己的战略管理过程。在这个执行过程中其经营能力不是持续稳定的，而是在不断变化的，可能会得到加强，也可能会被削弱，这取决于公司的资源分配状况。

4.3.1　波士顿矩阵

就公司的资源在不同经营单位之间的分配而言，确定公司业务组合的经典方法就是波士顿矩阵（The BCG Matrix）。该方法是由波士顿咨询集团（Boston Consulting Group，BCG）在 20 世纪 70 年代初开发的。BCG 矩阵将组织的每一个战略业务单位标在一种二维的矩阵图上，对已有的业务进行评估，从而显示出哪个战略业务单位提供高额的潜在收益，以及哪个战略业务单位是组织资源的漏斗。BCG 矩阵的发明者、波士顿公司的创立者布鲁斯认为：公司若要取得成功，就必须拥有增长率和市场份额各不相同的产品组合，组合的构成取决于现金流量的平衡。如此看来，BCG 的实质是为了通过业务的优化组合实现企业的现金流量平衡，有助于理解多元化业务和帮助管理者建立资源分配决策的有限目标。

BCG 矩阵的示意图（见图 4.2），其中横轴代表相对市场份额，是指企业某项业务的市场份额与这个市场中最大的竞争对手的市场份额之比。以 1.0 为分界线，某项业务的相对市场份额高，表示其竞争力强。纵轴表示市场增长率，是指企业所在行业某项业务前后两年市场销售额增长的百分比。该增长率反映一项业务所在市场的相对吸引力。高市场份额意味着企业该项业务是所在行业的领导者；高市场增长定义为销售额至少达到 10%的年增长率（扣除通货膨胀因素），低于 10%增长率被认为是低增长率。图中纵坐标和横坐标的交叉点表示企业的一项业务。BCG 矩阵区分出四种业务组合。

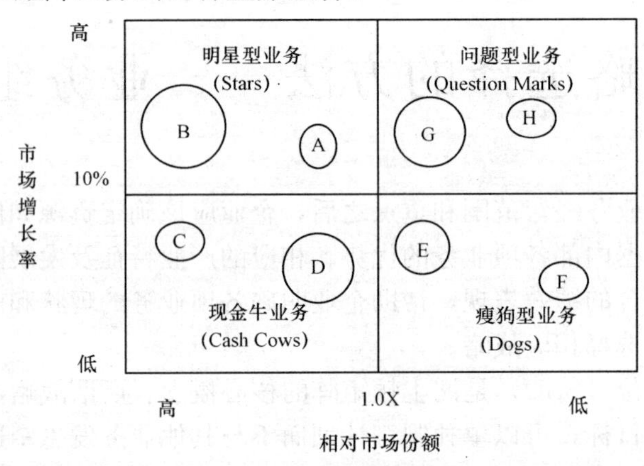

图 4.2 波士顿矩阵

(1) 问题型业务（Question Marks，高增长、低市场份额）

对公司而言，问题型业务是前景不明朗的业务，存在着较大的风险。这些业务市场增长率高，但是相对市场份额小。或者是因为企业通过某种创新使该项业务的产品得到了消费者认同，市场销售取得了较快的增长。但由于与竞争对手相比，该业务的市场占有率很低，如果竞争对手采取相应的策略压制这种增长，这项业务可能会夭折；如果是因为公司独特的创新而获得的发展，并通过企业采取更加强势的发展手段，这项业务可能会获得较大发展，成为企业的明星业务。这往往是公司的一个新业务，如果公司对该业务市场前景充满信心，或者该项业务符合公司整体发展战略，公司则需要通过种种手段促进问题业务发展，以便跟上迅速发展的市场，并超过竞争对手，这些意味着大量的资金投入。只有那些符合企业发展长远目标、企业具有资源优势、能够增强企业核心竞争力的问题业务，企业才要予以发展。获得发展的问题型业务适合于采用战略框架中提到的增长战略，目的是扩大战略业务单位的市场份额，甚至不惜放弃近期收入来达到这一目标，因为问题型要发展成为明星型业务，其市场份额必须有较大的增长。得到否定回答的问题型业务则适合采用收缩战略。

（2）明星型业务（Stars，高增长、高市场份额）

这个领域中的业务处于快速增长的市场中并且占有居支配地位的市场份额，但也许会或也许不会产生现金流量，这取决于业务开发对投资的需要量。明星型业务是由问题型业务继续投资发展起来的，是高速成长市场中的领导者，将成为公司未来的现金牛业务。但这并不意味着明星业务一定可以给企业带来源源不断的现金流，因为市场还在高速成长，企业必须继续投资，以保持与市场同步增长，并击退竞争对手。企业如果没有明星业务，就失去了希望，但群星闪烁也可能会闪花企业高层管理者的眼睛，导致做出错误的决策。这时必须具备识别行星和恒星的能力，将企业有限的资源投入在能够发展成为现金牛的恒星上。同样，明星型业务要发展成为现金牛业务适合于采用增长战略。

（3）现金牛业务（Cash Cows，低增长、高市场份额）

处在这个领域中的业务产生大量的现金，但未来的增长前景是有限的。这是成熟市场中的领导者，是企业现金的来源。由于市场已经成熟，企业不必大量投资来扩展市场规模，同时作为市场中的领导者，该业务享有规模经济和高边际利润的优势，因而给企业带来大量现金流。企业往往用现金牛业务来支付账款并支持其他三种需要大量现金的业务。现金牛业务适合采用战略框架中提到的稳定战略，目的是保持战略业务单位的市场份额。

（4）瘦狗型业务（Dogs，低增长、低市场份额）

这个剩下的领域中的业务既不能产生大量的现金，也不需要投入大量现金，这些业务没有希望改进其绩效。一般情况下，这类业务常常是微利甚至是亏损的。瘦狗型业务存在的原因更多的是由于感情上的因素，虽然一直微利经营，但像人养了多年的狗一样恋恋不舍而不忍放弃。其实，瘦狗型业务通常要占用很多资源，如资金、管理部门的时间等，多数时候是得不偿失的。瘦狗型业务适合采用战略框架中提到的收缩战略，目的在于出售或清算业务，以便把资源转移到更有利的领域。

波士顿矩阵是分析公司战略的有效方法，尤其是当企业多元化经营时。但它也有不足之处，主要体现在：市场份额和市场增长率的理解和获得较难以有统一的看法和精确的数据；仅以市场增长率和相对竞争地位来衡量业务环境也相对过于简单；没有考虑市场差别化等其他的竞争手段对业务单位运作的影响。

4.3.2 GE矩阵

针对波士顿矩阵所存在的很多问题，美国通用电气公司（GE）于20世纪70年代开发了新的投资组合分析方法——GE矩阵。相比BCG矩阵，GE矩阵也提供了产业吸引力和业务实力之间的类似比较，但不像BCG矩阵用市场增长率来衡量吸引力，用相对市场占有率来衡量实力，只是单一指标；GE矩阵使用数量更多的因素来衡量这两个变量，纵轴用多个指标反映产业吸引力，横轴用多个指标反映企业竞争地位，同时增加了中间等级。也由于GE矩阵使用多个因素，可以通过增减某些因素或改变它们的重点所在，很容易地使GE矩阵适应经理的具体意向或某产业的特殊性要求。

GE矩阵比BCG矩阵在以下三个方面表现得更为成熟：

(1) 市场/行业吸引力（market/Industry attractiveness）代替了市场成长（market growth）被用来作为一个评价维度。市场吸引力较之市场成长率显然包含了更多的考量因素。

(2) 竞争实力（competitive strength）代替了市场占有率（market share）作为另外一个维度，由此对每一个事业单元的竞争地位进行评估分析。同样，竞争实力较之市场占有率亦包含了更多的考量因素。

(3) 此外，GE矩阵有9个象限，而BCG矩阵只有4个象限，使得GE矩阵结构更复杂、分析更准确。

图4.3为通用矩阵的基本示例。图中横轴表示企业经营业务的竞争实力，纵轴表示市场或者产业的吸引力，这二者决定企业某项业务在矩阵上的位置。

市场/行业吸引力	弱	中	强
高	扩大投资，寻求主导地位	市场细分，追求主导地位	专业化，谋求并购策略
中	选择细分市场，大量投入	选择细分市场，专业化	专业化，谋求小块市场份额
低	维持低位	减少投资	集中于竞争对手赢利业务，或放弃

竞争实力

图4.3 GE矩阵示例

利用GE矩阵比较其经营业务以及决定其资源分配方式时，必须估测竞争实力及市场（行业）吸引力。显然，这会需要企业充分了解外部环境和内部资源状况。

影响市场（行业）吸引力的因素包括行业增长率、市场价格、市场规模、获利能力、市场结构、技术及社会政治因素等。评价市场吸引力的大致步骤是：首先根据每个因素的相对重要程度定出其权重，然后根据业务定出行业竞争力因素的技术；最后用权数乘以级数，得出每个因素的加权数，并将各个因素的加权值汇总，即得整个行业竞争力的加权值。

影响竞争实力地位的因素包括市场份额、市场增长率、买方增长率、产品差别变化、生产技术、生产能力、管理水平等。评估企业竞争实力的原理，同评估市场（行业）吸引力的原理是相同的。

从 GE 矩阵的九个象限来看，对处于左上方三个象限中的业务，应该采取增长和发展的战略，企业应该对其有限分配资源；对处于右下方三个象限的业务，应该采取停止、转移、撤退等战略；而对处于对角线三个象限的业务，应该采取维持或者有选择的发展战略，保护规模，调整发展方向。GE 矩阵更加细致的标准划分使得企业能够更加仔细、更加全面地考虑行业的各个指标，充分参考外部环境和企业内部资源，从而恰当地判断并选择业务战略。

4.4　战略选择类型

在确立了自己的战略态势，进行了资源分配以后，企业应考虑如何去实现战略。企业可以通过一体化、多元化、归核化、区域化、全球化、国际化等手段从产品和市场的角度去实现企业的战略，也可以通过战略联盟和企业并购手段来保证企业战略得以实施。

4.4.1　一体化战略

（1）一体化战略的含义

一体化战略是指企业充分利用自身在产品（业务）上的生产、技术、市场方面优势，沿着其产品（业务）生产经营链条的纵向或水平方向，不断地扩大其业务经营的深度和广度，以扩大经营规模、提高收入水平和利润水平，使企业得到发展壮大。其中，企业若是沿着延长原有产品（业务）生产经营链条的方向发展，叫做纵向一体化战略；若是沿着水平方向发展，则叫做横向一体化战略。有研究表明，企业通过横向一体化打败竞争对手，达到市场多头垄断地位后，便会进入纵向一体化扩张，以占领其供应和市场领域。一旦企业在一生产部门占领重要地位之后，向多种部门扩张便成为其唯一的增长战略。

①横向一体化战略。

横向一体化战略又称水平一体化战略，是指兼并或联合同行业、生产同类产品或工艺相近的企业，获得对竞争企业的控制权，以实现扩大规模、降低成本、提高企业能力、增强竞争优势。这种战略一般是企业在较激烈的竞争情况下的一种选择，以促进企业实现更高程度的规模经济和迅速发展的一种战略。例如比亚迪公司收购主要从事开发、制造及销售巴士及客车的湖南美的客车全部股权，由此获得巴士及客车的生产资质。通过此次收购，比亚迪将可把产品线向商用车领域扩展，并将新能源技术的应用延伸到大巴领域。

横向一体化已成为当今战略管理的一个显著趋势，在很多产业中已成为最受管理者重视的战略。横向一体化战略新增加的产品和服务与目前的产品和服务紧密相连，与相关多样化战略类似，但相关多样化战略主要通过组织内部开发来发展，而横向一体化战略则是通过收购较为直接的竞争对手企业来获得的。

横向一体化战略的优点：

(a) 规模经济。通过收购同类企业达到规模扩张，可以使企业获取充分的规模经济，从而大大降低成本，取得竞争优势。同时，通过收购，往往可以获取被收购企业的技术专利、品牌等无形资产。

(b) 减少竞争对手。横向一体化是一种收购企业竞争对手的增长战略。通过实施横向一体化可以减少竞争对手的数量，降低产业内相互竞争的程度，为企业的进一步发展创造一个良好的产业环境。

(c) 较容易的生产能力扩张。横向一体化是企业生产能力扩张的几种形式中，相对较为简单和迅速的一种。

(d) 巩固了市场地位，提高了竞争优势。通过兼并收购使企业规模扩大，如果运作得好，就可以巩固企业在行业中的竞争地位，甚至成为行业内数一数二的企业，成为行业的领头羊，可提高企业的竞争优势。

横向一体化战略的缺点：

(a) 产生管理问题。主要表现在：管理和文化的协调；管理成本增加，管理效率下降；管理质量受到影响。收购一家企业往往涉及收购者与被收购者之间在管理上的协调问题，在采取国际一体化收购的企业上尤为显现。由于文化上的差异，处理好与被收购者之间的管理协调已经成为收购后的最艰巨而长期的工作。此外还涉及企业规模扩大之后造成的管理层次过多、管理效率降低等问题，以及在被收购企业管理质量达不到原来的要求，如产品质量。

(b) 政府法规限制。横向一体化战略容易造成产业内的垄断结构，因此，各国法律法规都对此作出了限制。在我国，《中华人民共和国反垄断法》的颁布与实施，对国内企业、跨国企业的横向一体化起到了一定限制作用。该法第三条规定的垄断行为包括：经营者达成垄断协议；经营者滥用市场支配地位；具有或者可能具有排除、限制竞争效果的经营者集中。第五十条规定，经营者实施垄断行为，给他人造成损失的，依法承担民事责任。该法对企业的一体化已起到了一定的限制作用。

（c）易受其他相关企业的联合攻击。

②纵向一体化战略。

纵向一体化又称作垂直一体化，是指企业向原经营活动链条的上游和下游阶段扩展，生产企业与原材料供应企业，或者生产企业与产品销售商联结在一起的组织形式。纵向一体化是企业增长到一定阶段的主要扩张战略。现实中，多数大型企业均有一定程度的纵向一体化。该类扩张使企业通过内部的组织和交易方式将不同生产阶段联结起来，以实现交易内部化。

根据一体化的方向划分，企业的纵向一体化可分为前向一体化和后向一体化两种（如图 4.4 所示）。

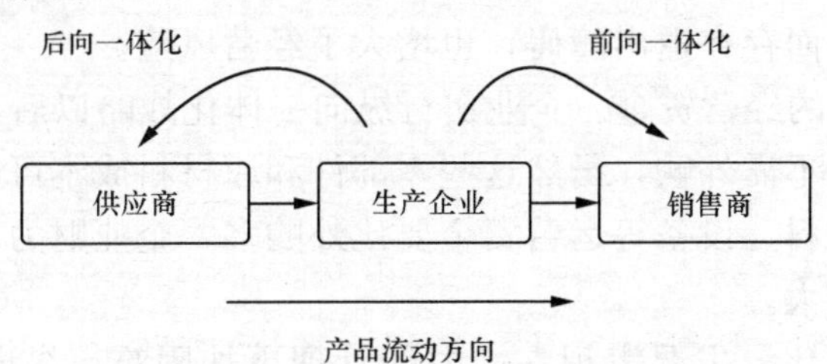

图 4.4　按方向划分的纵向一体化形式

所谓前向一体化是指以企业初始生产经营的产品（业务）项目为基准，企业生产经营范围的扩展沿其生产经营链条向前延伸，使企业的业务活动更加接近最终用户，即发展原有产品的深加工业务，提高产品的附加值后再出售；或者直接涉足最终产品的分销和零售环节。

所谓后向一体化是指以企业初始生产经营的产品（业务）项目为基准，企业生产经营范围的扩展沿其生产经营链条向后延伸，发展企业原来生产经营业务的配套供应项目，即发展企业原有生产经营业务所需的原料、配件、能源及包装服务业务的生产经营。如美国福特公司曾经将生产经营领域延伸至钢铁、矿山、橡胶等领域。

纵向一体化的优点：

（a）有利于降低成本。因为，职能集中可降低间接费用；整体协调效率提高；提高生产均衡性；提高整体应变能力；提高物流效率等。

(b) 有利于加强企业对生产过程的控制，稳定供求关系，规避价格波动。纵向一体化可以避免由于供应中断或销售变动造成的生产大幅度波动甚至被迫停工情况发生，可以削弱来自供应商和用户的讨价还价压力，能够获得原来难以得到的信息，有利于提高管理的效能。

(c) 由于一体化后规模扩大、成本降低和控制能力得到加强，提高了行业的进入壁垒。由于企业对关键零部件设计的控制力加强，有可能更好地满足不同层面用户的需求，强化差异化的竞争力，从而增强对最终用户的控制。

纵向一体化的缺点：

(a) 不如专业化生产效率高。企业强化自己制造和自行销售的能力后，其效率往往低于专业制造和专业营销的效率。

(b) 机动性差。企业纵向一体化会导致产品设计方面的局限性，对厂房和原材料来源的巨额投资，常常阻碍新产品设计或材料品种的完善。如果不实行纵向一体化，企业可以根据外界环境变化而削减原材料的采购量，或转向其他供应企业，而采用了纵向一体化战略的企业就缺乏这种机动性；同时，经营方向的调整也更加困难，因而存在退出障碍，也增大了经营风险。

(c) 需要较多的经营资金。企业实行纵向一体化战略以后，一些零部件和原材料由企业自制而不需外购，虽然这些零部件和原材料成本可能比外购低，但自制所需的生产、材料、设备等运营资金要比外购多，企业财力不够雄厚者，实行纵向一体化难度较大。

(d) 管理复杂化。主要表现在：内部管理更加困难。纵向一体化在加强控制方面会带来好处，但在实际工作中要实现上述那些好处却并不容易。上述有利因素有一个假设前提，即一个企业内部能对一体化的各个方面成功地进行协调，而这往往正是企业的困难所在。对各级领导的能力要求更高。实行一体化战略以后，需要各级各类人员掌握多方面的技术，在供应、生产、销售、质量、服务等各方面都较联合前要复杂得多，人事关系也更加复杂，这对企业领导者的思想素质、经营管理素质及技术素质都提出了更高的要求。管理幅度加大。对于一体化后的企业，意味着管理部门控制幅度增大，如果管理者的组织能力不强，管理组织机构投入的精力与新的经营活动不相适应，可能会达不到一体化战略的预期目标。

(e) 弱化激励效应。纵向一体化意味着通过固定的关系进行购买与销售，也就是说把原本的市场交易内部化，变成了企业内部交易。上游企业的经营可能会因为实行内部销售而不是在市场竞争而弱化，下游企业同样也会由于是从企业另一个单位购买产品，从而不像从外部供应商那样可以讨价还价。

4.4.2 多元化战略

(1) 多元化战略的含义

多元化战略是企业为了开拓新市场，或避免单一经营的风险，同时经营两种以上基本经济用途下的产品或服务，是企业为涉足不同产业的各业务选择的发展规划。

(2) 多元化战略的利弊分析

多元化战略的优点：

第一，多元化可以分散风险。正如产品发展周期所分析的那样：每一产业都有一个由幼稚期、成长期、成熟期到衰退期的生命周期。如果企业过于依赖某单一产品，企业就要面对较高的经营风险。实现多元化战略，可以使企业取得一定程度的风险互补。

第二，通过兼并、重组、联合等方式，多元化经营使企业在某一行业发展的初期就占得先机，获得超额利润，实现企业规模的扩张。

第三，多元化战略可以充分利用企业内部优势，使企业获得范围经济。多元化战略的企业与专业化经营的企业相比，相当于将原来的由多个专业化经营企业经营的活动组合在一个企业内进行，或者是将多个产业、产品放在一个企业或者企业集团内进行。在这个企业内，可以充分利用企业的技术优势、市场优势、管理优势等资源优势，合理配置资源，提高资源的利用效率。

多元化战略的缺点：

一是若企业盲目搞不相关多元化，则可能丧失规模经济和核心竞争力，非但起不到风险分散化的作用，反而会增大风险。二是企业过分追求多元化战略会造成管理质量下降。这是因为，并购行为，特别是无关联多元化中的并购，会使企业的分支机构迅速增多，使做好企业管理工作的难度大大增加。在这种情况下，企业集团总部的管理人员不仅可能没有时间熟悉产品专门知识，而且可能无法运用既有知识恰当评价经营单位经理的建议与业绩。此外，过多的多元化战略使企业的决策者进入一个陌生的新领域，过分追求多元化战略容易出现决策失误。隔行如隔山，由于对新产业不熟悉，在业务方向的把握上，在危机事件的处理上常常难以达到准确。

(3) 多元化战略的条件和动机

第一，企业要具备必要的资源才能使多元化具有可行性，才能顺利实施多元化。多元化的动力与资源缺一不可。资源包括有形资源和无形资源。由于各项资源的稀缺性及可流动性不同，它们创造价值的能力也不相同。有形资源的运用有利于形成生产、营销、采购及技术之间的资源相互关系，无形资源比有形资源更具灵活性。有形资源的共享可以促进多元化，而无形资源的共享更有利。资源的灵活性越强，就越容易用于不相关多元化；灵活性差，则用于相关型多元化。对资源的共享越少，多元化的价值越小，灵活性资源可以使多元化走向更高层次。

第二，资本市场和管理者市场是多元化战略的条件，特别是当企业通过并购进行多元化时，需要资本市场的支持。管理者市场也非常重要，能否获得合适管理者常常是多元化战略的前提条件。企业应建立一套多元化投资决策管理体系和程序，使多元化战略决策科学化。

第三，核心竞争力是企业实施多元化战略成功的关键。

具备实现多元化战略的条件只是多元化战略的一个前提，除此之外，企业要想成功地实施多元化战略，还必须具有多元化的动机。

①政府法规的影响。政府法规也是企业多元化战略的外部推动因素。出于少纳税的考虑，是企业多元化的一个推动因素。税法对多元化经营的影响不仅包括个人税的影响，也包括公司税的影响。国内众多企业的多元化是为了做大规模，以便更多地获得政府的政策支持和资源支持。

②为企业寻找新的利润增长点。当企业效益好时，企业倾向集中化经营，当经营状况不好，且仍有资源条件时，就会向多元化发展，改变经营方向，以寻找新的发展机会。

③分散经营风险。多元化战略的一个重要的理由常被说成是分散风险，即通过减少企业利润的波动来达到分散风险的目的。

④管理者的多元化动机。多元化可以降低管理风险，因而可以降低高层管理者的失业风险和减薪风险。

综上所述，多元化的程度是由市场和企业自身所具备的战略性特点（如资源）所决定，并建立在企业各种资源的优化组合基础上，需要管理者用正确的动机去推动。动机越强烈，资源的灵活性越好，核心能力越强，企业多元化的程度就能够越高。

（4）多元化战略的层次

多元化企业各项事业的关联程度不同，造成多元化类型不同，随着多元化层次的不同，产生了四种类型的业务关系。除了单一事业型和主导事业型企业，充分多元化的企业被分为相关或不相关多元化两类。

①低层次多元化。低层次多元化战略的企业是将精力集中在某一项主导业务上。当一家企业收入超过95%的部分都来自于某一个主导业务时，该企业属于专业化经营的企业。主导事业型就是一家企业的收入中70%～95%来自于某一

项业务。

②中高层次多元化。中高层次多元化可分为相关型、相关约束型及不相关多元化三种类型。当一家企业超过 30％的收入不是来自其主导业务且它的各业务互相之间有着某种联系时，该企业的多元化战略就是相关型的。当这种联系直接且频繁时，就是相关约束型。相关约束型企业各项业务共享很多资源和行动。不相关多元化企业属于高度多元化，企业各项业务之间没有太多的联系，如通用电气企业。

（5）多元化战略的分类：相关多元化和非相关多元化

①相关多元化战略。

相关多元化战略是企业为了追求战略竞争优势，增强或扩展已有的资源、能力及核心竞争力而有意识采用的一种利用共同的经营资源，开拓与原有事业密切相关的新事业战略。实行这种战略的企业增加新的但与原有业务相关的产品与服务，这些业务在技术、市场、经验、特长等方面相互关联。

相关多元化战略的类型：（a）技术相关产品组合类型。不同的企业生产不同用途的产品，但它们在开发研究、原材料、生产技术和生产设备方面有关联或相似之处。例如，生产彩色显像管的企业可以同时生产电脑显示器，生产照相机的企业可同时生产望远镜、水准仪和经纬仪等。这样安排，既可以实现多元化的目标，同时又可以使产品成本相对较低，具有一定的竞争力。（b）市场相关产品组合类型。这种组合的特点是利用企业已有的销售渠道、销售对象、促销方法、企业形象等市场方面的相关性，生产具不同技术特性的产品。例如，大的胶卷生产企业同时生产照相机，生产化肥的企业同时生产农药，等等。（c）市场与技术都相关的产品组合类型。例如，企业同时生产多种农用机械，这些产品同时具有市场和制造技术方面的相关性。这种多元化经营相对来说容易实施且成本相对较低。

相关多元化战略的优势：

（a）将不同经营业务的相关活动合并在一起运作，可以降低成本。

（b）在新的经营业务中借用企业品牌的声誉。

（c）可以将专有技能、生产能力或技术由一种经营转到另一种经营。

（d）能够以创建有价值的竞争能力的协作方式实施相关的价值链活动等。

相关多元化战略的风险在于以不同行业分散风险的能力较小，当某一个行业面临整体衰退时，同一行业的相关多元化业务将面临整体下滑。此外，通过兼并方式实施相关多元化时会遇到不同管理文化整合的大量工作，通过重组方式实施相关多元化会使原有的优势项目造成人才的流失或产生较高的学习成本等。

②非相关多元化战略。

a. 非相关多元化战略的含义：

非相关多元化战略即企业新发展的业务与原来业务之间没有任何战略上的适应性。非相关多元化战略意味着进入有丰厚的利润的任何行业和业务。这项战略的着眼点是未来利润的增长，也有的企业把非相关多元化战略作为退出夕阳产业或改变企业对某一项业务过于依赖现状的途径。

例如，昔日的中国驰名服装品牌杉杉，通过郑永刚和他的团队 10 年的不断调整和突破，已经不再是单纯的西服制造商，而是通过整合各路资源的方式将触角伸向了新能源、高科技甚至建设科学园区等诸多年轻的产业，并且尝试在资本市场上有所作为，拥有了众多银行和基金的股份，成为了一个多元化控股企业。香港的长江实业与和记黄埔，经营的业务从航运码头、房地产开发到能源通信应有尽有。

b. 非相关多元化战略的优点：

尽管相关多元化会带来战略协同效应，很多企业却选择了不相关的多元化战略，多元化进入有着丰厚利润或美好前景的任何行业。

经营风险在一系列不同的行业得到分散，因为企业的投资可以分散在具有完全不同的技术、竞争力量、市场特征和消费群体的业务中，与相关多元化相比，非相关多元化能更有效地分散投资风险。

企业的获利能力更加稳定。理想的状况是企业某些业务的周期性下降与多元化进入的业务的周期性上升相平衡。

增加股东财富。如当企业的经理们能非常聪明地发现并购得具有利润上升潜力的价值被低估的企业时，股东财富就能增加，通过投资于任何有最佳利润前景的产业可以使企业的财力资源发挥最大的作用。

c. 非相关多元化战略的缺点：

由于没有战略匹配关系带来的竞争优势潜力，不相关的多种行业的经营业绩并不比各业务独立经营的业绩总和多，并且如果公司的管理者任意干预业务单元的运作会导致公司政策失误而使之无法经营，会产生更坏的结果。

管理难度很大。多元化公司涉及的领域越多，多元化程度越高，公司越难以对每个子公司进行监察和及早发现问题，越难以形成评价每个经营行业吸引力和竞争环境的真正技能，判断各业务计划和行动的质量也更加困难。

总之，多元化公司经营的难度在于要充分考虑到在不同产业中完全不同的经营特点和竞争环境，以做出科学合理的决策。

【延伸阅读】

中国国有企业多元化经营状况

对于我国国有企业来说，多元化战略有其特殊的动因和背景。

（1）分散风险、追求稳定。对于政府和职工而言，多元化战略是企业实现稳定生存的重要手段。国有企业职工大多终生就职于某一国有企业，对他们来说，确实存在着“厂兴我兴，厂衰我衰”的问题。因此，如果能够通过多元化战略分散企业的经营风险，加强企业生存的稳定性，对他们是非常重要的。而政府从社会管理者追求社会稳定、减少职工失业的角度出发，也希望国有企业能够有稳定的生存前景，从而鼓励企业进行多元化战略。

（2）探索新的经营方向。一些国有企业之所以进行多元化战略，是因为其在原来的经营方向上已经陷入困境，希望通过多元化战略找到新的生长点。譬如石油、纺织、煤炭、钢铁等行业的企业。对这些企业来说，盲目投资、多元化战略往往是其经营业绩不佳的后果。由于有限的资金用于多个经营方向很难形成强大的竞争优势，加之决策的随意性较强，使得相当多的企业经过一段时间的多元化战略后并未找到新的发展方向，反而留下了一堆业绩不佳的烂摊子。

（3）安置职工家属及富余职工。长期以来，我国国有企业不但要负责在职职工的工资与福利，还要考虑职工家属的就业与安置。我国企业平均冗员占职工总人数的三分之一，大企业的冗员矛盾更为突出。在社会保障体系尚未健全时，为了保持社会稳定，大量的企业冗员要由国有企业自己吸纳。为了创造新的就业岗位来安置下岗职工，许多国有企业在 20 世纪 80 年代兴办所谓“第三产业”企业，以解决职工家属就业问题。这些企业多数并无独立的资金来源，而是靠原企业直接提供资金支持或原企业为其在银行申请贷款取得经营资金。创办初期，这些企业或承接原企业安排照顾的任务，或为原企业服务。经过一段时间的发展，这些原企业的分支，形成了企业多元化战略的格局。

（4）服从上级安排，接收困难企业。有些经营效益较好的企业在上级领导部门的直接干预下，接收了一些效益不好、濒临破产的企业。其中一些企业因种种原因无法并入接收企业的正常经营活动之中，从而成为接收企业多元化战略的一个方面。

（5）企业制度的缺陷。对于我国国有企业来说，由于利润分配制度尚未建立，企业治理结构尚未完善，没有形成有效的监督制衡机制，其结果是一些处于垄断地位的企业拥有大量的留存收益，一些上市企业通过发行股票或转配股所募集到的大量资金超过了正常的投资和经营需要。在这种情况下，它们往往采取多元化战略进行多元化投资。

从以上几点可以看出，我国企业多元化战略受非经济因素影响较多，而不是像国外一些大企业那样在自己传统产业上取得相当优势或统治地位后，再向其他相关领域迈进，这也是我国企业实行多元化战略失败例子较多的一个根本原因。

使企业产品形成差异化的方法，一种是使产品的内在因素产生差异化，另一种是使产品的外在因素产生差异化。内在因素的差异化是指企业在产品性能、设计、质量及附加功能等方面与竞争对手相区别，使产品别具一格，开创独特的市场；外在因素的差异化是要创造良好的商品形象，即要充分地利用产品的定价、商标、包装、销售渠道及促销手段等方法，使其与竞争对手在营销组合方面形成差异化。

我国企业多元化战略成功者少，失败者多，引起了理论界和企业界的探讨和关注。

对企业核心竞争能力培养不重视。我国企业在发展多元化战略的过程中看不到这样明晰的主线，而是表现出相当多的企业把大规模跨行业的非相关多元化当做自己的基本战略，企业得以立足的、原来占有一定优势的行业不仅没能进一步增强其竞争力，反而有些萎缩，而新开拓的行业又不能有效地培养起新的核心竞争力。

企业经营规模过小。一定的企业规模是实行多元化战略的前提条件，企业规模大，就能享受规模经济利益，从事多种经营。中国企业现在最缺的是集中度。尽管这样，国内一些大企业在发展战略上却不能从自身优势、特点出发，盲目涌向高利行业，铺摊子、上项目，最终使企业陷入困境。

以盲目追求市场机会作为多元化战略的指导思想。企业希望通过拓展经营空间，建立新的“利润增长点”，却忽视了企业价值创造的重要性，造成企业资本结构不合理，企业主营业务的个别发展，或者根本就没有形成主营业务。同时，也导致了企业经营业务的规模普遍偏小，严重损害企业的长期赢利能力和价值。

盲目进入不相关行业，过分追求企业的行政影响能力。由于忽视互补效应与协同效应作用下的企业优势的建立，使企业要素、资源配置效率低下，难以形成企业的核心能力。即使部分企业具备一定的资源和能力，也会由于企业的过度多元化经营而受到损伤，增大了企业核心能力培养和形成的难度。

过于迷信多元化战略的降低风险能力，缺乏对未来市场（或产业）创新的预见，致使众多企业的经营战略选择过于雷同，并在实施过程中也缺乏灵活应变能力。从企业组织结构的变化看，多元化战略要求组织进行充分分权，在目前我国企业和市场的契约制度都不甚完善的环境下必然产生较高的信息不对称成本，从而使我国多元化战略企业普遍存在着较高的经营风险和财务风险。

4.4.3 归核化战略

(1) 归核化的概念

"战略归核化"一词由美国哈佛大学商学院教授 C. 马凯兹（C. MarKides）于 1990 年在他的博士论文《归核化与经济绩效》中首先提出，并在其 1995 年出版的《多元化、归核化与经济绩效》一书中初步形成了战略归核化的理论体系。所谓战略归核化，指企业的多元化达到一定程度后，对企业的业务进行重新整合，集中企业的资源，向企业的核心业务（一个或多个）回归。归核化战略的基本思想是：剥离非核心业务，分化亏损资产，回归主业，把企业的业务归拢到最具竞争优势的行业上，强调核心能力的培育、维护和发展，集中资源做好强项业务。

(2) 归核化活动的内容

企业归核化经营的内容确定，必须建立在对价值准确认识的基础之上，判断是否进行归核化经营，并解决从何处进行归核化经营。从经营管理的角度看，主要可分为两个方面的内容：针对市场方面的归核化经营和针对企业内部的归核化经营。

①针对市场方面的企业归核化经营。如果企业的某些业务在市场上表现不佳，则表明该业务与市场间的价值均衡状态受到影响，业务已经难以满足市场（消费）的价值需要。假如企业可以通过自身资源和能力的调整来实现业务投入的要求，并能够在保持企业稳定的前提下，达到新的价值均衡状态，则企业也可以不去考虑业务剥离的归核化。假如企业在此业务方面无能为力，则必须进行将该业务剥离的归核化。

②针对企业内部的企业归核化经营。由于企业组织学习的推动，企业的价值会不断地提高，这样必然会对企业现有的内部构成造成影响。如果企业的某一职能的价值提高了，那么，势必要求要素和业务作为相应的成本投入，以适应更高层次的价值均衡的需要。对企业价值增大时的具体归核化经营内容加以分析，可以分为两大类情况：一是考虑企业与要素之间联结关系的情形，当要素通过学习以及投入（成本）等形式使其价值符合新的价值均衡的要求时，则无须进行内部要素的归核化；当要素无法使其价值适应新的价值均衡的要求时，则需要进行内部要素的归核化。二是考虑企业与业务之间联结关系的情形，当业务可以通过投入（成本）满足企业新的价值要求时，企业无须进行业务剥离的归核化；当业务无法通过投入（成本）等方式提高价值，并满足现有价值均衡条件时，则必须进行业务"剥离"形式的归核化。

(3) 归核化的动因

①企业尽可能地集中资源，才能满足技术发展高度和加工深度的要求，才能保持稳定发展。在现代技术结构中，进入高技术领域发展的企业，如果多跨产业、多元化经营高新技术产品和传统技术产品，就很难深入所有的业务领域，掌握各项技术的关键环节，很难在所有的业务领域都达到顶点水平。没有技术领先优势，就没有市场优势。

②有利于企业适应新的竞争环境。随着市场竞争日益激烈，往多元化发展的许多条件正在迅速消失。资本市场的变革使多元化企业很难再以低成本获得资金支持；多元化企业的品牌在内涵、美誉度和忠诚度上，受到专业品牌的挑战；主要商品市场供大于求，使得企业要想长足发展只有将精力集中到创新和研发上，而这些都需要投入比以往更多的精力和资金。环境的变化、竞争的加剧，需要企业资源的聚焦，此时多元化企业对业务范围重新整合，"归核"为某些专业领域内的企业，有利于适应新的环境。

③作为一种沉淀，有利于提高核心竞争力。多元化企业进行扩张的过程，也是企业不断成熟壮大的过程。这个过程必定会积累一些企业所特有的经营之道，此时应该将这些经验提取，沉淀成对企业长期发展大有用处的核心竞争力。多元化企业的归核化体现了扩张应有的节奏，有利于确定行业内的竞争优势。

④利于产业结构的调整和升级。随着经济的发展，资源不断从传统产业向新兴产业转移，这个过程西方用了一两百年，而我国却压缩在几十年来完成。如此集中剧烈的结构调整，若让市场法则在目前"大而全""小而全""小而散"的企业格局下进行自然淘汰，其效果将远不如由大企业实施归核化策略更有利于资源的优化配置。

综上所述，在当今世界经济日益发展、市场竞争日益激烈的背景下，企业放弃短期的、易变的利润最大化目标，选择企业和顾客价值创造目标，从盲目地追求规模的扩大及量的增长方面，转变到企业质的提高上，在过度多元化经营企业中推行企业归核化经营战略，已成为企业持续健康成长的大势所趋。

(4) 我国企业的归核化分析

20 世纪八九十年代，由于我国经济的高速发展，加上大部分时间处于短缺经济状态，因而我国企业在自然成长的基础上所做的战略选择，居主导地位的是多元化经营战略。然而，随着经济全球化和竞争的国际化加剧，中国企业更需要集中有限的资源，即通过实施归核化战略来参与市场竞争。

根据我国现有多业务经营企业的特点，并运用价值均衡理论分析框架来进行分析，具体的分析如下：

①企业目标转变促使企业归核化经营。企业目标是决定企业行为的重要因

素，并影响着企业利用和配置资源的具体方式。企业各利益相关者的利益和地位状况左右着企业目标。随着我国市场经济建设不断深入，企业目标发生了根本的变化，实现目标的战略路径也必须作相应的调整和转变。即企业由以往片面追求企业规模和利润，转而开始归核化经营，以保证利益相关者的价值最大化目标。

②市场环境变化推动企业归核化经营。改革开放以来，我国的市场已从卖方市场走向了买方市场，市场机制和法律环境日趋完善，市场交易费用不断下降，企业基于内部交易来替代市场交易的纵向一体化正在丧失其存在的基础。同时市场相关法律的不断完善，以及互联网的应用，也使得市场交易的保障程度不断提高。

另外，经济全球化的不断深入对我国企业提出了新的要求。在竞争异常激烈的国际市场上，发展规模有限的业务（产品和服务）必将更加困难。同时，国际市场也为企业提供了更加广阔的市场（顾客消费）空间。因此，企业应该在其所擅长的业务领域中构建竞争优势，通过归核化经营战略转变，实现企业能力和有限资源的最佳配置、使用，实现顾客价值最大化的经营目标。

③企业能力提高与企业归核化经营。市场经济的洗礼与全球化竞争的经历，使我国企业经营能力和发展得到大大提升，对市场状况及其发展趋势的判断水平也明显提高。这种能力的提升为企业理性选择归核化战略以培育企业核心竞争力，应对日益激烈的市场竞争和实现持续健康的发展提供了众多实际案例，如万科集团、横店集团。

2008 年全球金融危机使得归核化战略在全球企业中更加普遍。美国通用、福特汽车公司等纷纷剥离效益不好的业务而更加专注于自身擅长的业务领域。

4.4.4　区域化战略

（1）区域化战略的定义

区域化战略相对于区域内部各部门、各地方的战略来说，也是一种总体战略。区域的范围如果超越了国界，那就形成了一种国际的区域发展战略。它指的是一种介于本土化与全球化之间的折中战略，寻求在毗邻的若干国别市场内实行标准化经营策略，实现规模经济，而不必再一味地追求在不同成员国内采取不同的经营策略。这主要由于在区域性市场集团内，各成员国不仅在市场需要、购买方式、购买力等方面有较高的一致性，而且各成员国在对待外来产品或外国投资的态度和政策法规方面往往有较高的相似性，因此，在这些市场集团内，跨国企业可以提供基本相同的产品和服务，并在原材料供应、生产、营销及辅助性活动等方面实现统一管理、标准化管理。

而在一国之内，区域化战略则是一种在某个地区开展跨区域经营的战略。区域战略相对全国总体战略来讲，是一种分战略或称子战略，区域战略的最高形式是全国战略，即全国总体战略。以全国总体战略形式出现的区域战略，通常不称作区域战略，而只称作全国总体战略，它对国内一切具体形式的战略都有指导和制约作用。

例如万科的区域化发展，是以四个经济圈和几个内陆核心城市为重点发展区域，力求在一个特定的区域内而不是一个城市里实现各种资源的集约化经营。四个经济圈包括珠江三角洲，长江三角洲，以北京、天津为核心的环渤海经济带和东北第四极。与大多数长期在同一城市或同一区域进行开发的地产商不同，万科很早就开始了跨地域扩张，努力成为全国性品牌。1993 年其因市场环境变化一度出现战略收缩，到 2000 年即开始第二轮扩张，先后在国内 16 个城市进行了项目开发，形成了“万科地产在中国”的开发格局。“全国性思维，本土化运作”的跨地域运作模式使万科与开发城市之间形成了互动的资源网络，项目之间遥相呼应，理念、资金、人才的流动共享使品牌效应呼之欲出。

(2) 区域化战略的动因

①规模效应。不论是全球性的区域化还是国内的区域化战略的实施，都可以实现规模化效应。随着区域经济一体化的发展，各国经济日益融入区域经济，区域内各国之间的交易成本不断降低，规模经济和组织效率更容易在区域范围内获取；另外跨区域发展可以打破本地市场的规模限制，获得广阔的企业成长空间。尤其是起家于中小城市的企业，这点尤为重要。区域化战略使企业在适应当地需要的同时，能够更多地享有规模优势。

②由于管理信息系统的发展，对于商务活动的远距离管理日益便捷，从而也促进了区域化组织和跨国企业区域战略的涌现。

③区域战略由于更快的反应速度、区域的差异、在区域内贸易超过地区间贸易的经济体中的规模效应，因而可以更好地利用“区域化的经济性”，具备比本土经营或者全球经营更强的优势，比如更便宜、更安全、更容易管理等。

④企业跨区域发展首先可以分散风险，特别是有效规避区域性系统经营风险。如果一个企业的业务过分集中一地，一旦该地区经济有所波动，企业经营的风险便很大。

(3) 区域化战略对企业的影响

①直观来说，企业跨区域发展可以分散风险，特别是有效规避区域性系统经营风险。如果一个企业的业务过分集中一地，一旦该地区经济有所波动，或地方政府政策有大的变动，或突发大规模的自然灾难，就很难有回旋之地，倒闭风险很大。跨区域发展对企业来说，相当于“把鸡蛋放在多个篮子里”，“东方不亮西

方亮”。

②跨区域发展可以打破本地市场的规模限制，获得广阔得多的企业成长空间。尤其是起家于中小城市的企业，这点尤为重要。即使在一线大城市里，单个企业可得到的也受到诸多约束，过多的市场份额必将招致竞争对手激烈的反弹，也会招来政府的关注和社会的重重压力。而规模扩张对企业的发展和绩效却又有很重要的影响，因为只有规模上去了，才可以带来投入要素的规模经济、实现组织资源的优化配置。

地方经济基本面的迥异导致了各个区域细分市场在市场需求、政策环境、特有风险以及可实施的发展经营模式等多个方面都有显著的不同，加上开拓每一个新市场都需要付出巨额的前期投入，面临复杂的交易成本，对企业的管理要求大大提高，运行风险也显著增加。这里所说的交易成本，包括外部交易成本和内部交易成本。

（4）区域化战略对企业的要求

①管理模式的选择。管理模式的选择主要表现在总部和异地子企业之间权责划分的问题，包括给予地方企业什么范围内的权利以尽可能提高其工作效率，同时有效防止管理失控带来的经营风险，有效解决“一抓就死、一放就乱”的管理难题等。

②考核激励机制的选择。科学、合理的考核激励机制有利于团队战斗力的形成，有利于组织结构的稳定，有利于管理模式作用的有效发挥。进行跨区域开发，必然要面对不同地域的文化、生活习惯、性格特点，可能还有地区之间员工交流引起的同工不同酬等一系列问题，如何在统一目标下解决这些问题是保证整体目标实现的关键因素。

③企业文化与品牌的输出与融合。将特定的企业文化输入新的发展区域，并与当地文化特点、生活习惯等进行融合，使得原有企业文化得以丰富与发展，与企业业务的发展变化相互适应，也是企业异地化发展过程中不得不考虑的一个问题。在特定市场环境形成的企业品牌形象，也面临着在更大市场环境下的考验，面临着多种文化背景下消费习惯的检验。

④在组织模式方面，区域中政府、行业管理层面，必须相互协调，建立区域性文化产业发展指导、协调机构或区域性行业管理协会等。区域中企业集团关系层面，各企业集团关系应区别于完全性市场竞争关系，努力在统一领导、协调、管理机制下，形成以合作互补、需求挖掘为主题的共存共赢的市场发展良性竞争格局。

⑤在资源整合计划方面，不是你吃掉我，也不是我吃掉你，而是采取“物料需求计划”、“准时生产制度”、“精细生产”等各种新型生产方式，着眼于通过配

合、互补、专业化支持等，提高区域整体效益，在面对外来竞争时快速形成和强化自身的核心竞争能力。

(5) 区域化战略的实现方式之一：连锁经营

区域化发展是连锁经营发展到一定阶段的必然要求。如果连锁经营仅局限在一个地区就没有生命力，因为受市场容量的限制，不可能上规模、上等级，难以形成其核心技术和能力，这样将逐步被市场淘汰或重组。连锁经营的生命力在于它能够取得规模经营的优势，实现规模效益。企业发展到一定阶段，必然冲破行政区域限制；有一定能力的企业，必然谋求跨区域拓展，这是企业发展内在的需要。再加上由于现代社会连锁经营企业跨区域经营的制度障碍大幅减少，现代物流大大加速了连锁经营企业跨区域经营的步伐，信息技术尤其是电子商务的广泛运用大大加速了连锁经营企业跨区域经营的进程，因此区域化是连锁经营的必然要求。

中国连锁经营企业走跨区域经营之路，不仅要充分发挥政府及相关管理部门、中介机构的作用，从大环境上为连锁经营企业的跨区域经营创造良好的外部环境，而且连锁经营企业自身也要发挥本土企业所具有的地域、历史、人文等方面的优势，积极应对跨国零售集团在中国国内市场的竞争，并寻找机会跨出国界，在国际零售市场上与他国连锁经营企业展开正面较量。

迄今为止，连锁经营成功打造了一大批世界级品牌，其中最典型的是麦当劳、必胜客、肯德基等快餐品牌以及诸如耐克、阿迪达斯等服装品牌。目前，国内已有一些企业选择连锁经营的模式开拓国际市场，如羊绒服装领域的鄂尔多斯在美国、日本、英国、意大利、法国、俄罗斯等 30 多个国家和地区建立了数十家品牌专卖店，受到国外消费者的普遍欢迎。中国老字号中医药企业同仁堂 1993 年第一次通过品牌授权方式在中国香港开设海外市场的第一家门店，拉开了连锁经营海外扩张的序幕，随后相继在泰国、马来西亚、印度尼西亚、新加坡、中国澳门、加拿大、韩国等国家和地区开设了 22 家分店。

4.4.5 国际化战略

(1) 国际化战略的概念

国际化战略是企业产品与服务在本土之外的发展战略。企业的国际化战略是企业在国际化经营过程中的发展规划，是跨国企业为了把企业的成长纳入有序轨道，不断增强企业的竞争能力和环境适应性而选择的一系列决策的总称。企业的国际化战略将在很大程度上影响企业国际化进程，决定企业国际化的未来发展态势。

（2） 国际化战略的类型

一般说来，参与国际市场竞争的企业有七个战略选择：

①给国外的企业发放许可证，让它们使用企业的技术生产和分销企业的产品。

②维持一个国家的生产基地，然后将产品出口到国外市场。

③采纳多国竞争的战略，为了适应不同的购买者需求和竞争环境，在不同的国家采取不同的战略方式。

④采取全球低成本战略，竭尽全力成为全球绝大多数或所有具有战略重要性的市场上的购买者的低成本供应商。

⑤采取全球差别化战略，对企业的产品在一些相同的属性上进行差别化，以创造一个全球一致的形象和全球一致的主题。

⑥采取全球聚焦战略，在每一个有着重要战略意义的国家市场上为相同的清晰小市场点提供服务。

⑦采取全球最优成本供应商战略，竭尽全力在全球范围内，在相同的产品属性上能够与竞争对手相匹敌，在成本和价格上打败竞争对手。

（3） 国际化战略的四个阶段

①产品出口阶段。在此阶段，企业把原来仅在国内市场销售的产品逐步打入国际市场，通过某种中介与国外业务联系。

②国外销售阶段。在此阶段，为了进一步扩大产品在国外的销售量，开拓国际市场，企业开始直接、主动地参与国际市场竞争。通过在国外设立销售机构来从事产品的国外营销业务，并通过这种专门的销售机构来收集国际市场的各种经济信息，掌握需求动态。企业内部组织结构开始发生变化，设置专门的出口部等。但此时企业的经营地点仍以国内为主。

③国外生产阶段。国外生产阶段是指企业直接在国外投资创办产品生产的子企业，实现国外生产与国外销售的统一，以便更好地满足国际市场需求，扩大产品销路。

④跨国经营阶段。在此阶段，企业不仅在国外进行生产和销售，而且企业内部也实现了国际性分工。企业根据国际市场需求进行生产经营活动，充分利用世界市场，在最有利的国家或地区从事研究开发、生产制造和销售服务，从而使企业经营活动真正走向国际化。企业经营的地点则既有国内也有国外，但国际业务的比重远远超过国内业务的比重。

（4） 国际化战略的动因

实施国际化战略的主要原因是国际市场存在新的潜在的机会，在此基础上，企业以各种方式进入国际市场，争取全球竞争地位，取得竞争优势。

①扩大市场规模。在国外市场销售企业产品和服务，开辟新的市场，能提高收益，特别是那些处在有限增长的本国市场的企业，进入国际市场有更大的吸引力。

②充分发挥生产能力和尽快收回投资。对于大规模投资，包括工厂、设备和研发，为得到应有的投资回报，需要巨大的市场规模，因此大多数企业实行经营国际化，如科研密集型的飞机制造业。技术发展速度的加快，使新产品寿命周期缩短，另外由于不同国家专利保护法各不相同，新产品被仿制的可能性增加，为此也必须尽快收回投资。

③规模效应和学习效应。企业国际市场扩张后，会使企业规模进一步扩大，有可能取得优化的规模效应，如汽车工业。国际市场也为企业转移核心竞争力提供了机会，为跨越国界的资源和知识共享创造了条件。此外不同的市场和不同的实践为跨国企业提供了很多学习机会，包括发达国家的企业也能从新兴市场的运行中学习新的东西。

④提高成本竞争力。在劳动力、原材料或技术费用比较低的国家建立生产工厂可以降低成本。如制衣、制表、电子产品等产业的企业将其部分工厂转移到国外，明显加强了成本优势。

⑤充分利用企业的能力和资源优势，在本国市场建立竞争地位的同时，在国际市场取得竞争优势，确立竞争地位。

⑥分散商业风险。企业通过在不同的国外市场上经营，建立广泛的市场基础，与完全依靠本国市场相比，分散了风险。

4.4.6 全球化战略

(1) 全球化战略的含义

全球化战略是向全世界的市场推销标准化的产品和服务，在全球范围内对企业的战略行动进行统一和协调，在不同国家市场销售标准化产品，并在较有利的国家里集中地进行生产经营活动，由此形成经验曲线和规模经济效益，以获得高额利润。

例如 1961 年 4 月 27 日中国远洋 COSCO 正式成立，经过近半个世纪的发展，中远目前经营的船队有 800 余艘船只，船队规模稳居世界第二，接近世界第一；集装箱船的规模位居世界第六；油轮船队也是世界上最先进的现代化 30 万吨的双壳油轮船队之一。中远太平洋在全球投资的码头、集装箱年吞吐量排名世界第五，中远物流 CASCO 近五年来稳居中国物流百强之首的地位，中远的修船、造船业务的效益、管理和技术水平已跃居世界前列。

（2）全球化战略的特征

全球化战略依据的是全球竞争环境。在全球竞争环境下，跨越国家市场的价格与竞争环境有着很强的联系，形成了真正的国际市场；一个全球性的竞争企业在一个国家的竞争地位既影响它在其他国家的竞争地位，也受到它在其他国家竞争地位的影响。竞争对手的竞争会发生在不同的国家，在某些国家市场中的竞争尤为明显，如市场销量很大，在这些国家拥有竞争力的地位对于企业在行业之中建立强大的全球地位具有重要的战略意义。

在全球竞争环境下，企业的整体优势来自于企业全球的经营和运作，企业在本土所拥有的竞争优势同企业来自于其他国家的竞争优势有着紧密的联系。一个全球企业的市场强势和它以国家为基础的竞争优势组合成正比。全球化战略是由总企业选择和协调全球范围内的战略，目标是取得全球性的领导地位。

（3）全球化战略的类型

全球化战略又可分为几种类型：

①全球低成本战略。企业竭尽全力成为全球绝大多数或所有具有战略重要性的市场上的购买者的低成本供应商，其战略行动必须在全球范围内进行协调，以获得相对所有竞争对手的低成本地位。

②全球差异化战略。企业以对自身的产品在一些相同的属性上进行差异化，以创造一个全球一致的形象和全球一致的主题，其战略行动必须在全球范围内进行，以获得全球一致的差异化。

③全球重点集中战略。企业在每一个有着重要战略意义的国家市场上为同一个相同的清晰小市场点提供服务，其战略行动必须在全球范围内进行协调，以在全球范围内获得一致的低成本或差异化竞争策略。

④全球最优成本战略。因为柔性的制造方法、联系企业内外先进的信息网络和全面质量管理系统，综合性战略也越来越流行。

（4）全球化战略的优势与不足

全球化战略加强了在各个国家之间的统一协调性，能够集中于建立资源强势以获取相对竞争对手的持久的低成本或差别化为基础的优势。全球化战略注重规模效应，有利于利用在企业层次上发展的或其他国家在其他市场上发展的创新。实施全球化战略可以从两个方面为企业赢得竞争优势：一是能够充分利用全球性企业在国家之间分配活动的能力——研究、零部件、装配、分销中心、市场营销、顾客服务中心以及其他活动，其方式是降低成本或者提高产品的差别化程度；二是能够加深或拓宽企业的战略强势和能力，协调企业分散的活动。因此一旦国家之间的差异小到可以容纳于一个全球竞争战略的框架下，就应该优先采用全球战略。

但是，全球化战略对各个国家市场反应迟钝，由于在本地市场中缺乏辨别机遇的能力或者产品需要本地化，企业可能忽略当地市场的发展机遇。而且全球化战略需要跨越国界协调战略和业务决策，管理难度很大。因此，有效实施全球化战略需要资源共享及强调跨国合作。

4.4.7 并购战略

(1) 并购战略的概念

企业并购，是企业取得外部经营资源，谋求对外发展的一种战略，是指一个企业通过购买另一个企业全部或部分资产或产权，从而控制、影响被并购的企业，以增强企业竞争优势、实现企业增长等经营目标的行为。并购的内涵非常广泛，一般是指兼并和收购。

兼并又称吸收合并，指两家或者更多的独立企业、公司合并组成一家企业，通常由一家占优势的公司吸收一家或者多家公司，同时被吸收的企业解散。

收购指一家企业用现金或者有价证券购买另一家企业的股票或者资产，以获得对该企业的全部资产或者某项资产的所有权，或对该企业的控制权。收购后，被收购的企业可以解散也可以不解散。

并购的实质是在企业控制权运动过程中，各权利主体依据企业产权作出的制度安排而进行的一种权利让渡行为。并购活动是在一定的财产权利制度和企业制度条件下进行的。在并购过程中，某一或某一部分权利主体通过出让所拥有的对企业的控制权而获得相应的收益，另一个部分权利主体则通过付出一定代价而获取这部分控制权。企业并购的过程实质上是企业权利主体不断变换的过程。

(2) 企业并购战略的类型

从并购双方所处的行业情况看，企业并购可以分为横向并购、纵向并购和混合并购。

横向并购指的是企业并购与其处于同一行业的竞争者的行为。通过横向并购来增强市场力量的方式包括扩大规模以降低成本，以及进入新的区域市场，如联想收购 IBM 的 PC 业务。

纵向并购指的是企业并购某一种或者多种产品和服务的供应商或分销商以及配送渠道等的行为。企业通过纵向并购可以达到纵向整合其业务范围的目的，从而控制价值链上游或者下游的某些重要环节。

混合并购是指企业并购处于不同产业部门、不同市场，且这些产业部门之间没有特别的生产技术联系的企业。混合并购可以有效突破进入新行业的资金、技术、销售渠道等壁垒，可以降低企业长期处于一个行业所带来的风险。另外，通过这种方式可以使企业的技术、原材料等各种资源得到充分的利用。

（3）实施并购战略的原因

①增强市场力量。企业实施并购战略的首要原因就是为了增强市场力量。当一家企业有能力按照比竞争对手更高的价格出售产品和服务，或者其经营活动的成本比竞争对手更低时，该企业就拥有了市场力量。很多公司可能拥有核心竞争力，但却由于规模不够而无法利用其资源和能力。市场力量通常都来自企业的规模以及所拥有的能够在市场中竞争的资源和能力。因此，大多数并购行动都是通过并购竞争对手、供应商、分销商或者与该产业高度相关的业务来达到获取恒强市场力量的目的，从而使实施并购的公司在其原来所处的行业中进一步巩固核心竞争力和获取竞争优势。

②跨越市场进入障碍和壁垒。市场进入障碍指的是市场或在该市场已经存在的企业的业务活动，将给试图进入该市场的新公司带来困难或增加其进入成本。如原来在这个市场的大公司可以通过大量的生产和服务提供而获得规模效应，而且消费者对于其所熟悉品牌的忠诚度也会给新进入的公司带来巨大的障碍。面对市场进入障碍或差异化产品市场，新进入者通过并购市场中已有的公司以迅速进入市场，要比以挑战者的身份进入市场更为有效，速度更快，资源消耗更少。尤其是这种并购行为发生在跨地区的并购当中，并购是让企业进入国际市场的最快捷的方式，企业通过跨地区并购要比采用其他战略对于跨国经营获得更强的控制权。

③获得战略资源储备。战略性资源是指市场中的稀缺资源，往往是形成企业市场竞争力的重要源泉。企业对拥有战略性资源的企业的并购，无疑使企业的经营寿命及竞争力得到大幅提升。其中战略性资源分为有形的和无形的资源，有形的如稀缺的原料、先进的生产设备等，无形的包括生产技术、管理经验、优秀的人才等。而通过收购和不断积累战略资源，企业的核心竞争力得到了保持和发展。获取战略性资源在我国近几年跨国并购中经常出现。随着我国经济的发展，国内对石油、钢铁等需求越来越大，我国企业通过跨国并购可以获得稳定的海外资源储备。例如 2002 年 4 月，中国石油出资 2.16 亿美元收购印尼戴文集团的资产，包括油田和天然气田。

④实施多元化经营。实施多元化经营战略的最常用的方法之一就是并购。企业要靠自身原有的力量开发与现有业务完全不同的新产品以及进入一个新的市场，相对而言比较难。因此，企业往往不会通过自己推出新产品来达到多元化的目的。相反，企业往往会选择并购战略来发展多元经营。

⑤发挥协同效应。并购后，两个企业的协同效应主要体现在生产协同、经营协同、财务协同、人才技术协同等方面。

另外，并购还可以获取价值被低估的公司，同时还可以达到合理避税的目的。并购能够有效提高品牌知名度，提高企业产品的附加值，获得更多的利润等。

(4) 并购应注意的问题

并购战略能提高战略的竞争性，帮助公司赢得超额利润，但并非所有的并购都能得到令人满意的结果。研究表明，在美国大约20%的并购是成功的，60%结果不够理想，20%可以说是完全失败的。成功的并购需要注意以下问题：

①并购之前，首先要确保收购方是在企业战略的指导下选择目标公司，评估公司自身的资源；然后对并购企业进行评估，包括被并购方的财务问题，并购方与被并购方的企业文化差异，并购带来的税务问题以及如何整合各自原来的员工队伍等问题。

②并购之后，对目标企业进行迅速有效的整合。目标公司被收购后，很容易形成经营混乱的局面，尤其是在目标企业存在重大的问题而被收购的情况下。成功整合的重要性不容忽视，在并购中，整合阶段是决定能否创造股东价值重要因素。并购后，保存目标公司的人力资本是至关重要的。关键人才的流失，会降低公司的价值。另外，企业文化的整合也很重要，很多研究发现，很多收购的失败都是由于双方企业文化不能很好地融合造成的。收购方可通过对目标公司的整合，使其经营重新步入正轨并与整个企业运作系统的各个部分有效配合。

4.4.8 战略联盟

(1) 战略联盟的含义

战略联盟的概念首先是由美国DEC公司总裁简·霍普兰德（J. Hopland）和管理学家罗杰·奈杰尔（R. Nigel）提出的。战略联盟是一种合作战略，是指两个或两个以上的企业或跨国公司为了达到共同的战略目标，通过采取股权或非股权形式的共担风险、共享利益的长期联合与合作协议组合它们的资源和能力，以获得新的竞争优势。战略联盟是借助合作伙伴的资源和能力。它可以让企业对其自身的资源进行调整，并构成新的竞争优势的基础。它可以是事业部层的，也可以是公司层面的和国际联盟。如：由于3G技术的产生，中国移动运营商与手机生产商联合，最明显的就是联通和Iphone的合作。一方面Iphone借助联通打入中国市场，另一方面，联通在与移动的高端手机3G业务竞争中取得优势地位。

（2）战略联盟的组建动因

①增强企业实力。企业在激烈的竞争环境之中，要想获得持久的竞争优势，在市场上立于不败之地，就必须善于利用各种竞争力量，以提高竞争能力。企业通过与和自己有共同利益的单位建立战略联盟，彼此之间可以通过加强合作而发挥整体优势。尤其是对竞争者的看法上，战略联盟理论与传统的管理理论有很大的不同。传统上，企业都是与竞争对手处于势不两立的位置，双方都想采取一切竞争手段将竞争对手挤出市场；而在战略联盟中，竞争对手之间可能通过彼此的合作，加强各自的实力，共同对付别的竞争者或潜在竞争者。

②扩大市场份额。有的企业之间通过建立战略联盟来扩大市场份额，双方可以利用彼此的网络进入新的市场，加强产品的销售，或者共同举行促销活动来扩大影响。

③迅速获取新的技术。目前，技术创新和推广的速度越来越快，一个企业如果不能紧跟技术前进的步伐，就很有可能被市场淘汰，即使很大的企业也存在这方面的压力。而技术创新需要企业有很强的实力和充分的信息，否则很难跟上技术创新的步伐，这就要求具备各种专业特长企业之间的配合，而战略联盟正好可以满足这一要求。

④进入新的（国外）市场。竞争全球化是市场竞争的一个趋势，企业要谋求全球化的发展，这已经成为越来越多的企业的共识，但是仅靠出口产品的方式占领国际市场存在着很大的局限。现在很多企业都试图在国外生产、国外销售，这一方式也存在着很大的问题，因为国外的经营环境与国内有很大的区别，且由于各国法规的限制，对企业的发展有极大的制约。通过与进入国建立战略联盟，用合资、合作、特许经营的方式可以有效地解决这一问题，这些优点是在国外直接投资建厂、并购当地企业所不具备的。

⑤降低风险。市场竞争瞬息万变，企业经营存在着巨大的风险，通过战略联盟的方式可以分担风险从而使企业经营风险大大降低。例如在科技投入方面，由于研究开发费用很大，而成功率很低，即使开发成功，也很可能迅速被更先进的技术所取代，因此研究开发存在很大的风险。而通过几个企业组建战略联盟共同开发，不仅可以提高成功的可能性，而且可以使费用得到分担，迅速回收，这就大大降低了风险。

【延伸阅读】

对战略联盟的理论解释

（1）资源基础理论的解释：联盟与竞争优势

企业持续竞争优势的源泉是企业拥有或者控制的独特的、有价值的资源与能力，这些独特的资源和能力是稀缺的、难于模仿和不可替代的。任何一个企业都不可能完全拥有、获得并保持自己持续竞争优势所需的全部资源，一个技术上的突破所要求的人力和物力往往会超过单个企业的能力。于是，谋求与其他企业合作，利用双方或多方资源的优势来完成资源的聚集和组合，就成为一种必然。战略联盟正是实现资源集聚的有效途径。

(2) 交易费用经济学的解释：联盟与企业边界

战略联盟是一种新兴的经济组织形式，是介于市场和企业之间的又一种资源配置手段。战略联盟把一项交易进行部分内部化、部分市场化，把内部化和生产交易的特征结合起来，从而形成介于独立的企业与市场交易关系之间的一种新的组织形态。交易费用经济学认为，战略联盟之所以能够存在并发展，就在于能够节约费用。在明确的市场交易和企业内部化都无法使交易费用和行政协调费用之和最小时，联盟提供了一种有效的替代方式。

(3) 组织学习理论的解释：联盟与知识获取方式

根据组织学习理论，战略联盟是企业开展组织学习的一种有效途径，是企业知识积累的一种重要方式。战略联盟具有促进知识和技能在不同伙伴企业之间转移的功能。一方面，战略联盟的建立，伙伴企业之间相对频繁的技术交流、人员互动，为企业向合作伙伴学习更多的显性知识与技能提供了通道；另一方面，当拥有不同技能、知识和组织文化的企业在一起合作时，联盟就会为伙伴企业创造出独特的学习机会，伙伴企业可以通过“干中学”获得合作者的隐性知识与技能，并且共同创造出可以共享的新知识、新技能。也就是说，战略联盟有利于企业间的相互学习，尤其是隐性知识的传递和学习。

(4) 价值链理论的解释：联盟与价值增值

价值链不仅存在于企业内部，在关联企业之间，尤其是上下游企业间也存在着价值链。

在某一细分市场上，企业容易通过低成本和差异化形成优势。而且，由于资源以及其他自身能力的限制，任何企业都只能在“价值链”的某些环节上拥有优势，而不可能在全部增值环节上都拥有优势。因此，不同企业只能在具有比较优势的环节上发展自己的核心能力，而要实现各个环节对价值链增值的最大贡献，就必须在各自成功的关键因素——价值链的优势环节上展开合作，从而达到整体利益的最大化，同一价值链的企业间组建联盟则可以实现这一目的。正如波特所说：“联盟包括与结盟伙伴相互协调或者共同分享价值链，这有利于拓展企业价值链的有效范围。”这就是企业建立战略联盟的动力。

价值链理论从价值活动构成上解释战略联盟的形成，认为，企业间组建战略联盟是为了拓展企业价值链的有效范围，使整个价值链价值增值。这对关联企业间的联盟具有一定的解释作用，有助于对关联企业间联盟的认识和管理。

（5）社会网络理论的解释：联盟与企业的社会资本

企业在网络中的位置及关系都可能影响其获取资源的能力，并把这种由于网络关系而控制或者可利用的资源称为企业的社会资本。社会资本的增加有赖于网络成员之间联系程度、成员关系的稳定程度、成员之间的维护程度等要素。而战略联盟是企业同其他企业之间通过联盟形式结成的一种正式的、相对稳定的合作关系，是企业的一种社会资本。而且，这种关系网络结构比较稳定，成员间交流互动较多，信息和资源的传递顺畅。这种相对稳定的网络关系，有利于增加网络内企业间的信任，有利于网络内各种规范和机制的形成，降低不确定性和风险，有利于企业社会资本的增加和企业对社会资本的利用。因此，联盟是企业建立、积累，并充分利用社会资本的一个有效途径。

（6）制度环境论的解释：联盟与时代特征

战略联盟的大量出现是由于监管和环境变化朝着有利于战略联盟形成的方向发展。该理论认为，联盟的形成主要有两个阻碍：一是对知识滥用的恐惧；二是知识的传递成本。然而，最近 20 年来，这两个障碍都基本得到解决。首先，世界贸易组织对知识产权保护的影响在全世界展开，这能够有效减少知识的滥用。强烈的专利权保护和清晰的边界定义可以减少联盟伙伴之间的竞争，有利于私有信息的共享，增加联盟成员之间的信任度，因此强有力的知识产权保护有利于联盟的形成。其次，信息技术的广泛应用，使知识管理系统发生了很大变化。一是企业知识资产的系统化，知识系统化成本的降低有利于跨国公司利用该知识系统模板建立大量的合资企业。二是技术变化加速提高。从 20 世纪 80 年代开始，技术的飞速变化使企业越来越感到内部资源的不足。因而，对外部知识的需求不可避免地增大，联盟提供了一种从外部获取能力的途径，同时，企业可以集中它们的优势在核心竞争力上。这两大变化消除了联盟形成的阻碍，促进了战略联盟的快速发展。

（3）战略联盟的形式

战略联盟的外在表现主要有这样几种形式：合资企业、产权战略联盟、相互持股投资和功能性协议。

合资企业：它是战略联盟最常见的一种类型，是指两家或者更多家企业拿出它们的部分资产组合在一起共同成立一家独立的企业，共担风险和共享收益。这种合资战略更多是为了实现联盟企业之间的战略意图，而并非仅仅限于寻求较高的投资回报率。为保证联盟各方的相对独立性和平等地位，成员企业通常是平均分配合资企业的股份。当企业之间需要对彼此的能力和资源进行组合以创造新的竞争优势的时候，或者当企业需要进入一个不确定性市场的时候，合资成为最优选择。

产权战略联盟：在这种方式中，成员企业按照不同的比例投资建立一家新的企业，并且通过资源和能力联合获得新的竞争优势。很多企业对国外的直接投资就是这种方式。

相互持股投资：它是联盟成员之间通过交换彼此的股份而建立起的一种长期合作的关系。通过这种股权联结的方式便于双方在某些领域采取协作行为，并且能保持相对独立性。

功能性协议：这是一种契约式的战略联盟，主要是指企业之间决定在某些具体的领域合作，以达到它们之间共享独特资源和能力，实现竞争优势提升的目标。在这种类型的战略联盟当中，企业之间合作仅仅依靠契约而不涉及产权，更不会有新的企业实体诞生。这种合作可以在采购、生产、产品和服务的分销等各个领域进行。最常见的形式包括技术交流协会、合作研究开发协议、生产营销协议、产业协调协议等。

(4) 现阶段我国企业战略联盟成长的制约因素

①市场环境。由于分权制的行政式经济管理体制和不尽合理的混合经济结构的存在，人为造成了以行政区划和所有制为标准的市场分割，在这种条件下，企业要按照经济规律进行跨区域、跨所有制的合理分工和协作，必然面临着由于非经济因素所造成的高昂的外部交易成本。

②企业组织结构。现阶段，我国企业组织结构普遍采取金字塔式的科层组织结构。而企业协作联盟面对急剧变化的不确定的市场，必须针对市场和顾客的需要和要求，对业务工作的开展过程进行重新改造和“再造”。相应的企业组织的构成单位也就势必从专业化的职能部门向以任务为导向的充分发挥各职能部门能动性和创造性的方向发展，这就需要企业组织结构从高耸形构筑在职能部门之上的金字塔组织结构转向扁平形、网络式和柔性化的企业组织结构。

③企业生产方式。我国传统制造企业的“大而全”、“小而全”，使企业成为封闭系统，妨碍企业协作联盟的发展。供、产、销系统没有形成相互协作关系，供、产、销等企业的基本活动在传统的生产方式下基本上是各自为政，相互脱节；部门主义思想使激励机制以部门目标为主，孤立地评价部门业绩，造成企业内部各部门片面追求部门利益，物流、信息流经常扭曲、变形，管理信息及处理手段落后。

④企业文化。在企业协作联盟的构建中，基于信任的合作是最根本的理念。

在市场机会转瞬即逝的今天，联盟中的合作方谁也不可能完全预见到未来的所有变化，需要用合同或契约的形式界定合作各方应承担的责任和义务。在这种情况下，讲求诚信、善于合作成为企业联盟有效运作的关键。在中国，由于长期受封建意识的束缚，人们的诚信意识薄弱。近些年来，由于受多种因素的影响，整个社会的信任度下降，制假售假、商业欺诈屡屡发生，这在很大程度上妨碍了企业之间正常合作关系的建立。

（5）中国企业战略联盟发展的思路及对策

①进一步推进制度创新，创造有利于企业联盟成长的制度环境。

②加强企业组织和管理创新，形成与企业联盟相适应的新型企业组织和管理结构。

③在信息经济时代，发展信息网络技术是实现企业战略联盟的重要技术支撑。

④进一步完善现有企业协作联盟的内部运行机制。首先，要培育和提高企业的核心竞争力。其次，完善跨文化管理。再次，促进企业信息化和知识化，及时进行信息交流和沟通。企业战略联盟是为发挥各成员企业的优势而组建的企业联盟，在联盟运行过程中出现一些纠纷是不可避免的。信息技术架起了各企业相互联系、相互沟通的桥梁。经常的信息沟通，能够避免出现纠纷。同时，通过信息网络可以沟通各成员企业之间的业务联系、供需情况，保证联盟顺利运行。可见，信息化是维持联盟持续运行、提高运转效率的基本手段。

【延伸阅读】

环状持股是日本企业的重要特点之一。环状持股是指数家企业之间相互持有其他公司的股票，最简单的环状持股是 A、B 两家公司相互持有对方的股票，又称为相互持股。环状持股现象源于日本旧财阀系列的企业重组或企业系列化。日本股份公司的重要特点之一，是法人股东在大企业占主导地位。特别是金融、保险业及企业法人的持股率高达 70%以上，你中有我，我中有你，甚至达到了实际出资额并不大，便可以成为头号股东的程度。而个人股东则仅占不到 30%，难以影响公司决策。法人之间的相互持股或环状持股，形成银行、企业保险业、商业服务业等一系列法人之间的互相渗透、依托、辅助与监督网络。

（资料来源：郭永庆《日本企业环状持股的利弊探析与借鉴》，《工业企业管理》，2001 年第 5 期）

【摘要与总结】

1. 公司层战略，是企业最高层次的战略。它需要根据企业的目标，选择企业可以竞争的经营领域，合理配置企业经营所必需的资源，使各项经营业务相互支持、相互协调。

2. 公司层战略包括稳定型战略、发展型战略和紧缩型战略以及混合型战略。

3. 稳定型战略是指在内外环境的约束下，企业准备在战略规划期使企业的资源分配和经营状况基本保持在目前状态和水平上的战略。

4. 增长型战略是指企业充分利用外部环境机会，避开威胁，充分挖掘自己的内部资源，在战略规划期，进一步合理配置自身资源，提升企业竞争力，以满足企业不断扩大的经营范围、经营方向、产品种类以及产销规模的需要，以使企业在现有的战略基础水平上向更高一级的目标发展的战略。

5. 所谓紧缩型战略是指企业从目前的战略经营领域和基础水平收缩和撤退，且偏离起点战略较大的一种经营战略。

6. 所谓的混合型战略就是指稳定型战略、增长型战略、紧缩型战略三种战略的一种组合，使几种战略形成一个有机的整体。

7. 就公司的资源在不同经营单位之间的分配而言，确定公司业务组合的经典方法就是 BCG 矩阵和 GE 矩阵。

8. 增长型战略的主要形式为：一体化战略、多元化战略、归核化、国际化战略、区域化战略和全球化战略。

【问题与思考】

1. 简述增长型战略、稳定型战略、紧缩型战略的特征及企业选择稳定型战略的原因。

2. 阐述一下波士顿矩阵和 GE 矩阵的异同。

3. 多元化战略的类型有哪些？

4. 实施多元化战略要注意什么问题？

5. 企业组建战略联盟的动因有哪些？

【本章参考文献】

[1] 李敬．多元化战略．复旦大学出版社，2002

[2] 杨刚．企业稳定型战略新探．技术与市场．2009（9）

[3] 王方华，吕巍．企业战略管理．机械工业出版社，2004

[4] 吴彬，顾天辉．现代企业战略管理．首都经济贸易大学出版社，2008

[5] 顾天辉，杨立峰，张文昌．企业战略管理．科学出版社，2004

[6] 邸彦彪，冯静．现代企业管理．东北大学出版社，2008
[7] 陈继祥．战略管理．汉语大词典出版社，2008
[8] 祁顺生．归核化战略．复旦大学出版社，2002
[9] 杰伊·巴尼，威廉·赫斯特里，李新春，张书军．战略管理．机械工业出版社，2008
[10] [美] 潘卡·杰梅沃特等．战略管理（第 2 版）．北京大学出版社，2009
[11] 黎群，张文松，吕海军．战略管理．北京交通大学出版社，2006
[12] 芮明杰，詹文静，陈杰．跨区域发展战略对房地产企业绩效的影响——基于房地产上市公司的实证研究．中国工业经济，2008
[13] 丁恒．跨区域管理还需跨越什么．2004

第5章

事业层战略
(Business-level Strategy)

【开篇案例】

李宁的差异化道路

创建于1990年的李宁公司历经十余年的发展，公司由最初单一的运动服装发展到拥有运动服装、运动鞋、运动器材等多个产品系列的专业化体育用品公司。李宁公司于2004年6月28日在香港成功上市。今天的李宁公司在中国体育用品行业中已居举足轻重的地位。

2008年8月8日，李宁飞天点燃奥运火炬，成为李宁公司这场奥运战役锦上添花的完美高潮。2009年，李宁有限公司在香港交出了自2004年上市以来最好的一份年报。因营销策略得当，并受惠于北京奥运会，公司2008财年实现营业收入66.9亿人民币，净利润7.21亿元，同比增长分别为53.8%和52.3%；每股基本收益为0.6963元。此前几年，李宁公司业绩包括去年上半年都是以30%以上的速度增长。

公司核心品牌——李宁牌的销售收入占到总收入的95%，达63.5亿元，同比增长49.7%。集团旗下其他品牌AIGLE（艾高）牌、新动牌、红双喜牌和Lotto（乐途）牌于年内销售合计人民币3.358亿元。

“公司业绩99%还是国内市场创造的”，李宁集团对外公共事务总监兼新闻发言人张小岩表示，到2013年，工作重点仍然是中国市场，但会增加对国外市场的研究和探索，开始进行国际化的步伐，如在欧洲的西班牙、丹麦、法国等国家开始建立自己的经销商做销售；进入阿联酋、越南市场；同时在新加坡有自己注册的子公司，第一家李宁品牌的专卖店在2009年10月份开业，“到2014年我们会持续地把国际化的步伐走得更快一些”。

李宁既是追赶者，又是被追赶者。国际市场和高端市场，面对阿迪达斯、耐克，目前它只能仰视。本土品牌，它是老大，但身后的安踏、361°等紧追不舍。这种夹在中高端市场间的“三明治”处境，李宁感觉并不爽。它的对策，一是往上走往外走——在美国波特兰设立全球鞋品设计中心，二是品牌差异化，不再和耐克抢篮球、和阿迪达斯抢足球。在中国市场上，李宁与第二名阿迪达斯的市场份额差距已经从3%缩小到了2.6%。

有人认为差异化道路在李宁的成功道路上起着巨大的作用。

(1) 定位上的差异化

李宁公司首要任务是传递李宁品牌在运动鞋领域的专业形象，激发人们对该品牌时尚新潮的认知。品牌实力不仅在于通过产品质量、设计和创新来保证竞争力，还得依赖于选择正确的理念。通过广泛的访谈和调研，李宁公司将李宁品牌描述成“年轻”、“友好”、“积极”、“活力”以及“中国制造”。这些特性有一部分在公司标志中得到了体现，“L”形标志象征松鼠尾，给人一种运动与平衡交织的感觉。

(2) 产品设计上的差异化：打“中国设计元素”牌

自2001年开始重塑李宁品牌之后，李宁的产品加入大量中国元素，巧妙地通过中西合璧、传统加时尚的概念等方式逐渐树立自己独特的“品牌DNA”。李宁的梦想是，借助于对中国文化的透彻了解和深度挖掘，将有望帮助李宁公司走到中国市场老大的宝座。张志勇和他的团队相信，尽管中国元素并不是决定消费者购买的前三类因素，但只要挖掘出开放性的中国元素，以实现和全球文化的沟通，就能够说服消费者购买李宁产品。

为了利用“中国制造”这一理念，公司在其传达的所有信息中开始强调东方元素，旨在使东方主题成为关键的品牌联想内容。从2005年起“李宁”开始在产品设计中加入一些东方元素。在向消费者传递信息方面，“李宁”在电视广告和卖点的布置等方面也采用了一些东方元素。

首先，公司发力。由公司组织一个中国元素设计小组，让设计师们用最专业、时尚、富有中国元素的设计理念开发出一系列具有中国文化气息以及中国奥运特色的图标、鞋框架以及服装框架发布到相关媒体，使尽可能多的人可以利用这种框架，融入自己的想象后设计出自己心目中的李宁特色产品，让市场上真正有属于消费者，属于“李宁”，属于中国特色文化，属于中国奥运特色的中国元素系列。

李宁公司甚至不惜重金，率先在业内吸纳了电影等其他行业的技术经验用于广告中。在一个跑鞋广告中，李宁公司采用了中国水墨画的形式，画面中的跑步者健步如飞，这是中国电影中表现体能的典型镜头。李宁公司的所有高管相信，李宁品牌的长期可持续发展必须以深刻、与众不同的东方含义为根基，这一含义能使品牌很“酷”，并对日益自信的中国消费者具有吸引力。尽管东方主题本身并不能保证成功，但东方主题加上国际设计和国际印象将为公司带来成功。

(3) 产品线上的差异化

找到产品的差异化沃土制定战略时，李宁公司刻意避免从竞争对手出发，而是从消费者角度出发和竞争对手形成差异化。为了避开同耐克在篮球领域竞争，同阿迪达斯在足球领域竞争，李宁选择室内运动领域作为自己的主要市场。李宁看好室内运动领域，于2007年成立室内运动事业部，开始大力研发乒乓球和羽毛球运动装备，用设计创新来改变保守落伍的形象，将时尚和炫酷元素注入运动中。

值得一提的是，2008年7月21日，李宁公司以总价约3.61亿元收购了红双喜57.5%的股份。李宁公司称，此次收购总计为李宁公司贡献净利润1 261.6万元。董事会认为，红双喜品牌的加入将有助其大力发展室内运动项目，为公司带来新的业绩增长点。

2009年7月，李宁用1.65亿元买下了中国羽毛球器材市场排名第二的“凯胜”，开始专心致志做羽毛球市场，连即将在东南亚新开的店都以羽毛球为主打。

2010年1月5日，美国第一家李宁专卖店开业，选址于美国波特兰的李宁专卖店承托着李宁公司迈向美国市场的重要战略目标。在美国，Hip-hop文化和NBA是影响着青少年的两大重要元素，而此番李宁专卖店美国开业从侧面展示出了李宁公司对美国当地潮流的把握以及对全球李宁运动鞋的布局。美国李宁专卖店内最让爱好者感到新鲜的就是中国功夫系列产品。据介绍，李宁中国功夫系列产品在国内暂无发售，是由国内工厂生产后输往美国本土销售，主要是用于传统文化差异化竞争的。而美国李宁专卖店内的三大系列则为李宁篮球系列、羽毛球系列和中国功夫系列。

(4) 价格差异化

据调查，从销售额上看，耐克、阿迪达斯和李宁三家总共占了中国整个体育用品市场的40%。背靠中国广袤的市场，李宁享受着一定的相对优势：相对于国内其他品牌，具有显著的品牌优势；相对于阿迪达斯和耐克两大国际品牌，则具有无法比拟的性价比优势和渠道优势。拿李宁公司CEO张志勇的话讲就是：“其他国内品牌的优势都集中在三线市场（即县级市场）上，阿迪达斯和耐克主要集中在超大城市。李宁在超大、一线、二线、三线都有较强分布，而且产品最强势的市场集中在二、三线城市，市场份额达到20%，重点打的是性价比牌，李宁的价格比国际品牌低30%至40%，但比双星、安踏等其他国内品牌高 50%。”

（5）营销方式的差异化

2008 奥运年，李宁品牌最为人津津乐道的，也许是签约央视体育频道的聪明之举。除了根植中国多年形成的分销网络，通过签约体育频道所有主持人及出镜记者都将穿着李宁公司提供的产品，以最专业最时尚的新形象展现在世界面前。

“网店”现在日益成为李宁公司销售产品、推广品牌的阵地。2008 年李宁公司还成立了专门的电子商务部门，和淘宝等国内主要电子商务平台开展广泛合作，并建立了李宁自己的电子商务网站——李宁商城。2008 年，淘宝网上李宁商品的销售流水为 2 亿元，尽管与当年李宁公司 66.90 亿元的销售额相比显得很微小，但是网络渠道对李宁产品的销售和品牌推广力度已初步取得成效。这也是支持李宁公司继续站稳中国市场、力图日后在海外市场有所作为的有力途径。

事业层战略是经营管理某一个特定的战略经营单位的战略计划，是公司层战略之下的子战略。它的重点是要改进一个战略经营单位在它所从事的行业中，或某一特定的细分市场中所提供的产品和服务的竞争地位。事业层战略涉及这个企业在它所从事的某一个行业经营领域中扮演什么样的角色，以及在战略经营单位里如何有效地利用好分配到的资源。

事业层战略寻求回答这样的问题：在公司的每一项事业领域里应当如何进行竞争。对于只经营一种事业的小企业，或是不从事多元化经营的大型组织，事业层战略与公司层战略是一回事；对于拥有多种事业的组织，每一个经营部门会有自己的战略，这种战略规定该经营单位提供的产品或服务，以及向哪些顾客提供产品或服务等等。

美国著名的战略学家、哈佛大学教授迈克尔·波特教授提出，企业赢得竞争优势的三种基本战略是总成本领先战略、差异化战略和集中化战略。总成本领先战略的主要竞争优势是成本低于竞争对手，差异化战略是指企业能通过提供与其竞争对手有差异的产品或服务，集中化战略是指在一个小市场上为顾客提供价格专业化的产品或服务，或者提供某种特殊的产品和服务。蓝海战略是近年来广受关注的一种战略。蓝海战略作为企业获得竞争优势的一种新选择，让企业脱离红海竞争，开创一片属于自己的蓝海。

5.1 事业层战略概述

事业层战略，是公司层战略之下的子战略，是企业的二级战略，常被称做业务战略或竞争战略。它是指企业在总体战略的指导下，经营管理某一个特定的战略经营单位的战略计划，其内部的经营单位要选择构建竞争优势的竞争战略。该类战略强调的是如何在现有的经营领域运用企业的资源和独特的能力来获得竞争优势的问题。

事业层战略的主要任务是将公司层战略所包括的企业目标、发展方向和措施具体化，形成本业务单位具体的竞争与经营战略。

事业层战略与公司层战略的根本不同在于，公司层战略要统筹规划多个战略业务的选择、发展、维持或放弃，而事业层战略只就本业务部从事的某一战略业务进行具体规划。事业层战略要在公司层战略的指导和要求下进行。

企业在总体战略的指导下，其内部的经营单位要选择构建竞争优势的竞争战略。该类战略强调的是如何在现有的经营领域运用企业的资源和独特的能力来获得竞争优势的问题。著名战略学家迈克尔·波特教授构建了经营单位战略的理论框架，提出了三大竞争战略：总成本领先战略、差异化战略、集中化战略。并且指出：如果企业不能有效选择其一，往往会陷入“徘徊其间”的境地。

在选择业务层战略时，企业应当评价两种潜在的竞争优势：“比竞争对手更低的成本或差异化，有能力收取较高的价格以超过为产生差异化所付出的额外成本。”比竞争对手更低的成本来自公司能够以不同于竞争对手的方式展开活动；有能力实施差异化则表明一种能够开展不同于竞争对手的活动的能力。因此，基于内部的资源、能力和核心竞争力的本质及质量，公司试图建立一项成本竞争优势或者一项独特的竞争优势来作为实施业务层战略的基础。

这三种战略，没有哪种天生或普遍比其他几种更好。每种战略的有效性取决于企业外部环境中存在的机会和威胁，以及内部资源组合所带来的优势和劣势。因此，对一个公司来讲，选择一种基于企业外部环境的机会和威胁与以内部的核心竞争力为代表的优势相匹配的业务层战略是至关重要的。

5.2　事业层战略的类型

5.2.1　总成本领先战略（Overall Cost Leadership）

（1）总成本领先战略的概念

总成本领先战略从 20 世纪 70 年代起由于经验曲线概念的流行而得到日益普遍的应用，即通过一系列针对本战略的具体政策在产业中赢得总成本领先。总成本领先战略，又称全面成本领先战略或低成本战略，是指企业通过在内部加强成本控制，在努力保证产品和服务质量的前提下，在研究开发、生产、销售、服务和广告等领域内把成本降低到最低限度，在较长时间内保持企业产品成本处于同行业的领先水平，并以低成本作为竞争的主要手段，使自己在激烈的市场竞争中保持优势，获取高于平均水平的利润。它是企业为了成为行业中的低成本生产者，以期在竞争中居于有利地位而采取的战略决策。

成本领先者的竞争优势基础是总成本比竞争对手要低。按照波特的思想，成本领先战略应该体现为相对于竞争对手而言的低价格，但这并不意味仅仅获得短期成本优势或仅仅是削减成本，而是一个“可持续成本领先”的概念，从而企业可通过其低成本地位来获得持久的竞争优势。成本领先战略可以给企业带来许多益处，因而成为众多企业追求的目标，但取得这种地位需要一套具体政策，如实行规模经济生产、投入高效率的设备、紧缩成本开支、降低间接费用等。要达到这些目的必须在成本控制方面进行大量的管理工作，同时企业在质量、服务及其他方面的管理也不能忽视，但降低成本是主线。例如总成本领先战略是沃尔玛“天天平价”战略的基础。低价优势的核心是沃尔玛理货的能力和高效率的运作模式：以最快的速度和最低廉的价格在生产厂家和消费者之间传送最大规模的产品。

为消费者创造更大的价值，使消费者真正受益，是总成本领先战略得以奏效的根本。

（2）总成本领先战略的实施条件

企业在考虑实施条件时，一般从三个方面考虑：一是实施战略所需要的基本资源和技能；二是组织落实的必要条件；三是市场行业条件。

①资源和技能方面。

企业所需要的是持续投资和良好的融资能力。企业要有雄厚的资金能力以对先进设备进行前期投资，进行激励定价并能承受初期的亏损。由于许多行业固定资产投入、厂房和设备运行中的不可拆分性，因此，规模经济通常是企业实现低成本战略的基础，企业只有具备一定的规模，才能使得投入的固定资产发挥最大的效益，进而使单位产出成本下降，从整体上实现成本的下降。由此可见，固定资产投资比重大的资本密集型产业，通过规模经济获得低成本优势的可能性更大。而这些行业中的企业如果不具备资金实力和融资能力，就难以获得规模经济的优势，也就谈不上实施总成本领先战略。

作为一种战略，总成本领先战略要从观念、工作流程、工艺和具体操作等方面体现在企业运行中的每一个环节，因此，运营技能方面的持续低成本改进，是总成本领先战略取得成功的关键。例如，低成本是美国西南航空公司实现“飞机的速度，汽车的价格”战略目标的重要保障，为此，该公司实行了一系列运营上的创新（如图 5.1 所示）。

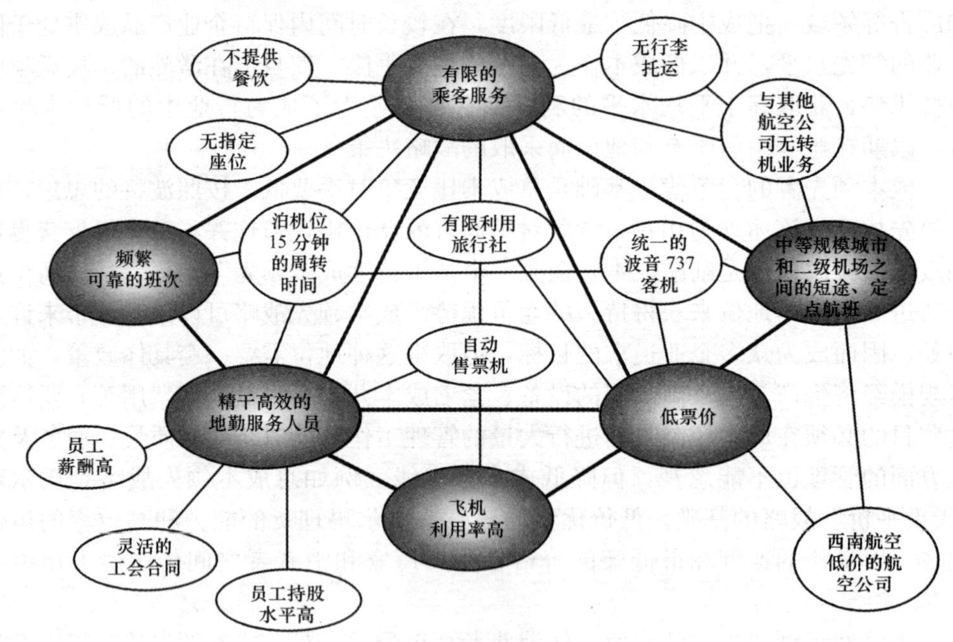

图 5.1　西南航空公司运营系统

（资料来源：迈克尔·波特．竞争论．中信出版社，2003）

作为主要活动，内部物流（如原料处理、仓储和存货控制）和外部物流（如物流代理、保管和产品配送）通常占据了企业产品或者提供服务的总成本的大部分。研究表明，在物流方面有竞争优势的企业，如果寻找采取成本领先战略，会比采用差异化战略创造更多的价值。因此，正在寻找相对有价值的方法来降低成本的企业，也许希望注重于内部和外部物流这类主要活动。这种情况下，许多公司现在将运营外包给有低薪资雇员的低成本公司。

②组织方面。

组织管理方面包括结构分明的组织和责任，以满足目标为基础的激励，严格的成本控制，经常、详细的控制报告等。例如根据乔蒂·吉特尔教授所著的由大量西南航空基层员工的话组成的《西南航空案例》指出，带来西南航空成功的无法复制的“神秘因素”是这样三个相互关联的方面：员工之间的相互尊重、相互欣赏、相互支持；以解决问题为导向，员工职责之间没有明确的边界；航班协调人员与基层管理人员的独特角色定位。谈到西南航空公司，常常会出现这样一个画面：在一个圣诞节前最繁忙的季节，西南航空的飞行员帮助行李员装卸行李。这不是个别现象。一般来说，飞行员位于整个体系的最高层，他在需要时对其他同事施以援手显示所有员工以公司整体绩效为重：让飞机尽快起飞。这个画面的意义远胜过西南航空的创始人、董事长赫伯·凯莱赫偶尔在飞机上充任空中乘务员的画面，后者是商学院教授们在阐释西南航空案例时必备的视频片段。

③市场行业条件。

在实践中，成本领先战略要想取得好的效果，还要考虑企业所在的市场是否为完全竞争的市场，该行业的产品是否为标准化的产品，大多数购买者是否以同样的方式使用产品，产品是否具有较高的价格弹性，价格竞争是否为市场竞争的主要手段等。如果企业的环境和内部条件不具备这些因素，企业便难以实施成本领先战略。成本领先战略的理论基础是规模效益和经验曲线效益（即单位产品的成本随累积产量的增加而下降），这就要求一个大规模的、不断增长的市场需求作为支撑。

(a) 在行业中，价格竞争是一种主要的竞争因素。

(b) 行业所提供的是一种易得到的标准化的产品，产品差异小，不同的品牌对顾客不会产生较大的影响。

(c) 绝大多数顾客都以相同的方式使用这种产品，且需求量较大，并有议价谈判、降低产品价格的某种能力。

(d) 企业的产品设计要便于制造和维修，保持一个较宽的相关产品系列以分散成本。同时，该产品要为所有主要的用户群服务，增加产品数量。

(3) 总成本领先战略的优势

对于竞争而言：在价格基础上对竞争对手进行攻击或防御性的价格战，从竞争对手中夺取市场占有率、扩大销售量，凭借更大的边际利润或者更大的销售量，获得超出平均水平以上的利润；形成进入障碍，企业的生产经营成本低，为行业的潜在进入设置了较高的进入障碍，使得那些生产技术尚不成熟、经营上缺乏规模经济的企业都很难进入此行业。

对于顾客而言：一方面，由于企业的低价格，可以维护与提高顾客的让渡价值，巩固和维护现有市场占有率和企业市场地位；另一方面，低价格可以积极争取顾客，扩大销售量和市场占有率，扩大顾客范围。

对于供应商而言：一方面，相对于竞争对手具有较大的对原材料、零部件价格上涨的承受能力，能承受各种不稳定的经济因素所带来的影响；另一方面，由于低价格带来的需求量增加，使得对供应商的需求量也随之增加，这为企业获得廉价的原材料或零部件提供了可能性，同时也便于同供应商达成稳定的协作关系。

企业采用这种战略，可以很好地防御行业中直接而剧烈的竞争，获得超过平均水平的利润。

(4) 总成本领先战略的劣势

如果竞争对手的竞争能力过强，采用成本领先的战略就有可能处于不利的地位。

首先，竞争对手开发出更低成本的生产方法。例如，竞争对手利用新的技术，或更低的人工成本，形成新的低成本优势，使得企业原有的优势成为劣势。

其次，竞争对手采用模仿的办法。当企业的产品或服务具有竞争优势时，竞争对手往往会采取模仿的办法，形成与企业相似的产品和成本，导致市场价格战，给企业造成困境。

最后，顾客需求的改变。如果企业过分地追求低成本，降低了产品和服务质量，会影响顾客的需求，结果会适得其反，企业非但没有获得竞争优势，反而会处于劣势。总之，企业在采用成本领先战略时，应及早注意这些问题，采取防范措施。

因此，总成本领先战略的核心不是低成本，而是围绕低成本形成的一整套有效的、竞争对手难以学习和模仿的企业运行体系。

(5) 总成本领先战略的风险

总成本领先战略的风险表现在以下几个方面：

第一，技术上的变化和突破可能使过去的投资或产品的生产及学习经验变得无效，成为无用的资源。

第二，行业中的新进入者通过模仿并总结前人的经验及购买先进的技术设备使生产成本大大降低，以更低的成本参与竞争。

第三，实施成本领先战略的企业，往往集中精力于降低成本，而忽视了顾客需求的变化，过于注重成本的结果往往导致对市场需求变化反应迟钝。这是成本领先战略的最危险之处，企业生产的产品虽然价格低廉，却不为顾客所欣赏和需要。

第四，受到外界环境的影响，生产成本突然升高，降低了产品的成本—价格优势，从而无法与采用其他竞争战略的企业相抗衡。

第五，采用成本领先战略的企业主要是依靠其低价位保持竞争优势，但行业内一旦出现差异化的竞争者，企业削价的竞争优势必然会使其获利空间大大缩小，从而影响企业的持续发展能力。

5.2.2 差异化战略（Differentiation）

（1）差异化战略的概念

差异化战略就是依靠产品的质量、性能、品牌、外观形象、用户服务等方面提供与众不同的产品和服务，满足顾客特殊的需求，以对顾客来说很重要的方式向他们提供不同的产品和服务。差异化战略要求企业的产品或服务的特色对特定的顾客具有强大的吸引力，而使顾客们对价格不甚敏感，愿出较高的价格来购买。当然，这种战略并不意味着可以忽视成本，但成本并不是战略的主题。

一个企业如果成功地实施了差异化战略，它就建立了强有力的防御阵地，从而在一个产业中赢得高水平收益。差异化战略与总成本领先战略在防御形式上有所不同。波特认为，推行差异化战略有时会与争取占有更大的市场份额的活动相矛盾。企业在推行差异化战略的过程中，可能会付出很高的成本代价。因此，激烈的市场竞争要求企业的差异化战略必须是客观的，经得起考验的，必须是市场承认的差异化，是为用户创造更多价值的差异化。

战略定位大师杰克·特劳特极力推行差异化，他认为差异化是极度竞争时代企业的生存之道。他甚至指出：如果你的产品是差异化的，整个世界就会为你敞开大门。但是，迈克尔·波特的差异化战略与战略定位大师杰克·特劳特的差异化不完全相同。特劳特认为差异化就是在消费者头脑中建立与众不同的产品定位。企业通过差异化的产品定位，为消费者提供与竞争对手不一样的产品和服务，以抢占消费者的心智资源，得到消费者认同，进而获得市场的战略。例如贝因美在差异化竞争战略的引领下，基于目标顾客差异化，实行国产高档奶粉定位差异化，婴儿专用奶粉定位专业化，产品成分和包装差异化，销售区域选择差异化，终端导购和品牌推广的差异化。其婴儿奶粉上市后，销量一路攀升。如今，贝因美已经是浙江省国产婴儿奶粉的第一品牌，在许多地区销量已经和多美滋、惠氏等外资品牌并驾齐驱。

(2) 差异化战略的实施条件

企业决定实施差异化战略，必须仔细研究购买者的需求或偏好，以便决定将一种或多种差异化特征结合在一个独特的产品中以满足顾客的需要。同时，差异化与高市场占有率是不相容的，企业实施差异化有可能要放弃较高的市场占有率目标。

①资源和技能方面。

差异化竞争战略成功的基础是发现顾客差异化诉求的敏锐性，以及不断通过技术突破和保持技术领先。差异化战略的源头是顾客需求，企业必须准确把握顾客在产品需求方面的独特性，并通过产品开发和生产、销售运营满足这种独特的需求，差异化战略才能得到有效实施。因此，企业必须具备强大的对创造性的鉴别能力，很强的基础研究能力，产品加工能力，营销能力，在质量或技术上领先的公司声誉，在产业中有悠久的传统或具有从其他业务中得到的独特技能组合，得到销售渠道的高度合作等。

②组织方面。

组织管理是保障战略有效实践的基础。以顾客需求为导向的组织管理与运行模式，研发、产品开发和市场及营销部门之间的密切协作，重视主管评价和激励，而不是定量指标，有轻松愉快的气氛，以吸引高技能工人、科学家和创造性人才等对于差异化战略的实施至关重要。

③市场行业条件。

(a) 行业内有多种可使产品或服务有差异化的方式或方法，且顾客认为这些差异有价值。

(b) 顾客对产品的需求与使用经常变化。

(c) 只有少数竞争对手会采取与本企业类似的差异化行动，企业能较迅速地实施差异化战略并且竞争对手在进行模仿时要付出高昂的代价。

(d) 顾客的异质性。如果市场上的顾客都是同质均一的，差异化就会丧失意义。这种情况下，企业唯一的竞争手段就是尽可能以较低的价格向顾客提供产品。

(3) 差异化战略的优势

①提高进入壁垒。由于产品的特色，顾客对产品或服务具有很高的忠诚度，这使该产品或服务具有强有力的进入障碍。潜在的进入者要与该企业竞争，就需要克服这种产品的独特性，否则很难进入产业对企业构成竞争威胁。

②增强企业议价能力。产品差异化战略提高了企业的边际收益，降低了企业的总成本，从而增强企业对供应者的讨价还价能力。购买者如果对价格不是很敏感，又愿意为企业的独特产品支付较同类产品高的价格，这时，购买者议价能力

被削弱，企业可通过差异化战略削弱购买者的讨价还价能力，提高企业利润。

③防止替代品的威胁。企业的产品或服务别具一格，能够获取顾客的信任，企业在与替代品的较量中比同类企业处于更有利的地位。

(4) 差异化战略的劣势

一般情况下，建立差异化的活动常常以成本较高为代价，例如广泛的研究和产品设计、高质量的材料及周密的顾客服务等。因为实施这一战略要增加设计和研究开发的费用，要用高档的原材料。企业要把产品的特色放在第一位，产品差异化所取得的利润中有很大一部分被产品成本的提高所抵消。然而，即便全产业范围内的顾客都了解企业的独特优点，也不是所有顾客都愿意或有能力支付企业所要求的较高价格。

另外，差异化的产品常常只能满足部分消费者的需求，这使得企业产品市场销售有限，市场覆盖率不高。而且特色产品的价格较高，很难拥有较大的销售量。因此，该战略不可能迅速提高企业产品的市场占有率。

(5) 差异化战略的风险

企业在实施差异化战略时，面临两种主要的风险：一是企业没有能够形成适当的差异化；二是在竞争对手的模仿和进攻下，行业的条件又发生了变化时，企业不能保持差异化。第二种风险经常发生。

企业在保持差异化上，普遍存在着以下几种威胁：

①只注重实际产品而忽视整个价值链。有些企业只注重从实际产品中寻找差异化的机会，而忽视了整个价值链中的其他机会，造成企业形成产品差异化的成本过高。而企业要保持产品和服务的差异化，就要以成本的增加为前提，因此企业实施差异化战略所取得的利润中相当一部分会被成本的提高所抵消。

②购买者不再需要本企业赖以生存的那些产品差异化的因素，不能正确认识买方市场。差异化必须以满足一定的买方购买标准为基础，但这并不意味着企业要选择专一化的战略。如果企业不能正确地划分买方市场，即使采用差异化战略也无法满足任何一个买方。

③行业需求处于成长期，这时的社会供应无法满足需求的急速增长，因而企业的销售量增长十分明显。此时如果实施差异化战略，可能会丧失相当多的市场机会，对企业的发展不利。

④消费者注重低价格。顾客对差异化所支付的额外费用有一定的限度，超过这一限度，实行差异化战略就无法与产品低成本、低价格相抗衡。

⑤差异化战略对消费类产品较为重要。对于生产资料产品而言，由于差异不是很大，有些材料产品已标准化，实行差异化的余地不大，加之购买者对所购物品都有充分了解，一些促销手段也起不了多大的作用。

⑥企业不能保持差异化。在竞争对手的模仿和进攻下，会使差异缩小甚至转向，企业再不能保持差异化，这是随着产业的成熟而发生的一种普遍的现象。竞争对手推出相似的产品，降低了产品差异化的特色。竞争对手推出更有差异化的产品，使得企业的原有购买者转向了竞争对手的市场。

(6) 差异化战略的形式

一个好的产品或服务可以在很多方面实现差异化，我们主要介绍从以下几个方面来实现差异化：

①由产品的技术物理特性导致的差别。主要表现为产品的款式、性能、质量和包装。

②由买方的主观印象导致的产品差异。主要表现为买者对不同企业的产品品牌、企业形象的主观印象和评价的差异，以及由此而形成的顾客对不同企业产品的偏爱。

③由产品的生产或销售的地理位置导致的产品差别。主要表现为不同产地或销售地的产品所引起的产品运输费用、交易费用等方面的差别，以及由某些地理位置的特殊性带来的特殊效应，如各类商业区的差别，进口产品与本国产品的区别等。

④由营销渠道及营销服务的不同导致的产品差别。主要表现为企业及经销商、代理商提供有关服务的能力差别，即他们在服务品位、内容、质量和方式上的差别等。

差异化战略的实现要通过一些必要的途径。顾客通过消费产品或服务而获得效用，如顾客购买电脑，就从电脑的质量、价格等方面获得效用。而顾客、产品、价格等都是有差异的，因此，实施差异化就存在很多种途径。总结一下，大致有以下几种：(a) 顾客差异化。不同的顾客具有不同的需求、偏好和财务状况等，不同的顾客对产品和服务的满意期望值也各不相同，即使同一顾客在不同的时间或地点对产品和服务的要求也可能不一样。因此，差异化顾客的存在，就成为企业差异化战略选择的外在依据。(b) 产品差异化。这种差异化可以从很多方面入手，如产品的质量、价格、售后服务等。(c) 服务差异化。特别指服务性行业，在顾客的物质生活越来越丰富的今天，企业应注重针对不同的顾客提供具针对性、特殊性、个性化、情感性的各种服务。(d) 人员差异化。企业内部人员的素质、精神面貌、言谈举止等都是决定企业能否实施差异化的因素。(e) 品牌差异化。随着感性消费时代的来临以及市场的日趋规范，在全球经济一体化的大背景下，品牌差异化也成为企业赢得优势的重要工具。它可以培养顾客认牌购买的习惯，把企业的品牌根植于顾客的心中。

企业应该能够以有竞争力的成本生产出差异化的产品，通过差异化，为顾客提供生产标准化的产品。要使差异化持续成功，企业应能不断地升级顾客重视的差异化特征，并且创造出一个新的而保持成本没有发生重大的变动，这就要求公司不断地改变其产品线。这样的公司也许会提供一系列的产品组合以互相弥补不足，从而为顾客丰富差异化，或者满足一些顾客的需求。

5.2.3　集中化战略（Focus）

（1）集中化战略的概念

集中化战略又称为集中型或专业化战略。该战略是企业在详细分析外部环境和内部条件的基础上，选定一个特定细分目标市场提供产品和服务，把自己的生产和经营活动集中在该市场上进行，充分满足一定顾客的特殊需要，从而争取局部竞争优势的竞争战略。可以作为集中化战略目标市场的特定细分市场的例子包括：①产品类型的专业化，即企业集中全部资源来生产经营特定产品系列中的一种产品；②顾客类型的专业化，即企业只为某种类型的顾客提供产品和服务；③地理区域的专业化，即企业产品经营范围仅局限于某一特定地区。

集中化战略的本质是企业能够以更高的效率、更好的效果为某一狭窄的战略对象提供服务，从而超过在更广泛范围内的竞争对手。实施这一战略的结果是，企业或者通过较好地满足特定对象的需要实现了差异化，或者在为这一对象服务时实现了低成本，或者两者兼得。尽管从整个市场的角度看，集中化战略未能取得低成本或差异化优势，但在其狭窄市场目标中获得了一种或两种优势地位。通过集中化战略，企业必须能够以极具竞争力的方式完成主要活动及辅助活动，已建立并且保持竞争优势，同时赚取超额利润。

与总成本领先战略和差异化战略不同的是，企业不是围绕整个产业，而是面向某一特定的目标市场开展生产经营和服务活动，以期能比竞争对手更有效地为特定的目标顾客群服务。因此，在这种特定的目标市场上，企业可以通过总成本领先战略或差异化战略来取得竞争优势。从这个意义上说，集中化战略实际上是特殊的差异化战略和特殊的总成本领先战略。企业采用集中化战略也许在整个市场上并没有取得总成本领先或差异化的优势，但在较狭窄的市场范围内却是总成本领先或差异化的。采用集中化战略的企业一般规模较小，往往不能同时采用差异化和总成本领先战略。

（2）集中化战略的实施条件

企业在考虑实施条件时，一般从三个方面考虑：一是实施战略所需要的基本资源和技能；二是组织落实的必要条件；三是市场行业条件。

集中化战略所需要基本资源和技能以及对组织结构的要求需要针对具体的战

略目标，由总成本领先战略和差异化战略进行组合。

①在行业中存在有特殊需求的顾客，或在某一地区存在有特殊需要的顾客；购买者群体之间在需求上存在显著差异，或习惯于以不同的方式使用产品。

②没有其他竞争对手试图在上述目标细分市场上采取目标集中战略，或者虽有这种竞争对手，但其力量相当薄弱。

③企业经营能力较弱，缺乏足够的资源用于广泛的、较宽的市场面。

④行业内部存在许多不同的细分市场，因而允许实施重点集中战略的企业选择诱人的细分市场，以充分发挥自己的优势。

⑤产品在各细分市场的规模、成长速度、获利能力、竞争强度等方面有较大差别，因而使部分细分市场有一定的吸引力。

(3) 集中化战略的类型

公司可以采用两种集中化战略为某一特定、独特的细分市场顾客创造价值，这两种战略是集中总成本领先战略和集中差异化战略。

集中总成本领先战略。通过采用集中化战略，全球家居零售商宜家为顾客提供了一种“美好生活付得起”的解决方案。即讲究款式要求低价的青年消费者构成了宜家的细分市场。针对这些顾客，公司的家居产品综合了如下特点：设计新颖、功能齐全、质量保证、价格低廉。公司采用了不同的做法使成本保持在较低的水平。例如，宜家不是依赖第三方生产商，而是由其工程师自行设计低成本、可由消费者自行安装的模块式家具。宜家的商店是自助式的，你看不到那些带着顾客奔走于各个家具店的销售代表，这样的方式使销售人员数量大大减少，从而使宜家能够把成本控制在较低水平。然而作为成本领导者，宜家在低价之外还提供了许多对顾客极具吸引力的服务，包括店内照看小孩以及延长营业时间的服务。据称，这些服务“很巧妙地满足了宜家顾客的需要。因为宜家的顾客通常都很年轻，不是很富有，很可能有小孩（但没有专门照看小孩的保姆），而且他们必须工作谋生，所以也只能在工作以外的时间购物”。

集中差异化战略。还有一些企业采取集中差异化战略。用以满足某一特定细分市场独特需求的产品差异化的方式数之不尽。不同地点的高层公寓大厦，包括纽约市的曼哈顿，其设计都是从满足追求科技的城市居民的角度考虑的。这些公寓的差异化特征包括高速数码互联网介入和其他一些先进的电信服务项目。那些以其差异化而满足了消费者需求的公寓，要价极高。

(4) 集中化战略的优势

集中化战略与其他两个竞争战略一样，可以防御行业中的各种竞争力量，使企业在本行业中获得高于一般水平的收益。这种战略可以用来防御替代品的威胁，也可以针对竞争对手最薄弱的环节采取行动。

①由于经营目标集中，可以集中使用企业的资源，并可实行高度专业化生产，提高经济规模，降低成本。

②能在较高层次上掌握专门技术，熟悉产品的市场、用户及行业中的竞争情况，因而有可能提高企业的竞争能力，取得较大的市场优势。

③能使高度集中的专业化中小企业在市场上占有一定的竞争优势，成为向大企业提供配套产品的合适伙伴。

④实施集中化战略的企业由于具有特殊的能力，就形成了替代产品难以克服的进入障碍。

（5）集中化战略的劣势

主要包括以下缺点：必须经常放弃规模较大的目标市场；有时需要企业付出很高的代价，抵消企业为目标市场服务的成本优势，或抵消通过集中化战略而取得的产品差别化优势，导致企业集中化战略的失效。

（6）集中化战略的风险

采用集中化战略可能产生的风险有：

①以较宽的市场为目标的竞争者采用同样的集中化战略；或者竞争对手从企业的目标市场中找到了可以再细分的市场，并以此为目标实行集中化战略，从而使原来采用集中化战略的企业失去优势。

②由于技术进步、替代品的出现、价值观念的更新、消费者偏好变化等多方面的原因，目标市场与总体市场之间在产品或服务的需求方面差别变小，企业原来赖以形成集中化战略的基础也就失去了。

③市场需求的变化。当目标集中化战略的细分市场中出现替代产品或消费者的偏好发生变化，则可能使目标集中化战略的优势丧失。

上述三种战略，哪一种最适用于某个企业或某种产品呢？许多成功的企业有一个共同的特点，就是在确定企业竞争战略时都要根据企业内外环境条件以及在目标市场上的地位，来制定可行的战略和策略，即使在同一企业中，不同的业务、不同的产品也有不同要求，不可强求一致。因此，企业应当先确定自己在目标市场上的竞争地位，然后根据自己的市场定位选择适当的营销战略和策略。

不管采取这三种基本战略中的哪一种战略，要获得长期的成功，都必须能够保持竞争优势，即必须阻挡住竞争对手的侵蚀或是跟上产业演化的趋势。然而随着竞争程度的加剧，保持竞争优势越来越困难，当某一企业利用某种技术或某种管理方法取得超额利润时，其他企业很快会想方设法模仿，从而这些技术和方法又很快变成某一产业的标准，那么要想继续保持优势，必须不断创新和学习。21世纪企业最重要的竞争力就是比竞争对手学得更快的能力，这个能力实际上就是培育企业的核心竞争力，使企业真正成为学习型组织。

5.2.4 蓝海战略（Blue Ocean Strategy）

（1）蓝海战略的概念

蓝海战略是由W. 钱·金（W. Chan Kim）和莫博涅（Mauborgne）提出的。“蓝海”是创造出来的没有竞争的新市场。蓝海战略是指不局限于现有产业边界，而是极力打破这样的边界条件，通过提供创新产品和服务，开辟并占领新的市场空间的战略。

蓝海战略认为，聚焦于红海等于接受了商战的限制性因素，即在有限的领域内求胜，却否认了商业世界开创新市场的可能。运用蓝海战略，视线将超越竞争对手移向买方需求，跨越现有竞争边界，将不同市场的买方价值元素筛选并重新排序，从给定结构下的定位选择向改变市场结构本身转变。

蓝海以战略行动（strategic move）作为分析单位，战略行动包含开辟市场的主要业务项目所涉及的一整套管理动作和决定，在研究1880—2000年30多个产业150次战略行动的基础上，指出价值创新（value innovation）是蓝海战略的基石。价值创新挑战了基于竞争的传统教条，即价值和成本的权衡取舍关系，让企业将创新与效用、价格与成本整合一体，不是比照现有产业最佳实践去赶超对手，而是改变产业境况重新设定游戏规则；不是瞄准现有市场高端或低端顾客，而是面向潜在需求的买方大众；不是一味细分市场满足顾客偏好，而是合并细分市场整合需求。

（2）蓝海战略与红海战略的区别

从战略目标和战略行动的角度看，蓝海战略与红海战略有五点不同，如表5.1所示。

表5.1 红海战略与蓝海战略之比较

红海战略	蓝海战略
在现有市场空间	开创没有竞争的市场空间
打败竞争对手	摆脱竞争
挖掘现有需求	创造和获取新需求
在价值与成本之间权衡取舍	打破价值与成本之间的权衡取舍
根据差异化或低成本战略选择部署企业整个系统的行为	按照同时追求差异化和低成本目标部署企业整个系统的行为

（资料来源：W. 钱·金，勒妮．莫博涅．蓝海战略．商务印书馆，2005：2，图1-3）

蓝海战略与红海战略的根本区别，在于战略所依据的理论假设。红海战略依据结构主义观点或环境决定论，蓝海战略依据的是重建主义观点。在红海的结构主义环境中，产业的结构条件给定不变，企业在同样的“最佳实践”规则下竞争，要想追求差异化，成本必然增加。因此，企业的战略选择，要么是寻求差异化，要么是追求成本优势。在蓝海的重建主义世界里，市场界限及产业结构并不是给定不变的，而是可以为企业个体的行动和信仰重新建造。战略的目标是要打破现有的价值与成本之间的权衡取舍关系，开辟蓝海，从而创造新的最佳实践的规则。

红海战略是公司层战略管理的基础，而蓝海战略是对红海战略的发展。企业寻找到蓝海之后，还是要通过传统手段提高企业竞争力，否则也会在新开辟的蓝海中被后来者击败。

（3） 蓝海战略与红海战略的关系

蓝海战略的本质在于创新，但这不等于说企业只需要创新。蓝海战略只有在红海战略的基础上才能成功。就任何一个企业的业务构成来说，主营业务一定是市场竞争型业务，是红海业务，而蓝海业务中的突破性增长业务和战略性新业务开发是企业产业细分甚至跨产业发展业务，其目的仍然是围绕竞争而展开的——区别仅仅在于它是暂时避开了竞争，即以先行者身份进入另一片蓝海市场，而不是直接面对面展开竞争。无论采取红海战略还是蓝海战略，客观上存在的市场永远是以竞争为其基本特性的，并且不以人的意志为转移。红海、蓝海战略的重大区别只在于以不同的方式、角度来看待、处理竞争问题。

蓝海战略并不是与竞争战略完全对立的，恰恰相反，它们在理论思想深处完全是一致的：蓝海战略是对三大竞争战略（总成本领先、集中化、差异化）的细化和发展，尤其是对差异化战略在突破性增长业务和战略性新业务开发领域内的一次理论深化、细化，说到底，蓝海战略完全可以被理解为企业发展战略的一次差异化。在完全市场经济体制下，蓝海市场迟早要变成红海市场，蓝海战略迟早要过渡到红海战略，这一事实本身也证明了这两个战略并非风马牛不相及的异类，而是在其生命深处一致而表现形式不一样的同质异构战略而已。

总之，市场永远是竞争的市场，企业永远是竞争的企业，业务永远是竞争的业务，并非人们可以通过某种特殊战略，创造出一种不需要竞争的市场、企业、业务出来。独占是暂时的，竞争是永恒的。

（4） 蓝海战略的开创与拓展

①蓝海战略的开创。

（a） 跨越选择性产业。竞争是分层次的。第一层次是与企业所在产业中的竞争对手竞争。第二层次是与替代品竞争。替代品指的是形式不同，但功能或核心效用相同的产品或服务。第三层次是与选择品竞争。选择品指的是功能与形式都不同，而目的却相同的产品与服务。在一般情况下，人们对产业内的其他企业的行动往往比较敏感，而对其他产业的变化则无动于衷，然而，产业之间的空间却为价值的创新提供了契机。

（b）跨越战略集团。在大多数产业中，企业都可以按战略的相似性划分为几个不同的战略集团。根据价格和性能，可以把战略集团大致按等级排序。价格的提高倾向于带来某些性能上的相应提高。多数企业注重改善它们在战略集团内部的竞争地位，而对其他战略集团内的企业在做什么并不太在意。跨越现有战略集团实现价值创新的关键就在于突破这种狭窄的视野，搞清是什么因素决定着顾客在高档消费品和低档消费品之间做出选择。

（c）跨越买方链。在现实中，买方是由不同环节组成的一条链，每个环节都直接或间接地影响购买决策，购买者不一定是使用者，有时候，买方链中还包括施加影响者。尽管这三组群体有可能重合，但常常是不同的。跨越买方链就是挑战产业对目标买方群体的常识和成规。跨越买方群体看市场，重新设计价值曲线，把目光集中到过去曾经忽视的买方群体上。

（d）跨越互补性产品和服务项目。一个产品在市场上的价值要受到其他产品和服务的影响，但是，在大多数产业中，相互竞争的企业都不约而同地局限于产品和服务自身的项目。互补的产品与服务是超越产业的传统边界的，但它们确实会影响到产品与服务对顾客的价值，进而决定其需求。要从互补的产品与服务项目上开创蓝海，就要弄清楚买方在选择产品和服务时都在寻求什么，一个简单的办法是考虑人们在使用产品与服务之前、之中和之后都有些什么需求。

（e）跨越针对卖方的功能与情感导向。产品与服务的吸引力有两种：一种是产品与服务的功能，另一种是产品与服务渗透出的情感因素。这两种吸引力在现实中很少是非此即彼的。通常，它只是企业以某种方式竞争的结果，这种竞争无意间为顾客灌输了对产品与服务的定向期望。企业的行为不断强化顾客的这种期望，久而久之，以功能为导向的产品越来越重视功能，以情感为导向的产业越来越重视情感的吸引力。

在现实中，以情感为导向的产品与服务可能为产品与服务增添了特色，提高了价格，却无助于提高顾客的价值。去掉这些特色，可能会创造出一个更简捷、价格更低、成本更低的商业模式，并受到顾客的欢迎。反之，以功能为导向的产品与服务可以通过添加一些合适的感性成分，为货品化的产品注入新的活力，刺激出新的需求。

（f）跨越时间。随着时间的推移，很多产业都要受到外部潮流的影响，如技术的变化、新的生活方式的出现、政策与环境的变化等。正确地看待潮流，有利于开创蓝海。跨越时间，不是要预测潮流本身，而是从商业的角度洞悉这样的潮流将如何改变顾客获得的价值，如何影响到企业的商业模式。

②蓝海战略的拓展。

企业通过价值创新开创出蓝海后，接下来的问题是如何使蓝海的规模最大化，降低开创新市场所涉及的规模风险。为了扩大蓝海的规模，在建立自己的业务时，不应把眼睛只盯在现有的顾客身上，还需关注非顾客；不应着眼于顾客需求的细微差别，而应当关注顾客的共同点。

(a) 关注非顾客。这里讲的非顾客指的是那些还没有成为现实顾客的潜在顾客。要把这种巨大的潜在需求变成现实需求，企业需要加深对非顾客的理解。

以企业建立的市场为核心，可以把能够转化成现实顾客的非顾客划分为三个层次。如图 5.2 所示。

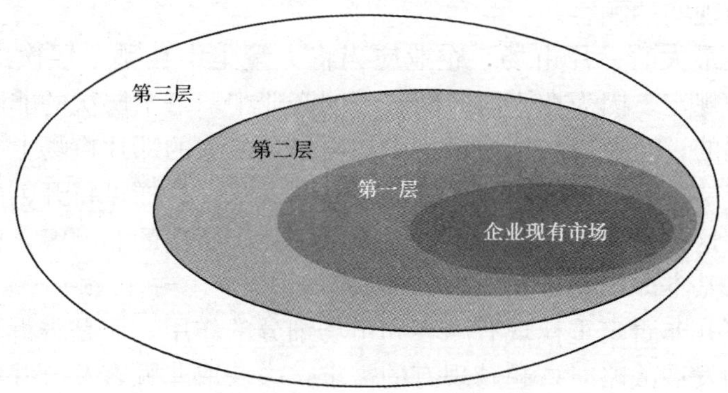

图 5.2　非顾客的三个层次

第一层次的非顾客徘徊在企业现有市场边界，是离企业的市场最近，随时准备离开的“准非顾客”。他们是出于必须，才购买最低限度的产品与服务，但从思想上说却是产业的非顾客，只要一有合适的机会，便会离开本产业。然而，如果产业能提供价值的飞跃，他们不仅会留下来，而且会频繁地购买，从而使巨大的潜在需求变成现实需求。

这一层次的非顾客站在本产业的边界上，正在寻找其理想的产品与服务，这类顾客的数量较多。对于这类顾客，企业应当分析他们正在寻找什么，应当关注他们反馈中的共同点，而不是他们之间的差别，这样就能找到合并的相关细分市场，使产品与服务满足更庞大的顾客群的需求，从而留住这批顾客。

第二层次的非顾客是有意回避你的市场的“拒绝型非顾客”，是那些拒绝本产业所提供的产品与服务的非顾客。这种类型的非顾客把本产业的产品与服务作为满足其需求的可选择产品与服务中的一种，但却拒绝使用它们，甚至刻意避开它们。

这一层次的非顾客拒绝本产业提供的产品与服务，或者是因为本产业的产品与服务的价格超过了他们的经济承受能力，不得不用其他产品与服务满足自己的需求；或者是本产业的现有产品与服务难以满足其需求。这些拒绝型的非顾客，代表着未经开掘的需求。在分析他们拒绝使用本产业的产品与服务的原因时，只要找到他们的共同点，并关注这些共同点，就能找到满足其共同需求的办法，把这些潜在顾客拉进产业市场中来。

第三层次的非顾客是处于远离你的市场的“未探知型非顾客”，是离企业的市场最远，从不把本产业的产品与服务列入其选择范围的非顾客。通常情况下，企业也没把这些非顾客视为本产业的目标顾客，而是理所当然地把他们看成是其他产业的顾客。对于这类非顾客，企业必须靠更多更好的产品与服务功能将其吸引过来，成为现实的顾客。

(b) 关注最大的一片市场。企业应当将力量集中在哪个层次的非顾客，没有一个统一的规定。因为在不同时间、不同产业中，每个层次的非顾客提供的市场规模是不同的，企业应当把力量集中在需求量最大的那片市场上。同时，企业也应注意三个层次的非顾客间可能重叠的共同需求，这样可将开创的市场规模进一步扩大。在这种情况下，企业不能仅着眼于一个层次的非顾客，而要跨越不同层次看市场，基本原则是选择最大的那块市场。

蓝海战略并非否定重视现有顾客和市场细分的作用，而是告诉人们，在为企业选择未来的发展战略时，超越现有的需求，去获取非顾客及合并细分市场是一种可供选择的战略思路。

(5) 中国企业的蓝海战略

蓝海战略只是“价值创新”的一种新的战略标签，它的关键是创新。创新是手段，获得国家竞争力和企业竞争力才是目标。创新有技术创新、产品创新、工艺创新、市场创新等形式，有模仿创新、原始创新等层次。

产品创新是焦点，因为竞争力要靠产品在市场上去实现；产品的竞争力最终都会归于产品创新。国内外许多研究证实：新产品失败的根本原因是缺乏创新性。创新性缺乏的原因，很多情况下不是因为没有应用新技术，而是因为创新战略受到行业和技术的陈规陋习的无形束缚，按照“正统”的产品创新理论，以技术眼光改进产品，没有创新战略的方向指引，没有真正发挥创造性思维的作用。创新不足造成模仿成风，其直接后果就是：国内很多产业先是在国内市场、继而又在国际市场上恶性竞争，依靠价格战攫取和保持市场份额，陷入血腥的“红海”；恶性价格竞争的结果又使得创新赖以实施的前提——开发经费的投入难以为继；有些厂商甚至为了降价而不惜降低产品的质量、牺牲企业信誉，低质产品充斥市场，使得国内市场上产品难以升级，导致“柠檬市场”，造成恶性循环。

【案例】

比亚迪的成长

金融海啸席卷全球，股权投资哀鸿遍野。2008 年 9 月 29 日，“股神”巴菲特看好比亚迪的新能源汽车业务，逆势出手，以 2.25 亿美元换购了比亚迪股份有限公司（1 211. HK）10%的股份。在收购 3 个月后，全球首款不依赖专业充电站的新能源汽车——比亚迪 F3DM 双模电动车在中国上市，售价 14.98 万元，比全球同类型汽车商用时间表提前了 3 年甚至更长时间。比亚迪股价应声而涨。

巴菲特的慧眼，从另一角度诠释了比亚迪的奇迹：

从 1995 年创立时的 2 000 万元销售额起步，到 2008 年底销售额达 350 亿元，比亚迪销售规模总是以每年翻一番的速度惊人地增长着。从毫无电池技术积累，到全球锂电池大王；从简单生产线起步，到全球手机 IT 电子重要代工厂；从生产电池到生产汽车以及到生产新能源汽车，比亚迪自信心爆棚地实现着业界认为不可能的一件又一件的事情……

围绕国情　破解国外技术壁垒

“当时锂电池是很高门槛的行业，一条生产线日企要价一两亿美元。一亿美元对我们来说想都不要想。但是我们又想做，结果只能自己摸索走自己的路。”比亚迪创业和成长历程充满了中国特色。首先是通过劳动密集型方式化解技术壁垒，实现“饭碗创新”，然后在技术学习和流程改良中走上自主创新之路。企业努力加上深圳市委、市政府对自主创新的全方位支持，比亚迪积聚了独特的“无所畏惧”的自强自信资本。

技术摸索　流程创新　取得技术“第一桶金”

日本宣布本土将不再生产镍镉电池，而这势必会引发镍镉电池生产基地的国际大转移，比亚迪的黄金机遇来了。但是摆在比亚迪面前的困难一样不少。首先是一条镍镉电池生产线日企要价几千万元人民币，加上日本禁止出口，比亚迪要得到生产线无异于痴人说梦。比亚迪决定自造生产线和装备。根据中国劳动力资源多、成本低的国情，比亚迪拆解整个生产线流程，分解成一个个可以人工完成的工序。最后，比亚迪只花了 100 多万元人民币，就建成了一条日产 4 000 个镍镉电池的生产线。

这条生产线建成后，俨然是劳动密集型加工场。比亚迪被当时业界戏称为“劳动密集型”的高新科技公司。虽然生产方式和流程不同，但比亚迪还是迈出了宝贵的第一步，并成功控制了产品质量。1996 年，比亚迪公司取代三洋成为台湾无绳电话制造商大霸的电池供应商。大霸是电信巨头朗讯的 OEM 厂商，比亚迪公司因此成为朗讯的间接供应商，1997 年比亚迪公司镍镉电池销售量达到 1.5 亿块，排名上升到全球第四位。

重视研发　流程创新　逐步走向自主创新

流程创新让比亚迪首尝创新的甜头，更是比亚迪自主创新的星星之火。流程创新带动了装备制造的创新，并向材料创新、工艺创新等核心创新领域纵深推进。在生产镍镉电池时，比亚迪需要用到大量昂贵的镍片。在整个镍镉电池成本中，镍片成本占据大半份额。如果能找到取代镍片的方法，无疑可以大幅节减成本。为此，比亚迪不断研发和实验，终于找到代替镍片的办法——通过改造电池溶液的化学成分，镀镍片也可以代替镍片使用而不被腐蚀。仅此一项改进，比亚迪就砍掉了单项原料成本的 90%。

2000 年，比亚迪决定进入锂电池生产领域。王传福用镍电池生产线“拼凑”出一条锂电池生产线来：能兼容的就用镍电池生产设备；不能兼容的，就用人工和夹具来取代。比亚迪甚至进行了工艺创新的诸多尝试。如比亚迪设计出一种无尘厢式生产线，工人只需戴上手套伸入无尘环境中，就可实现各项操作，开创了常温下生产锂电池的先例。生产流程和工艺的不断改良，直接提升了比亚迪电池的价格竞争力。有人算过一笔账，比亚迪一条日产 10 万只锂电池的生产线，需用工人 2 000 名，设备投资 5 000 万元人民币。而日系全自动生产线所需工人 200 名，设备投资 1 亿美元。分摊到每块电池上的成本费用，比亚迪是 1 元人民币左右，日系厂商是 5 到 6 元人民币。

今天，在比亚迪的电池工厂里，60%的生产设备都是自主研制的。通过流程的拆解和创新，比亚迪的装备创新，带动了产品研发的全方位创新。到 2000 年，比亚迪拥有和掌握了自己的锂电池核心技术，成为摩托罗拉的首个中国锂电池供应商。2001 年，比亚迪公司锂电池市场份额迅速上升到世界第四位，实现销售额 13.65 亿元，纯利高达 2.56 亿元。

战略藐视　用知识产权破解国外技术壁垒

虽然在海外市场不断攻城拔寨，但在比亚迪眼中，企业发展最大障碍不是技术，而是架在中国企业头上的专利之剑。作为后进者，比亚迪只能在日本企业后面进行学习和改良，而基础专利牢牢握在日本企业手中。比亚迪从来不怕技术封锁，依靠自己力量实现研发创新；比亚迪重视知识产权，从企业开始发展就不断积累专利。虽然战略上藐视敌人，但战术上还是严阵以待。

自 1999 年以来，比亚迪在国内外申请的专利数以平均每年 195%的速度增长。比亚迪每年在专利维护方面的投入多达 5 000 万元，对于专利发明人的奖励高达平均 10 000 元每人次。面对如此多的专利数量，比亚迪在 2001 年成立了知识产权与法律部，专门负责公司的专利申请、知识产权保护、知识产权纠纷处理等事务。该部经理黄章辉介绍说，知识产权与法律部拥有一支专业高效的队伍负责比亚迪专利的申请、授权、维护等工作；在知识产权纠纷的维权方面，比亚迪在中国、美国、日本及欧洲均聘请有知识产权领域的专业律师及法律顾问，在必要的时候，比亚迪会整合其在全球的法律顾问资源进行知识产权维权。

新能源战略改写“中国制造”内涵

从电池的流程创新起步，比亚迪实现了每个流程环节产品的自给自足，这种垂直整合，使比亚迪向产业链的上游和下游双路进发。在手机电子领域和汽车制造领域，比亚迪垂直整合成效初现。制造业“微笑曲线”两端的丰厚利润，使比亚迪成为业界人见人怕的“价格屠夫”。在深圳市委、市政府的多方支持下，比亚迪加快源头创新步伐，跻身最尖端的新能源汽车制造领域，实现了电池、IT电子和汽车三大产业的战略会师。

垂直整合　“中国制造”向“微笑曲线”两端进发

以手机电池为起点，比亚迪业务渐渐覆盖到手机液晶屏、键盘等除手机芯片之外的所有手机零部件中，整机整合摆上了议事日程。2006 年，比亚迪组建了手机整机组装（EMS）事业部，即第九事业部，开始了垂直整合的探索。比亚迪把手机分为三个生产链，最顶端是设计，中间是组装，最下端是各种零部件的生产制造。

在垂直整合中，比亚迪进入了核心的手机研发设计领域，培养出了上万名的工程师队伍。“每接到一份客户的手机代工订单，比亚迪都可以在内部对各种零部件产品的成本进行调整，以保证整机的毛利在一定水平之上。这就是一种垂直整合的能力，我们对利润的控制能力掌握在自己的手中。”比亚迪创始人之一孙一藻说。比亚迪向“微笑曲线”含金量最高的两端不断迈进，从而有充足的利润空间让利给客户。比亚迪的客户曾经进行过这样的比较，同样的一个方案交给比亚迪，和单纯的 EMS 企业相比，比亚迪的成本要低 15%～20%，完成的速度要比别人快 1/3。

袋鼠模式　三年扭转中国造车企业形象

在进军手机电子产业的同时，比亚迪更大的战略意图开始显山露水。

2003 年 1 月 23 日，比亚迪宣布以 2.7 亿元的价格收购西安秦川汽车有限责任公司 77%的股份。比亚迪成为继吉利之后国内第二家民营轿车生产企业。

王传福认为，汽车与手机一样都是技术含量较高的组装行业，同样可以进行垂直整合。他把眼光首先放在汽车模具生产上。在收购秦川汽车之后的几个月里，王传福迅速收购了北汽集团的一家模具厂，成立了北京比亚迪模具有限公司。为保证质量，比亚迪又在上海建了一个检测中心，并在上海和西安的基地分别建了一条试车跑道，建设了碰撞实验室、道路模拟、淋雨、高温、综合环境、抗电磁干扰等检测实验室，让新车上市前进行诸多测试。

3年多时间里，比亚迪环环相扣完成了汽车产业的垂直整合过程，期间无全新车型下线，在亏本中错过了中国车市“最黄金”发展时期。戏剧性转折出现在2006年。一直在亏损中挣扎的比亚迪汽车，凭借2005年底才在各地分期上市的一款F3新车，创造了半年总订销量32 500辆的成绩，在自主品牌阵营低潮中分外抢眼。

据比亚迪汽车销售总经理夏治冰介绍，袋鼠有三个特征：长腿、育袋和自我奔跑。长腿是指通过电池和手机电子形成的以自主创新为核心的竞争力，在产品的差异化等方面构建起了比亚迪长腿；育袋是比亚迪有充足的供血机能，换言之即是“亏得起”；自我奔跑是指企业要通过造好车来实现滚动发展，质量不好不能赢利的车型一定不能上市。

比亚迪垂直整合进势惊人，自主生产发动机、底盘、模具、整车电子、内饰甚至车漆。比亚迪内部人士开玩笑：“我们造玻璃和轮胎之外的汽车所有东西。”这种整合，给国人带来物美价廉的轿车，深受市场欢迎。2008年，随着F3R、F6、F0的上市，比亚迪汽车销量达20万辆，成为自主品牌汽车领头羊。

高端创新　铁电池领跑新能源汽车市场

在比亚迪垂直整合汽车制造过程中，有心人发现，比亚迪在全国唯独不见布局生产变速箱。“未来的汽车不需要变速箱！”王传福又语出惊人。在他眼中，汽车迟早是电动汽车的天下，而电动汽车是不需要变速箱的。

事实上，比亚迪对电动汽车电池的研究最早始于1998年。如果不是相信自己能够拥有电池——这一电动车的核心技术的话，2003年的王传福也许根本不会选择进入汽车领域。现在汽车电池的研发团队从过去的十个人扩张到100多个人，加上制造和测试部门，在上海松江占了一栋楼。

2006年底，比亚迪成立了e6纯电动车项目组，王传福亲自担任项目总负责人，并从比亚迪的电池、电子部件事业部调集大批人马，要将两大产业群的核心技术进行无缝对接。e6项目组每个月至少开两次会讨论各项进展。一组来自比亚迪的内部数据显示，e6充电一次可以行驶400公里，动力200千瓦，最高时速140～150公里，价格在15万元以内，百公里耗电15度，只需要花几块钱的电费。在安全性方面，王传福说，他很快会向公众证明，这是一块用火烧都不会爆炸的电池。

2008年12月，全球首款混合动力汽车F3DM正式上市。这部花了5年时间、投入500名研发人员和逾10亿元人民币研发出的油电混合动力汽车可以像手机一样，在家用插座上充电，突破了电动车须在专业充电站充电的瓶颈，并可单独使用电驱动，最高时速 150 公里，续航里程达 100 公里。相比之下，目前掌握双模技术的另外两家公司——通用汽车和丰田所销售的电动车，一次充电则只能行驶 25 公里。

“已上市的 F3DM 和推出的 e6，无疑使比亚迪成为全球新能源汽车市场上的领先者之一。”汽车研究机构 J. D. POWER 亚太公司中国区调研总经理梅松林表示，电动车技术从根本上颠覆了传统汽车的燃油动力总成，使并不掌握传统核心技术的新兴厂商得以与雄霸汽车市场的巨头们站在同一起跑线上。

政府的支持，加上对新能源汽车市场的研判，王传福喊出了“在乘用车领域 2015 年做到中国第一；2025 年超过丰田汽车做到世界第一”的目标。这听上去又是一个疯狂的口号，但人们已不敢轻易嘲笑王传福。比亚迪式的自信自强，已多次演变成事实。人们更好奇的是，实现这一目标的时刻能否提前到来。

（资料来源：引自 http：//news. sznews. com/content/2009-05/15/content _ 3768593 _ 7. h）

【摘要与总结】

公司层战略与事业层战略的根本不同在于，公司层战略要统筹规划多个战略业务的选择、发展、维持或放弃，而事业层战略只就本业务部从事的某一战略业务进行具体规划。事业层战略要在企业战略的指导和要求下进行。

企业在公司层战略确定后选择能让企业本身建立竞争优势的事业层战略，能更好地实现企业战略，并且能指导企业职能层战略的选择。企业可以选择总成本领先、差异化或者集中化战略来建立自身的竞争优势，也可以开创自己的“蓝海”，总之，企业必须根据自身资源以及环境来选择符合自身的事业层战略。

1. 事业层战略是指企业在总体战略的指导下，经营管理某一个特定的战略经营单位的战略计划，其内部的经营单位要选择构建竞争优势的竞争战略。

2. 事业层战略包括总成本领先战略、差异化战略、集中化战略。

3. 总成本领先战略是指企业通过在内部加强成本控制，在努力保证产品和服务质量的前提下，在研究开发、生产、销售、服务和广告等领域内把成本降低到最低限度，在较长时间内保持企业产品成本处于同行业的领先水平，并以低成本作为竞争的主要手段，使自己在激烈的市场竞争中保持优势，获取高于平均水平的利润。

4. 差异化战略就是依靠产品的质量、性能、品牌、外观形象、用户服务等方面提供与众不同的产品和服务，满足顾客特殊的需求。

5. 集中化战略是企业在详细分析外部环境和内部条件的基础上，选定一个特定细分目标市场提供产品和服务，把自己的生产和经营活动集中在该市场上进行，充分满足一定顾客的特殊需要，从而争取局部竞争优势的竞争战略。

6. “蓝海”战略是指不局限于现有产业边界，而是极力打破这样的边界条件，通过提供创新产品和服务，开辟并占领新的市场空间的战略。

【问题与思考】

1. 事业层战略主要有哪些类型？
2. 简述企业选择总成本领先战略应具备哪些条件。
3. 简述企业选择差异化战略应具备哪些条件。
4. 简述企业选择集中化战略应具备哪些条件。
5. 差异化战略有什么收益与风险。
6. 集中化战略有哪些类型。
7. 试述如何开创并拓展企业的蓝海战略。

【本章参考文献】

[1]［美］迈克尔·波特．竞争战略．陈小悦，译．华夏出版社，2003

[2]［美］迈克尔·A. 希特，R. 杜安·爱尔兰，罗伯特·E. 霍斯基森．战略管理：竞争与全球化（概念）．吕巍等，译．机械工业出版社，2005

[3] 朱方明，等．企业经济学．经济科学出版社，2009：267～268

[4] 熊胜绪．企业战略管理．南京大学出版社，2007：132

[5]［韩］钱金，［美］莫博涅．蓝海战略：超越产业竞争，开创全新市场．吉宓，译．商务印书馆，2005

第6章

职能层战略（Function-level Strategy）

在企业既定的战略条件下，企业各层次职能部门根据职能层战略采取行动，集中各部门的潜能，支持和改进企业战略的实施，保证企业战略目标的实现。与公司层战略及事业层战略相比较，企业职能层战略更详细、具体，更具有可操作性。它由一系列详细的方案和计划构成，涉及企业经营管理的所有领域，包括财务、生产、销售、研发、人事等各部门。职能层战略实际上是公司层战略、事业层战略与实际达成预期战略目标之间的一座桥梁，如果能够充分发挥各职能部门的作用，加强各职能部门的合作与协调，顺利地开展各项职能活动，特别是那些对战略的实施至关重要的职能活动，就能有效地促进公司层战略、事业层战略实施成功。

本章对职能层的人力资源战略、市场营销战略、财务战略以及研发战略进行简单的概述，重点阐述职能层战略与企业层战略的协调，及人力资源战略、市场营销战略、财务战略、研发战略与企业层的三种战略类型的协调，通过职能层战略指导下的职能部门来更好地实施企业层的战略。

6.1 职能层战略概述

职能层战略是为贯彻、实施和支持公司层战略与事业层战略而在企业特定的职能管理领域选择的战略，是针对企业各职能部门或专项工作所指定的具体实施战略。职能层战略描述了在执行公司层战略和经营单位战略过程中，企业中的每一个职能部门所采用的方法和手段。

职能层战略涉及企业如何安排其基本职能活动，是为保证企业层、事业层战略实施而在职能管理范围内的运作原则，所以又称职能策略。企业最根本的职能战略包括市场营销战略、财务战略、人力资源战略、研发战略，企业可以在对上述四大基本职能进行分析的基础上，分别选择其相应的职能战略。

企业职能层战略的重点是提高企业资源的利用效率。在企业既定的战略条件下，企业各层次职能部门根据职能层战略采取行动，集中各部门的潜能，支持和改进公司层战略的实施，保证企业战略目标的实现。

职能层战略的作用：①确保各职能部门专业人士的技能和能力能有效地发挥作用。②职能的范围之内整合各项业务活动。③提供信息和专业知识，使它们能够在选择公司层和事业层战略中得到应用。

6.2 职能层战略的基本内容

6.2.1 市场营销战略

市场营销战略是指企业为实现其整体经营战略目标，在充分预测和把握企业外部环境和内部条件变化的基础上，集合企业的经营专长，对企业市场运营的有关方面（业务发展态势确定、目标市场选择、产品市场定位、营销组合等）所作出的高瞻远瞩的总体谋划，以期达到顾客满意和企业的长期生存与发展。

市场营销总战略包括产品策略、价格策略、营销渠道策略、促销策略等。

现代市场营销战略一般包括战略思想、战略目标、战略行动、战略重点、战略阶段等。战略思想是指导企业制定与实施战略的观念和思维方式，是指导企业进行战略决策的行动准则。战略目标是企业营销战略和经营策略的基础，是关系企业发展方向的问题。战略行动则以战略目标为准则，选择适当的战略重点、战略阶段和战略模式。而战略重点是指事关战略目标能否实现的重大而又薄弱的项目和部门，是决定战略目标实现的关键因素。由于战略具有长期的相对稳定性，战略目标的实现需要经过若干个阶段，而每一个阶段又有其特定的战略任务，通过完成各个阶段的战略任务才能最终实现其总目标。

(1) 市场营销战略的特点

市场营销战略是企业总战略的重要组成部分，它的选择受企业整体战略思想的制约，不同的经营思想会有不同的市场营销战略，因此，市场营销战略必须与公司层战略相吻合。一般来说，市场营销战略具有以下特征：

①全局性。市场营销战略以全系统为控制对象，研究系统的整体组织与协调，规定企业营销活动的总体行动。

②长期性。市场营销战略是为谋求企业的长远发展、长远利益，规划企业的基本思路和发展方向。它决定着市场开发、占领和扩张的方向、速度和规模，同时也制约着企业产品开发决策的进程。所以市场营销战略是其他各项决策的基础和前提。市场营销战略是一场持久战，它需要企业投入较多的资金和付出极大的耐心和韧性。

③竞争性。竞争是市场经济不可回避的现实，也正是因为有了竞争才确立了“战略”在经营管理中的主导地位。面对竞争，企业营销战略必须进行内外环境分析，明确自身的资源优势，通过设计实体的经营模式，使一个企业获得某种重要、独特和持续的品牌优势，增强企业的对抗性和战斗力，推动企业长远、健康地发展。

④风险性。对于瞬息万变的市场，无论经理人设计了多么有效的保证措施，也避免不了投资的风险；由于市场机会识别的偏差，容易造成产品的失误；由于社会经济及政治等因素的变化，也会使原有的市场萎缩；甚至企业会在营销过程中，因为储运、包装受自然灾害的侵袭而导致产品损坏，从而失去市场。

⑤应变性。企业的经营活动就是把现有的各种资源用于不确定的未来。由于环境的复杂多变，必然使企业面临诸多风险，而要尽可能使风险降到最低，市场营销战略应具有相对稳定性，同时，还应随时依据企业外部条件及内部条件的变化加以调整。

（2）市场营销战略的步骤

企业营销管理过程是市场营销管理的内容和程序的体现，是指企业为达成自身的目标辨别、分析、选择和发掘市场营销机会，规划、执行和控制企业营销活动的全过程。企业市场营销管理过程包含着下列四个相互紧密联系的步骤：分析市场机会，选择目标市场，确定市场营销策略，市场营销活动管理。

①分析市场机会。

在竞争激烈的买方市场，有利可图的营销机会并不多。企业必须对市场结构、消费者、竞争者行为进行调查研究，识别、评价和选择市场机会。

企业应该善于通过发现消费者现实的和潜在的需求，寻找各种“环境机会”，即市场机会。而且应当通过对各种“环境机会”的评估，确定本企业最适当的“企业机会”。

对企业市场机会的分析、评估，首先是有关营销部门对市场结构的分析、对消费者行为的认识和对市场营销环境的研究。还需要对企业自身能力、市场竞争地位、企业优势与弱点等进行全面、客观的评价。还要检查市场机会与企业的宗旨、目标与任务的一致性。

②选择目标市场。

对市场机会进行评估后，要研究和选择企业目标市场，即对企业要进入哪个市场或者某个市场的哪个部分进行分析。目标市场的选择是企业营销战略性的策略，是市场营销研究的重要内容。企业首先应该对进入的市场进行细分，分析每个细分市场的特点、需求趋势和竞争状况，并根据本公司优势，选择自己的目标市场。

③确定市场营销策略。

企业营销管理过程中，制定企业营销策略是关键环节。企业营销策略的制定体现在市场营销组合的设计上。为了满足目标市场的需要，企业对自身可以控制的各种营销要素如质量、包装、价格、广告、销售渠道等进行优化组合。重点应该考虑产品策略、价格策略、渠道策略和促销策略，即“4Ps”营销组合。随着市场营销学研究的不断深入，市场营销组合的内容也在发生着变化，从“4Ps”发展为“6Ps”。近年又有人提出了“4Cs”为主要内容的市场营销组合。

④市场营销活动管理。

企业营销管理的最后一个程序是对市场营销活动的管理，营销管理离不开营销管理系统的支持，需要以下三个管理系统支持：

(a) 市场营销计划。既要制定较长期战略规划，决定企业的发展方向和目标，又要有具体的市场营销计划，具体实施战略计划目标。

(b) 市场营销组织。营销计划需要有一个强有力的营销组织来执行。根据计划目标，需要组建一个高效的营销组织结构，需要对组织人员实施筛选、培训、激励和评估等一系列管理活动。

(c) 市场营销控制。在营销计划实施过程中，需要控制系统来保证市场营销目标的实施。营销控制主要有企业年度计划控制、企业赢利控制、营销战略控制等。

营销管理的三个系统是相互联系、相互制约的。市场营销计划是营销组织活动的指导，营销组织负责实施营销计划，计划实施需要控制，保证计划得以实现。

【案例】

Kappa运动品牌营销战略解构

2009年伊始，虽然金融危机的暴风骤雨未歇，但是后奥运时代的运动品牌强势地位依旧坚挺。在如此惨烈的市场份额争夺中，品牌营销策略已如《孙子兵法》般被各家争相细究揣摩，奥运营销一役各施奇谋之后，群分天下的格局终究没能避免，耐克、阿迪达斯、李宁始终掌控着“三国鼎立”的基本态势，但在中国市场的夹缝中已然呈现了参与纷争的第四、第五把交椅。这其中，来自意大利的 Kappa 让人印象颇深，能把营销手段演绎出上兵伐谋的睿智与惨烈又不失如艺术般供人窥察效仿的手笔，营销的艺术由此可见一斑。

攻心之道——不断创新的人性化娱乐诉求

当今，更多的消费者对消费的要求不是“你能为我做什么”，而是“你怎样让我开心”。购物从一种简单的交换行为变成了一种休闲方式。如果运动品牌能做到在为客户服务时，将焦点放在塑造客户的体验上，在体验的接触点注入时尚娱乐的元素，想方设法为客户提供时尚娱乐的愉悦感，就能抓住消费者的注意力。娱乐诉求首先体现的是一种营销思维，即所谓的攻心之术。快乐是用钱买不来的，但选购商品的过程如果可以给人带来快乐，消费者会更容易接受，只要娱乐拨动了消费者的心弦，他们就愿意为享受这一过程而欣然“埋单”。

相比传统电视广告、报纸杂志广告、广播等其他以概念形式传播的品牌广告而言，品牌娱乐化的广告更容易让消费者接受。Kappa 所强调的是品牌的娱乐营销，这是品牌营销手段的一种，即把产品融入到节目赞助、手机短信、终端小活动、现场互动小游戏等等一切能带来更多趣味的传播形式。在广告与内容的界限越来越模糊、媒介费用持续上升的时代，想要有效地达成高效传播的目的，必须要找到更多让消费者参与互动创意的传播形式。同时，还要不断地更新策略——即便与客户在感情上建立了紧密联系，也要不断寻找新方式，因为消费者不断期待体验的再次更新。因此，如何不断创新，一直保持客户的神秘感和好奇心，就成为品牌获得持久关注度的关键。

其实，娱乐营销的内核最终落到“人性化”上，才是娱乐营销的根本所在。随着人们的生活越来越丰富和多样化，企业只有关注人性、关注人们新的生活主张与方式，才会带来娱乐营销的崭新思维。

2008 年末，Kappa 发挥其不断创新的娱乐营销模式，借助北京奥运会给中国带来的运动风潮，将消费者人性化诉求推到了新的高峰。娱乐明星信、林俊杰、田亮、李小璐等倾情加入由 Kappa 独家举办的“NOW 运动”全国新年派对，以音乐的名义呼唤全民运动健康，在横跨多个省市的娱乐嘉年华中，Kappa 通过不断的音乐娱乐互动，让参与者体验运动和音乐的魅力。

对此，Kappa 有自己独到的见解：长期以来，在人们的脑海中，体育竞技运动向来是激烈而充满对抗意味的。而 Kappa“NOW 运动”的宗旨却是用最淡然的态度让运动变成习以为常的生活方式，在色彩斑斓的服饰中体验运动带来的健康和快乐，这与现代追求时尚生活的现代人观念相通。

在深谙运动之道的Kappa看来，用音乐的思维解构运动是最为直接而有效的途径，美好的音乐是人类表达思想的主要方式，在流动的音符中更容易让人们的心彼此靠近，从而获得温暖，体验到因运动而生的愉悦感知。正像世间万物都在时间的不断演变中成就创新的自我，如跑酷、Hip-hop之于运动；摇滚、R&B之于音乐。只有这样，音乐和运动才能在时尚达人超脱庐山之外的思路中衍生出更多的风格和品类，感受寻常之外的生命态度。

从Kappa的"NOW运动"来看，娱乐营销和其他营销方式是一样需要创新的，你只有走在前面，才能引起消费者的注意。为了娱乐而娱乐，是娱乐营销的大忌，娱乐手段要用得高明，单调和重复的娱乐方式会使消费者徒增所谓娱乐的"负担"而选择逃离。人们关于娱乐的观点总是喜新厌旧的，娱乐方式不断在更新，娱乐营销效果的短期性是不言而喻的，尝到一次娱乐营销的甜头并不能一劳永逸，要不断地调整娱乐营销的主题，这是一个不断创新的过程。娱乐营销是大众娱乐上的营销行为，所有要素都是易于被模仿的，你做演艺，他也可以做；你做时装秀，他也可以做。一味地模仿或照搬，会使娱乐营销流于低层次。

巧夺之术——"源于运动超于运动"的理念

当下，一个消费者平均每天要接触几千条销售信息，在如此庞杂的海量信息中，让自己企业的产品和品牌信息进入消费者的"感官环境"并打动他们，是产品赢得青睐的第一步。对于国内运动品牌的营销人员来讲，如何用与众不同的方式将品牌形象传递给受众并让其轻松地接受，需要花费一番巧妙的心思。

阿迪达斯、耐克和李宁在中国属于顶尖的运动品牌，而Kappa虽然也占据了可观的市场份额，但欲与之抗衡，除了不断提升自己的产品品质和服务外，还需利用以巧对拙、以小打大的方式进行品牌推广。而在竞争激烈的运动服饰市场，Kappa做到了这一点。

最令人印象深刻的是，在2002年世界杯赛场上身着Kappa战衣拼杀的意大利国家足球队，紧身流线型运动服让本已帅气逼人、体型健硕的意大利众明星更加性感奔放，犹如绝美的希腊雕塑驾临赛场。相比于其他运动品牌固有版式的老套设计，Kappa的独特紧身设计显示出其不固守运动、源于运动、超于运动的时尚理念。而在世界杯之后，由于Kappa精准的守式营销，此款由Kappa设计的经典球衣风靡全球。

以巧对敌，还在于对不同体育运动的预先观察。新鲜事物总是对受众有着独特的吸引力，运动也不例外。在新的运动形式出现之前，精准地把握其发展态势，并迅速抢占该领域，将产品与客户的情感建立联系，让消费者对这个新鲜事物的热情转嫁到品牌上。当品牌满足了客户感情上的需要而不仅仅是对产品的需要时，巧式攻略造就的就不只是一个客户了，而是一群狂热的追随者。

在电子竞技被国家体育总局正式批准为我国正式开展的第99个体育项目之后，这个脱胎于电脑游戏充满娱乐气息的“另类运动”的发展态势令国人咋舌，其魅力吸引了一大批以青少年为主的忠实拥趸，电子竞技这一领域显然成为各品牌为扩大品牌渗透力的兵家必争之地。而此时，Kappa早已看准时机果断出击，与国内顶尖电子竞技俱乐部EHOME展开全面的战略合作，成为其独家服装赞助商。与此同时，作为世界上最受关注的职业电子竞技赛事之一的ESWC 2008中国区预选赛，Kappa又成为其唯一指定运动装备赞助商。于是，当所有竞技迷在目睹虚幻的人物在大屏幕激情厮杀的时候，Kappa这5个简单的英文字母就有可能出现在各个意想不到的游戏场景中，Kappa由此迅速成为电子竞技爱好者的第一品牌标识，以巧对敌的战略再一次取得意想不到的效果。

而Kappa的以巧取胜案例远不止这些。最近Kappa赞助中网也成为网球爱好者津津乐道的事情，从2007年的“疯狂网球”到2008年的“Kappa节奏”，无不让年轻时尚的消费人群喜爱不已。“运动、时尚、性感及品位”的Kappa运动时尚理念，配合各种巧妙的主题加以诠释，将网球的力与美展现得淋漓尽致。

由此可见，品牌营销策略的艺术化方式之一，是如何在竞争激烈的体育市场运用巧劲取得用通常手段所不能取得的优势，Kappa的举措深深切合这一道理。

融合之法——品牌个性相互渗入的1+1>2

随着追求时尚个性的80后逐渐成长为当前消费军团的主力，90后潮炫一族也蓄势待发，全民娱乐时代已悄然而至。而此时，运动品牌也越来越多地凸显出时尚的元素。因为各个品牌的差异化定位，目标消费群体也有所不同。但如果来自两个不同行业却同样具有时尚娱乐属性的不同品牌，能找到某个契合点，在一定程度上双方可以不发生冲突地互相共享彼此的消费群，在联合宣传中则会取得意想不到的营销效果。

Kappa在联合营销中成绩斐然。除以上提及的音乐、运动等领域外，Kappa曾将娱乐的触角伸向了汽车业。貌似风马牛不相及的两个行业，因为Kappa以独创性文明的设计风格紧紧地融合在一起。2008年初，一款带有独特Kappa性感品位风格的雪铁龙C2轿车在北京国展惊艳亮相。这款Kappa版C2由Kappa品牌服装设计师与法国雪铁龙设计师联手打造，Kappa服装设计师设计了近百套方案，与法国雪铁龙汽车设计师进行讨论后甄选产生。而Kappa“时尚型·运动心”的概念车主题也将时尚与运动之美融为一体。上佳优质的材料、无与伦比的设计、卓越精湛的工艺，造就了Kappa版C2的独特魅力。而把汽车的钢铁质感、庞大的体积轮廓、复杂的动力操控系统与Kappa本身一贯动感时尚的设计风格相结合，也足见Kappa把自身品牌特性融入汽车中的睿智与创新。

而在另一个经典案例中，Kappa则吸收了百事可乐的“娱乐精华”，再一次将联合营销的优势发挥得淋漓尽致。在一次新品发布会上，Kappa和百事发布了跨行业战略合作的主要内容：Kappa将百事新包装的时尚元素融入运动服饰，设计并推出了Kappa—百事影舞运动产品系列。该系列包括照片、旅行、表情、欢庆4个主题，它们的设计灵感分别来源于时尚人群生活的点滴，每款设计各具特色，代表着不同的含义和情趣。这个系列的产品融合了两个时尚品牌对时尚、个性和流行的理解，充分体现了“时尚源自生活”、“时尚由我做主”等Kappa与百事共同的品牌主张。Kappa和百事虽然处于不同行业，但“运动、时尚”显然是两者的契合点，这对追寻时尚步伐的年轻群体而言，具备足够的杀伤力。这次联合营销让Kappa和百事的消费群体互相融合且各取所需，再一次取得了双赢的效果。

经济学家迈克尔·J. 沃尔芙在《娱乐经济》中做了归纳性的总结：在这个消费者的时间如此少、口味又如此善变的世界里，企业应如何吸引消费者的注意？一旦抓住消费者的注意力，企业可以加进些什么来提高产品的价值，使产品更具吸引力？答案只有8个字：“娱乐内容”和“娱乐要素”。娱乐因素已经成为产品与服务的重要增值内容，成为市场细分的关键，而将营销战略融合在娱乐之中形成“娱乐兵法”，那品牌的影响也将无往而不利了。

（资料来源：引自全球品牌网，http：//www.globrand.com/2010/427251.shtml，2010-6-1）

6.2.2 财务战略

财务战略是指企业为谋求资金均衡有效的流动和实现企业整体战略，为增强企业财务竞争优势，在分析企业内外环境因素对资金流动影响的基础上，对企业资金流动进行全局性、长期性与创造性的谋划，并确保其执行的过程。企业财务战略关注的焦点是企业资金流动，这是财务战略不同于其他各种战略的质的规定性；企业财务战略应基于企业内外环境对资金流动的影响，这是财务战略环境分析的特征所在；企业财务战略的目标是确保企业资金均衡有效的流动而最终实现企业总体战略；企业财务战略应具备战略的主要一般特征，即应注重全局性、长期性和创造性。

（1）企业财务战略具有的特性

①从属性。财务战略要体现企业整体战略的要求，为其筹集到适度的资金并有效合理投放，只有这样，企业整体战略方可实现。若不接受企业战略的指导或简单地迎合战略要求都将导致战略失败，而最终使企业受损。

②系统性。运用系统的观点进行企业管理，需要考虑企业作为一个系统必然与外界进行长期、广泛的资源及信息等的交换，从而使系统与外界保持一致。财务战略作为企业战略的一个子系统必然与企业其他战略之间也存在着长期的、全面的资源与信息交换。为此，要始终保持财务战略与企业其他战略之间的动态联系，并试图使财务战略也能支持其他子战略。

③指导性。财务战略是对企业资金运筹的总体谋划，它规定着资金运筹的总方向、总方针、总目标等重大财务问题。正因为如此，财务战略一经制定便具有相对稳定性，成为财务活动的行动指南。

④复杂性。财务战略的制定与实施较企业整体战略下的其他子战略而言，复杂程度更大。最主要的原因在于“资金固定化”特性，即资金一经投入使用后，其使用方向与规模在较短时期内很难予以调整。因此，财务战略对资金配置稍有不慎，就将直接导致企业资金周转不灵或陷入财务危机而很快导致企业破产。此外，企业筹资与投资都直接借助于金融市场，而金融市场复杂至极、变幻无常，这也增加了财务战略制定与实施的复杂性。

（2）财务战略的类型

①扩张型财务战略。它是以实现企业资产规模的快速扩张为目的的一种财务战略。为了实施这种财务战略，企业往往需要在将大部分乃至全部利润留存的同时，大量地进行外部筹资，更多地利用负债。随着企业资产规模的扩张，也往往使企业的资产收益率在一个较长的时期内表现出相对较低的水平。扩张性财务战略一般会表现出高负债、高收益、少分配的特征。

②稳健型财务战略。它是以实现企业财务绩效的稳定增长和资产规模的平稳扩张为目的的一种财务战略。实施稳健型财务战略的企业，一般将尽可能优化现有资源的配置和提高现有资源的使用效率及效益作为首要任务，将利润积累作为实现企业资产规模扩张的基本资金来源。为了防止过重的利息负担，这类企业对利用负债实现企业资产规模和经营规模的扩张往往持十分谨慎的态度。所以，实施稳健型财务战略的企业的一般财务特征是适度负债、中收益、适度分配。

③防御收缩型财务战略。它是以预防出现财务危机和求得生存及新的发展为目的的一种财务战略。实施防御型财务战略，一般将尽可能减少现金流出和尽可能增加现金流入作为首要任务。通过财务削减分部和精简机构等措施，盘活存量资产，节约成本支出，集中一切可以集中的人力，用于企业的主导业务以增强企业主导业务的市场竞争力。低负债、低收益、高分配是实施这种财务战略的企业的基本财务特征。

（3）企业财务战略的内容

现代企业财务管理的核心内容主要包括筹资、投资及收益分配。因此，企业财务战略研究的重点应是筹资战略、投资战略及收益分配战略。

①筹资战略。

筹资战略就是根据企业内外环境的现状与发展趋势，适应企业整体战略与投资战略的要求，对企业的筹资目标、原则、结构、渠道与方式等重大问题进行长期的、系统的谋划。筹资目标是企业在一定的战略期间内所要完成的筹资总任务，是筹资工作的行动指南。它既涵盖了筹资数量的要求，更关注筹资质量，即既要筹集企业维持正常生产经营活动及发展所需资金，又要保证稳定的资金来源，增强筹资灵活性，努力降低资金成本与筹资风险，不断增强筹资竞争力。筹资原则是企业筹资应遵循的基本要求，包括低成本原则、稳定性原则、可得性原则、提高竞争力原则等。此外，企业还应根据战略需求不断拓宽融资渠道，对筹资进行合理搭配，采用不同的筹资方式进行最佳组合，以构筑既体现战略要求又适应外部环境变化的筹资战略。

②投资战略。

投资战略主要解决战略期间内投资的目标、原则、规模、方式等重大问题。它把资金投放与企业整体战略紧密结合，并要求企业的资金投放要很好地理解和执行企业战略。一是投资目标，包括：收益性目标，这是企业生存的根本保证；发展性目标，实现可持续发展是企业投资战略的直接目标；公益性目标，这一目标是多数企业所不愿的，但投资成功，亦利于企业长远发展。二是投资原则，主要有：集中性原则，即把有限资金集中投放，这是资金投放的首要原则；准确性原则，即投资要适时适量；权变性原则，即投资要灵活，要随着环境的变化对投资战略作相应的调整，做到主动适应变化，而不可刻板投资；协同性原则，即按合理的比例将资金配置于不同的生产要素上，以获得整体上的收益。在投资战略中还要对投资规模和投资方式做出恰当的安排。

③收益分配战略。

本来企业的收益应在其利益相关者（stakeholding）之间进行分配，包括债权人、企业员工、国家与股东，然而前三者对收益的分配大都比较固定，只有股东对收益的分配富有弹性，所以股利战略也就成为收益分配战略的重点。股利战略要解决的主要问题是确定股利战略目标、是否发放股利、发放多少股利以及何时发放股利等重大问题。从战略角度考虑，股利战略目标为：促进公司长远发展；保障股东权益；稳定股价，保证公司股价在较长时期内基本稳定。公司应根据股利战略目标的要求，通过制定恰当的股利政策来确定是否发放股利、发放多少股利以及何时发放股利等重大方针政策问题。

(4) 企业财务战略的实施与控制

财务战略的实施与控制也就是努力遵照前面所述的各战略原则，以此为指导思想，评价各分期目标实现情况，进行有效地控制。在制定与实施前，除了考虑财务战略要求，还得关注组织情况，即建立健全有效的战略实施的组织体系，动员全体员工参加，这是确保战略目标得以实现的组织保证；同时明确不同战略阶段的控制标准，将一些战略原则予以具体化。比如，定量控制标准辅以定性控制标准；长期控制标准辅以短期控制标准；专业性控制标准与群众控制标准相结合等等。

在进行具体的战略控制时，要遵循以下原则：

①优先原则。对财务战略中重大问题优先安排，重点解决。

②自控原则。战略实施的控制要以责任单位与人员自我控制为主，这有利于发挥其主动性与创造性。

③灵活性原则。尽量采用经济有效的方法迅速解决实施中出现的问题。

④适时适度原则。要善于分析问题，及时反馈信息，及时发现并解决问题。

实施过程中努力确保各项工作同步进行，进度差别不大，从而利于内部协调。此外，财务战略实施完毕后，应对其实施进行评价，这是回头分析企业的预测、决策能力的很好途径，同时也为以后发展积累管理经验，吸取教训，为下一步财务战略管理奠定基础。

6.2.3　人力资源战略

人力资源战略是指根据企业总体战略的要求，为适应企业生存和发展的需要，对企业人力资源进行开发，提高职工队伍的整体素质，从中发现和培养出一大批优秀人才，所进行的长远性的人力资源管理方面的专业谋划和方略。

（1）人力资源战略的目标

人力资源战略是为实现企业总体战略服务的，因此，必须以企业总体战略的要求来确定人力资源战略的目标。这些目标包括：

①根据企业中长期发展的要求，保证其对人力资源总量的需要；

②优化人力资源结构，形成合理的人才结构，满足企业各层次、各专业对人才的需要；

③提高每个劳动者的素质，使之与其岗位工作的要求相适应，提高职工队伍的整体素质，发挥人力资源的整体效能；

④努力把人力转化为人才，促进每个劳动者成才，发挥他们的积极性、进取性和创造性，为企业发展和进步做出应有的贡献。

（2）人力资源战略的特点

①全局性。

战略性人力资源管理是企业全过程的管理。人力资源管理不是对单纯的“人”的管理，而是对从事各种各样企业活动的人的管理，它涉及企业的各个部门、各个环节，以及企业从起步到成熟，直到企业生命周期最后阶段的整个过程。

②长远性。

首先，从人员的选聘来看。一方面，人员的选聘既要考虑到企业现行岗位职责的要求，又要考虑到企业未来岗位职责的变化趋势。另一方面，人员的选聘不仅要考虑选聘对象现有的经验、知识和能力，而且要考虑其未来的潜能开发。这就需要企业在进行人员的选聘时，必须通过科学的程序和方法为企业挑选优秀的、具有开发潜能的人才。

其次，从人员的使用来看。即使允许员工自由流动，员工也不会一年换一次工作；而且每个职位的人员也不可能频频更换，否则，企业的经营活动就会失去稳定性，从而造成混乱。一般地，企业的组织结构平均三至四年变革调整一次。

再次，从人员的培训和发展来看。战略性人力资源管理更加重视开发与培养，注重员工的终身教育。宝洁企业为了保持企业发展的活力和后劲，往往雇用刚刚从学校毕业的优秀年轻人，然后再全力帮助他们进行职业生涯设计。它们把从各大学校园挖掘来的人才称为“企业未来的新鲜血液”。日本松下企业所有专业人员，均须从企业的基层工作做起，每个人必须用半年的时间推销产品或在一个零售商店卖货，每个人还须用一定时间在一个生产装配线上执行常规的工作，以后每提升一级，均受到进一步的培训。同时，每年还有5%的员工通过职务轮换方式进行培训，目的也是通过自行培育和“同化”发展企业的后备力量。美国通用汽车企业更是坚定地支持员工的终身教育，从小学生到博士后，从技能培训到学位教育，一应俱全，员工有选择接受培训和教育的自由。

最后，从人员的考核来看。一般企业一年左右进行一次考核，企业通过对员工工作绩效进行评估，可为提升、降职、奖惩等提供依据，从而使人员配备和人员激励更加合理、有效。但是，人力资源战略在考核方面除了上述这种基本目的以外，还有一个更重要的目的，就是通过考核和反馈，促使员工更加客观、准确地评价自己，并在此基础上确定个人的短期和长期的目标，规划自己的职业生涯。总之，战略性人力资源管理不是一时一事的工作，而是企业的一项长远工作，目的是通过对人力资源的规划，促使企业不断发展，长期生存。

③根本性。

管理工作的着眼点已从“事”转为“人”，也就是从原来的发现和纠正工作中出现的偏差，转变为通过完善人员选聘、培训、考核制度与方法等来改变企业员工的工作态度和行为，从而预防工作的失误，“防患于未然”，从根本上避免损失，解决问题。企业的一切活动都是由人来完成的，对决策起决定性作用的也是人的因素。资金能力与设施水平反映的是企业目前的规模，而人力资源的数量与质量则决定着企业未来的前途。因为一个管理者决策正确与否，直接关系到企业今后的发展方向，而员工的士气也影响着企业计划的执行与实施、目标实现的速度和程度。

（3）人力资源战略的内容

①人力资源开发战略。

人力资源开发战略，就是指为有效地发掘企业和社会上的人力资源，积极地提高员工的智慧和能力，所进行的长远性的谋划和方略。可供选择的人力资源开发战略方案有：（a）引进人才战略；（b）借用人才战略；（c）招聘人才战略；（d）自主培养人才战略；（e）定向培养人才战略；（f）鼓励自学成才战略。

②人才结构优化战略。

可供选择的企业人才结构优化战略方案有：（a）人才层次结构优化战略；（b）人才学科结构优化战略；（c）人才职能结构优化战略；（d）人才智能结构优化战略；（e）人才年龄结构优化战略。

③人才使用战略。

可供选择的企业人才使用战略方案有：（a）任人唯贤战略；（b）岗位轮换使用战略；（c）台阶提升使用战略；（d）职务、资格双轨使用战略；（e）权力委让使用战略；（f）破格提拔使用战略。

④人力资源战略的选择。

企业应结合以下因素来选择以上的各种人力资源战略：（a）国家有关劳动人事制度的改革和政策；（b）劳动力市场和人才市场的发育状况；（c）企业的人力资源开发能力；（d）企业的人力开发投资水平；（e）社会保障制度的建立情况。

【案例】

丰田的人力资源管理与企业文化

企业文化的形成在很大程度上要与企业的人力资源管理相结合，如此才能将抽象的企业文化的核心内容——价值观通过与具体的管理行为相结合，真正得到员工的认同，并由员工的行为传达到外界，形成企业内外部获得广泛认同的企业文化，真正树立企业外部形象，由此起到现代营销中所称的推销文化的效果。以下让我们看看丰田公司的企业文化与人力资源管理的案例。

丰田汽车公司企业文化

日本丰田汽车公司成立于20世纪30年代末，公司现有8个工厂，职工人数达45 000人，其产品主要是汽车部件，包括钢铁、有色制品、化纤制品、塑料制品、橡胶、玻璃、各种日用品用具等。2008年丰田汽车公司的汽车产量已经超过美国通用汽车公司和福特汽车公司，居世界汽车制造业首位。2008年产量达928.3万辆，营业收入额25万亿日元，利润1.6万亿日元。

企业管理界人士普遍认为，丰田的成功经验是：积聚人才，善用能人，重视职工素质的培养，树立良好的公司内部形象。作为企业文化和人力资源管理结合中的一部分，丰田公司的企业教育取得了很大的成果。较高的教育水平和企业人才培训体系的建立，是企业乃至社会经济飞速发展的基础。这一点，在丰田的企业文化和人力资源管理中得到了证实。丰田公司对新进入公司工作的人员，有计划地实施主业教育，把他们培养成为具有独立工作本领的人。这种企业教育，可以使受教育者分阶段地学习，并且依次升级，接受更高的教育，从而培养出高水平的技能集团。

在丰田教育的范围不仅仅限于职业教育，还进一步深入到个人生活领域。教育的目标，具有生活中的实际意义而能够为员工普遍接受。有人问："丰田人事管理和文化教育的要害和目标是什么？"丰田的总裁曾作了这样的回答："人事管理和文化教育的实质是，通过教育把每个人的干劲调动起来。"丰田教育的根本思想是以"调动干劲"为核心。

非正式教育，在丰田叫做"人与人之间关系的各种活动"，是丰田独有的教育模式，这种教育就是前述的关于人的思想意识的教育。非正式教育的核心是解决车间里人与人之间的关系，培养相互信赖的人际关系。光靠提高工资福利保健等的劳动条件，还不能成为积极地调动员工干劲的主要因素。丰田创造出一系列精神教育的活动形式，这种活动是以非正式的形式和不固定形式的做法进行的。

非正式的各种活动有以下几方面：(a) 公司内的团体活动。(b) 个人接触 (PT) 运动。

"公司内的团体活动"是根据员工的特点，将员工分成了更小的团体。团体小可使参加者更加随意、亲近地接触，这对于培养员工的团队意识是很有帮助的。一个人可以根据各种角色身份参加不同的团体聚会。通过参加这些聚会，既开展了社交活动，又有了互相交谈的机会。为了这种聚会，公司建造了体育馆、集会大厅、会议室、小房间等设施，供自由使用。公司对聚会活动不插手，也不限制。职工用个人的会费成立这种团体，领导人是互选的，并且采取轮换制，所以每一个人都有当一次领导人来"发挥能力"的机会。这些聚会都有一个共同的条件，就是把这些聚会作为会员相互之间沟通亲睦、自我启发、有效地利用业余时间、与不同职务的会员进行交流的途径。

个人接触和“前辈”制度。丰田公司为了让新参加工作的职工熟悉新环境，曾提出了“热情欢迎新职工”的课题，在这方面，采取了“个人接触”的形式。这种形式的做法是，选出一位前辈，把他确定为新职工的“专职前辈”。这位前辈担负着对所有事情的指导工作，这种做法产生了很好的效果。专职前辈的任职期间一般为6个月。在工作上、生活上、车间里，专职前辈都给以指导和照顾，对人际关系、上下级关系给以协调。公司方面把这种“专职前辈”的做法加以制度化。此外，还有“领导个人接触”的制度，这是对工长、组长、班长施行“协助者”的教育，是一种进行“商谈”的训练。

另外，还采用“故乡通信”的做法。班组长每日轮流给新职工的家寄信。新员工进公司的第一个月，由组织写信和寄小组照片，寄丰田画报和丰田报。如何使这股团队亲情不断、不倦地持续下去？这是丰田领导者一直在思考的问题。这个问题不是单纯的福利保健活动，而是要作为企业长远的精神建设方面的问题对待，他们正为开展更加多种多样的活动而苦思冥想。20世纪70年代以后，20岁以下的员工占到50%。他们的思想意识、价值观念和欲望同五六十年代的员工相比发生了很大变化，为这些人创造出一个使他们满足而“有吸引力的工作环境”是很不容易的事情。因而，公司不断地进行积极的努力，继续创造能培养“生存的意义和干劲”的土壤。

企业文化与人力资源管理的契合

丰田公司的做法中，我国企业有许多可以借鉴之处。在人力资源管理中，不能仅仅把招聘员工、吸引优势人才就看作成功的人力资源管理。要做到“招得来，留得住，用得好”，除了人力资源的常用技术手段外，还要把人力资源管理活动与企业文化相结合，把企业文化的核心内容灌输到员工的思想之中、体现在行为上，这是企业文化形成的关键。具体的人力资源管理与企业文化结合的做法可以从以下几方面出发：

首先，将企业的价值观念与用人标准结合起来。这要求企业在招聘过程中对招聘者进行严格的培训，在制定招聘要求时要有专家的参与。在招聘面试过程中，选择对本企业文化认同较高的人员。

其次，将企业文化的要求贯穿于企业培训之中。这种培训既包括企业职业培训，也包括非职业培训。尤其是非职业培训，要改变以往的生搬硬套的模式，而应采取一些较灵活的方式，如非正式活动、非正式团体、管理游戏、管理竞赛等方式，将企业价值观念在这些活动中不经意地传达给员工，并潜移默化地影响员工的行为。

再次，企业文化的要求要融入员工的考核与评价中。大部分企业在评价员工时，以业绩指标为主，即使有些企业也提出德的考核，但对德的考核内容缺乏具体的解释，也缺乏具体量化的描述，使考核评价的各人根据各人的理解进行，并未起到深化企业价值观的作用。在考核体系内，要将企业价值观念的内容注入，作为多元考核指标的一部分。其中对企业价值观的解释要通过各种行为规范来进行，通过对鼓励或反对某种行为，达到诠释企业价值观的目的。

最后，企业文化的形成要与企业的沟通机制相结合，只有达到上下理解一致，才能在员工心目中真正形成认同感。这要求人力资源管理不但要处理技术性工作，也不单单是人力资源部门独有的工作，而是要求所有的管理人员参与其中，如此才能形成公司人力资源管理的整体能力，从而形成核心能力，建立起在市场竞争中特有的竞争优势。

（资料来源：根据 http：//www.manager365.com/Article/rlzygl/ZC/200702/20070228143735_2.html 边卫军资料修改，2007-2-28）

6.2.4 研发战略

研发战略，是指企业在对社会的需求分析的基础上，制定技术研发和产品开发的战略计划。企业的研发战略决定了企业研发工作的主攻方向，关系到企业的生存和发展。

企业的研发战略应该力求明确，重点突出，以提高核心竞争力为目标，以市场为导向，阶段性强，并与具体计划相配套。如英特尔企业在采取领先型战略研制出奔腾系列芯片后，为了使新型芯片尽快上市并大规模生产以降低成本，又采取了自己投资设立生产工厂的战略。

在高度竞争和不断变化的市场和技术环境中，有效进行研发管理是一个组织成功的关键。这就要求整合研发战略与公司战略，了解最佳研发实践，确保研发部门与营销等职能部门有效地进行合作，生成以客户为导向的创新思想。此外也要对技术人员和跨职能关系进行人性化的管理。

研发战略的特征：

①创新性。无论是对原有产品或服务的改进，还是设计出新的产品，都是一项创新的活动。

②风险性。研发需要企业高额长期的投入，只有企业的研发真正实现了市场价值，企业才能得到丰厚的回报。又由于市场存在不确定性，从而使企业研发具有较大的风险。

③高回报。研发是创造其他企业没有或者比其他企业更出色的产品，因此可

以形成差异化的高价格。

④长期性。企业的创新研发是一个长期的活动，不仅需要对资金的长期投入而且需要不断地对人才进行培养。

⑤协作性。研发部门要同其他职能部门保持紧密的联系，尤其是市场营销部门，针对顾客的需求进行研发才能最终满足社会的需求，实现企业的价值。

【案例】

IBM 的研发战略及其趋势

IBM 公司可称得上是当今世界 IT 业的“航母”，它的产业经营涉及了硬件制造、软件设计、全球化服务、金融和投资等五大领域，销售额中有一半以上来自美国（母国）以外的国家和地区，属于一家典型的规模经济与范围经济兼具的跨国公司。虽然全球化的规模经营与多元化经营战略可以带来成本领先优势，但在 IT 业，这终究属于一种比较优势——易被竞争对手模仿和复制，真正确立和巩固 IBM 公司全球竞争优势的决定性因素，是其成功的研发（research and development）战略——保障了 IBM 的技术领先和技术开拓，能够源源不断地向信息产业市场推出技术最先进的产品。

掌舵研发技术走势的市场定位战略

市场定位战略是整个 IBM 研发战略的基础性选择，它确定了公司研发资源和能力配置的方向和范围——是定位于领先和开拓还是定位于跟随和模仿。IBM 的战略定位一直致力于创造、开发和生产 IT 产业中最为先进的系统，其计算机系统、互联网系统、软件、存储设备和电子产品具有明显的竞争优势——产品差别优势；IBM 的研究所也因此在业界和科学界享有盛誉。正是基于这种高端市场的战略定位，IBM 不仅可以通过新产品开发获得短期市场利润，还能够通过知识创新和技术变革创造新市场，从而在市场竞争中获得长期的竞争优势，实现自主的持续发展。

最近几年来，IBM 又开始进一步对其技术——市场定位进行战略性范围调整，将业务进一步向纯粹的知识密集型部门转移：重点发展全球服务业，扩大软件业，压缩硬件业，最终使全球服务业的销售额在公司总销售额中的比重超过了 50%，取代硬件业务而成为公司的主力部门；软件业的销售额也由 20 世纪 90 年代初期 13%的比重成长为目前的 20%。在 IT 产业技术日益成熟和标准化、利润空间不断收缩的背景下，服务和软件将成为新的竞争高地，IBM 正是适应这种环境转变，适时地由一家硬件制造商向“准确地理解客户面临的问题并为之解决问题”的服务型企业发展，这是一种更为高端的研发技术—市场定位战略。

研发国际化的网络化战略

为了更好地支持其全球生产—服务网络，研发的国际化成为IBM公司研发战略的一个主要组成部分。IBM的全球研发网络是基于两大主体构建起来的：基础研究所（主要进行知识和技术创新）和应用研究所（主要进行新产品开发）。基础研究所布局较为分散，应用研究所则较为集中，主要分布于美国、西欧和日本。在业务内容方面，基础研究所的战略定位侧重于以新方案、新思想、新概念和新技术为核心的知识和技术创新。正是这些业务内容真正成为IBM公司核心能力的源泉。应用研究所则直接服务于各生产基地，面向全球市场开发新产品。基础研究所与应用研究所以及各研究所是众多相互依赖的研发机构中的一员，各地的研究所经由正式和非正式的协调机制联系在一起，从而形成一个高效运行的网络。例如，基础研究所之间虽然研究领域迥异，但由于基础性研究在深层次上存在着相当的联系和重叠，因此可以相互借鉴研究成果，通过整体协作提升整个研发网络的效率；而各应用研究所开发的产品一方面服务于本土化战略，另一方面则通过一个研究中心实现同一产品在不同国家和地区之间的设计、款式、性能的转化和互换，通过研发网络内的流转提高同一新产品的利用效率。这样，各研究所在利用东道国本地的资源进行研发活动的同时，还可以通过研发网络将东道国本地的资源转化为网络内可流转的资源。

研发网络的精细化整合战略

随着IBM对其技术—市场定位进行的战略性范围调整，公司相应地开始调整其研发国际网络，加快由传统的IT业制造商向新型的IT业研发服务商的角色转变。其中最主要的战略选择行动就是在减少全球制造基地的基础上削减研发网络中应用研究所的数量，由20世纪80年代初期的24个调整至目前的18个，基础研究所则由4个调整至现在的8个。同时，基础研究所的区位选择也经历了早期的母国中心型战略到后来的发达国家中心型战略，再到现在的向发展中国家扩张的一体化战略。

这种战略特征明显区别于20世纪80年代以前的战略。早期的IT业市场技术尚未成熟和标准化，规模经营与多元化经营可以成为市场壁垒，能够有效地阻止其他竞争对手进入，是一种竞争优势。但随着IT产业自身发展的日趋成熟，硬件制造在整个产业价值链中相对退化为弱势环节，在IT企业的核心能力中，生产能力和营销能力逐渐为研发能力所覆盖。IBM进行的战略性业务收缩，实际上恰恰反映和适应了这种环境要求，其业务收缩过程实质是一种研发业务的精细化战略。这种精细化战略并非简单的“归核化”，它既是将公司研发资源向核心业务整合的过程，也是将研发资源向IT产业更高端环节集聚的过程。这种战略不但定位于高端，且能够直接服务于世界市场——利用公司创新技术和发明所产生的解决方案为客户提供解决问题的系统构建及咨询服务。

研发网络的多元化协调战略

IT 业的许多跨国公司都进行了研发的国际—网络化，但随着一个企业地理分散的研发活动的增多，管理协调上的复杂性成为非常突出的问题。一般而言，由于研发分支机构和总部之间的认知偏差、信息沟通存在分歧，企业的全球研发网络内存在诸多影响运行效率的矛盾。

IBM 公司作为一个知识创新、技术创新和产品创新的企业，形成了一套行之有效的管理协调战略系统：在组织上，所有的基础研究所均在公司最高层——Senior VP & Technology & Manufacturing 的直接管理之下。这里的研究中心直接协调各个基础研究所，既包括技术协调也包括人力资源和财务资源协调，但这些研究所之间是网络间的节点即平行协作关系，这样既保证了研发战略部门之间的协作效率，又能够在公司内对其进行统一管理和部署，还可以防止研发资源外露。应用研究所则分别由各所在东道国的 IBM 公司管理，以配合这些公司满足市场需求、成本要求和技术水平标准，而各应用研究所的产品开发方针和具体计划则要求和公司整体的市场竞争战略保持一体化。因而，从 IBM 的整个管理协调的组织来看，基本原则是高端的，作为公司创新和竞争力源泉的研发部门直接受控于公司总部；而具体的产品开发则趋向于分散管理，各研究所之间的技术协调依赖于研发的国际——网络化的整合性。

此外，保持整合性要求网络中的各主体及成员之间目标的一致性，其间的联系——正式的和非正式的也是必不可少的。IBM 公司主要是依靠以下多种渠道实现信息沟通和交流：一是确立英语为公司共同语言，便于成员交流，也有利于从全球搜集和获得信息；二是成立专门的委员会，为研发部门的主要和特殊人员在公司内部提供跨部门、跨地区的见面交流平台，可以就某些关键问题进行讨论；三是配合研发网络建立信息技术基础设施，引进和利用 Lotus Notes 软件为各主体及成员提供电子邮件服务、共享数据库和远程登录技术，使全球 30 多万雇员能够共享电话本、图书室等公司信息库，从而大大提高了跨国研发流程的效率。

事实上，最近 10 年来，IBM 的研发网络一直处于战略调整状态，过去那种服务于硬件制造的规模经营和范围经营的研发战略，逐渐让位于基于全球化服务及软件开发的研发战略，这符合了 IT 产业环境的变化和发展。由于硬件技术的日趋标准化和普及，IT 业本身将进一步分化，用户服务和软件设计日益成为其中的知识密集型环节，在这里建立起来的竞争优势无疑将具有垄断性和长期性；而硬件制造则日益成为相对的劳动密集型环节，这里需要的仅仅是规模经营和范围经营，其竞争将日趋激烈。因而，综合来看，IBM 的研发战略很可能意味着对于将来而言，它已经取得了某种至高的市场竞争位势。

（资料来源：http：//www.chinaacc.com/new/635_652_/2009_5_4_le5307035561459002174 0.shtml，2009-5-4）

【摘要与总结】

1. 职能战略对职能活动的发展方向进行策划，对职能活动进行管理。职能战略是对公司层战略和业务层战略的进一步细化，它使得企业层和业务层的战略通过职能活动得以落实，并实现与某特定业务有关的职能之间的协调和协同。

2. 市场营销战略，是指企业为实现其整体经营战略目标，在充分预测和把握企业外部环境和内部条件变化的基础上，集合企业的经营专长，对企业的市场运营的有关方面（业务发展态势确定、目标市场选择、产品市场定位、营销组合等）所作出的高瞻远瞩的总体谋划，以期达到顾客满意和企业的长期生存与发展的目标。

3. 财务战略定义为：企业为谋求资本均衡有效的流动，提高资本运营质量和效益，实现企业战略目标，增强企业竞争优势，在分析企业内、外部理财环境因素对资本流动影响的基础上，对企业资本进行全局性、长期性和创造性的谋划，并在组织内有效地管理与运用这些资本的方略以及确保其执行的过程，是企业整体战略的重要组成部分。

4. 人力资源战略就是企业适应外部环境变化的需要和人力资源开发与管理、自身发展的需要，根据企业的发展战略，充分考虑员工的期望而选择的人力资源开发与管理的纲领性的长远规划。

5. 研发战略，是企业为了达到一定目标在研发方面所采取的策略，是指企业在对社会的需求进行分析的基础上，制定的技术研发和产品开发的战略计划。

【问题与思考】

1. 简述职能层战略的内容及作用。
2. 试从职能层战略的角度阐述如何保证企业实施稳定型战略。
3. 试从职能层战略的角度阐述如何保证企业实施紧缩型战略。
4. 试从职能层战略的角度阐述如何保证企业实施增长型战略。

【本章参考文献】

[1] 李世杰．市场营销与策划．清华大学出版社，2006

[2] 王静，李淑平．高级财务管理．武汉理工大学出版社，2007

[3] 马新建，等．MBA——人力资源管理与开发．北京师范大学出版社，2008
[4] 陈劲，宋建元．解读研发企业研发模式精要实证分析．机械工业出版社，2003
[5] 保罗·特罗特．创新管理与新产品开发．吴东，等译．中国市场出版社，2007
[6] [美] A. 里斯，J. 特劳特．营销战．李正栓，贾纪芳，译．中国财政经济出版社，2002
[7] 张振香．发电企业人力资源管理理论与实践．中国劳动社会保障出版社，2009
[8] 舒文，袁斌．现代企业管理学．四川大学出版社，2006
[9] 王方华，吕巍．企业战略管理．机械工业出版社，2004
[10] 李福学，等．市场营销学．武汉理工大学出版社，2008

第三部分　战略实施与评估

战略管理的根本任务是制定适宜的战略方案并将之最终转化为企业的战略性绩效。制定好的战略方案并不意味着战略管理过程的结束，战略方案也不等同于竞争优势。战略制定好之后，需要一个与之相适应的支持系统以保障战略的顺利实施；需要一系列战略实施活动将战略方案转化为行动，才能达到最终目的。在这一过程中，企业的内外部环境都有可能发生变化，必须不断地对战略进行控制与评估，及时发现这些变化并采取适当的措施进行调整。否则，一旦企业的运行偏离了既定的目标，战略方案就会失去意义。

第7章

战略实施支持系统

【开篇案例】

公司后勤支持系统失败的实例

在我们研究各类公司、企业及组织时，发现公司后勤支持系统管理不当的例子比比皆是。这些管理不当的支持系统就如同公司发展的绊脚石，阻碍了有利于公司成长的改革实施。以下便是本章中讨论的各种支持系统如何影响公司策略实施的实例。

——人力资源系统

一家曾经一度非常成功的培训公司的董事无法解释为何近三年来客户对该公司的培训课程的需求持续下降，当公司邀请某些外来人士研究该问题时，他们很快便找到了症结所在。公司是按照员工的授课时间支付报酬的，而员工为授课所进行的课程材料的准备却被忽视了。在公司发展的初期阶段，这并不是问题。因为在一切从零开始的情况下，员工都必须准备授课材料。然而，随着公司的发展，员工便没有动力编写新的授课教材了，因为他们的报酬仅由授课时间决定。四年来，公司的授课内容几乎没有任何改变，自然无法满足客户的需求。

——信息资源系统

一家垂直一体化制造企业的高级管理层认为本公司某些产品的售价始终低于其成本，因而导致长期亏损，于是决定解决该问题。不幸的是，公司的管理信息系统却无法提供产品生产成本的最基本的信息。在任何产品垂直一体化生产过程中的不同阶段，收集及分析数据都采用不同的方法及标准，并且这些方法不能相互兼容。因此，虽然制造过程中的每一阶段都有大量翔实的数据，却无法将它们综合起来加以利用，因而也就无法获取准确的产品成本的信息。

——资金系统

一家大型跨国公司的财务负责人对建筑物的新建项目采取延期付款的方式。该举措的主要目的在于缩减公司的资本项目投资，尽量避免新建项目，而鼓励现有建筑物的更新维修。为了解决办公空间不足的问题，同时又不违反此项规定，一位大胆尝试的地区经理决定除保留原有的电梯外，将现有的办公楼全部拆除，并围绕着保留下来的电梯，建造新的办公设施（由于仍保留了原来的电梯，所以并不能被称为新建项目）。而这种做法所需的投资要远大于将原办公楼售出再进行新建的所需资金，自然总公司也无法提供此更新项目所需的巨额资金。

（资料来源：引自［美］亚历克斯·米勒．战略管理．何瑛等，译．经济管理出版社，2004：340）

即使组织已经有了一个好的战略，也不能简单认为这就能够实现战略目的。组织要将战略转化为具体行动，应确保其系统有助于战略实施。本章我们将讨论四种类型的支持系统——人力资源支持系统、信息资源支持系统、资金资源支持系统和组织文化支持系统——对战略实施乃至整个战略管理过程的重要性。通过适当的管理，这些系统能对战略实施提供强有力的支持。

7.1　人力资源支持系统

如今的竞争，已不完全是简单的土地和资本的低层次竞争，而是人力资源和信息等新兴战略资源的竞争。新战略与政策的实施往往要求新的人力资源管理重点，以及对员工的不同使用。建立与组织战略相适应的人力资源系统，是战略成功实施的有效保障。图 7.1 说明了人力资源的各组成部分是如何相互加强，为战略管理提供整合服务的。

7.1.1　人力资源计划

人力资源计划是组织为实现其发展目标，对所需人力资源进行供求预测、制定系统人力资源政策和措施，以满足自身人力资源需求的活动。

若要让人力资源管理在战略实施中扮演重要的角色，那么，就必须使人力资源计划和企业的发展战略相一致，在对内外部环境理性分析的基础上，明确企业人力资源管理所面临的挑战以及现有人力资源管理体系的不足，清晰地勾勒出未来人力资源愿景目标以及与企业未来发展相匹配的人力资源管理机制，并制定出能把战略目标转化为行动的可行措施以及对措施执行情况的评价和监控体系，从

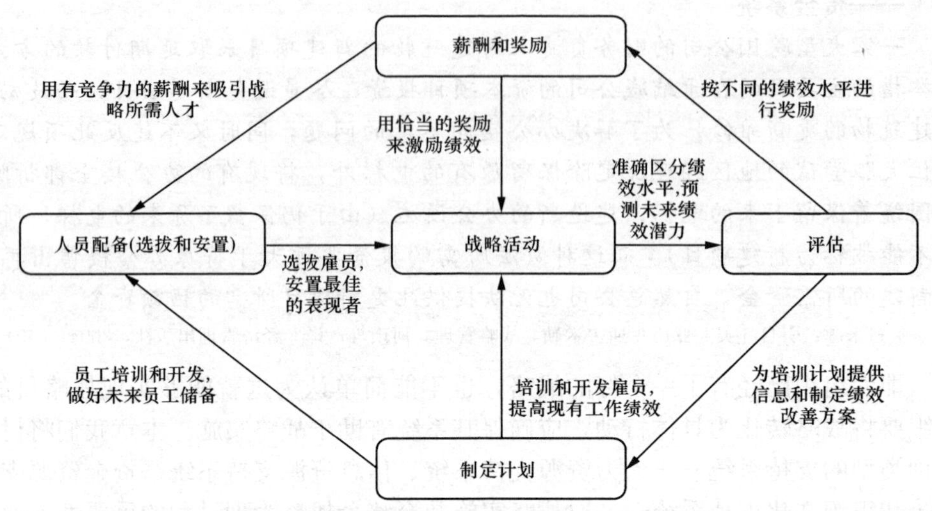

图 7.1　人力资源构成要素与战略管理相结合

（资料来源：［美］H. 伊戈尔·安索夫，彼得·H. 安东尼奥．变革国家中公司发展战略．曾立芸，安砚贞，译．中国人民大学出版社，2004：290，略有修改）

而形成一个完整的人力资源战略系统。

制定人力资源计划不仅对战略实施具有重要作用，同时还能为战略计划的制定奠定基础。因为，人力资源的供求预测需要公司扫描人力资源环境的信息，这些信息包括教育和劳动力市场的趋势、法律和监管等外部信息和生产率、旷工、员工流失率、雇员关系和不断发生的人员问题等内部信息，这些对公司识别和评估所处的环境（公司的优势、弱势、机会和威胁）具有一定作用。

7.1.2　人员配备

人员配备涉及员工招聘、选拔以及根据具体岗位的要求和员工的能力进行人员配置。这项工作在战略实施中至关重要。如果公司计划实施成长战略，就需要招聘与培训新员工。拥有必要技能的、有经验的员工要提拔到新设立的管理岗位上。但是，如果公司采用收缩战略，可能就需要解聘或辞退大量员工，高层管理者和分部经理要规定一些标准，用于这些人事决策。

（1）战略实施人员的选拔

要根据执行特定战略所需能力来选拔总经理、副总裁和分部总裁，选拔的标准包括经验、教育和个人素质等。

兰德尔 · S. 舒勒和苏珊 · E. 杰克逊（Randall S. Schuler and Susan E. Jackson）曾建议一种将战略与所需行为相结合的方式。该方式运用了波特的三种竞争战略。他们推断，每种战略都需要一组不同的角色行为，如表 7.1 所示。人力资源管理的作用就是，设法寻找那些可以担当该角色的人选，并通过开发文化和人力资源系统来塑造其行为。

表 7.1　三种战略类型所需的角色行为

角色行为的类型	战略类型		
	创新	削减成本	提升质量
创造性还是可预测性	创造性高	有一定的重复性和可预测性	有一定的重复性和可预测性
侧重的时期	长期	短期	长期或中期
合作还是独立	行为的依赖和合作	主要是自治或个体活动	适度的合作、相互依赖行为
重视质量的程度	中等	适度	高
重视数量的程度	中等	高	适度
注重过程还是注重结果	同等	主要注重结果	主要注重过程
愿意承担风险的程度	相对较高	低	低
变革导向	对不确定性和不可预见的容忍度较高	偏爱稳定性	对组织全局目标做出承诺

（资料来源：转引自 H. 伊戈尔 · 安索夫，彼得 · H. 安东尼奥. 变革国家中公司发展战略. 曾立芸，安砚贞，译. 中国人民大学出版社，2004：294）

美国的亨戈（Hunger，L. D.）在其所著的《战略管理精要》一书中提出最适合实施新公司战略或经营战略的总经理类型取决于公司或事业部的战略方向。执行官类型就是根据所拥有的技能与经验对管理者的分类。一定的类型与特定战略相配，能使战略产生最佳效果。例如，采用集中战略的、强调纵向或横向一体化的公司可能需要一位攻击性很强的、具有公司所在产业丰富经验的新首席执行官——动态产业专家（dynamic industry expert）。相反，采用多元化战略的公司就需要一个具有分析头脑、拥有其他产业的丰富知识并且能管理多样化产品的人——分析组合经理（analytical portfolio manager）。采用稳定战略的公司需要的首席执行官，可能是一位保守，具有生产或工程背景，拥有控制预算、资金开支、存货以及标准化规程经验的人——谨慎利润计划者（cautious profit planner）。处于具有吸引力的产业的弱势公司就需要一个善于迎接挑战、挽救公司的人——扭转专家（turnaround specialist）。如果公司无法挽救，就可能需要一位清算专家（professional liquidator），能够上破产法庭、关闭公司、清算资产。

管理人员能力识别方法

许多大公司也采用评估中心方法来评价人员对更高职位的合适度。像AT&T公司、标准石油公司、IBM、西尔斯、通用电气等公司都成功采用了评估中心。因为每一个中心都是为公司特制的，这些评估中心都很独特。它们运用特别面谈、管理游戏、无领导的集体讨论、案例分析、决策练习与口头陈述等手段评价员工是否适合某些管理岗位。能否晋升到这些岗位取决于在评估中心的表现。许多评估中心的结果都被证明对随后的工作业绩具有高度的预见性。

（2）领导团队

CEO或总经理不是战略实施的唯一关键，在许多案例中，与战略相适应的最重要的方面可能是拥有所需素质的团队。越来越多公司运用团队或集体领导的优势来管理公司业务。分担责任和任务使得寻找一个具备众多素质的人选成为不必要。GE和国际收割机公司（International Harvester）、杜邦公司和施乐公司就是利用团队和集体领导的例子。关于领导团队的选择与组建问题将在本书“8.4 战略领导”一节详细阐述。

（3）雇员发展

公司未来人才的最佳来源是现有的雇员。公司可以在今天投资于雇员的发展以满足未来的人力资源需求。员工的培训和发展可与战略实施相结合，即按战略实施的要求，提供相应的新技能和行为的培训。雇员发展活动的范围可从所需的文化价值观的管理到教导雇员如何运用先进的通信设备改善客户服务等。其他的雇员发展活动包括培训新产品的服务方式、为派驻海外人员提供语言和文化培训等。

帮助雇员为未来的职业发展做准备能激励员工，同时还能及时地满足公司人才替补的需求。例如，某纺织品公司确定了40个潜在的、具备管理高层和总经理潜力的人选，并指定专人与这些未来的经理们一起工作和协商问题。此人同时筹划专项研讨会、大学教育计划并为个体量身定制工作背景，目的是为他们的未来职位做准备。对一个公司来说，决定向年轻雇员投资是一件最具社会责任感的事情。

（4）员工解聘

减员指的是有计划地取消职务或工作。公司通常用这一行动来实施收缩战略。通常，这种行动一般都会为公司带来一些短期利益。但是，如果操作失当，减员就会使生产率下降，而不是提高。一项对减员的研究表明，30家与汽车相关的美国公司中，就有20家出现问题，要么是错误地减少了工作，要么迫使一些以前提升起来的经理过早离开，其中有些甚至是对公司非常有价值的人。经过裁员之后，留下来的员工不仅要做自己的工作，还要做那些离去的员工留下的工作。因为这些留下来的人不知道怎么做那些人留下的工作，公司士气和生产率垂直下滑。除此之外，对成本敏感的执行官倾向于推迟机器维修、减免培训、推迟新产品开发、避免进入有风险的新业务，所有这些都导致销售额下降，最终导致利润下降。这种情况的发展就使实施收缩战略的公司自食其果，并且进一步变弱，而不是变强。

下面是一些成功裁员的指南：

①取消不必要的工作，而不要全面裁减。花时间研究哪个地方浪费钱，如果某一任务不能为公司产品增值，就取消这一任务，而不是这个员工。

②外包那些其他公司可以更廉价地完成的工作。例如，纽约信托银行（Bankers Trust of New York）把一些邮寄、印刷服务，部分工资册和应付账款服务外包给施乐公司的一个分部。

③为长期效率进行计划。不要简单地取消所有可以推迟的开支，例如维修、研究开发与广告，不现实地寄希望于环境会变得更有利。

④交流减员行动的理由。不仅告诉员工公司为什么要减员，还要告诉员工公司将得到什么。

⑤投资于余下的员工。因为大多数“幸存者”在公司减员之后都要从事不同的工作，公司要编写新的工作说明书、业绩标准、评价工具和补偿政策。可能还需要培训，以确保人人都有适当技能完成扩展的工作与责任。

⑥开发新的增值岗位、平衡取消岗位的影响。当公司内部没有其他岗位转移这些员工时，管理层必须考虑其他人事方案。例如，哈利戴维森就与公司工会一起为多余员工找到了其他工作，这些工作以前是由公司的供应商做的。

7.1.3　评估和奖励

绩效评估和奖励能告诉组织成员什么行为是重要的，同时强化正确的行为，以行为为关注焦点，并通过激励对正确的行为表示鼓励。然而，假如绩效评估机制不完善，那么，就会以错误的甚至是有碍效率的方式塑造员工的行为。为了避免这种状况，管理层必须确定哪些是符合战略实施要求的行为，并正确地衡量这些行为，及时地奖励表现良好的经理。

绩效评估标准必须反映战略的全局目标和计划。假如公司战略的部分内容是向新市场渗透，那么，分部和营销经理的一个评估绩效标准也许是达到一定的目标市场占有率；对区域经理和销售人员而言，绩效标准的范围可能是实现销售全局目标的程度。另一个评估绩效标准可能是新客户的数量，而销售人员的衡量标准还包括拜访新客户的次数等。

为了进行绩效衡量，不同层面的经理应将战略全局目标和计划体现在绩效标准中，并使该标准与战略计划保持一致。经理必须与每个员工沟通，使他们明白该如何行动才能使部门的努力为整体战略做贡献。

奖励和处罚的时间范围是一个重要的考虑因素，长期奖励与短期奖励相比，两者的优先顺序依战略的性质而变。对执行增长战略的公司而言，更适合采用基于长期回报的激励机制。而对追求短期战略全局目标的公司而言，应对奖励机制的重点作相应的调整。例如，在大型公司的收获型事业单位里，非常强调短期量化的业绩指标，并以此作为设计奖励机制的基础对战略成果进行评估。

战略实施的一个关键部分是激励高层经理行为的补偿系统。大部分激励理论的假设基础是，为了达到最佳的业绩，奖励必须与业绩相结合。遗憾的是，奖励和业绩之间的联系通常都不太清晰，而且没有一个完美的补偿系统可以使两者相协调。高层经理都希望通过短期经营结果和行动落实来实施长期战略。但是，往往是那些产生高效经营结果的行动会削弱战略成果。例如，某公司是根据合同规定按净利润向分部经理支付红利的，这种做法导致分部经理忽视工厂设备的维护，几乎毁坏了公司的基础设施。同理，分部单纯追求经营成果最大化会破坏原本可使得整个公司经营成果最大化的合作关系。

如果管理层能明智地制定补偿计划，该计划就能成为强有力的战略实施工具。一个完善的补偿计划应达到下列全局目标：①定义恰当的业绩行为；②不易被操纵；③高层经理能够控制业绩的基础；④根据相应的结果衡量业绩；⑤使用简单易懂的衡量机制，衡量机制应灵活；⑥将补偿与业绩相结合易于调整。

设计一个对所有经理适当行为进行补偿的奖励机制是很不容易的。大部分报酬系统只侧重少数几个具体目标，在对业绩进行奖励之外，还要考虑留住经理、竞争性行业薪酬、年资等。表 7.2 归纳了经理的补偿组合。该表显示了美国的大多数公司都向公司的管理高层发红利，红利的标准占总补偿的一定百分比。经理的大部分补偿与他们的业绩或战略成就没有直接的关系。例如，提供 5～10 年期的股票期权（可按设定的市场价购买股票的权利），其实施可在多年之后，尤其是股价上涨时。这样就可以给经理提供一个与当前业绩无关的巨额红利报酬。时至今日，一个典型 CEO 的总收入的 40％来自于与公司股价相关的期权和其他长期激励计划。

表 7.2　高层管理人员的薪酬组合

	直接现金（与绩效相关的）		递延现金（部分与绩效相关的）	非现金（与绩效无关的）	
	基本工资	红利	股票期权	小额福利	额外补贴
CEO					
使用频率	100%	55%～85%	70%～85%	100%	100%
可用范围	100%	比基数高 60%	不封顶	—	—
总补偿百分比	40%	20%	15%	20%	5%
高层副总裁					
使用频率	100%	55%～85%	70%～85%	100%	100%
可用范围	80%	比基数高 40%	不封顶	—	—
总补偿百分比	50%	15%	8%	24%	3%

（资料来源：A. Nash，Managerial Compensation：Highlights of the Literature. Work in America Institute Studies in Productivity No. 15，Scarsdale，N. Y：Work in America Institute，1980）

在西方国家，经理补偿计划也受到了相当多的批评，主要是指奖励没有与业绩恰当结合、缺乏对长期结果的强调。在最近的十年间，针对标准普尔 400 指数公司的调查报告显示，公司管理高层薪酬的实际美元价值增加了 10%，而股东的实际美元价值却减少了 2%。出现这种情况无疑是令人担忧的。

【延伸阅读】

华尔街“高薪文化”遭遇重创

作为全球首屈一指的金融中心，华尔街的薪酬体系具有自己的特征。在总收入中，高管以及业绩出众的交易员、销售经理们的薪水只占很小部分，而年终分红、奖金才是大头，后者往往是前者的几倍甚至几十倍以上，并且没有上限。不仅如此，这种薪酬的结算采取一年一结制。在短期商业价值观的驱动下，华尔街人热衷于高投入高回报的游戏，结果是资本的本性制造出了各种各样的金融赌局，奋不顾身的冒险以获取高额报酬成为流行不衰的时尚。

的确，2008 年华尔街金融机构的奖金与红利绝对额比之 2007 年下降了 40%；但这并不能说明华尔街开始抵御贪婪，而是所有金融公司经营亏损使然。据美国财政部“薪酬沙皇”办公室披露，2009 年美国主要银行和证券公司有望支付员工约 1 400 亿美元薪酬，较 2008 年增加 20%，超过 2007 年的 1 300亿美元。其中，美国第二大银行摩根大通在前 9 个月拨出了总额 87.9 亿美元的资金，作为旗下投资银行部门员工的薪酬和福利的准备金，相当于平均每人约35.38万美元。同样，摩根士丹利在前9个月拨出了64%的营业收入约109亿美元作为员工红利准备金，平均每名员工可以领到17.53万美元。美国银行2009年给它的高级员工平均支付604万美元的薪酬，而高盛计划2009年发放220亿美元薪酬，相当于高盛员工人均可获70万美元，这两项数据均为高盛创立140年来之最。

强硬的华盛顿

华尔街金融公司被看作是危机的"始作俑者"，作为市场的监管者和已经付出代价的公众始终不会放松警惕，一场以强化金融监管为主要目的的变革运动在各国蔚然掀起。从美国国会到美国政府，从美联储到美国财政部，在2009年内针对金融行业薪酬制度而出台的限制性政策与行动几乎从来没有停止过。

进行薪酬限制立法。2009年2月，美国国会通过立法，要求财政部监管接受政府不良资产救助的359家公司的薪酬情况。法案明确规定，高管年度奖金和其他奖励不得超过其全年总收入的1/3，且这些奖励必须以还清贷款前不得兑现的公司股票方式发放。同时，法案根据金融机构接受援助资金的多少，设置了不同的薪酬限制，其中获得2 500万美元以下援助贷款的机构只有CEO一人受限；获援助资金在2 500万至2.5亿美元之间的，受限人员扩至5名薪酬最高的管理人员；接受贷款超过5亿美元，受限人员为5名最高级别管理人员和另外20名薪酬最高的职员，从而使限薪令范围扩大到了明星交易员、销售代表等。

成立限薪专门机构。2009年6月，奥巴马政府配合美国国会的限薪法案，出台了新版限薪令，即限制奖金发放以保护纳税人投资，并控制"黄金降落伞"的付款。紧接着，美国财政部专门创设"薪酬沙皇"办公室，由肯尼思·费恩伯格负责落实这一法案，并要求在10月30日以前提出减薪方案。

加大股东对薪酬的约束力量。2009年7月，美国证券交易委员会（SEC）出台了被称为"股东决定薪酬"的法规，要求所有上市公司就薪酬政策、风险管理和公司治理等方面向股东披露更多资讯。更为重要的是，SEC要求接受政府救助的企业要让股东投票来决定管理层的薪酬。以此为基础，美国众议院在当月底通过了一项关于美国金融企业管理层薪酬制度的立法提案。该提案提议赋予金融企业的股东对薪酬制度无约束的监管权力，并禁止金融企业制定鼓励高风险倾向的薪酬制度。

借助于以上三个方面的基础性力量，2009年10月底，美国政府出台了正式的"限薪令"。根据美联储的"薪酬指引"要求，28家大型银行自行设计不会引发过度冒险行为的薪酬计划，但有关薪酬计划要得到美联储批准才能实施，同时"薪酬指引"还将涵盖其管辖内的近6 000家银行，其中包括并未接受政府救助的银行。按照财政部的“减薪计划”，接受政府金融救助的 7 家企业包括美国银行、美国国际集团、花旗银行、通用汽车、通用汽车金融服务公司、克莱斯勒公司和克莱斯勒财务公司的 25 名高管的工资削减 90%，包括各种补贴、分红在内的总薪酬须削减一半；不仅如此，7 家企业的 175 名高层执行人员的现金酬劳将被股票取代，而且这些股票不准立即出售。

按照安排，费恩伯格的减薪计划仅在 2009 年的最后两个月实行，并在 2010 年初再做调整。

实际上，美国政府对华尔街高额薪酬的抑制并不只停留在政策创新层面，其铁腕整治行动也在如火如荼地稳步实施：

施压美国国际。2007 年 3 月，接受美国政府高达 1 800 亿美元援助的美国国际集团向其金融服务部门员工派发 1.68 亿美元的留任奖金，此举被曝光后引起财政部的极大不满，费恩伯格旋即强制要求其降低留任奖金和续聘津贴，AIG 员工最终承诺归还 4 500 万美元奖金。同时，费恩伯格将 AIG 新任首席执行官罗伯特·本默切的薪酬“一分为二”：一部分为 300 万美元的现金薪酬，另一部分则是 5 年内不能兑现的 400 万美元股票。

钳制美国银行。由于美国银行在金融危机期间接受了政府 450 亿美元的金融援助，费恩伯格对该行 CEO 刘易斯在 2009 年的薪酬做出决定：剥夺其 2009 年度全部所得，其中包括刘易斯已经从美国银行领取的 100 万美元的工资，同时包括他被要求离开公司时所享受到的 1.2 亿美元的退休福利和其他股票激励。

(资料来源：引自 http://sz.job88.com/sz/sales/SaleChannel_view.aspx? articleid=10957&catalogid=116)

7.1.4 跨国公司（MNC）人力资源管理

因为文化差异，在其他国家中，管理方式与人力资源实务必须根据具体情况定制。大多数跨国公司（MNC）都尽量把一些能够称职的当地公民安排到分支机构的管理职位上。这一政策可以安抚有民族情结的政府，也可以使管理措施更好地适应所在国的文化。分支机构主要用外国人担任管理职位的危险是增加了局部优化（当地分支机构不考虑母公司的需要）的可能性。这给 MNC 完成长期、全球目标造成困难。对于 MNC 分支机构中的当地人来说，公司作为一个总体非常抽象，跨分支机构的交流与协调就更困难。如果协调几个国际分支机构越来越困难，MNC 在全球产业中运作将出现严重问题。

MNC 安排管理岗位的另一种方法是起用国际导向的人，而不管他们来自哪个国家、在哪个国家任职。这在欧洲公司非常流行。例如，瑞典的伊莱克斯公司，管理新加坡工厂的是法国人。这种采用第三国人员的方法比联合利华雇佣当地人的策略能提供更多的晋升机会，但是它会引起与当地员工、当地政府之间更多的误解和冲突。

海外任命管理做得好的公司采用以下三条原则：

①做出国际任命时，它们关注的焦点是转移知识和发展全球领导力；

②他们把海外职位任命给那些跨文化能力可能与其技术技能相匹配甚至有所超出的人；

③当员工海外任期结束时，公司有精心设计的、配有职业指导的回国计划，把他们放到那些能应用其海外任职期间所学知识的岗位上。

7.2 信息资源支持系统

【案例】

强调利用信息技术获取竞争优势

McKesson 公司总部在旧金山，批发药品、化学品、酒精饮料。20 世纪 70 年代中期，开发了一套战略信息系统，称为 Economost。该系统提供客户（主要是零售店）一套掌上型的终端机。客户可以拿着终端机一面检查货架，一面就键入存量低的货品货号，再将之放上电话传到 McKesson 公司的电脑中，如此就完成了订货。

其后，公司又改良掌上型终端机，加上条码扫描仪，可以直接读取货架上货号的条码，无须由人工键入货号。同时，通过条码，也可知道货品的货架位置，在出货时，可以产生一个包装清单，会考虑把邻近的货品包装在同一货柜里，以利客户作业。同时，McKesson 还提供客户其他的文件与报表，如售价贴纸、销货毛利报表等。

在供应商方面，McKesson 与 40 家主要供应商采用电脑连线的订单作业，订单可以直接输入电脑，发送给供应商，不仅加速了订货作业，而且缩减了人力。原有 85 个配销站共有 120 位采购员，采用了该系统之后，配销站减为 55 个，采购员减至 14 位，但作业量却是从前的两倍。

（资料来源：吴琮璠，谢清佳．管理信息系统．复旦大学出版社，2003：434）

环境的变化改造着企业的经营思路，也推动着信息沟通优势在战略实施乃至整个战略管理中的体现。对当今企业而言，要想在新的竞争环境中求得生存和发展，必须十分重视信息技术的应用，将其广泛而灵活地融入到企业的产品开发、生产、管理及服务等各个环节中去，通过信息系统的支持增强企业的竞争力，为企业获得竞争优势。

7.2.1　信息沟通与战略实施

简单来说，信息沟通能作用于企业价值链过程中的几乎所有环节，通过提高效率、降低成本、缩短周期、改善服务、拓展市场等各种方式来促进战略的实施。此外，信息技术的应用对作用于企业的各种竞争力量也将带来显著的影响，从而使企业赢得竞争优势。

管理大师波特认为，任何一个企业的价值链都是由基本的价值过程和辅助的价值过程组成，而其中的信息沟通能给价值链的合理运行提供有效的润滑作用。

（1）降低采购成本

在具体的过程中，能够运用先进的信息沟通手段，实现采购过程的电子化，这对于企业尤其是成本最优战略或者大型一体化企业有极其重要的意义，能够有效地降低采购成本。比如，通过 SCM（供应链管理）系统的建立和 EDI（电子数据交换）技术的应用，使企业的网络系统能够与众多供应商的网络系统连接在一起，从而使企业的采购活动实现电子化，其进一步的发展就是企业与企业间的电子商务。信息技术的应用能极大地缩短采购活动的时间周期，降低采购成本。阿里巴巴建立的 BtoB 电子商务平台为诸多企业提供了更加有效的网络采购便利。美国西屋电器公司（Westinghouse）通过 EDI 技术为公司的许多大客户实现了流线型采购过程。例如，公司与 PoNand 通用电气公司采用 EDI，从订货到发货的时间由 15 天缩短到半天，同时采购处理成本由 90 美元减少到 10 美元。

（2）加速产品创新

在产品研发制造的过程中，一些先进的信息沟通控制技术，像计算机辅助制造（CAM）、数控机床、柔性制造系统等，在整个项目的计划与控制、各专业设计人员工作进度的安排与衔接、设计人员之间的信息交流与方案讨论，以及设计结果的模拟测试等方面都发挥着很大的作用。

信息沟通技术的介入，能够相当有效地提高生产效率、缩短生产周期、降低生产成本、提高产品质量等。尤其是在客户需求不断变化、产品生命周期越来越短、生产批量越来越小的市场环境下，柔性制造系统之类的计算机辅助制造系统能使企业的制造体系快速适应市场需求的变化，减少企业在工装设备及生产线等方面的投资损失，实现敏捷制造。显然，信息技术在产品生产制造环节应用能直接带来高效率、高质量、高速度和低成本的显著效益，这无疑将大大增强企业的竞争力，为企业赢得竞争优势。

(3) 优化后勤管理

后勤管理涉及采购与生产计划安排、库存管理、仓储管理、运输管理、质量管理等许多环节，在这些方面，信息技术同样能提供巨大的支持。在海尔国际物流中心庞大的立体仓库中，由海尔机器人公司研制的自动运货车川流不息，在计算机管理系统的辅助下，对每天入库以及发送到世界不同地区的众多产品进行着快捷而又有条不紊的管理和控制，整个立体仓库一共只有 9 名工作人员。信息技术的应用实现了海尔物流体系的高度自动化，形成了海尔新的核心竞争力。

(4) 完善销售管理

信息沟通技术能够有效地改造销售方式，比如银行的自动取款机，飞机、火车票预订网络等，从而使企业获得竞争优势。还能帮助企业收集市场信息、发现市场机会，为企业拓展市场、扩大销售，并因此获得竞争优势。现在，越来越多的企业通过电子商务来拓展市场空间。Hot 是美国一家经营调味品的公司，其商店的营业面积不足 100 平方米。这家公司在互联网上开设了一家虚拟商店，此举使其市场范围一下子扩展到了全世界，每天到该商店浏览的客户超过10 000人，为公司带来了可观的经济效益。

(5) 实现售后服务增值

售后服务直接关系到客户的满意度和公司的持续发展。随着产品销售的增加，企业的售后服务工作量及成本也会随之上升，成为企业的沉重负担。美国惠尔普公司是全球最大的家电制造商之一，其产品包括电视、电冰箱、微波炉等十几个大类。顾客在使用家用电器时常常会遇到各种各样的问题，希望得到咨询服务甚至上门服务。为此，公司的几个顾客服务中心需要配备数百名客户服务代表来处理每天上万个的电话询问及服务请求。然而，客户提出的许多问题都是相同的，很多问题都不需要直接的上门服务，往往是一句话或一个提示就能解决问题。针对这一情况，惠尔普公司开发了一个叫做“用户电器故障诊断系统”(consumer appliance diagnostic system，CADS) 的专家系统，并与电话语音应答系统集成在一起。通过该系统的应用，顾客有关电器使用的许多问题都能自动获得答复，而过去顾客往往要找三四个地方，问题才能得到解答。该系统的使用还大大减少了客户服务代表的数量，也减少了直接上门服务。

7.2.2　信息沟通树立企业竞争优势

波特在《竞争优势》里面谈到，一个企业的赢利能力首要和根本的因素是行业的吸引力，也即是该行业的竞争强度。在前面，我们对竞争优势的建立和维持进行过专门的讨论，在分析中能够发现，信息沟通在具体的战略实施过程中，能够显著地影响行业中各种竞争力量的强弱构成，有效削弱来自多方面的竞争力量，从而为企业赢得竞争优势。

（1）在价值链优化中实现优势塑造

从前面分析可以看出，信息技术的应用能降低构成企业许多经营环节的成本，有利于产品价格的降低，从而相对削弱来自替代品、顾客、当前竞争者以及新进入者的竞争力量，使企业获得低成本的竞争优势。此外，信息技术已成为产品和服务变革的源泉，它能增加现有产品的价值，激发产品或服务的创新，使企业的产品或服务明显区别于其竞争对手，最终削弱来自替代品、顾客、当前竞争者和新进入者的竞争力量，改变企业竞争的基础。

（2）信息沟通引导消费

首先，信息技术尤其是电子技术的广泛应用大大扩展了选择范围，从而有效地削弱供应商的竞争力量，为企业带来了竞争优势。其次，企业可以通过更充分地应用信息技术，与客户建立信息伙伴的合作关系，共享信息，并支持客户的竞争战略，不断改进对客户的售后服务质量，缩短对客户需求的响应时间。这些措施都可以增加客户对企业的依赖程度，提高其转换成本，有效削弱来自顾客的竞争力量。

（3）设立进入障碍

信息技术在某一行业的应用能提高进入该行业的门槛，加大行业已有的进入障碍，或产生新的进入障碍，从而大幅度提高新加入者进入市场的初始成本，有效削弱新加入者的竞争力量。而从进入的角度来看，企业在进入一个新的行业时，通过信息技术的应用，可以改变行业的成本结构，形成新的分销渠道，以更具柔性的产品生产技术满足小批量甚至个性化的市场需求，或者提供更有特色的服务等，以此来抵消进入障碍的影响。

总之，信息沟通及其相关技术能明显增强企业的竞争力，并帮助企业获得竞争优势。企业从战略的高度来规划信息技术的应用，在企业制定经营战略的同时，充分考虑到信息技术的作用，并对需要建立的信息系统同步进行规划，则信息系统对企业的经营战略将会提供更加强有力的支持，企业从中所获得的收益也会更大。

7.3 资金资源支持系统

战略实现需要有充足的资金支持。资金资源支持系统对战略的支持作用主要表现在两个方面：一是要能获得战略实施所需资金，二是要在企业内部合理分配资金以保证战略的有效实施。

7.3.1 获得战略实施所需资金

成功的战略实施往往需要额外的资金。除了营业净利润和资产出售收入以外，企业有两个基本融资途径：举债和发行股票。确定债务和股东权益在公司资本结构中的比例，对于成功实施战略非常重要。每股收益（earnings per share, EPS）和息税前收益（earnings before interest and taxes, EBIT）分析，是决定选择举债、发行股票或将两者结合的筹资方式过程中使用最为普遍的方法。这一方法用来分析在不同的息税前收益设定方案中举债或股票融资对每股收益的具体影响。

理论上讲，企业的资本结构中必须有足够的债务，这样才能保证企业在通过债务融资带来的产品和项目收益超过债务成本时，企业投资收益得到最大限度的提高。当然，如果投资收益水平低于债务成本，企业资本结构中债务过多会威胁到股东的收益甚至企业的生死存亡。通常情况下，无论形势如何，长期债务都需要到期清偿，而股票融资不存在这样的问题。但这并不意味着股票融资总是借债。股票发行有自己的特殊问题，如所有权分散、股价波动以及新股东将参与未来收益共享等。

在不考虑与债券或股票融资决策相关的具体制度及法律规范方面差异的情况下，可以通过实例清楚解释 EPS/EBIT 分析。设定布朗公司（Brown Company）需要筹资 100 万美元用于实施市场开发战略。公司当前普通股市价为每股 50 美元，发行在外 10 万股，优惠贷款利息率为 10%，所得税税率为 50%。公司下一年度息税前收益（EBIT）的预测情况是：在经济萧条时为 200 万美元，在经济状况保持不变时为 400 万美元，在经济景气时为 800 万美元。EPS/EBIT 分析可以用来决定全部通过发行股票、全部通过举债或将两者结合哪一种融资方式最好。该实例的 EPS/EBIT 分析结果如表 7.3 所示。

表 7.3　布朗公司的 EPS/EBIT 分析　　（单位：百万美元）

	普通股融资			债券融资			组合融资		
	萧条	一般	景气	萧条	一般	景气	萧条	一般	景气
息税前收益（EBIT）	2.0	4.0	8.0	2.0	4.0	8.0	2.0	4.0	8.0
利息	0	0	0	0.10	0.10	0.10	0.05	0.05	0.05
税前收益（EBT）	2.0	4.0	8.0	1.9	3.9	7.9	1.95	3.95	7.95
税款	1.0	2.0	4.0	0.95	1.95	3.95	0.975	1.975	3.975
税后收益（EAT）	1.0	2.0	4.0	0.95	1.95	3.95	0.975	1.975	3.975
已发行股票	0.12	0.12	0.12	0.10	0.10	0.10	0.11	0.11	0.11
每股收益（EPS）	8.33	16.66	33.33	9.5	19.50	39.50	8.86	17.95	36.14

说明：

利息：按 10%的年利率计算，100 万美元的年利息是 10 万美元，50 万美元的年利率是 5 万美元。本行的单位同样为百万美元，而不是百分数。

已发行股票数量：如果完全通过发行股票筹集所需的 100 万美元资金，则需要发行 2 万股，这将使发行的股票总数增加到 12 万股。如果通过发行股票筹集 100 万美元中的一半资金，则需发行 1 万股，这将使发行股票总数增加到 11 万股。

每股收益：EPS＝税后收益（EAT）/股份（已发行的股票数），单位：美元。

正像表中的 EPS 值为 9.5、19.50 和 39.50 所表明的，经济萧条、一般和景气这三种情况下，借债都是布朗公司最好的融资方式，发行普通股票在三种融资方式中吸引力最差。

（资料来源：［美］弗雷德·R. 大卫. 战略管理：概念部分（第十一版）. 清华大学出版社，2008：304）

EPS/EBIT 分析是战略实施过程中融资决策的有效工具，但无论在何种情况下使用这一技术，都必须注意如下几点：首先，当每股收益较低时，股票融资或债务融资可以为企业带来较高水平的赢利。例如，若仅考虑表 7.3 中得到的税后收益（EAT），无论经济状况如何，发行普通股都是最佳选择。如果布朗公司的使命是利润最大化，而不是股东财富最大化或其他，发行股票比举债更有吸引力。

使用 EPS/EBIT 分析时的另一项考虑是灵活性。随着企业资本结构的变化，对资金的需求也会发生相应的变化。全部借助举债融资或者全部借助股票融资，都可能导致固化的责任关系、受限制的契约关系和可能严重削弱企业未来融资能力的其他事项。控制是另外一个需要关注的问题。在为战略实施而增发股票时，企业的所有权和控制能力会被稀释。当今，敌意接管和收购、兼并盛行，这一问题就显得尤为重要。

对于那些相对持股、股票发行会影响到大股东决策权分配的公司来说，股权稀释是股票融资过程中必须予以考虑的首要问题。例如，斯马克（Smucker）家族拥有非常有名的果酱和果冻供应商斯马克公司30%的股权。在斯马克公司收购迪克森家族公司（Dickson Family，Inc.）时，公司尽可能采取举债而不是股票方式融资，以免家族控股权被稀释。

在使用EPS/EBIT进行分析时，与股票价格、利率和债券价格变动相关的时机因素变得非常重要。在股票价格低迷时，从成本和需求的角度考虑，举债融资是最佳选择。然而，当资金成本（利率）高昂时，发行股票便成为更有利的选择。

7.3.2 资金分配

为预定行动支付资金的能力是战略实现的重要决定因素，组织资金的分配是影响组织将采取何种战略行动，以及何种战略会实现的最直接的方法之一。

近几十年来，资源分配的传统方法一直是资本预算。预算可以分为参与式预算和非参与式预算两类。在非参与式预算过程中，高层管理部门制定预算，而预算实施则由中层管理人员负责。在参与式预算过程中，先由中层管理人员呈报本单位的预算，再由高层管理者进行综合，进而制定出整个组织的预算。现实中大多数组织的预算未必都是绝对意义上的"完全参与"，但在某种程度上都存在着中层管理人员的参与过程。这主要是由于不同部门之间在利益上的冲突，使得各部门独立制定的预算在组织整体上难以实现协调。

刻板地对待预算会使战略实施失去灵活性，这是通过预算进行资源配置的最大潜在危险。对于在变化迅速和竞争激烈的产业中从事经营的组织而言，缺乏灵活性的战略可能会给组织带来严重的后果。它可能颠倒组织目标和预算在企业战略中的地位，使组织目标从属于预算。这与预算的初衷恰恰相反。

在参与式预算系统中，经常出现夸大和不准确的情况。中层管理人员在呈报本单位预算时，因预料上级会削减他们的预算，而有意抬高呈报数额，所谓"头戴三尺帽，不怕砍一刀"。这种情况在我国相当普遍，加之下级无法知道预算可能被削减的程度，从而使得预算就更加不准确和不现实。在这种"预算游戏"中惯用的一些手法有：

①夸大未来可能遇到的问题（如税赋提高、通货膨胀以及生产中可能遇到的种种问题），降低预算中的销售额、利润额或者提高费用额。

②在产品研发、工艺改进、培训以及上述任务所需设施方面减少甚至停止投资以压缩预算额度，而这些活动的减弱势必影响到组织的长远战略能力。

③降低或隐瞒前一会计年度的销售额，以便降低下一年度的预算销售收入。

为了克服预算的不灵活性，避免下级采用"预算游戏"带来的负面问题，下面介绍一些实际中的经过改进的预算制定方法：

①零基预算。它不是根据上年度的预算编制，而是将一切经营活动都从彻底的成本—效益分析开始，以防止预算无效。

②规划预算。它是按规划项目而非职能来分配资源。规划预算的期限较长，常与项目规划期同步，以便直接考察一项规划对资源的需求和成效。

③灵活预算。它允许费用随产出指标而变动，有助于克服"预算游戏"及增加预算的灵活性。

④产品生命周期预算。在产品的不同生命周期中有着对资金的不同需求，而且各阶段的资金需求有不同的费用项目。这时产品生命周期预算就根据不同阶段的特征来编制各项资金的支出计划及原则。

7.3.3 用价值观来提高资金使用效率

基于价值的资金资源分配从强调机械的分析到强调资金使用的原因和员工的共同认识，它依赖于根据组织的整个价值创造目标的计划和执行员工的日常行为和意识的鼓励过程。科普兰（Copeland）和奥斯特绪（Ostrowsh）认为，团队能够对资金的使用效率产生非常大的影响，其方法是使他们更加致力于关心资金使用效率的组织价值观，并教育人们如何更高效地使用资金。

下面是一个运用以价值为基础的方法来管理资金资源系统的例子。一家中等规模的区域医院，正面临严重的现金流量问题，主要原因是保险公司与政府在医疗计划中减少了支付金额。该组织一直严格使用正式的贴现现金流量分析。但在新的医疗环境中CFO与CEO觉得对资金效率的关注应该更进一步，这些高层主管特别关注正式资金预算流程以外的资金（例如订购补给品）是如何被管理的。

作为这种关心的结果，他们安排一支团队去研究医院人员如何订购和使用补给品，然后陈述他们发现的问题，以便改进组织使用资金的效率。团队成员发现：员工处理补给品的方式就好像这些补给品是免费的一样，最常使用的补给品中有些如果是以部门为单位来购买则相当昂贵，而且对员工而言，如果考虑到医院整体的营运成本，就很容易忽视这一项成本。例如，一次性使用的手套存放在每一个散装的纸盒中，如果两双被一次抽出，实际只用一双，那么就会把第二双丢弃。团队的成员还发现，为了方便起见，有许多补给品是从中央商店大量购进的，所以有些甚至在尚未使用之前就已经过期。团队成员还发现，在特别容易坏的物品之中，有20%是由于过期而被丢弃。

面临组织前线的员工这么普遍的浪费，调查团队很快就意识到解决方法并非是对中央管理资源分配过程进行更加严格的规范；相反，解决这一问题的关键是向员工解释：每个人的个人行为如何累积成数百万美元的浪费。通过向员工解释原因，该团队获得了前线员工的承诺，因为对医院而言，弥补其损失的最好方法就是减少劳动力人数，通过减少浪费，事实上也是帮员工保住了自己的工作机会。

托马斯·科普兰和肯尼斯·奥斯托斯克观察到：如果一个组织从基层开始改变其价值观，就可以在不降低为顾客提供的产品或服务的质量的前提下将资金支出减少10%～25%。他们描述了公司就是从基层开始改变其价值观，从而在一年之内将营运资金减少了5亿美元。正如他们所解释的，“这种戏剧性的改善与预算方法无关（预算方法维持不变），但却与一种以价值为基础的资金资源管理方法相关”。

7.4 组织文化支持系统

【案例】

松下企业文化的“中国化”

在中国，松下是高质量的代名词。与其他大多数国外公司一样，松下是在中国改革开放以后才开始大举进军中国市场的，在短短20年的时间里，松下在中国就取得了巨大的成功。松下在经营过程中充分发挥了其在技术、管理和经营等方面的优势。除此之外，它的成功还有更秘密的法宝，那就是松下“中国化”的企业文化。

他山之玉

松下的电器产品在世界市场上闻名遐迩，被企业界誉为“经营之神”的公司创始人松下幸之助也因《松下的秘密》一书而名扬全球。松下集团始终坚持以经营理念为核心、以事业部制为经营母体来培育自己的企业文化，这种企业文化可以概括为以下几个方面：

专注于某一方面　各个事业部的经营范围是明确的，无论是事业部部长还是一般员工，都努力使自己精通这一行，并通过自身的努力不断进步，以取得无可争议的成绩。

当松下电器还是一个中小企业时，松下幸之助就制定了“社内规定”：无论松下电器将来发展到什么规模，每个员工都不能忘记自己是作为一个商人致力于公司业务的。公司员工不是政治家、公务员，而是实业家，因此要尽自己所能开拓进取，努力使自己成为本行业的专家。

集思广益　松下的经营战略并不是由领导者来实施的，而是由全体员工来实施的，认识到这一点后，松下集团积极运用员工提案制度来促进经营战略的改革。正如松下劳工关系处处长阿苏津所言：“我们的员工随时随地，甚至在厕所里都在思索提案。”

顾客至上　“正因为顾客购买了我们所制造的产品或提供的服务，并由此得到了满足，我们的企业才能不断发展，因此我们不要忘了做让顾客满意的工作。”松下幸之助如是说。在松下集团，对于公司的新员工，不管他们是大学生还是高中生，也不管他们从事什么工作，都要在车间或销售店里实习 3 个月，以加深对“顾客至上”的切身理解。

造就人才先于制造产品　松下集团并不只看重员工的学历，它认为，提拔管理人员是为了发挥他们的特长，所以人事部门采取的是灵活透明的管理方法，这样选拔人才才能做到公正严明。

松下这种刚柔相济、宽严互补的“精神价值观”成为其出奇制胜的法宝，但是松下集团也清醒地认识到，经营管理是有地域性限制的，要想成功地在海外经营，就必须对当地传统文化的特点进行研究，并对企业管理做出适当的调整，以符合当地的实际情况。正是因为松下非常重视这一点，并不断努力改进和完善海外企业的内部文化，所以松下在海外的经管业务非常成功。

入乡随俗

在遵循松下根本经营理念的同时，前社长山下俊彦于 1984 年提出了松下在海外开拓事业的基本思路：①从事受所在国欢迎的事业；②依照所在国的有关方针促进事业的发展，同时力争使所在国政府充分理解公司的做法；③积极推进海外技术的转让；④使在海外生产的产品在质量、性能和成本方面具有国际竞争力；⑤建立能赢利的经营体制，自己解决事业扩大所需的资金；⑥努力培养当地员工。总而言之，松下的投资必须受所在国欢迎，更明确地说就是，以“为了所在国的人们，依靠所在国的人们”来实现松下的经营目标。

在中国，松下一直坚持制定切合中国实际的经营目标。松下集团希望通过积极培养当地管理人员来实现产品开发和设计的当地化，同时促进国际间的人才交流，从而使松下的经营理念和企业文化在中国得到认可。松下电器中国有限公司总经理青木俊一郎把这种做法称为松下企业文化的“中国化”，并将能否彻底实现“中国化”看成是松下能否在中国取得成功的关键。

松下公司也将其颇具特色的松下企业文化带到了在华的合资企业中，并与中国的文化逐渐融合，而且在两种文化相互碰撞和摩擦的过程中，初步形成了具有中国特色的松下企业文化。

外资企业的管理蕴涵着文化的交流、冲突与碰撞以及文化的摩擦、融合与再生，跨文化管理已成为外资企业经营与管理成功与否的重要因素。松下在华的成功就是一个很好的例子。松下从一开始进入中国时就清醒地认识到，要想在中国取得成功，就必须扎根于中国，踏踏实实地从头干起。松下并没有把它在其他地区的成功经验直接搬过来套用，而是针对中国的实际情况和文化背景，力求实现松下企业文化与中国企业文化的融合和再发展，所以松下在投资的初期就确定了能够为中方员工所接受的企业目标，统一了认识。在经营管理过程中，松下的价值观、管理模式和企业精神也渐渐被中方员工所接受，并促使员工在工作中积极地推行它，这都对松下的发展起到了重要的推动作用。

松下在华的成功是一种交叉文化背景下的成功，它根植于中华文化的沃土之中。它的成功对我国企业来说有非常重要的启迪意义。

(资料来源：引自 http：//www. chinahrd. net/zhi-sk/jt-page. asp? articleid=21360)

企业文化影响着企业如何开展业务，并有助于管理和控制其员工的行为，是获取和保持竞争优势的重要来源。企业必须不遗余力地将企业文化灌输到员工的心中去。只有企业的员工有了共同的价值观，在平时的工作中处处体现企业的文化，企业才能创造和保持竞争优势。因此，企业应该追求企业文化和战略的匹配。在企业文化变革成本可以接受的前提下，根据不同的战略，企业可以努力构建不同的企业文化，尽管调整或变革企业文化的过程很可能是艰难而漫长的。

7.4.1 企业文化的定义

美国著名管理学家托马斯·彼得斯和小罗伯特·沃特曼在《寻求优势》一书中讲道：“一个伟大的组织能够长久生存下来，最主要的条件并非结构形成或管理技能，而是我们称之为信念的那种精神力量，以及这种信念对于组织的全体成员所具有的感召力。”这里所说的“精神力量”，就是我们要讲的话题——企业文化。

任何组织都有自己的文化，尤其是企业组织。组织文化是指在一定的社会历史条件下，组织在生产和管理活动中所创造的具有本组织特色的精神财富及其物质形态，包括价值观念、文化观念、道德规范、行为准则。优秀的组织文化反映和代表了推动组织发展的整体精神、共同的价值观、合乎时代的道德和追求发展的文化修养。人们常常把企业的组织文化称做企业文化或公司文化。

7.4.2 企业文化对企业战略的意义

(1) 企业文化对企业战略制定的引导作用

企业文化是企业广大员工所共有的价值观念和行为方式的总和，而企业使命则描述了企业的愿景、共享的价值观、信念以及存在的原因，因此，企业使命是企业文化里最高层次的文化理念。正如我们在前面提到的，企业使命为企业发展指明了方向，是企业战略制定的前提。企业战略的制定不能脱离企业使命，也离不开企业使命背后体现出来的企业文化。

然而文化的形成过程是漫长的，文化的变革也是相当困难的，如果企业制定的战略目标与现存的企业文化格格不入，这个战略至少在短期里是很可能得不到有效实施的。比如，在具有追求创新、强调结果、工作环境相对松散等企业文化特征的公司推行强调效率和规范的低成本战略就相当困难。以致有一种说法认为，当企业文化和企业战略发生冲突时，如果没有足够的把握和耐心，最好改变战略，因为企业文化的改变不是一朝一夕就能做到的事情。可见，在制定企业战略的时候，必须清楚地了解当前的企业文化，才能保障战略目标的实现。

(2) 企业文化对企业战略实施的推动作用

企业文化是以企业精神为核心，凝聚企业员工归属感、积极性和创造性的人本管理理论。在以知识经济为主导的 21 世纪，人们头脑中的知识和智慧成为企业获取竞争优势的重要资源，而这种看不到、摸不着的资源是不能仅仅依靠规章制度来开发和管理的。企业必须在员工中建立共同的价值观，从根本上调动员工的积极性和责任感，才能激发员工的热情，统一全体员工的意志，将他们的行为引导到共同的企业发展目标和方向上来，为企业战略的有效实施努力奋斗。

价值观是企业文化的核心。当企业把经营目标、发展战略和决策意图升华为企业价值观时，就为企业的员工提供了一种共同的意识，也给他们的日常行为提供了指导方针。企业管理必须有规章制度，制度是用来约束员工行为的，但是再细致的企业制度也会有鞭长莫及的时候，在制度约束不到的地方，只有企业的核心价值观能够去指导员工的行动。当员工已经完全接受了企业的核心价值观时，员工的行为就会超过制度的要求，使制度约束的行为变成员工的自觉行为。文化具有极强的凝聚力量，一个民族如此，一个组织亦如此。组织文化所遵从的价值观一旦被组织成员所认同，就会像黏合剂一样产生一种黏合力量，使各成员紧密地团结起来，产生一种巨大的向心力和凝聚力。

成功的企业往往是因为企业的价值观能够被员工所认同，并且能和员工个人的价值观所融合。这样，员工们在为企业努力奋斗的同时，也会认为是在为自己的理想目标而奋斗，从而对企业产生强烈的归宿感。这种归宿感为企业带来的效益是巨大的。美国著名管理学家彼得斯和沃特曼在《寻求优势》一书中指出，在经营得最成功的公司里，居第一位的并不是严格的规章制度或利润指标，更不是计算机或任何一种管理工具、方法、手段，甚至也不是科学技术，而是企业文化或公司文化。成绩卓著的公司能创造一种内容丰富、道德高尚而且为大家所接受的文化准则，使员工们情绪饱满，互相适应和协调一致；使员工热爱企业产品，产生提高服务质量的愿望以及对企业高度的责任感和归宿感，为企业战略的有效实施提供保障。

7.4.3 如何管理企业文化

因为企业文化会对所有员工的行为产生强有力的影响，所以它对公司改变战略方向的能力有强大作用。强势文化的问题是，如果使命、目标、战略或政策方面的变化与公司已经接受的文化相对，那么它就几乎不能取得成功。企业文化常常强力抵制变化，因为它的合理存在依靠的是维持现有行为方式及其联系。

不存在最佳企业文化。一个理想文化会为公司使命与战略提供最好支持。这就是说，像结构和人事一样，文化也要追随战略。除非战略与文化完全一致，否则战略的重大变化应该有相应的企业文化调整。虽然企业文化可以变化，但是常常需要很长时间和很多努力。因此，管理的关键工作就是评价：①具体战略变化对公司文化意味着什么；②是否需要改变文化；③相对于可能付出的代价，改变文化的努力是否值得。

(1) 如何评价战略与文化的一致性

当实施一个新战略时，管理层要考虑下列有关战略与文化一致性的问题：新战略与现有文化之间的匹配。

①规划出来的新战略与公司现有文化是否一致？如果是，就全速前进。把组织变化与公司文化捆绑起来，看新战略如何比现有战略能够更好地实现使命。如果不是，就问下面的问题。

②能否很容易调整文化，使它与新战略更加一致？如果是，就谨慎前进，导入一系列改变文化的活动，譬如较小的结构调整、培训与发展活动、招聘与新战略更一致的新经理等。例如，当宝洁的高层管理者决定实施一个降低成本的战略时，就改变了一些事情的做法，但是并没有取消品牌管理系统。两年多之后，企

业文化与这些调整相适应，生产效率提高。

③管理层是否愿意，而且能够做出较大的组织变革，并且接受时间上的延误和可能增加的成本？如果是，围绕文化管理，建立一个新结构单元来实施新战略。例如，通用汽车的高层管理意识到，为了更具竞争力，公司必须做出一些重大变革。因为现有结构、文化与规程都非常不灵活，管理层决定建立一个新分部（通用汽车1918年以来第一个新分部）塞特（Satum）来制造新汽车，通过与美国汽车工会合作，在达成一致的基础上制定了一个全新的劳动协议。精心挑选出来的员工分别接受了100～750小时的培训，一种全新文化就这样一点一点建立起来。

④管理层是否仍然愿意实施新战略？如果是，找一个合资伙伴或与另一家公司签订合同执行该战略。如果不是，另外制定一个战略。

(2) 管理文化过程中如何运用沟通

沟通对有效实施变革管理非常重要。战略变革的合理性一定要与员工沟通，不但要通过通信与讲话进行，而且要有培训和发展计划。成功实施了重大文化变革的公司具有以下共同特征：

首席执行官与其他高层经理对公司将来变成什么样子有一个战略愿景，并且与各个层次的员工交流该愿景。公司现有表现已经跟不上竞争形势，需要更新。

把这一愿景转化成实施该愿景必须要有几个关键要素。例如，如果该愿景要求公司在质量或服务方面成为领先者，就要有质量与服务各个方面的改进措施，并且制定适当的评价体系督促这些措施。这些评价体系也要通过争论、正式与非正式的认同、金钱奖励以及其他方式广泛沟通。

(3) 在并购成长战略中如何管理多元文化

当与另一家公司合并或者并购另一家公司时，高层管理要考虑潜在的文化冲突。认为这些公司能够简单地整合进同一汇报体系是危险的。根据一项对美国大公司的调查，整合文化是69%的公司面临的顶级挑战。并购企业与被并购企业之间的文化差距越大，被并购企业的执行官们就会更快地辞去工作，非常有价值的人才就会流失。

管理两种相异文化的四种通用方法是整合、吸收、分隔和瓦解（如图7.2所示）。要选择哪种方法，主要基于被并购企业成员认为保留自己的文化有价值的程度和并购企业吸引力对他们有价值的程度。

整合就是合并双方的文化与管理方法之间相对平衡、相互妥协，不对任何一方强制实施文化变革。它在合并而成的文化之中保留了双方相对独立的文化。当西伯德公司（Seaboard）与契萨匹克俄亥俄铁路公司（Chesapeake & Ohio Railroads）合并成CSX公司时，就是这种情况。高层管理者认为两种文化要受到同等尊重，他们把新公司看作“对等伙伴关系”。

对并购企业吸引力的看法	被并购企业成员认为保留自己的文化有价值的程度		
		非常高	非常低
	非常有吸引力	整合	吸收
	没有吸引力	分隔	瓦解

图 7.2 管理被并购公司文化的方法

（资料来源：A. Nahavandi and A. R. Malekzadeh. Acculturation in Mergers and Acquisitions. Academy of Management Review，January 1988：83）

吸收就是一个企业被另一个企业主导。这种吸收并不是强迫的，而是受被并购公司成员欢迎的。由于各种原因，他们认为其文化与管理方法不再可能取得成功。被并购公司的文化进行屈服，并采用并购公司的文化。当阿德米乐公司（Admiral）被美泰并购后，阿德米乐的员工就欣然接受了美泰的质量型文化。被许多对家用电器没有兴趣的公司管理过以后，阿德米乐的员工士气低落，文化屡次被恶化。

分隔就是完全把两个公司的文化分离开。在谢尔森—美国快运（Shearson-American Express）合并案中，双方都同意谢尔森的快节奏文化与美国快运的计划导向文化各自保持独立，相互分隔。

瓦解就是在一方不情愿的情况下，另一方施加强大压力，使其文化解体，并把自己的文化与管理方法强加于它。与这种方法相伴的是大量混乱、冲突、怨恨和紧张。这种合并一般会导致被并购公司业绩下降，直至最终脱离。

7.4.4 文化变革

并非所有的战略变革都会导致文化变革，但是，常见的现象是，当进行意义重大的变革时，会发现文化与战略极不适应。面对新的战略变革的需求，管理高层该采取什么步骤来确保公司对新战略的支持呢？

（1）理解战略

管理层首先应对战略计划有一定理解，包括战略、全局性目标、职能战略和方案，因为这些信息是公司对员工新行为规范的指导。管理层与下属的沟通也不可忽视，他们必须向下属传达变革的原因和新的行为要求。

除非管理层有一个清晰、共享的愿景，否则，他们就无法制定确切的计划使文化与战略相适应。例如，我们所说的雇员行为指的是什么？是否正如AT&T公司的主席所说的，我们将成为一个营销公司吗？这是否意味着更加重视客户服务或者首先应考虑客户？假如我们的客户目前尚未出现，雇员该采取什么行动来获取客户？一种可能是满足客户的交货要求，使交货准确率达到99%。尽可能将行为具体化有助于澄清文化的变革。

还有，在战略形成期间，管理者应确定，公司的文化能否支持战略。管理层还应评估组织内部的优势、劣势以及有别于其他公司的竞争能力。文化体现了公司的某些技术和能力。在战略形成期间，管理层不可能预见所有的能支持战略的文化属性。也很难预测哪些是未来有可能与战略发生冲突的文化属性，但是，仔细关注这些与战略相关的要素，有助于公司的战略制定。尽早获取这些信息，有利于检查哪些才是必需的变革。

(2) 理解文化

校准文化与战略的第二个步骤是彻底地了解公司的文化，详细地了解是否有必要改变文化，以及确定变化的范围。

一个公司的文化的终极来源有三个：

①作为共享假设的一个重要决定因素，整体营运环境特别是行业环境发挥着重要影响。例如，处于经历着快速技术变化的行业的公司。如计算机和电子公司，其文化通常是极端重视创新。

②创始人、领导者和雇员在加入公司时，会带来他们的假设模式，这些假设通常依赖于这些个体在所处的国家、地区、种族、宗教、专业社团的文化体验。

③共享假设的形成通常是在公司员工遇到一些基本性的问题后，在寻求问题的解决方案的过程中形成的。

(3) 确定什么需要变革

管理层必须将战略及其所需的行为与现有文化进行比较。目的是寻找他们之间的差距，从而确定哪些价值观、信仰和行为需要改变。现有文化是否与战略行为相冲突？到底差距有多大？有冲突的信仰有多少？人们能在广泛的基础上共享价值观和信仰吗？或者说，价值观和信仰的共享仅属于几个关键的职能或分部？只需要改变少数关键的价值观和信仰，还是需要重塑大部分文化？变革越剧烈，执行任务的难度就越大，要求投入的努力就越多，变革过程就持续得越长。假如管理高层清楚地了解所需的文化和战略行为，询问上述问题有利于帮助他们确定变革的对象。

改变一个文化是缓慢的，而且有可能既耗时又耗费资源。变革还会干扰人们约定俗成的做事方式，会导致许多成员灰心沮丧，失去激励动因，有些人还会因此离开公司。下列步骤有助于管理高层对所需的变革程度作出决定：评估变革的成本、确定如何进行变革。假如公司的能力不足，也许需要重新对战略的适合性作出评估，以确定公司是否需要改变战略，使其更好地适应公司的技术和资源。

可供选择的方案是，确定公司是否能围绕文化进行管理。假如战略变革并未涉及公司的整体运作，最好将所需的变革独立处理或者使所需的变革局部化。例如，假如涉及的战略是一个新的、差异化的产品市场转移，公司可能需要单独成立一个自治的分部或子公司。该分部可以允许其开发自己的全局目标、结构、系统、独特的能力和管理风格。这样，该分部可以在不干扰母公司文化或避免成为其负担的情况下，为自己建立一个与战略相适应的文化。但是，假如母公司迫使分部使用一体的系统，则有可能产生冲突。分部自治权力越强，出现独立文化的机会就越大。有些酒店和零售连锁店就是采用这个方法进入细分市场。假如公司需要变革，但又不能围绕文化进行管理，那么，除非公司改变其文化，否则变革的成功就会很小。

（4）实施变革

最后，管理层必须制定文化变革计划。库尔勒·路易斯详述了变革的三个阶段：文化解冻、文化变革和文化再冻结。可以利用表 7.4 中路易斯提出的阶段概括每个变革阶段的活动。文化变革的计划主要包含这三个阶段。

表 7.4　路易斯的文化变革模式

变革阶段	变革活动
文化解冻	环境变化 对现有战略不满意 针对环境调整战略
文化变革	开发新的行为模式 通过下列环节就新的模式的变革进行沟通 • 职能计划 • 结构 • 领导 • 文化变革 • 奖励 • 人员配备 • 控制
文化再冻结	巩固变革 持续不断的领导 校准各项实施要素 新系统产生成功的效果

（资料来源：H. 伊戈尔·安索夫，彼得·H. 安东尼奥．变革国家中公司发展战略．曾立芸，安砚贞，译．中国人民大学出版社，2004：278）

由于现有文化满足了雇员的需要，因而得以由初始维持至今日。文化变革的压力受制于维持固有文化的压力。因此，为了使文化解冻（解除固有文化的束缚），管理层必须加大变革的压力。可利用能够激起战略变革的外部条件来说服组织成员，使其理解变革的需要。文化解冻的下一步是，制造对公司仍利用现有战略和组织能力去迎接挑战感到不满的局面。接下来，管理层还需就必要的变革需求进行沟通并在此过程中充当重要的角色。他们通过演讲、非正式的工作联络、方案，就对现状的不满意程度、变革要求和变革期望进行交流。一旦公司处于文化解冻状态，管理层必须向成员提供一个新的模式（文化）。要求管理高层就公司的新战略、全局目标、未来的愿景及其实现过程的要求进行沟通交流。这要求有一个价值观、信仰和重要的行为方式的清晰图景。

【摘要与总结】

1. 组织要将战略转化为具体行动，应确保其系统有助于战略实施。战略实施支持系统包括人力资源支持系统、信息资源支持系统、资金资源支持系统以及文化支持系统。

2. 新战略与政策的实施往往要求新的人力资源管理重点及其对员工的不同使用。建立与组织战略相适应的人力资源系统，是战略成功实施的有效保障。

3. 信息沟通及其相关技术能明显增强企业的竞争力，并帮助企业获得竞争优势。企业从战略的高度来规划信息技术的应用，在企业制定经营战略的同时，充分考虑到信息技术的作用，并对需要建立的信息系统同步进行规划，则信息系统对企业的经营战略将会提供更加强有力的支持。

4. 战略实现需要有充足的资金支持。资金资源支持系统对战略的支持作用主要表现在两个方面：一是要能获得战略实施所需资金，二是要在企业内部合理分配资金以保证战略的有效实施。

5. 在战略实施中，组织文化是一个重要的因素。恰当的文化有助于加强和支持战略的实施。假如文化与战略不适应，文化就会干扰战略实施。公司的成员共享价值观和信仰，从而在公司中形成普遍认可的行为标准和做事方法。当战略与对其提供支持的文化彼此协调时，战略实施就有可能成功，因为此时实施遇到的阻力最小，而且战略能渗透到组织文化中。文化以无微不至的方式塑造行为，这一点其他实施程序无法做到。

【问题与思考】

1. 如果一个人要管理采用差异化战略的事业部，需要什么技能？为什么？

2. 在什么情况下，公司必须从外部聘请一个人来管理公司或一个事业部？

3. 用哪些方式来实施收缩战略不会造成与工会的冲突、招致员工怨恨？
4. 以价值为基础的资金分配方法为什么是传统的资金分配方法的重要补充？
5. 什么是组织文化？组织文化对企业战略的意义何在？
6. 试用一实例说明企业在并购成长战略中是如何管理多元文化的。
7. 如何改变企业文化？

【本章参考文献】

[1] H. 伊戈尔·安索夫，彼得·H. 安东尼奥．变革国家中公司发展战略．曾立芸，安砚贞，译．中国人民大学出版社，2004
[2] [美] 亨格，惠伦．战略管理精要．刘浩华，译．电子工业出版社，2008
[3] [美] 亚历克斯·米勒．战略管理．何瑛，等译．经济管理出版社，2004
[4] [美] 弗雷德·R. 大卫．战略管理：概念部分（第十一版）．清华大学出版社，2008
[5] 王方华，吕巍．战略管理．机械工业出版社，2004
[6] 徐佳宾．企业战略管理．经济管理出版社，2004
[7] 上海市信息化办公室．CIO 教程．上海科学技术出版社，2003
[8] 张世君，刘荣英．企业战略管理．武汉理工大学出版社，2006
[9] MBA 图书馆网站资料．建立战略性的人力资源管理体系

第8章

战略实施活动

战略实施活动几乎牵涉组织的所有运作和管理方面，包括计划、组织、领导、评估和控制。

计划：一旦制定了组织战略，经理应编制计划，向组织成员传达应该完成哪些具体目标和活动、谁对这些具体目标和活动负责、何时进行活动及应获得什么资源等。这就要求将战略转化为重大方案和项目、职能战略及政策和预算。各个组织层面的经理都必须将上一层面制定的计划提炼成适合本级及下层面的计划。

组织：实施战略所需的活动、方案及项目的职权和责任应该在相应的人员和组织单位之间进行分配，同时使这些活动和职责在协调的基础上得到恰当的控制，从而形成有机的整体，这就是组织结构的主要功能。

要使组织结构有助于公司战略，就必须使其适应组织所采用的战略。基本的组织结构模式只有几种，但是，这些基本结构模式经修改之后，可以为经理们提供多种选择。

领导：高层管理者的领导是战略实施中的重中之重。CEO、集团经理和分部经理们通过不断的强调和承诺，向下属传达战略实施的重要性和公司承诺的严肃性。他们的行为将为其他经理和专业人员树立榜样。

这些领导者不断地与组织内外的人们联系，不仅接收和感受信息，同时也将信息和他们的意图传达给他人，使组织朝着决策的方向、按照他们既定的计划行动。他们的工作能弥补计划、结构、控制和奖励等系统预见不到的差距。在这个庞大的联络中心，高层经理能了解公司概貌、作出抉择并进行必要的修正。他们通过激励他人，以身作则，对战略作出个人的承诺。高层经理能寻求人们对其工作计划的支持和部门经理的合作。他们通过在组织中建立支持者联盟来实施战略。通过影响、沟通和以身作则，高层经理确定基调、引导他人执行计划、设定绩效标准、强化组织的意图和指导实践。

8.1 目标和计划的设置

目标和计划是员工行动的依据，为了将组织的战略转化为行动，经理们必须制定一系列具体目标和计划，并让组织各个部门了解，为了实现公司战略全局目标每年必须完成什么任务。长期具体目标应分解为年度具体目标，业务层面战略应转化为各关键部门的职能战略。为了使各个管理层的经理所做的决策与组织的具体目标和战略相协调，公司需要制定一系列的政策。为使战略投入更为集中并得到恰当的协调，公司可运用方案来实现。最后，经理通过预算分配资源，使战略性工作和经营活动同时展开。

8.1.1 年度目标

确立年度目标是一项企业所有成员都直接或者间接参与完成的活动。积极参与确定年度目标有利于增强员工的认同感和责任意识。年度目标是战略实施的必要条件，主要原因有：①年度目标是配置资源的基础；②年度目标是评价管理者的主要标准；③年度目标是监测实现长期目标过程的主要工具；④年度目标确定了公司、事业部和职能部门工作的优先级次。企业应当投入相当多的时间和精力，确保年度目标适当，并能与长期目标保持一致，且有利于支持战略的实施。核准、修改或否决年度目标绝不只是橡皮图章式的活动。

(1) 企业确定年度目标的目的

企业确定年度目标的目的可以归纳如下：

年度目标是企业的行动、方向和努力途径以及成员活动的指导方针；年度目标通过向利益相关者给出各项活动的合理性所在，使企业的经营行为具有了合法性；年度目标提供了衡量业绩的标准；年度目标提供了激励员工、使他们识别自我的重要源泉；年度目标激励管理者和员工努力工作；年度目标提供了组织结构设计的基础。

清楚表述并得到传播的目标，对于各类企业、各种规模企业的成功都非常重要。企业年度目标一般规定了按照不同部门、地区、顾客群体和产品给出的盈利、增长和市场份额情况。图 8.1 说明了斯坦摩斯公司（Stamus Company）是如何在长期目标的基础上确立年度目标的。表 8.1 给出了与图 8.1 中给出的目标相对应的相关收入数据。注意，依据计划要求，斯坦摩斯公司将稍稍超过其确定的在 2006—2008 年间收入翻一番的长期目标。

图 8.1 还给出了如何根据企业组织结构分解年度目标。各个子目标应当与组织结构层级保持一致，并形成一个支持性的目标网络体系。横向目标一致性（horizontal consistency of objectives）和纵向目标一致性（vertical consistency of objectives）都很重要。例如，如果营销部门不能额外销出更多的产品，生产环节的超年度计划完成任务就会变得没有任何价值。

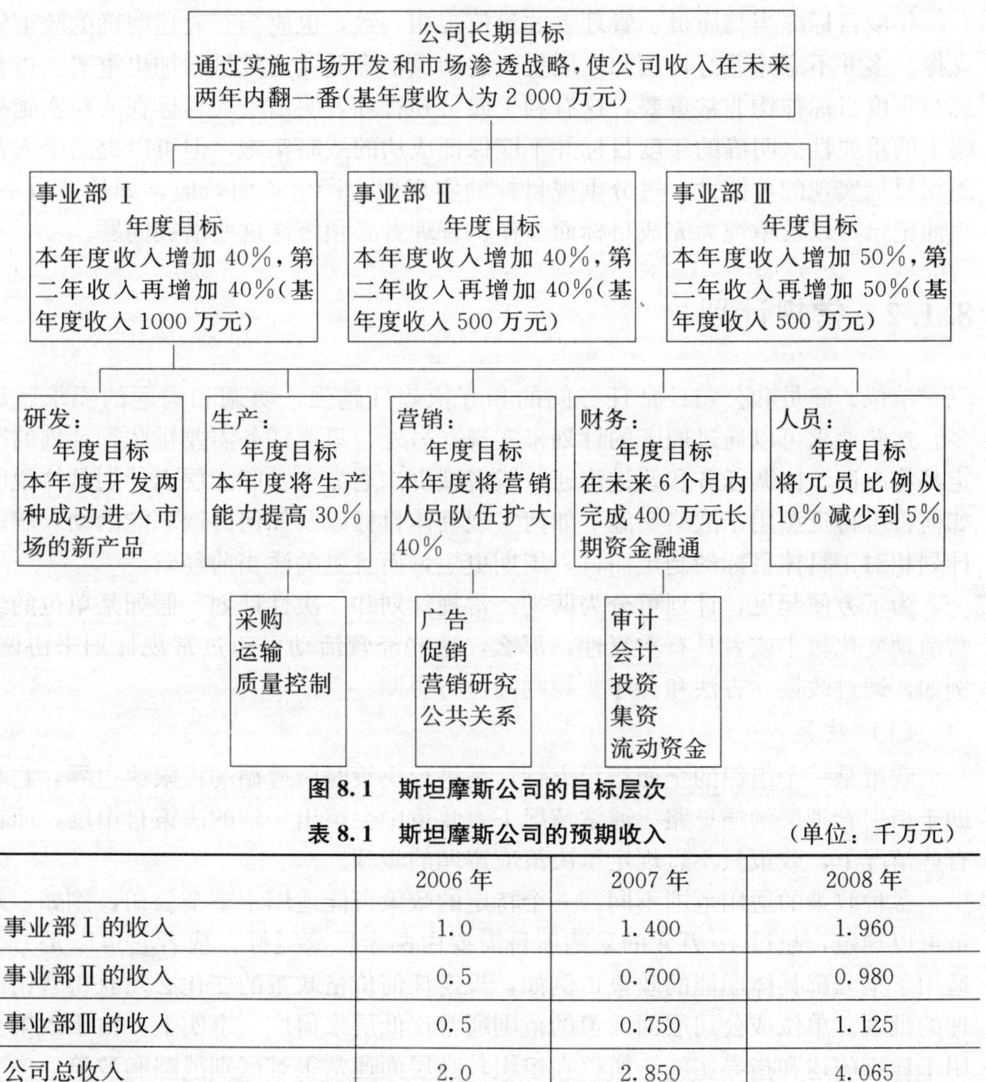

图 8.1　斯坦摩斯公司的目标层次

表 8.1　斯坦摩斯公司的预期收入　　（单位：千万元）

	2006 年	2007 年	2008 年
事业部Ⅰ的收入	1.0	1.400	1.960
事业部Ⅱ的收入	0.5	0.700	0.980
事业部Ⅲ的收入	0.5	0.750	1.125
公司总收入	2.0	2.850	4.065

(2) 年度目标的特征

年度目标应当具备如下特征：可度量性、同一性、合理性、挑战性、明确性、全体员工沟通性、时间性、相应的奖惩性。很多时候，目标表述过于笼统，不具有实际操作性，诸如"改进沟通"、"提高绩效"之类的目标就不明确、不具体或难以度量。在目标中，应当明确列出数量、质量、成本和时间方面的要求，并可以及时调整。要避免使用诸如"最大化"、"最小化"、"尽可能快"及"足够多"之类的词或短语。

年度目标应当与雇员、管理者的价值观相一致，也应当有表述明确的政策做支撑。多并不意味着好，例如，质量改进和成本降低就比数量增加更重要。将奖惩与年度目标挂钩非常重要，这有利于雇员和管理者明白实现目标在成功实施战略中的重要性。明确的年度目标并不能保证成功的战略实施，但可以提高个人及组织目标实现的可能性。过分重视目标的实现也会产生负面效应，如伪造数字、歪曲记录，以及单纯为完成目标而工作。管理者必须警惕这些潜在问题。

8.1.2 常规计划

单位、雇员和公司日常任务间的相互依赖性越强，协调和沟通的要求就越多。这些要求可以通过周密的计划来实现。另外，只要任务需要排队，计划的制定都将有助于协调任务和改进沟通，或者减少沟通需求。职能层面计划具体说明如何将可得资源用于战略实施，如何实现具体目标以及如何协调职能活动。职能计划相对于具体目标的制定而言，周期更短，而且更关注当前经营。

为了方便起见，计划可分为两类：常规计划和一次性计划。假如某单位的经营活动变化较小或者具有重复性，那么，这些经营活动可通过常规计划来协调，例如，通过政策、方法和程序、规则等进行协调。

(1) 政策

政策是一个组织的全面指导方针，是进行决策时应遵循的极限或边界，它有助于指引管理层沟通思路。通常情况下，政策中会留出一定的决策自由度，而在有些情况下，政策只不过规定了决策应遵循的步骤。

各种政策的适用范围不同。一个特定的政策可能适用于整个公司，例如，政策可以规定，超过 10 万元的采购项目需要由两个厂家竞标。或者它可以是一个适用于某分部具体职能的政策，例如，规定任何价格政策的变化必须获得营销经理的批准。单位或公司层面政策的范围通常比低层来得广。事实上，由于政策被用于详细阐述和指导实施，所以在组织较高层面通常很难区别战略和政策。

许多政策并不受战略变革的影响，但是，有些政策须相应地改变。经理们必须不断地重新评估政策，以保证它与职能战略和职能具体目标不相抵触。经理还必须制定新政策，以引导决策服务于新的具体目标。

（2）方法和程序

麦当劳公司令人炫目的成功经常被归结于这样一个事实：客户不介意麦当劳快餐店的位置，但他们知道在任何一间麦当劳快餐店都能获得同样质量的服务。这在一定程度上是由麦当劳公司的具体目标和政策实现的，即在公司上下运用一套标准的方法和程序，使众多麦当劳快餐店的服务标准保持一致。

方法与政策的区别是：方法更具体，适用范围更狭窄，内容更完整。为了获得标准的方法，需要标准的条件。例如，一个信息系统要求有一个标准的词汇表和一个标准的记录及积累信息的方式，以便任何一条特定的信息在任何位置都能表达出相同的含义。

程序是一系列步骤或行动的具体执行说明。当活动牵涉的人数超过一人时，一套界定清晰的程序有助于协调人们的工作。当面对一项新的或不熟悉的活动时，程序可以指引人们完成任务。这样，即使人员变动，也可以保持行动的一致性。在大型的公司里设有众多的程序，用以管理各类活动，包括员工招聘、现金管理、启用和停用设备等活动。

在大型公司内，标准方法和程序的设定是由专职人员诸如工业工程师和系统分析员负责的。由于程序的开发和变更成本很高，作为一名管理者，必须确定哪些是必要的程序，该程序是否值得为之付出成本，该程序是否足够灵活以应对条件变化。

（3）规则

规则是一种说明，指出哪些行动是应该采取的，哪些是不应该采取的，而且对这些说明不存在解释的空间。例如，“所有运往海军部队的产品在装运前将由海军常驻检验员进行检查”，“只允许在指定范围内吸烟”。

严格的规则可以保持行动的一致性，但规则也会限制人们运用常识进行判断的能力，从而产生不作为（inaction）。还有，当这些严格的规则对公司具体目标的实现确实产生干扰时，怨恨规则的人会设法绕开它。采用下列方法可以避免这些问题：

①指明规则具体的弹性范围。

②让公司成员参与制定规则。

③不断设法改进和更新常规计划。

④培训员工更好地履行其责任，确保员工能及时地与经理讨论关于规则例外的建议。

8.1.3 一次性计划

一次性计划是用于协调非重复性的、无法嵌入组织正常经营的活动。例如，一家公司通常不会让其职能部门为一间新工厂的建造做筹备工作，而是要为该活动作专门的计划。另一些情况是，一个新战略的实施可能要求一个特殊的计划，或公司的业务性质也许就是由管理层监督和管理各种新项目。一些按项目运作的公司会开发专用的组织结构，例如，矩阵式和项目式组织。当然，这都是些特殊的情况。如果要应对这些情形的话，多数组织会用到一次性的方案和项目。

方案和项目包含实现具体目标的必要步骤。两者很相似，但是，方案包括的活动更多，而且还可能包含数个子方案和无数个项目。方案和项目都可用于处理特别的活动，这些活动太复杂而无法在现有单位的常规经营中进行。

正如政策的情形一样，方案或项目的规模和范围有大有小。一个促进公司生产设备现代化的方案不仅会影响整个组织，同时会涉及各个工厂的多个子方案的多个项目。某个意在引进新产品线的项目可能包含招募、雇用和培训销售新人等多个部分。表 8.2 介绍了制订方案和项目的指导方针。

表 8.2 制订方案和项目的指导方针

(a) 确定实现具体目标的必要步骤；
(b) 详细解释步骤之间的关系，确定任务的优先级和顺序；
(c) 估算每个步骤的进度，必要的话，应重新评估活动的顺序，制定进度表，明确具体的完成日期；
(d) 确定必要的资源，如资金、人员和原料；
(e) 确定各步骤的责任人和职责分配，确定承担责任所必需的职权范围、授权机制，将职责的分配传达给组织内所有受影响或相关的部门或人员；
(f) 编制控制图跟踪执行进度，同时开发信息系统协助实施行动。

（资料来源：H. 伊戈尔·安索夫，彼得·H. 安东尼奥．变革国家中公司发展战略．曾立芸，安砚贞，译．中国人民大学出版社，2004：229）

由于方案和项目是用于处理非重复性的活动和情况，通常跨越多个周期，因此很难确定所需的步骤并无法实事求是地估算时间和成本，而且方案和项目的具体目标也难以保持前后一致。在这种情形下，管理层必须做好调整方案和项目的准备。同时有必要反馈其进度，以便具体目标万一无法实现时，可对其作相应的修订。保持灵活性的一个方法是，将方案某阶段的详细安排推迟制定，直到对该阶段的性质和发展方向了解得更清楚时才加以完善。经理还可以规定业绩触发水平，从而以触发水平来启动某些项目。例如，当完成步骤 e 的 60%时，开始进入步骤 f。

方案通常由组织内多个单位的子方案和项目组成，这使得计划、协调、执行和控制趋于复杂化。每个子单位会最先考虑本部门的子方案，而忽视应该优先考虑的整体方案。因此，多数组织会指派专人对方案整体负责。该雇员也许是专职的方案经理，或者在监控方案的同时又做常规工作。子单位的每个方案和项目也有具体的联络人。不论采用什么组织形式，都必须有专人从整体上关注方案进展，以便协调各种活动，使方案的实施与组织的持续经营同步进行。

8.2　战略计划系统设定

企业战略计划系统是将战略方针、目标、环境因素、内在条件等各要素融为一体，并用来指导企业在一定时期内合理分配有限资源，以期达到目标的具体管理活动。它强调企业组织各方面的整体性。

8.2.1　战略计划的概念及其与长期（传统）计划的区别

战略计划强调企业组织的整体性。它是一种在三到五年期限内，将企业视为一个整体，共同实现企业目标的长期计划。

安索夫认为，战略计划与一般意义上的长期（传统）计划有两点本质上的区别：

(1) 战略计划与长期（传统）计划各自对未来的看法不同

在长期（传统）计划中，企业根据历史增长的数据，运用外推法，便可以预测出未来的情况。同时，企业的高层管理者一般都认为未来的效益应该而且一定会比过去的效益好。结果，高层管理人员往往向较低层管理人员压指标，订出企业实际上很难完全实现的最佳目标。

在战略计划中，企业并不认为未来是可以用外推法预测出来的，也不认为未来一定会比过去有所改善，而是认为需要经过认真的分析后再做出决策。在这种计划中，组织一般要进行企业前景分析、竞争分析、战略组合分析以及多种经营分析。运用前景分析是为了从中确定企业的机会与威胁，预测发展趋势；运用竞争分析是为了辨别企业在各个经营领域的经济效益，更好地开发大有前途的经营领域；运用战略组合分析是为了确定企业现有的潜力，找出现实与企业目标之间的差距。但是，由于环境的动荡等其他一些因素的影响，有的企业需要进一步使用多种经营分析，确定企业可以进入的新的经营领域，保证企业经营的平衡性。

(2) 战略计划与长期（传统）计划的过程不同

在长期（传统）计划中，企业首先要进行外推法来预测未来的计划期，然后确定目的，再将目的分解到行动项目、预算与利润计划之中，最后由企业的关键单位执行。

在战略计划过程中，企业首先要进行战略分析，谋求企业前景与目标的动态平衡，形成战略。其次，企业要确立两类目的：近期效益目的与战略目的。最后，企业根据不同目的，分别设立作业项目和预算、战略项目和预算。这两者分别由不同的单位与控制系统贯彻执行。

从上述区别可以看出，战略计划所涉及的面更广，考虑的问题更多。其本身是一个非常复杂的动态系统。长期计划是企业处于平稳的或可预期的环境变化的产物，而战略计划则是环境发生突变时的一种产物。

8.2.2 战略计划系统的设定

(1) 战略计划系统的内容

战略计划系统所要得出的实质性成果便是企业的长期竞争优势，例如：新的生产线的建立、研究与发展规划、产品的多样化、企业的并购、组织结构的整顿与改组、新市场的开发等。一个战略管理者要能使企业长期有效地经营下去，则这些领域的创新无非是达到一个目的，即适应预期的未来环境，而不是呆板地适应眼前的局部环境。然而未来的环境具有不可控性，因此计划中的事项必须要有充足的弹性。因而从这个角度来看，企业战略计划系统必然是一个适应机制，它能使组织信心百倍地对付变幻莫测的环境。这种内在规定性也就决定了战略计划系统必须有以下几方面的内容。

①对企业总体战略的说明。

说明什么是企业的总体经营战略，为什么做这些选择，实现此战略将会给企业带来什么样的重大发展机遇。这种说明还包括总体战略目标和实现总体战略的方针政策。被说明的战略目标是总体战略所预期的未来“目的地”。对这些目的地可以定量地加以描述，同样也可以定性地表述。这里需要指出的是，那种定量目标与具体的、有数量概念的分阶段目标有着本质的区别，它们应该是得到概括性的和非限制性的阐明。

②企业分阶段目标。

分阶段目标是企业向其总目标前进时欲达到的有时间限制的里程碑。一般需要对分目标加以尽可能具体与定量的阐述。这也是保障实现总目标的依据。企业的分阶段目标常常与具体的行动计划和项目捆在一起，而这些行动计划与项目均为达成企业总目标的具体工具。

③企业的行动计划和项目。

行动计划是组织为实施其战略而进行的一系列重组资源活动的汇总。在战略计划阶段，这些行动计划常为包括研究、开发及削减等方面的活动。例如，执行产品开发计划或产品改进计划，有利于新产品战略的实现。同样，一个开发特殊技术领域的战略，可能会涉及并购、人员开发等诸多行动计划。各种行动计划往往通过具体的项目（通过具体的活动来组织资源配给以实现企业总目标）来实施。例如，一个新产品开发计划常需诸多开发项目来实现。

④企业的资源配置。

制定计划的基本决策因素便是资源的配置。实施战略计划需要设备、资金、人力资源及其他重要资源。因此，对各种行动计划的资源配置的优先程度应在战略计划系统中得到明确规定。战略计划系统应指明在实施战略中需要的各种资源。所有必要的资源，在尽可能的情况下应折算为货币价值，并以预算和财务计划的方式来表达。预算及财务计划对理解战略计划系统来说具有重要意义。这里需要指出的是，对财务上的过分考虑势必会影响到战略计划系统的真正意义，以致损害了企业战略计划的效能，同样会使企业的活动因单纯追求财务指标而偏离战略发展的轨道。为尽量减少这方面对战略的损害，企业可以将计划中的财务部分单独分离开来，以保证战略的“数字盲目症”不会出现，从而可以真正突出计划的战略成分。

⑤企业的组织保证及战略子系统的接口协调。

为了实现企业的战略目标，必须由相应的组织结构来适应企业战略发展的需求。由于企业战略须适应动态发展的环境，因此，组织结构必须要具备相当的动态弹性。另外，企业战略计划系统往往包括若干子系统，如何协调、控制这些子系统，计划系统对这些子系统间接口处的管理、控制应相当明确化。

⑥应变计划。

以上叙述的各种计划内容都需企业作出决策。这些决策基本上是由各种对环境的预测与假设推出的，它们在某种程度上即使正确反映了客观现实，具有诸多可取之处，但因为毕竟包含了相当的主观性，而不利于计划系统的适应性。有效的战略计划系统要求一个企业必须具备较强的适应环境的能力。要获取这种能力，就要有相应的应变计划作为保障。要看到各种可能条件在一定时间内都可能突如其来地发生变化，与其唐突应战，还不如及早准备方为上策。如果将应变计划作为整个战略计划系统的一个正式部分的话，则企业可以应付各种瞬息万变的环境，可在错综复杂的竞争中独领风骚。

(2) 战略计划系统的制定程序

在多种经营的大型企业里一般具有三个管理层次，即总部、事业部与职能部门，因而导致产生三种战略与计划：企业总体战略与计划、经营战略与计划以及职能战略与计划。为了使这三种战略与计划相互衔接、密切配合，有必要考虑运用一定的程序来制定战略计划。

第一步骤

计划过程的第一步骤主要有两个内容：在企业总部管理人员与事业部管理人员之间达成一个临时的协议；为第二步骤的详细计划提出重点。要完成这两个内容需要做以下工作：

①建立企业总体目标。

在计划的最初阶段，企业总部的经理与事业部的经理之间要进行初步对话，共同探讨企业总体目标。在探讨过程中，各事业部对目标深入的范围与程度可以有不同的看法。在对话的基础上，企业总部为事业部经理制定本事业部的战略计划规定了一定的方向，然后，各事业部根据自己的战略来制定计划。最后，企业总部在均衡配置企业各项资源的基础上，阐明企业的总体战略。

在制定计划的过程中，企业的总体战略主要取决于该企业的多种经营程度。一般来讲，企业多种经营程度越高，总部为各事业部提出一个明确的具有凝聚力的战略的可行性越小，只有在各事业部形成自己的战略方案以后，才能阐明企业的总体战略。

②制定事业部的战略方案。

在企业总体目标确定以后，总部高层管理者应要求各事业部的经理制定出本事业部的战略方案，详细说明该事业部所确定的经营活动范围和目标，提出经营战略与下一年度的临时目标。在计划过程中，这一步骤相当重要。一个清楚的战略方案可以使各事业部更加明确自己的生产经营范围，减少各事业部之间相互竞争的风险。

战略方案制定以后，事业部的经理要向企业总部高层管理人员提交自己的经营目标与战略，以及贯彻实施的计划，最后由企业总部来平衡。总部的决策因企业的情况自行决定，例如有的企业根据自己的资源分配做出最后的决策，有的则是将总部所同意的事业部的战略反馈给各事业部，由事业部执行。

第二步骤

计划过程的第二步骤也有两个内容：各事业部的负责人要与其职能部门的经理达成有关今后几年里要贯彻实施的行动计划的临时协议；在长期计划中，部门经理的任务取决于该事业部的经营重点。

此时，事业部负责人一般只与职能部门经理达成一个临时协议，不可能明确地指出销售目标或利润目标。这一方面是因为过细的计划会约束部门经理的作为，使他们失去创造性地实现事业部目标的机会；另一方面是因为只有在企业总部同意了事业部的计划并给予相应的资源以后，事业部的目标才能最后确定下来。

由于临时协议的约束，职能部门经理的计划过程只能是一个简单的过程。不过，它的计划要详尽，需要更多的人加以实施。在这里，职能部门要把事业部的经营战略转化成指挥与协调活动，保证总体战略的具体实施。当然，职能部门计划项目的范围、数量和时间都取决于目标的性质。例如，一个多种经营企业中生产某种产品的事业部经理在指挥生产上，必须考虑本事业部的产品系列与企业整体资源的限制；而销售部门的经理考虑的角度则不同，需要注意在计划期内完成扩大市场占有率的任务。

第三步骤

第三步骤中，事业部工作重点是要与总部再次协商，最后决定资源的分配，安排详细的资金预算。在这里值得注意的是：

①资源分配一般都是非正式的过程，很大程度上取决于企业总部高层管理者的经济思维和企业当前的经营重点。如果总部与事业部之间有很好的沟通，资源分配与工作计划中一般不会出现不衔接的风险。

②事业部的工作计划确定下来以后，总部有权为了满足下一年的生产经营活动或竞争的要求，将资源分配期限规定在一定的时间内（如一年），以便更灵活地运用现有的资源和潜在的资源。

③在资源分配上，企业总部既要考虑满足每个事业部的要求，也要有个通盘的安排，以确保整体的平衡。

总之，大型多种经营的企业战略计划过程既简单又复杂。从理论上说，这一过程相当简单，但从操作上看，这一过程要比理论上复杂得多。一个完美的战略计划只有通过训练有素的经理的创造性思维才能完成。

8.3　构造有效的组织结构

【案例】

金山变阵，意图打造软件帝国

2002 年 3 月 21 日，就在金山公司所在的翠宫饭店，金山公司新的高层管理团队第一次全部站到了媒体的面前。金山公司董事局主席求伯君和总裁雷军也一起亮相，向近百名记者宣布了金山公司历史上最大规模的一次改组：金山公司已经成功引进了事业团体制。至此，在金山内部持续了三个月的结构调整终于尘埃落定。

“公司改组的目的是要建立以事业部为主体的运营管理体系，这与我们所强调的以业务为核心是完全相一致的。”金山公司总裁雷军表示。

进行结构调整的原因之一在于金山目前的发展规模已经越来越大，产品也越来越多，产品中心思想使研发和营销疲于奔命应付不同产品系列的发展变化，无暇顾及整个业务线的长远规划与发展了。改组成为金山内部的自觉要求。

而更为重要的是，进入 2002 年，政府在大量采购正版软件的同时，加大了对盗版市场的打击力度，同时各大企事业单位的信息化建设加快，这对于国内的软件产业来说无疑提供了一个更有利的政策环境和市场空间。软件市场，尤其是通用软件市场即将迎来一个突飞猛进的发展过程，在市场总体盘子扩大的基础上产生的进一步市场细分使得金山更加需要在每一个业务线集中自己的精力，关注长远发展。可以说，金山的改组正是巨大市场的诱惑和激烈竞争的压力共同促使而成的。

2003 年 8 月，金山又完成新一轮业务结构调整，改原先的事业团体制为业务群组制。调整后的金山分为办公软件与相关软件群组、数字娱乐群组以及安全工具类产品群组。办公群组下辖 WPS、0A 以及电子政务解决方案；数字娱乐群组即不久前以《剑侠情缘（网络版）》为标志的在线娱乐；安全工具类包括毒霸、词霸等应用类软件。

金山对业务和组织架构的大调整注定不是一朝一夕能完成的事情。中国人民大学经济企业管理专业博士王林认为，金山此次变革，是对原先组织单位进行了重新组合和角色转换，这将打乱当初事业制内的汇报次序，金山在调整上面临的阻力可能比当初引入事业制时还要大。因而，金山此前的频繁调整也对现在的调整产生了阻力。

和外界评价金山为“市场导向”不同，金山对自己的定位是“业务导向型”。金山同时也不回避从“技术导向”中脱身出来的事实。金山淡化“技术导向”始于 1997 年涉足词霸、1998 年启动“红色正版风暴”，老总求伯君从此把金山转化成一家产品公司。

确如金山所言，金山的转变是历史选择的结果。“如果金山果真按照大家说的那样，坚持 WPS 单一产品线的道路，UCDOS 那些死掉的操作系统就是前车之鉴。在 2000 年之前，我们必须有能活命的业务，如果仅为坚持理想、发扬自己的技术特色，一条路走到黑，最后公司倒掉，其实是对投资人最大的不负责任。1998 年，金山作价 3 000 万美元、接受联想 900 万美金至今，我们没有再接受新的投资，不仅没有死掉，品牌还越做越大。”王锋说。

金山的历史不算很长。必须承认金山频频变换核心策略确有其“历史原因”，但在整个行业都向规范化、专业化转变时，金山策略能否成功最终还需市场来证明。

（资料来源：www. chinabyte. com/honepage/219001859891789824/20030810/1720438. html；http：//www. southcn. com/it/ittout/200201300387. htm）

【案例】

神州数码

神州数码控股有限公司成立于 2000 年，是联想控股有限公司旗下的全资子公司之一。神州数码目前不仅是国内第一的 IT 产品分销商，同时也是国内最大的专业系统集成商和知名的全线网络产品供应商。下属的通用信息产品事业本部主要以代理分销国外知名品牌的 IT 产品业务为主，是国内最大的通用信息产品分销服务商。本着“分销是一种服务”的思想，通用本部 2004 年充分实施复合化策略，以领域为主线进行产品复合，将原有业务部门整合为八大事业部，分别为笔记本事业部、投影机事业部、PC 事业部、外设事业部、服务器和网络产品事业部、套件事业部、消费电子事业部、零售事业部。在此基础上，通用本部制定了 2004 年战略发展策略；通过组织结构变革首先实现产品按领域复合，逐步过渡到销售队伍复合，最终实现渠道复合；实施快速产品扩张策略；建立 B2B 供货服务模式，进一步释放 E-BRIDGE 能量，建立低成本的竞争策略，形成自己的竞争优势。上述神州数码的组织结构变革一方面是顺应国内日益激烈的 IT 行业竞争环境，另一方面也是对自身经营管理的调整和完善。通过上述的组织架构变革，神州数码实现了在国内家用电脑占据一席之地的战略目标。

（资料来源：余来文，陈明．管理竞争力基于战略、管理与能力的整合．东方出版社，2006：27～28）

有成效的战略实施在很大程度上取决于公司的基本组织结构，组织结构确定了组织的主要活动以及实现公司战略目的的协调方式。

基本组织结构是由公司的元素、成分或不同的单位组成。组织结构描述了关键任务和活动的划分如何实现既有效率又有效果。

基本组织结构并不是使战略实施“组织化”的唯一方法。与其相协调的其他奖励系统、计划制定程序、信息及预算系统也常常是必需的。但是，战略家总是通过基本组织结构来给公司定位，从而以内部效率和总体效果协调一致的方式来实施战略。

8.3.1 基本的组织结构及战略

使组织结构与公司战略相匹配是公司战略家的根本任务。为了弄清任务的执行方法，我们首先必须了解五种基本的组织结构，然后关注组织结构与战略配合的指导方针。

五种基本的组织结构是：①职能型结构；②地理型结构；③分部结构；④SBU；⑤矩阵结构。每种结构都具有不同程度的优势和劣势。当战略家在选择组织形式时，必须考虑这些优势和劣势。

(1) 职能型结构

职能型结构多用于单一产品或产品线很狭窄的公司。这类结构的公司为了突出其产品和服务的竞争优势，对专业技能的要求非常明确。该公司按职能专业划分任务，使公司人员集中在某一必要的专业领域。这样便于运用最新的专业技术和达到高效的工作水平。

职能结构各部分的定位可由产品、客户或技术来确定。酒店业中可以按客房管理、前台、维修、餐厅、预订和销售、财务和人事职能来组织公司。一个设备制造商可以按生产、工程质量控制、采购、营销、人事和财务或会计等职能构建组织结构。

职能型结构所面临的战略挑战是，如何有效地协调各职能单位。但是，狭窄技术专长的形成会导致视角的局限性及各职能单位优先处理事项的差异性。专家们也许认为公司首要的战略问题是营销或生产。这些职能部门间的潜在冲突使CEO担负的协调角色显得尤为关键。职能型结构的公司常会采用整合策略（如项目团队或计划委员会）来加强部门间的协调，以利于职能间的相互理解。

(2) 地理型结构

公司通常是以向新地区拓展产品或服务来实现增长。因此，在这些地理区域，公司常会遇到许多差异，需要用具有地方特色的生产和供应方法、不同产品的销售或服务方式来解决。为了适应这些差异性，通常要求公司按地理区域构建组织结构。因此，假日酒店就是因受不同国家法律、关税及经济环境对旅店业的影响，而按不同的世界地理区域来组织其公司的结构。即使在美国本土，由于旅行需求的差异、住宿规定和客户组合的区别等，假日酒店也是按地理区域构建美国分部的组织结构的。

地理型结构的主要战略优点是，能及时对当地的市场条件作相应的调整，提高销售收入或降低成本。

(3) 分部结构

当一个公司的产品或服务开始多元化、要利用不相关的市场渠道，或开始向不同类型的客户提供服务时，职能型结构会迅速变得不适应。如果在这种环境下仍然保留原有的职能型结构，那么，生产经理可能要监管大量不同的产品或服务的生产；营销经理可能要为大量不同的产品制定销售计划，或通过大量不同的分销渠道推销产品；还有，管理高层也许会面临许多额外的协调要求。所以，随着组织规模的扩张和产品多样化的加强，构建一个新的组织结构往往是必要的，这时通常选择的组织形式为分部结构。

多年来，福特汽车公司和通用汽车公司都是按不同的产品组来构成公司的分部结构的。制造商通常都根据不同的分销渠道来划分销售分部。

分部结构能使公司管理层授权不同的业务实体——分部进行战略管理。这样，有利于分部对多变的竞争环境做快速的决策，同时让公司管理层专注于公司层面的决策。分部通常被授权对赢利负责，这样，有利于公司对业务的盈亏做正确的评估。

(4) SBU（战略事业单位）

当分部的产品种类、规模和经营单位的数量日益增长时，有些公司会觉得难以对分部的经营状况进行评估和控制。在这种情况下，公司可能会增加另一个管理层次来改善战略实施，促进协同合作，使公司在不同业务的利益都能得到更好的控制。公司可以将类型不同但具有同类战略元素的分部（或某些分部中的一部分业务）组合成不同的小组，通常称这些小组为 SBU。常见的是根据公司服务的某个独立的产品细分市场来划分。

在 20 世纪 60 年代，GE 公司的销售大幅增长，但利润增幅却很低，它率先按 SBU 划分了公司结构。GE 公司将 48 个分部调整为 6 个 SBU（分部）。例如，它将 3 个食品准备器具分部合并为一个 SBU，专门服务于家用器具市场。通用食品公司原有的 SBU 是根据产品线划分的（致使所服务的市场重叠），后来按菜单顺序重新调整了 SBU。重组后的 SBU 按早餐食品、饮料、主食、甜品和宠物食品划分，使公司的服务更加精确地定位于目标市场。

(5) 矩阵结构

在大型公司里，随着多元化的发展，公司对众多具有重要战略意义的产品和项目的投入也相应地增加。这样，就需要一个能及时按需提供技能和资源的组织形式。越来越多的公司采用矩阵结构来迎合这个需求。时至今日，花旗集团、数据设备公司、GE公司、壳牌石油公司、道化学公司和得州仪器公司等就是一些正在运用矩阵结构的公司。

矩阵组织提供了双重授权渠道、双重业绩责任、双重评估和控制。从本质上看，下级同时被分配给基础职能部门和某个项目经理或产品经理。矩阵形式旨在将职能专业化和产品—项目专业化的优点相结合，最有效地使用公司人才。

矩阵结构还增加了许多负责全面管理（借助于项目经理的角色）的中层管理者的人数，从而扩大了中层管理者对公司战略层的关注。这样，矩阵结构既克服了职能型结构在这方面的严重欠缺，又保留了职能专业化的优点。

尽管矩阵结构设计简单，但执行起来却很困难。双重命令链是对组织基本原则的挑战。共享责任的商讨、资源的使用以及任务的优先级问题会在下属间引起误解或混乱。

为了避免一个永久矩阵结构将带来的不利，有些公司会采用“一次性”或“灵活的”重叠结构来实施某些特定的战略任务。通用汽车公司、IBM公司和得州仪器公司等就是采纳这个方法的典范。该方法的用意是既利用矩阵团队的一次性优点，又保存了分部结构。因此，矩阵结构的基本观点是：在一个狭窄但具有战略意义的产品、项目或市场上，简化和扩大资源的量点投入——这显然为大型多元化公司提供了一个重要的组织结构的选择。

8.3.2 组织结构与战略的匹配

哪种组织结构最合适？人们就这个问题做了相当多的研究，一致的答案是：这要取决于公司的战略。由于结构设计与公司的关键活动和资源密切相关，因此，组织结构的设计必须与公司战略的需求保持一致。

钱德勒就“组织结构的选择是战略的函数”这一命题做了具有划时代意义的研究。他在相当长的时间里对20家大型公司进行了调查，发现了一个普遍的战略结构的形成顺序：

①选择一个新战略；

②出现管理问题和业绩下滑；

③组织结构随战略的需求而变化；

④提高赢利能力和改进战略实施。

上述顺序基于如下的逻辑：公司为了适应环境的变化而改变其增长战略，但是，战略引起了管理问题，从而导致业绩下滑。产生这些问题的原因是，现有的业绩，公司必须重新设计组织结构。钱德勒暗示，忽视对组织结构的重新设计，最终会引起业绩下滑。

在美国的公司中，钱德勒还观察到了一个具有普遍意义的战略和结构的演变顺序。这些顺序反映了公司经营范围日益扩张的影响。大部分公司是以一个简单的职能单位起步，在单一行业、单一地点（例如，一间工厂、一间仓库或一间销售办公室）内经营。这些公司最初的增长战略是产量扩张，从而产生了对管理办公室的需求，以便对日益增长的产量进行管理。紧接着的增长战略是地理扩张，要求多个领域中的单位在不同的地点执行同样的功能。该时期的管理问题包括标准化、专业化和单位间的协调，因而需要一个中央管理单位对各地区单位进行监控管理。再发展下来的增长战略是垂直一体化。公司仍然处在同一行业，却须执行额外的职能。不同职能间的信息流和物流问题导致了对职能型组织的需求。在职能型组织中，有专人做预测和进度计划，以利于组织的全面协调。

组织最终的增长战略是产品多元化。公司利用现有资源进入其他行业。为了便于解决多元化分部的管理和资本性投资建议的评估问题，会产生多分部结构的需求，即将相似的活动归并为小组，由不同的分部各自处理独立的产品，同时对短期经营决策负责。中央管理总部的总经理（如集团经理）则对长期战略决策负责。这些经理必须使分部决策和业绩与战略的方向相配合，并使中央控制和分部自治达到平衡。

拉里·里格利在钱德勒研究成果的基础上作了进一步的调查，以了解公司核心业务的多元化程度如何对组织结构的选择产生影响。他确定了四种增长战略：(a) 单一产品业务；(b) 单一优势业务，即某个业务占了 70%～95%的销售额；(c) 相关多元化业务，即基于一种共享的分销渠道或技术，且主营业务之外业务的销售额超过 30%；(d) 无关多元化业务，要求主营业务之外的业务的销售额超过 30%。

里格利的重大发现是，多元化程度越高，产生的事业分部就越多。特别地，单一产品业务使用职能型结构；相关和无关业务采用分部结构；单一业务占优势的业务组合在优势业务上运用职能结构，而在其余业务上采用分部结构。

鲁梅特（Rumelt）在钱德勒和里格利研究的基础上又做了进一步的研究，他运用了一个更具体的分类系统。总的来说，他的发现进一步确认了钱德勒和里格利的研究成果。公司业务多元化的程度越高，应用多分部结构的可能性就越大。鲁梅特还发现，1949—1969 年间，使用单一产品业务和单一优势业务战略的公司逐渐减少，而使用多分部战略的公司日益增加。

鲁梅特最终的研究建议是，战略与结构是否相适应会对业绩产生影响。表 8.3 是这一研究领域对处理结构与战略关系的推荐做法。

表 8.3 选择一个与战略相配合的基本组织结构

战略条件、产品和市场因素及其他主要变量	战 略	基本组织结构
通用产品，小批量生产； 产品和市场高度相关； 需要侧重效率、降低成本和规模经济。	数量发展（水平增长） 地理扩张	职能型组织（强调流程） 有中央管理总部的地理型组织
如同第1类，再加上产品需求波动性很小； 有望增加与高产量和高技术相关的新产品； 大部分潜在的产能用于满足现有产品和新产品的生产。	如同第1类，加上垂直一体化	如同第1类，加上更成熟的职能型结构（通常采用专门协调团队、计划委员会和员工协调）
产品和服务的数量较大； 与产量相关性很低； 与市场相关性很低； 产能（特色能力）过剩； 闲置资源； 需要降低协调成本。	产品多元化	多分部组织（按产品、客户或地区划分） SBU（权力下放、高度自治）
产品和职能双重聚焦资源缺乏，但是产品和项目间有机会共享资源或利用协同效应； 高度的不确定性、复杂性和相互依赖性，信息处理的需求日益增加，需要更有效的决策。	如上述1、2、3类	矩阵结构
企业经营环境发生巨变，原来的有利条件转瞬间成为不利因素。	紧缩、清算战略	裁减组织结构或成立清算中心来领导各项清算活动

（资料来源：H. 伊戈尔·安索夫，彼得·H. 安东尼奥. 变革国家中公司发展战略. 曾立芸，安砚贞，译. 中国人民大学出版社，2004：264）

一项更近的研究使我们对战略与结构的适应性有了进一步的理解。这项研究继续指出，在那些单一产品或单一产品线的小型公司里，职能型结构远胜于多分部结构。当然，在大型公司里，公司层面和较低层面的员工都对业绩产生了很大的影响。公司业务越是多元化，越是希望有得力的员工分散在公司的业务（或分部）里；而在业务多元化程度偏低的公司，往往在组织的较高层面配置得力的员工更有效。换句话说，公司业务多元化的程度越高，越是有必要实行分权（decentralized）和自我包含（self-containment）。而另一方面，当公司业务的多元化程度偏低、业务的相互依赖性较高时，公司层面就应起更多的整合作用。

该研究得出了四个重要结论：

①单一产品或单一优势业务的公司应使用职能型结构。该结构能通过强调专业化和效率来实现任务导向，同时又通过集中评审和决策进行组织控制。

②有多个相关产品业务的公司应采用多分部结构。该结构将密切相关的分部组合为集团。当需要集团内部协同（例如共享或联合活动）时，集团是影响、制定决策的最佳层面，而公司层面所起的作用有限。业务的多元化程度越高，分部人员的权力及决策范围就越广。

③有几个无关产品业务的公司应按 SBU 构建组织。尽管 SBU 的结构类似多分部结构，但是财务、会计、计划、法律和其他相关的活动应集中在公司总部办公室。由于不需要跨部门协同配合，公司总部承担的大部分工作是分配资金和实施控制机制，或者是制定重要的关于收购和撤资的决策，而所有经营及业务层面的战略计划都被授权给 SBU 进行。

④率先达到战略与结构相适应是公司的竞争优势之一。谁首先实现战略与结构的适应，谁就将获得竞争优势。这种竞争优势也会因对手随后达到战略与结构的适应而消失。此外，如公司转变战略，其组织结构显然也应作相应的改变。否则，两者之间适应性的消失会成为公司的竞争劣势。

8.3.3　组织结构调整

（1）组织结构适应战略发展的标准

企业战略的内容充分考虑到企业员工的行为特点，适用于指导和调动企业整个组织，这是组织结构适应战略的最本质内容。这种组织结构适应有以下三个标准：

①产生共同愿景。

这种组织结构的适应，是指其在战略上充分有效地使企业全体员工的认知和努力方向一体化，具有为企业全体员工提供共同理想的聚焦作用。至于作为企业长期运营共同的指针或者理想蓝图的战略来说，是最有重要意义的组织结构适应。

不可否认，企业的最终活动是诸多的具体个人活动的动态总和。对于这些个人活动是统一起来还是分散开来，这是组织结构适应战略发展所要解决的问题。毫无疑问，统一单体活动使之统一化，关系到企业取得业绩的大小。在促进人们行动一体化方面，管理者可采用的方法、手段有许多种，其中组织结构设计的手段便是其一。

②反映组织前进趋势。

使企业全体员工有共同愿景，统一前进方向还不够，必须使人们自觉地接受这一体化的方向，并以高涨的士气和坚定的信心，向着既定的企业战略目标齐心协力，使企业运作处于最佳状态，这就使组织结构能反映整个企业组织的前进趋势。否则，虽有共同愿景，但趋势错误，可想而知其结果也必将对战略结局无济于事。

企业有了这种前进趋势，可以充分鼓起员工的干劲，使企业内在力量倍增，反之，没有了前进趋势，企业的内在潜力将不能用之于“刀刃”上。这是人的集体的特性，反映出企业组织的前进趋势，并且能加以利用和保持，体现了战略的指向；也是企业组织结构适应战略发展的第二个标准。有了这种前进趋势的一体化方向，企业就可以在竞争中处于优势地位，使竞争对手望而却步，并迫使其反击对抗的势头越来越弱，从而在竞争中获胜。

③催人奋进的精神张力。

组织结构适应战略发展的第三个标准，是指设计好的组织结构能否在全体员工中产生一种积极进取并保持一种紧张感的精神张力。企业的组织结构实现了“产生共同愿景”和“反映组织前进趋势”之后，如果缺乏那种催人奋进并保持适度紧张的精神张力，则组织迟早会松懈，并逐渐习惯成自然，养成惰性。为了防止出现这种情况，防患于未然，有必要给员工注入一定的紧张剂——精神张力，使其不断上进，努力拼搏。如果做不到这一点，那么，企业的一体化方向和前进趋势终将因懈怠而付之东流。

当然这种精神张力不是说越多越好，越大越能起作用。但组织结构的适度刺激、使员工产生一种压力紧张感对实现企业总体战略非常重要。这种战略手段所产生并保持的精神张力，对企业必将产生巨大的推动作用，而且它也必将在企业的共同愿景和前进趋势中得以反映。从这个意义上讲，此种精神张力是实现第一、第二个标准之后，向企业的组织结构设计提出了更高的要求。

综观企业组织结构适应战略要求的三个标准，可以清晰地看到，它们是依次、累积地实现其有效机能的。首先是结构能产生企业的共同愿景，然后再凝聚这些共同愿景，使其反映到企业发展的正确趋势上来。为了保持持久的动力，同时还必须使企业全体员工产生一种压力紧张感，有了这种精神张力的存在，就可以使企业在实施战略过程中永葆活力、不断进取。三者相互作用，就构成了企业组织结构适应战略发展的动态标准体系。三者缺一不可。如果没有共同愿景，则体现不出企业的前进趋势，精神张力也无从谈起；如果没有反映企业的前进趋势的标准，则共同愿景很有可能产生误导作用，精神张力也有可能产生副作用；同样，不能保持企业成员的精神张力，企业的共同愿景和前进趋势则在实施过程中难以奏效。

（2）企业组织战略调整的内容

与企业战略相适应的组织结构调整工作包括三个内容：

①正确分析企业目前组织的优势和劣势，设计开发出能适应战略需求的组织结构模式。

②通过企业内部管理层次的划分、相应的责权利匹配和适当的管理方法与手段，建立起确保战略实现的实力。

③为企业组织结构中的关键战略岗位选择最合适的人才，保证战略的有力推行。

（3）组织结构调整步骤

为了促进上述组织结构调整工作的有效开展，须做好以下几方面的前期准备工作：

①确定战略实施的关键活动。我们应从错综复杂的活动中，如制度建设、人员培训、市场开发等方面，去寻找对战略实施起重大作用的活动。

②把战略推行活动划分为若干单元。将企业整体战略划为若干战略实施活动单元，它们实际上就组成了组织结构调整的基本框架，这样在客观上保证了企业战略被放到了企业的首要地位。

③将各战略实施活动单元的责权利明确化。企业战略管理者应全面权衡集权与分权的利弊，从而做出适当选择，给每个战略实施单元授予适度的决策权，并责成其制定符合企业战略的单元战略并负责贯彻执行。

④协调各战略实施活动单元的战略关系。这种协调，主要通过整个组织权力等级层次的方式来实现；在实施企业整体战略的过程中吸收各战略实施活动单元共同参加，让其在实施过程中相互了解、相互沟通，从而充分发挥协调各方的作用。

在企业调整组织结构过程中，必然会对组织结构进行选择。而每一种组织结构都有其自身的长处与短处，在企业组织调整中，企业应综合考虑各种组织结构的特点，而不应局限于某一基本的组织形式。组织结构作为实现企业战略的手段，其本身无所谓好坏，关键在于其如何适应战略。因此，企业应从实践出发，对自身的组织结构进行有效的调整，让其既能满足战略要求又非常简单可行，而不可盲目追求结构的膨胀和形式上的完美。

8.4 战略领导

【案例】

道格·科南特：为金宝汤公司带来有效的战略领导力

“55岁的道格·科南特用了不到6年的时间，将金宝汤公司由一个危机四伏甚至濒临破产的老品牌，成功地转变成一个食品行业最优秀的企业。”很明显，上面这句话所展现的成就是非常值得骄傲的。虽然削减成本对这一成就也作出了贡献，但是金宝汤公司的成功更应该归功于产品创新和对人力资源的整合与利用。此外，科南特还不断地检查和评估公司产品的协调性。最近，他得出结论，认为Godiva这一单元已经不再适合金宝汤公司“侧重于简单的餐饮，包括配汤、点心、蔬菜汁”这一公司产品战略。于是，金宝汤公司在2007年第三季度出售了Godiva。

科南特采取的一些行动和他采取这些行动的方式都与变革领导力的特征吻合。我们可以考虑一下他的一些做法，他从不吝啬将公司的成就归功于公司的员工，同时，他对自己给公司带来的翻天覆地的变化却非常低调。他在任期内亲手写了1 600多封感谢信给他的员工，以表彰他们为公司作出的贡献。通过这种做法，科南特成为CEO后的第一件事情就是制定所有问题的正确答案和解决事情的最好方法。他深信劳动力多元化会给公司带来成功。他表示：“我们公司的目标就是培养一个多元化的员工体系，这样能够为我们的工作提供一个更广阔的视野，同时也可以让我们更好地理解、预测并对市场变化作出正确的反应。”科南特对外宣称金宝汤将在新泽西州的卡姆登市扩建公司总部的部分原因是他认为一个公司应该首先在所在城市做一个好公民。

科南特的战略领导工作一直遵循一些原则。采用个人接触的方式与员工互动，与员工一起工作并和员工一起制定他们的业绩预期，为每个员工创造成功的机会，这些都是科南特作为一个战略领导者遵循的成功法则。

（资料来源：[美] 迈克尔·A. 希特，等. 战略管：理竞争与全球化（概念）. 吕巍，等译. 机械工业出版社，2005：322）

所谓领导，是指导和影响组织成员的思想和行为，使其为实现组织的目标而做出努力和贡献的过程与艺术。在战略实施过程中，建立与企业战略相匹配的领导班子，通过关键战略领导行动及领导者个人行为来推动战略实施，对战略的成功具有重要作用。

8.4.1　战略领导者

战略领导者是企业战略管理的主体，是企业内外部环境的分析者，企业战略的制定者，战略实施的领导者和组织者，战略实施过程的控制者和结果评价者。对战略领导的著名的研究观点认为，20 世纪 90 年代以后的竞争优势的关键“将是高层领导建立能够产生智力资本的社会结构的能力……就智力资本而言，这里指的是专有技术、专门技术、脑力资源、创新和构思”。有能力的战略领导者会创造一种氛围，使其利益相关者（员工、客户和供应商）能够以最高的效率工作。战略领导的关键在于有效地管理公司的运作和长期维持突出业绩的能力。

当战略领导者不能正确而及时地对复杂的企业内外部环境做出反应的时候，一个公司获取核心竞争力的能力会下降。当前的经济全球化使得竞争不仅仅是产品或公司之间的竞争，更是一种思维模式的竞争。这要求战略领导者面对多样和复杂的竞争环境，懂得如何进行处理。没有有效的战略领导者，战略不可能形成并成功地实施，也就不可能获得超额回报。所以，战略领导是战略成功的一种要求，在 21 世纪竞争格局中参与竞争的企业需要有效的战略领导者。

8.4.2　战略领导者的构成

一般来说，企业战略领导者可以包括企业的董事会、高层管理者、中层管理者、非正式组织的领导者、战略管理部门、智囊团。其中最主要的是董事会和高层管理者。

(1) 董事会

过去，绝大多数企业的董事会只在企业管理中起着一般或形式上的作用。绝大多数董事会成员不是由于其知识能力而是由于其经济和社会地位被选为董事的，董事会只是简单地批准企业管理者的建议，而更重要的工作则是由企业管理者组成的专业人才团队来进行。至于那些由家族拥有的企业，董事会只是一种摆设。李·艾科卡曾经这样谈到福特汽车公司：“福特汽车公司是在 1956 年成为公众公司的，但是亨利从未真正接受这种改变，他认为，他就是这个公司的祖宗，公司要按他的意志行事。他对待董事会和大多数企业高层管理者的方式就像培植蘑菇，施上肥料，让它们处在黑暗之中。他之所以持这种态度，是因为他和他的家族拥有12%的股份和40%的选举权。”但是这种状况正在改变。一方面是因为消费者、投资者、企业职工对企业越来越多的不负责任的行为表示不满，他们要求企业的董事会在企业的经营决策方面负起更大的责任。在这种情况下，企业董事会的成员变得更加年轻化和专业化了。相当多的董事会是由企业高层经理、其他企业的高层经理、银行家、律师、著名学者，甚至工会领导人构成的。另一方面，企业董事会的法律责任更加明确了。法律要求董事会要对企业表现出“应有的关心”，否则由此造成企业和股东利益的损失要由董事承担责任。例如，当美国联邦储蓄保险公司（FDIC）组织45亿美元去拯救芝加哥大陆伊利诺斯银行的时候，就曾迫使该银行16位董事中的9位离职、2位辞职，因为他们没有对该银行表现出应有的关心。除此之外，美国证券交易委员会要求大多数董事要在企业年报上签名，并且承担法律责任。目前西方企业的董事会能够而且不得不更多地参与企业管理。当然从法律角度上说，这种参与只限于指导企业管理，而不是直接管理企业。

从企业战略管理的角度来说，企业董事会的主要任务是：

①提出企业的宗旨，为企业高层管理者制定战略，确定具体选择范围。

②审批企业高层管理者的建议、决策、行动，为他们提供建议与参考意见。

③董事会通过它的委员会监视企业内外部的变化，并提醒企业管理者注意这些变化将会给企业带来的影响。

虽然企业董事会所包括的成员在参与企业战略管理的程度上存在很大差异，但是作为一个整体，董事会要完成上述三项任务。根据董事会参与企业战略管理的程度可以确定其在董事会连续统一体上的位置，见表8.4。

表8.4 董事会连续统一体

参与企业战略管理的程度 低 ⟷ 高 被动、消极地 …… 主动、积极地					
傀儡	橡皮图章	最低程度的审查	名义上参与者	积极参与	推动
从来不知道应该做什么；没有任何程度的参与	允许企业管理者做一切决策；批准他们提出的全部建议	只是形式上对部分企业高层管理者的建议进行审查	有限参与评价企业表现，或有选择地审查企业管理者的决策或行动档案	对企业的宗旨、政策、目标提出询问，并做出最后抉择；通过各种委员会进行年度管理审计	在建立和修改企业宗旨、目标、战略、政策上起领导作用；有一个非常积极的战略委员会

（资料来源：王方华，吕巍．战略管理．机械工业出版社，2004：187）

从表 8.4 可以看到，凡是参与企业战略程度高的董事会都会认真完成上述三项任务，例如每半年或一年召开一次董事会，研究企业长期发展的战略。相反，处在连续统一体另一端的董事会参与企业战略管理的程度很低，从未提出或决定企业战略，除非企业陷入危机。绝大多数大型、公众公司的董事会是处在名义参与和积极参与之间，只有极少数董事会是推动者（企业处在破产、合并或收购其他企业时期除外）。由一位美国学者进行的对 1 000 位董事的调查表明，董事的一项重要任务就是企业战略管理。其中一位董事说，战略规划过去是企业高层管理者的专有职能，但现在已成为董事会职能的一部分。

（2） 高层管理者

过去对企业战略管理起决定性作用的企业管理者大多数同时又是企业的所有者。随着所有权和经营权的日益分离，大多数企业的高层管理者（也可称为高层经理）都是具有一定领导水平和专业水平的职业经理。他们在企业战略管理中不仅是靠职权，而且是靠自己的影响力和专业能力来发挥作用的。企业高层管理者一般包括企业正副总经理、事业部正副总经理。企业高层管理者在企业战略管理中起着十分重要的作用。

扮演企业管理中的十大角色

①名誉领导。由于高层管理者在企业中的地位和权威，他是一个企业的象征，作为企业法律上和形式上的领导，担负一些社会、礼节、公关、法律方面的工作。

②领导者。高层管理者作为企业的领导者，负责对下级进行激励和监督，指引和推动企业的运行，从而将企业这一组织体中各种分散的因素与力量结合在一起。

③联络人。高层管理者通过各种正式和非正式的途径来建立和维持企业与外界的联系，以取得外部信息和帮助。如经常与企业外部的关键人物和其他企业领导会谈。

④传播者。高层管理者必须把外部信息传播给自己的企业，并把内部信息一级一级传达下去，使下级了解情况，引导下级完成自己的日常工作。

⑤监督者。高层管理者为了解企业状况和外部环境而寻找信息，并成为企业的神经中枢，审查企业内部报告，审查反映企业状况的关键性数据和结果来调控企业。

⑥故障排除者。高层管理者必须时刻准备应付危机，处理一切妨碍企业运作的突发事件，采取措施来纠正或消除故障。

⑦发言人。高层管理者负责向外界传播企业的内部信息。如向新闻界谈企业的情况和政策，向政府部门汇报，准备年度报告等。

⑧资源分配者。高层管理者通过决策批准各种预算来分配企业的资源，使有限资源得到最佳的配置，以实现高效率和高效益。

⑨谈判者。高层管理者代表企业参加与不同方面进行的各种谈判，并在谈判中就涉及的一些重大问题及时地做出决定。

⑩企业家。高层管理者是企业许多变革的发起者和设计者，推动着企业不断变革，以提高活力和适应外部环境。

领导战略规划

企业高层管理者发起和管理企业战略规划全过程。为了规定企业的宗旨，建立企业的目标，制定企业的战略和政策，企业高层管理者必须有长远的观点。表8.5表明，企业各级管理者分配在企业战略规划上的时间是不同的，其中企业总经理的大部分时间是花在解决今后两三年的战略问题上。根据我国政府颁布的《企业法》、《公司法》，公司经理的主要职责之一就是“拟定公司的发展规划、年度生产经营计划和年度财务预算、决算方案以及利润分配方案和弥补亏损方案”。

表 8.5　各级管理者在短期和长期计划活动上的时间分配

		当天	1星期	1个月	3～6个月	1年	2年	3～4年	5～10年
高层经理	总经理	1%	2%	5%	17%	15%	25%	30%	5%
	副总经理	2%	4%	10%	29%	20%	20%	13%	2%
	事业部经理	4%	8%	15%	38%	20%	10%	5%	1%
中层管理者	分厂厂长	6%	10%	20%	43%	10%	9%	2%	
	职能经理	10%	10%	25%	39%	10%	5%	1%	
基层管理者	车间主任	15%	20%	25%	37%	3%			
	班组长	38%	40%	15%	5%	2%			

（资料来源：王方华，吕巍．战略管理．机械工业出版社，2004：188）

领导企业战略实施

在实施企业战略的过程中企业员工需要领导，确切地说是需要标准和榜样。提供行为的标准和榜样是管理者的重要任务。一般地说，具有明确和远大理想的领导能够运用自己的威信和影响去管理企业战略的制定和实施，因为他们有以下三个方面的特点：

①他们能够为企业提供一个他们愿意认可和遵从的榜样。

②他们能够为企业提出未来发展的方向。他们关于企业未来的设想超出企业的日常活动，并赋予企业各种活动和职工的工作新的意义。

③他们为员工设立较高的工作指标，但又对员工实现这些指标表现出充分的信任。

（3）中层管理者

受现代管理思想的冲击，越来越多的企业高层管理者认识到中层管理者在企业战略管理过程中的重要性。因为真正了解企业问题和机会的人是企业中层管理者，实施企业战略的还是企业中层管理者。因此许多大企业，例如美国通用电气公司把企业决策权下放给中层管理者，尤其是分厂或分公司的管理者。但是企业中层管理者也有其局限性：

①战略管理方面的理论与技术掌握得不多。

②限于工作范围和利益，很难站在整个企业的高度提出问题和进行决策。

③可以用于战略思考的时间有限。

尽管如此，中层管理者由于在企业中负责某一具体领域的工作，他们是其所负责领域的专家，在这些领域中他们的意见是最重要的。企业高层管理者对企业重大问题的看法得益于企业中层管理者在各方面极有价值的意见。企业高层管理者的决策意见往往是在归纳、分析、概括中层管理者的建议与观点的基础上形成的，许多战略方案根本就是集体智慧的结晶。而企业战略一经批准，中层管理者就成为这些领域具体战略、方针、策略、措施的制定者和实施者。

【延伸阅读】

中层管理者与战略选择

中层管理者，如职能管理者、分厂管理者对战略选择有重大影响。美国学者的一项研究指出，如果中层管理者参加企业战略选择过程，那么：

他们选择的战略通常与总经理选择的有所不同。

这些中层管理者的观点部分地受他们个人的视野及其所在单位的目标和使命的影响。

美国学者的另一项研究考察了一个小型计算机服务公司，该公司曾做出六项关于收购兼并的决策。这些收购兼并旨在增加与计算机有联系的系列功能，扩大公司的现有服务项目，因此属于战略性大问题。这项研究发现：

中层管理者倾向于上报那些可能被上司接受的方案，而扣下不易通过的方案。

中层管理者为战略选择决策提供的数据量取决于：收集数据的难易程度；他们将对日后数据执行情况负责的程度；为获得有利决策所必需的数据量；他们认

为上司做决策时所希望有的数据。

各个部门或单位都是从自身利益出发来评价方案，因而评价各不相同。

中层管理者是通过草拟战略方案以及对战略方案做出的建议和评价来影响战略选择的。一般来说，他们对战略方案做出的建议评价，总是与过去的战略差异不大，较少冒风险。

此外，研究还发现，企业中有些中层管理者敢于提出与上级完全相背的战略思考，他们更多的“认理不认人”。对于这样的少数中层管理者，总经理应该倾听他们的意见，因为他们的看法往往包含着真实的成分。

（资料来源：王方华，吕巍．战略管理．机械工业出版社，2004：189）

（4）非正式组织的领导者

企业是一个包括了许多子系统在内的正式组织，但也有各种非正式社会系统存在。这些非正式团体对企业战略的制定具有重要影响。这种影响的大小同时取决于企业正式领导者的领导方式和非正式组织领导者的影响力。在决定企业宗旨、目标、战略和政策过程中，企业内部总是有各种不同的意见，这些意见反映了企业内部的各种不同利益。最后，战略制定的过程变成各种利益集团讨价还价的过程，而经妥协产生出来的决策往往是次优的。

因此，如果企业管理者能够重视非正式组织的领导者，通过与其充分沟通和引导，或采取其他有效措施，使非正式组织的领导者参与到企业战略管理中来，支持企业战略的制定、实施和控制，这将有助于企业战略管理的成功。

（5）战略管理部门

大多数大中型企业会设置专门的战略管理部门。这些部门不承担具体操作管理职责，通常这些部门被称为“战略研究部”、“企划部”、“规划部”等。事实上，它们主要负责跟踪企业内外部环境变化、监测企业生产经营实际表现、收集信息并进行加工。当遇到重大事项时，它们要发出预警报告。它们也根据指示，在听取各领域经理与专家意见的基础上，负责酝酿、起草企业战略方案，但毫无疑问，这些方案可能有若干个，都须提交总经理甚至董事会研究决策。在战略实施中，它们只负责监督实施结果与原预期目标的差异，并向上级或有关部门报告。它们通常不被赋予具体执行战略的责任和权力。这些部门往往是由一个高层经理乃至总经理亲自来掌管。

（6）智囊团

智囊团是企业组建的由外部高级咨询人员构成的一个参谋集团，虽属企业外部人员，但在一定程度上参与了企业战略管理。企业外部的咨询人员通常由大学、科研单位、经济技术研究机构、政府高级官员、社会名流以及社会上专门的咨询公司中的专家构成。它通常不是一个常设机构，而是任务型组织。当企业在战略管理中遇到内部难以解决的问题时，或为使战略管理更完善地进行，往往临时性地召集或聘请智囊团来提供建议和判断。目前企业运用智囊团来辅助战略决策和分析已是十分普遍的事情了。

总之，企业的各种不同的战略管理者之中，董事会和企业高层管理者最为重要。只有在董事会和高层管理者都积极参与和相互合作的情况下，企业战略管理才会成功。

8.4.3　战略领导班子的组建

战略领导班子由负责和实施企业战略的关键管理人员组成。通常，战略领导班子包括公司副总裁以上的职员或董事会成员。

每一项公司战略都要求战略管理者具有一套相应的才能。然而，由于企业战略管理者的观念、能力和行为模式是有差异的，并不能保证与企业战略的一致。因此，企业要确保制定出卓越的战略和确保新战略的有效实施，既要按照企业环境和新战略的要求选择优秀的总经理，又要配备好战略领导班子，两者都是非常重要的，不可偏废。这是因为任何一个总经理都很难具有全部所需的资质，因此要挑选和配备一些助手，共同组成战略领导班子。这些助手的长处正可弥补总经理的不足，整个班子应具备战略管理所需的全部才能。

（1）董事会的组建原则

如前面所讲，企业的各种不同的战略管理者之中，董事会和企业高层管理者最为重要。董事会的优劣直接影响到企业战略的正确制定和有效实施。组建董事会成员时，一般应该考虑下面所介绍的一些重要问题。

①董事会的独立性。

董事会中不应该有两名以上的董事是公司现任或前任总经理；董事会中不应该有人与公司有业务往来或接受公司的咨询、法律事务费用。

企业总经理是由公司的董事会任命的。如果企业的总经理同时又是董事会的主席，那么他会比一个非董事会主席的总经理有更大的权力。尽管有一种说法认为双重身份的企业总裁可以促进有效的决策和行动，提高公司的运作效率，但是从西方企业发展历史来看，这种双重身份在许多公司会导致企业对内外部环境变化反应迟钝，而企业总经理和董事会主席分开的董事会领导结构可以使董事会更有效地监督企业高层管理团队的行为。

②董事会成员的素质。

随着现代企业制度的发展，董事会被要求更多地参与公司战略的制定和监督公司战略的有效实施，这对董事会成员的素质提出了越来越高的要求。对于公司的发展方向和战略决策，董事会应该在充分了解情况的基础上做出独立的判断，而不是盲目支持管理层的决定。可见，只有高素质的董事会成员才能和企业的管理人员通力合作，真正有效地尽到自己的责任。

③董事会成员的责任感和积极性。

董事会在战略决策和实施过程中参与程度越高，对企业的发展越有利。这要求董事会成员对企业有高度的责任感和积极性。大名鼎鼎的苹果电脑公司的董事会曾被评为美国最劣的董事会，原因之一就是已离任的董事埃利森根本没有公司股份，并且五年来缺席了 1/4 的董事会会议。因此，一名董事应该是持有一定量的公司股票的人。很难想象没有公司股票的董事对企业会有很强的责任感和积极性。

因此，存在一种两难的选择。拥有公司股票的董事难免更多地关注短期利益而非长期战略，尤其是在环境多变时期。因此，独立董事制度被广泛采用，独立董事制度在推动企业长期发展和维护中小股东利益方面发挥着积极的作用。

(2) 选择总经理和配备领导班子的原则

在战略领导班子中，总经理是企业实施战略管理的领导核心，是战略领导班子中的中心人物，对企业战略管理起着决定性作用。此外，领导班子中其他人员的合理配备不仅有利于总经理领导作用的正确发挥，而且还能够形成合力效应，促进战略管理的成功。

①慎重选择总经理的原则。

一个企业选择其总经理时要慎重。一位优秀的总经理不仅能够带领企业走上成功之路，而且还能为企业培养和选拔出大量杰出人才；相反，一个拙劣的总经理不仅无法带领企业步入康庄大道，相反还可能使人才流失，人心离散，给企业带来灾难性的命运。这已为国内外企业管理实践所证实。

选择合适和优秀的总经理，主要依据的标准是战略方向提出的关于领导者的观念、能力和行为模式的各项要求，以及该总经理是否具备企业所处行业的相关技术知识和经验，其责任心、事业心是否强烈，等等。

②总经理组阁原则。

即由慎重选定的总经理来掌握和控制人事权，确定战略领导班子的其他成员，而不应由董事会或其他人来决定。这不但符合组织理论所提出的指挥统一原则，而且有利于避免权力争斗和内耗，有利于领导班子的能力匹配和密切合作，发挥协同作用。

③能力匹配原则。

战略领导班子成员之间的能力应该互补、相互匹配。即围绕战略管理对领导能力的要求和根据总经理的能力状况，选择那些具有总经理所不具备的能力的人员进入战略领导班子，以其他成员之长来弥补总经理之短。这样，对于某个人来说可能存在一些缺点，但对整个领导班子来说却可能十分完美，从而形成领导班子集体能力的优势。

④和谐合作原则。

即在考察战略领导班子时要考虑每个成员的合作性，要选择那些富于合作性、善于容纳他人观点而且相互之间能够密切合作、相互配合的人员组成领导班子。这有利于领导班子内部人际关系和谐且不以牺牲经济合理性为代价。

⑤优化组合原则。

具有同样或相似能力的人员在一个企业里可能不止一个，因此在选配领导班子时，可能出现多种人员组合方案，应该选择其中最佳的方案以实现优化组合。例如，一个企业对技术内行的管理者不止一个，要选择其中不仅技术内行而且管理也很内行的具有亲和力的人选入阁，这样的领导班子才会是更为优秀和突出的。

(3) 战略领导班子的组建方法

战略领导班子既可以由企业现任领导班子来担任，也可以吸收新的外来人员，两者孰优孰劣主要取决于何者更符合战略方向提出的管理能力要求，更有利于企业战略管理获取成功。

①利用现任领导班子。

使用现任班子来担负新的战略管理职能，始终是企业界受重视的一个方案。一般而言，如果现任领导班子具备新的战略方向所需要的专门才能，那么留任这套班子则是上选方案。这主要是因为现任领导班子具有如下几项突出优点：

(a) 有经验者已经对许多关键角色有所了解，对当地的情况以及惯常的经营方式、任务、价值观都已经熟悉，因此所需学习时间短，疏忽出错的机会少。

(b) 他们往往受到下属和同僚的拥戴（尽管并非总是如此），他们参与新规划和新战略实施时能够保证得到高度的合作。

(c) 他们个人资质的优劣，大家十分清楚，同事尤为了解。而对外来者而言，开始仅能有些皮毛认识。

(d) 通过任命以往工作卓有成效的人，企业可以提高自己连续使用、悉心关怀员工的声誉，给员工以前进的奔头。

但是，现任领导班子也存在很多缺点，尽管这些缺点并不是每个班子都有的。因此，考虑现任领导班子的缺点，审查这些缺点是否存在以及影响大小、改变的可能性，也是决定是否留用现任领导班子的关键因素。这些缺点包括：

(a)“守业”意识可能会超过“创业”意识。

(b) 雄心勃勃地推动新战略的可能性比较小，走老路比较省心，也比较可靠。

(c) 他们可能会利用对企业的熟悉而掩盖已经出现但可以纠正的错误，直至这种错误发展成灾难。

(d) 各种因素显示，老领导对新环境的适应性较差。

(e) 他们的继续存在可能会使一些观点不一致的优秀人才离企业而去。

②吸收外部人员组建全新领导班子。

这是指在企业内部不具备合适的战略领导人选时，从企业外部招聘具备相应素质和能力的优秀管理人员，形成新的战略领导班子。许多阅历丰富的企业经理相信，改变战略最快、最可靠的办法是引入一个或几个有事业心和有能力的经理，专门负责使企业向新的方向发展。“扫帚新，扫得净”，这句谚语表达了人们期望新的开端的心情。聘用外部人士组成全新的战略领导班子有以下优点：

(a) 可以挑选对新战略已经抱有信念的外人。这样能避免现任领导班子的惰性和缺点，带领企业完成新的使命。

(b) 从企业外部招聘的人士已经具备了新战略所需要的知识和专长，可以比“重新武装”内部人员见效快，能够发挥更大的作用。

(c) 新的工作使命提出的挑战给人以新鲜感，特别容易激励人，使人焕发活力，而企业外部人士进入企业后，一般都具有大显身手的急切心理，这就可能促成创造性成就的出现。

(d) 由于企业外部人员受企业人际关系和旧秩序的影响相对较小，可以更超脱地推行新战略。

(e) 招聘外来人士这一举动，等于向整个组织发出信号，预示着某种重大的、不寻常的事情将要发生，宣布旧的秩序和行为必须改变，从而加速整个企业转型向新战略靠拢。

然而，吸收外来人士组建全新领导班子也有缺点，这些缺点既涉及受雇老年人，也与周围影响有关：

(a) 各方面都合适的人可能无法找到，而且选择过程也是较漫长和复杂的。

(b) 总要在学会共事上费时费力破财。新来的人要熟悉企业各个方面情况，包括周围地域社会情况，而企业员工对新领导也要逐步熟悉和了解。

(c) 招聘外来人士可能会引起企业内部员工的不满、失望、对立，不仅会影响士气，还会给应聘人士以后开展工作带来阻力。

(d) 对现任领导班子成员的安排是否妥当，直接影响到企业的气氛。

国内外企业经营实践中通过吸收外来人士获得成功的例子很多，这表明，上述那些问题往往是能够解决的。不过，因吸收了“新鲜血液”而失败的事例和业绩平平的事例也有很多，因此在组成全新的领导班子问题上要谨慎。

③重组现任领导班子。

重组现任领导班子是指在企业内部选拔那些具备执行新战略能力的人来组建，对现任领导班子成员合格的则留任，不合格的则另派其他工作或解雇。重组现任领导班子的优点是兼顾了留用原领导班子和组建全新领导班子的优点，同时又克服了它们的部分缺点，因此为国内外企业在经营管理实践中所广泛采用。重组现任领导班子有以下几个理由：

(a) 企业内往往存在着“内企业家”，他们虽然不在领导班子中，但却具备一定领导才能，他们对企业的发展有着全新的思路，只不过以往位居人下无法充分发挥能力。

(b) 这些人士更了解企业存在哪些缺点，对企业过去的成功与失败往往有更清醒的认识，因为他们处在生产经营第一线，而不像现任领导班子那样高高在上。

(c) 选拔这些人士组建领导班子会振奋企业的斗志和士气，给企业员工奋发努力工作的动力。

当企业现任领导班子显然不胜任新的发展工作，而且企业内部存在与企业新战略方向所需能力匹配的管理者时，从企业内部选拔以重组现任领导班子就成为一个较合适的途径。这不仅有利于克服现任领导班子的惰性和保守，还有利于克服外来人士“水土不服”的弊端，从而给企业带来新的生机和活力。但是，如果企业内部缺乏合适的人选，没有出色的候选人，那么就应该考虑是否从企业外部聘请能人了（见表 8.6）。

表 8.6　高层管理团队与企业战略

		总经理来源	
		内部提升	外部聘选
高层管理团队特征	同质性	稳定战略	模糊
	异质性	伴随创新的稳定战略	改变战略

（资料来源：王迎军，柳茂平．战略管理．南开大学出版社，2003：310）

(4) 战略领导班子的组建程序

根据确定了的战略领导班子组织原则，就可以进行具体的组建。一般而言，战略领导班子的组建要遵循以下几个步骤：

①确定面临的新的经营环境和采取新的战略对企业的要求，确定所需的战略管理能力，这种确定要恰当具体。

②对现任领导班子进行诊断，详细考察每个成员的观念、能力和行为以及工作业绩，判断整个现任领导班子的能力是否存在差距和不足。

③如果现任领导班子完全适合于执行企业新的发展任务，则留用；如果现任领导班子的能力在担负企业新的发展任务时有差距，就要考虑从企业内部选拔或从企业外部招聘。为此，要根据所需填补的战略管理能力，制定选拔和聘用的标准，并依此标准选拔或聘用有关候选人。

④无论留用现任领导班子，还是重组现任领导班子，抑或是组建全新领导班子，都要确定相应培训方案，以增强担负企业新的发展任务的能力。

⑤试运行战略领导班子。包括建立新的权力结构和重新安排工作任务，建立新的职能分工，培养友好的协作关系，建立新的集体责任感，使新战略成为新的领导班子的集体目标，逐步改变不适合新战略的领导行为，为统一力量促进企业进一步发展而努力。

⑥正式运行战略领导班子。如果试运行期间一切考核指标都表现良好的话，战略领导班子就可以步入正式运行阶段，企业新一轮的发展工作正式展开。否则，就要返回上一步骤重新执行组建程序。

【延伸阅读】

高层管理者战略意识的觉醒

美国学者的调查表明，一些企业的高层管理者往往缺乏战略意识，他们通常对战略管理只动动嘴说句好话，很少居安思危，采取切实行动。只有在接近危险边缘的状态下，高层管理者的战略意识才觉醒。下面是企业所遇到的一些情况，它可能会帮助高层管理人员提高战略意识：

(1) 严重的业绩滑坡会激励高层管理者重新评价现行战略的适宜性。

(2) 主要竞争对手的一个令人惊讶的行动可能对高层管理者是一个刺激。

(3) 丑闻及心怀不满的管理者，客户或职员的抱怨、抗议，都可能惊动董事会，从而迫使高层管理者重新评估组织现状。

(4) 高级管理层的新成员加入可能是旧战略改变的一个催化剂。

(5) 一个管理咨询报告，即使不是由高层管理者指导完成的，也会促使其思考现状，从梦中醒来。

(6) 筹措资本的需要会要求备好一份让投资者满意的经营计划，企业将因此有一个可行的未来战略。

(7) 被另一个企业接管，需要提交正式的计划和预算，这会促使高层管理者真正行动起来。调查还显示，在企业经营成功或某一项战略行动有起色后，高层管理者的战略意识最容易开始麻痹。“成功是失败之母”，企业由此可能从天堂步入地狱。

（资料来源：转引自王方华，吕巍．战略管理．机械工业出版社，2004：193）

【延伸阅读】

高层管理者与战略改变

许多企业往往在内外环境发生变化时没有及时改变原有战略，这是它们经营不成功的一个主要原因。那么，高层管理者对此负有什么责任呢？美国学者通过对一些经营遇到麻烦的企业调查后发现：

（1）最高领导层缺乏对组织真实情况的了解，是因为落后的情报系统不能给管理者提供准确判断组织现状所需的消息，包括竞争对手、客户意向、相关成本等。这时，他们仍会迷信于原来的战略。

（2）高层管理者都在欺骗自己，他们对组织的现状不了解，并且自认为他们是一个团结紧密的集体。他们对竞争、顾客和员工都有着墨守成规的观点，曲解和忽视那些与他们相左的看法。

（3）有些有权势的管理者热衷于维持现状，他们的现状和地位都是依靠永久不变的现行战略得来的，他们不愿去鼓励人们提出挑战性问题。

（4）一个常见的困难是高层管理者被每天的具体工作问题所束缚，他们没有时间去考虑长远问题，更别说让他们为组织的战略前途做准备了。

（5）组织昔日的成功蒙蔽了高层管理者，使其无法看清组织面临的现状，并且促使管理者抱着旧战略不放。这些旧战略虽经过考验得到认可，但可能已不适应现在和未来的环境了。

（6）改变战略方向会被认为是承认过去所做的是错误的，这会使坚持过去的管理者不愿看见组织走向另一个战略方向。

（7）最后一个造成组织惰性的原因是高层管理者对企业为什么取得成功缺乏清晰的认识。如果企业所做的事情不至于使它走到破产的边缘，那很可能就维持现状，不要画蛇添足而打扰了正在下金蛋的母鸡。

（资料来源：转引自王方华，吕巍．战略管理．机械工业出版社，2004：194）

8.4.4　关键战略领导行为

战略实施过程的复杂性，使得领导战略实施以确保战略方案的成功落实成为战略领导者面临的重要任务。战略领导不同于一般的组织领导，有效的战略领导由一组相互关联的行动构成，包括确定战略方向、开发和维持核心竞争力、开发人力资本、培育支持企业战略的组织文化、强化伦理准则。

（1）确定战略方向

战略方向是企业所寻求的理想目标和特性。战略方向包括两个部分：核心意识形态和公司前景展望。核心意识形态通过公司传统来激励员工，而对前景的展望则鼓励员工拓展其对成就的期望，并要求有显著的变化和进步来实现这个期望。对未来前景的展望在战略实施过程的许多方面都是一种方向指引，包括激励、授权和组织设计等。制定战略是实施战略的前提，也是高层管理者的首要任务。

（2）开发和维持核心竞争力

核心竞争力是企业超越对手所依赖的重要资源与能力，它使企业可以为顾客提供具有独特价值的产品或服务。核心竞争力可能与企业的多项职能相关，如制造、营销、财务及研发等。公司在不同领域建立和发展核心竞争力可以有效促进战略实施，因此开发、保持、强化公司的核心竞争力成为公司高层领导者的责任和任务。

在许多大公司尤其是实行多样化战略的公司，核心竞争力可以被用于公司的不同业务单位，而且开发核心竞争力还可以实现跨单位地利用资源。通常最有效的核心竞争力是建立在无形资源基础上，因为无形资源如知识、技能等不易被竞争对手模仿。

（3）开发人力资本

核心竞争力对企业固然重要，但是核心竞争力的开发与人力资本是密切相关的。所谓人力资本是指公司全部劳动力的知识和技能。相比较而言，人力资本对企业发展的贡献远远大于其他资本要素。从人力资本角度看，员工应该被视为企业一种需要投资的资源。公司人力资本的有效开发和管理是成功制定和实施战略的主要决定因素。

（4）培育支持企业战略的组织文化

在战略变革过程中，文化与战略不可避免地会发生冲突。组织文化代表了企业内部的行为指针，制约和规范着人们的行为。因为组织文化影响企业如何开展业务并有助于管理和控制员工的行为，所以同样成为竞争优势的一种来源。从这个意义上讲，塑造有利于战略实施的组织文化是实现战略领导的重要任务。为保证公司战略的顺利实施，高层管理者有必要建设一种支持战略实施的组织文化，包括重新设计结构、明确阐述和表达公司的价值体系、培训管理人员以及修改招聘办法等。

（5）强化伦理准则

当战略实施的过程符合伦理的准则时，其实施效果便会增强。伦理可以表述为企业内指导决策和行为的准则。保证伦理规范在企业中得到遵守是高层领导者的一项主要责任。伦理还可以为制定各种政策提供基础，这些政策将在日常工作中指导人们的行为。然而，仅有伦理准则并不足以保证行为符合伦理，企业管理者还应当将伦理和战略决策的实施相结合，如在业绩评价过程中考虑伦理因素等。

8.4.5　领导者个人行动对战略实施的重要推动作用

在整个战略管理过程中，领导者不仅是战略的制定者，也是推动战略实施的重要力量。在战略制定好之后，领导者可以通过如图 8.2 所示的五种日常行动来引导员工行为，促进战略的有效实施。

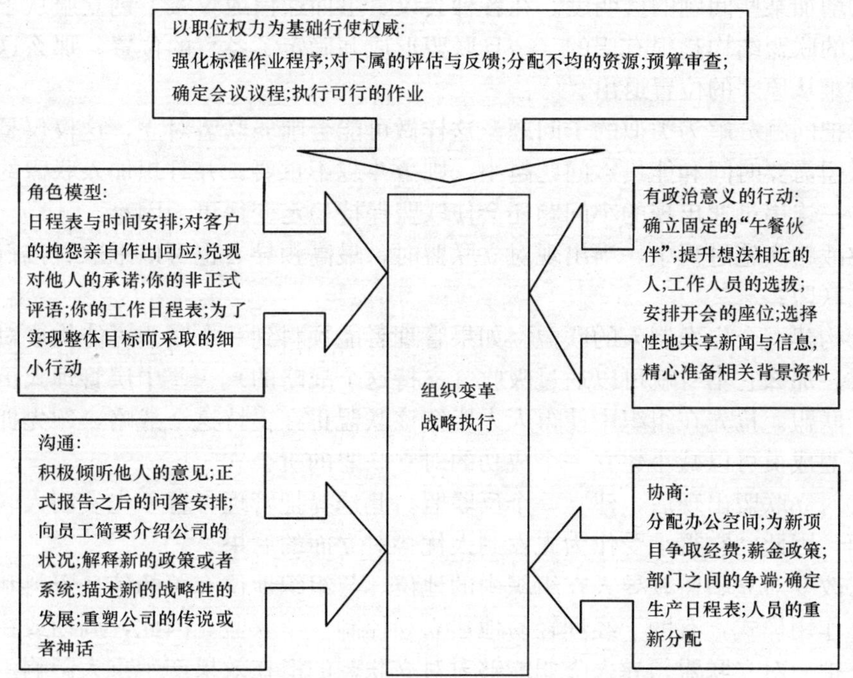

图 8.2　领导影响组织成果的日常行动

（资料来源：［美］亚历克斯·米勒．战略管理．何瑛，等译．经济管理出版社，2004：371）

(1) 通过职位权力来促进战略实施

职位权力是组织赋予领导者的岗位权力，它以服从为前提，具有明显的强制性。这种权力是由在组织中所处的职位决定的。法定权包括决策权、组织权、指挥权、认识权和奖惩权。以职位权力为基础，管理者可以通过发布命令，运用奖惩制度等公开的方式来有效地保持组织的正常运作，促进战略的实施。

(2) 运用政治手段使战略被接受

组织政治是指使用不正当手段达到正当目的或使用正当手段达到不正当目的。组织政治是组织生活中不可避免的一个组成部分，当不同的团体之间产生不同的观点时，组织政治就随之产生。它既不算好也不算坏，处于中立的地位，关键在于如何运用。作为组织的领导者，成功的关键并非要刻意回避组织中的政治，而是小心地控制处理组织政治的方式。

根据麦克米兰和古思（Macmillan and Guth）的研究，为使制定出的战略得到支持，最高领导者可以采取的政治手段有：

①控制好问题提出的顺序。这可能会引起非常不同的联盟的形成。

②增加某些问题的透明度。在各种会议、书面通信或仪式下创立服从于最高管理层的联盟结构是很有用的。一旦联盟形成并确定了各自的位置，那么这些成员就很难从原来的位置退出。

③把问题分解为类似的子问题。这样做可能会削弱联盟对立，这仅仅是因为形成联盟需要时间和能量。问题越小，则争斗越不重要，并且想加入联盟的动机越小。一连串迅速出现的小问题还会使联盟保持稳定变得更为困难。

在战略实施过程中，当出现对立联盟时，最高领导者也可以采取直接行动反对对立联盟：

①构建一个先发制人的联盟。如果管理者能预料到一个联盟可能构成对战略的反对，那么它本身就可以通过吸收（支持这个战略的）一些中层管理人员来建立一个联盟。抢先在组织中使得人人皆知该联盟正在支持这个战略，领先拥有潜在的联盟成员可以减小建立一个成功的对立联盟的机会。

②对立联盟出现后，建立一个反联盟。此选择把管理者置于先发制人联盟的另一面，因此，它得承受作为先发制人优势对立面的后果。

③改变对立联盟领导人在组织中的地位。与组织地位有关的信息资料和正式的相互作用模式，有助于经理轻易地建立和控制一个联盟。因此，调动或在严重情况下把一对立联盟领导人降职能够对对立联盟的潜在效果产生重大影响。

④增选联盟成员。联盟成员在董事会、委员会或特别工作组的职位使得他们能够得知新信息和源自于其他观点的有社会影响力的新模式，由此会导致他们形成或加入对立的联盟。

⑤努力增加与联盟成员的沟通联络。这一方案对于那些管理者保持有代表性的狭窄的沟通渠道模式的组织尤其有效，例如：一些关键性的下属部门与其他负责发起战略的部门之间可能并没有有效地沟通，但即使这样，他们自己也不会反对该战略。

⑥把联盟领导人从组织中排除出去。联盟领导人经常具有拒绝发起战略的最强烈的动机，建造和领导一个联盟需要高度的内在动因。因此，在克服联盟对立方面撤销领导人职务，经常是奏效的。

（3）协商

在组织中要完成事情通常需要协商，在战略执行过程中会涉及诸如分配办公空间、为新项目争取经费、薪金政策、部门之间的争端、确定生产日程表、人员的重新分配等许许多多的协商问题。

有效的领导者应该是一个好的协商谈判者。在战略实施过程中，有效的协商能使组织制定好的战略更好地被员工所接受，防止变革阻力。有效协商的原则主要有以下几点：

①设立一个协商下限。就协商谈判而言，你有一个理论上的下限，称为无法达成协商共识之下的可替代方案。当你通过协商达成另一解决方案时，该解决方案理应比你的可替代方案更佳。

②不要形成拉锯式的谈判。在典型的谈判中，协商的双方开始都从对自己有利的条件开始沟通，经过几个回合的交战，才会向互有利弊的中间移动，我们称这种方式为拉锯式谈判。这种方式可能导致双方以失败而告终。这种谈判的心智模式是尽可能地超过对方的利益，使谈判的结果对自己有利。这种心智模式会使人关注于获得个人利益，但是谈判的结果应倾向于双方共同合作解决问题。

③强调创造价值，而不是分割价值。协商的一个共同的概念就是争论谁应该得到什么。许多协商者都极为关注在双方之间分割潜在的价值。前者专注于如何分割现有的饼，而后者则专注于如何为双方创造更大的饼。对协商来说，有一个共同的发展趋势就是关注现有价值的分割，但是这是短视的。如果协商的双方看中双方共同价值的创造，而非现有价值如何分割，那么就会创造更多的价值。

④针对问题谈判，而不是在反抗某些人。许多的协商者常常会掉入一种陷阱，他们会将自己的成功界定为"打败其他人"，或者"给别人上了一课"。这种心智模式反映了一种去评断他人的地位的假设。并不是以关系为基础的协商。以关系为基础的协商应当是由双方共同来决定这个问题的解决方案。这种心智模式是非对抗的心态，即就问题来共同协商的心态。

（4）沟通

有效的领导者取决于有效的沟通，而有效的沟通则从有效的倾听开始。为了能够对他人产生影响，你必须先努力去了解他们。在进行沟通时，有效地传达信息就如同影响他人一样重要。组织中领导者一般是采用演讲来传达新战略思想的。要保证新战略思想能有效传达，企业领导者在演讲过程中应注意以下几个问题：

①演讲的方式与内容同等重要。

②用述说一个故事的方式来增强演讲内容的趣味性。

③通过与听众相关的情境来与听众联结在一起。

④使用视觉信息来抓住听众注意力，方便听众记忆。

⑤用正确的语气来强化内容。

⑥挑出主要观点，并以主要观点为导向。

(5) 领导者作为角色模型

战略管理对组织中任何层级的个人来说都是一组可以获得的技能，只要你愿意率先塑造企业的命运。在战略管理的过程中需要个体行动的配合，而这些个别的行动就是整个组织一直在尝试去发展的重点。换句话说，身为一个领导者，你的行为是其他下属所遵循的角色模型（role model）。这种类型的角色模型行为通常也被称做"言出必行"。不是只在口头上讲讲公司的战略与目标，还必须通过个人的行动将它们融入到组织的日常生活中，以实现对战略与目标的承诺。为了有助于引发期望的组织变革，领导的行为必须成为他人的榜样。通过成为一位有效的领导者，你可以激励他人，并促使组织中的所有人都积极参与战略实施的整个过程。

【摘要与总结】

1. 目标和计划是员工行动的依据。为了将组织的战略转化为行动，经理们必须制定一系列具体目标和计划，并让组织各个部门了解，为了实现公司战略全局目标每年必须完成什么任务。长期具体目标应分解为年度具体目标，业务层面战略应转化为各关键部门的职能战略。

2. 计划可分为两类：常规计划和一次性计划。假如某单位的经营活动变化较小或者具有重复性，那么，这些经营活动可通过常规计划来协调。例如，通过政策、日程、标准化的经营方法、程序及规则等进行协调。一次性计划是用于协调非重复性的、无法嵌入组织正常经营的活动，如方案和项目。

3. 企业战略计划系统是将战略方针、目标、环境因素、内在条件等各要素融为一体的过程，并用来指导企业在一定时期内合理分配有限资源，以期达到目标的具体管理活动。它强调企业组织各方面的整体性。

4. 组织常用的基本结构有五种：职能型结构、地理型结构、分部结构、

SBU（战略事业单位）和矩阵结构。这五种结构没有好坏之分，主要是要与企业战略相适应。企业战略决定着组织结构的发展，企业组织结构是随着战略而定的，它必须按战略目标的变化而及时调整。企业组织结构与企业战略发展相适应，有以下三个标准：①产生共同愿景；②反映企业组织的前进趋势；③具备催人奋进的精神张力。

5. 企业战略领导者是企业战略管理的主体，是企业内外部环境的分析者，企业战略的制定者，战略实施的领导者和组织者，战略实施过程的控制者和结果评价者。

6. 企业战略管理者可以包括企业的董事会、高层管理者、中层管理者、战略管理部门、非正式组织的领导者、企业智囊团。

7. 每一项公司战略都要求战略管理者具有一套相应的才能，然而，任何一个总经理都很难具有全部所需的资质，因此要挑选和配备一些助手，共同组成战略领导班子，这些助手的长处正可弥补总经理的不足。整个班子应具备战略管理所需的全部才能。

8. 在整个战略管理过程中，领导者不仅是战略的制定者，也是推动战略实施的重要力量。在战略制定好之后，领导者可以通过协商、谈判等日常行动来引导员工行为，以促进战略的有效实施。

【问题与思考】

1. 如何将战略分解为具体可执行的目标和计划？

2. 何为战略计划系统？怎样制定战略计划系统？

3. 请说明组织结构和企业战略的关系。试用实例说明企业结构与企业战略发展相适应的标准。

4. 组织结构调整的要点有哪些？我们应该怎样来调整组织结构？

5. 什么是战略领导者？战略领导者由哪几部分构成？他们各自的职能是什么？

6. 如何根据企业战略构筑企业领导班子？具体的程序是什么？选择两位新的战略领导者，一位来自企业内部，一位来自企业外部，分析他们被选中的原因。

7. 关键战略领导行为有哪些？领导者可以通过哪些个人行动来推动战略的有效实施？

【本章参考文献】

[1]［美］弗雷德·R. 大卫．战略管理：概念部分（第 11 版）．清华大学出版社，2008

[2] H. 伊戈尔·安索夫，彼得·H. 安东尼奥．变革国家中公司发展战略．曾立芸，安砚贞，译．中国人民大学出版社，2004
[3] 解培才，徐二明．西方企业战略．中国人民大学出版社，1992
[4] 王方华．企业战略管理．复旦大学出版社，2002
[5] 王方华，吕巍．战略管理．机械工业出版社，2004
[6] 王迎军，柳茂平．战略管理．南开大学出版社，2003
[7] [美] 亚历克斯·米勒．战略管理．何瑛，等译．经济管理出版社，2004
[8] [美] 迈克尔·A. 希特，R. 杜安·爱尔兰，罗伯特·E. 霍斯基森．战略管理：竞争与全球化（概念）．吕巍，等译．机械工业出版社，2005

第9章 战略控制与战略评估

战略控制与战略评估出于以下两种现实：一是企业的内外部环境不断地发生着变化，当这种变化累积到一定程度时，原有的战略就会过时，尽管战略的制定在很大程度上依赖于对未来的预测，然而这种变化是没有办法完全预知的；二是即使战略基础没有发生变化，战略的制定也是非常成功的，但在执行的过程中也会经常发生偏离战略目标的事情。因此，战略控制与战略评估就是监控战略实施，及时反馈，并对战略目标或实施进行调整，保证既定战略目标的实现。

【案例】

双汇、春都：两种战略控制，两种发展结果

我国两大肉类加工企业双汇集团和春都集团在市场竞争中因管理不同呈现出不同景观：双汇集团 2002 年实现利税 5.02 亿元，比上年增长 69.5%，步入快速发展轨道；春都集团 2002 年亏损 6 982 万元，连续两年出现巨额亏损，企业陷入困境。

同属国务院确定的全国 520 家重点企业，同是中国名牌，同是地处中原的肉类加工企业，双汇的迅速崛起和春都的严重滑坡引起社会各界的广泛关注。

双汇集团和春都集团的前身分别是漯河肉联厂和洛阳肉联厂，都是始建于 1958 年，又都是 1984 年由省管下放到地方。不同的是，1984 年漯河肉联厂的资产总额是 468 万元，企业累计亏损 534 万元，而洛阳肉联厂当时的资产总额是 2 000万元，当年实现利税 200 万元。1986 年，中国第一根火腿肠在洛阳肉联厂诞生，而漯河肉联厂生产出第一根火腿肠已经是 6 年之后的 1992 年。1993 年，

春都集团实现工业总产值、利税分别达到 11.599 亿元、1.082 亿元，而双汇集团仅为 8.57 亿元和 7045 万元。从各方面来讲都处于劣势的双汇集团，为什么在短短几年内成了同行业的排头兵，而春都集团却在市场竞争中败下阵来?

原因就在于两者对集团战略的控制有所不同。同是扩张战略，双汇集团将决策紧紧控制在围绕肉类加工主业上扩大项目规模，使企业迅速形成了以肉类加工为主，养殖、屠宰、包装、彩印等紧密联系的产业群体，1998 年集团实现利税 2.95 亿元，2000 年突破了 5 亿元大关。而春都集团在扩张战略中盲目贪大求快，许多决策并没有得到合理的控制，不仅收购和兼并了洛阳市旋宫大厦、平顶山肉联厂、重庆万州区食品公司等 10 多家扭亏无望的企业，背上了沉重的包袱，而且在条件不成熟的情况下，还投巨资上了茶饮料等十来个大型项目。由于缺乏流动资金，这些项目大都无法启动。

企业战略的控制很大程度上依赖于对资金的管理。在这方面，双汇集团对项目精心运作，最大限度地压缩银行存款，减少库存，实行产品销售一律现款现货制度，对原料采购实行生产试用合格后付款制度。双汇集团靠严格的资金管理取得了良好的经营业绩，投资回报率高达 35%～70%。而春都集团的 12 亿元贷款中，有 6.6 亿元被项目占用，2.3 亿元用于购买或兼并亏损企业，2 亿元是长期外欠货款，也就是说有 10.9 亿元资金退出了市场，用于生产经营的不足 1/10。

春都集团在战略控制的其他方面，如成本管理、人事管理、营销管理、质量管理、基础管理等，与双汇集团的差距更大。在营销管理上，双汇集团提出了“踏遍千山万水、历尽千辛万苦、走进千家万户、说尽千言万语”的市场营销策略，而春都集团则“在全国不设一兵一卒”。在基础管理上，双汇集团建立健全了财务部垂直管理、审计部日常监督的财务管理体制，使财务管理走上了规范化、制度化、法制化轨道，而春都集团财务上报数据虚假，该集团债转股情况汇报上显示 1998 年集团实现利润 4 994 万元，而上报省贸易厅的数字是实现利润 2 055万元。

春都与双汇两个集团的背景可以说相似性非常大，而且不约而同地选择了扩张性战略，不同的是对于战略的控制相差甚远，造成了两种天壤之别的发展结果。

（资料来源：引自亚太管理训练网，http：//www.longjk.com/a-a-shuanghui.htm）

9.1　战略控制

战略决策付诸行动之后，如何保证决策的顺利落实就成为战略成败的关键。有两种不确定因素使得企业必须对战略决策的落实过程进行控制。一是企业内部的组织活动中存在着不确定性。当有些管理人员错误地理解了决策的内容，或是工作中出现问题时，工作进度可能与预期的目标相偏离。二是外部环境可能发生意想不到的变化，战略的实施可能偏离了预定的方向和轨道，或者企业的战略可能不再利于企业的发展。这时企业或许有必要对某些战略决策的内容进行调整。

9.1.1　战略控制的内容与模式

战略控制属于管理控制的范畴，它遵循管理控制的一般原则，但战略控制与其他管理控制在侧重面上有所不同。战略控制除了根据控制目标进行测评、反馈和调整控制外，更重要的是要对企业的外部环境进行监控，保证企业的战略不发生方向性的错误。战略控制的内容分为两大类型：

（1）*在变化的环境中，重新评估战略的适用性和有效性*

由于战略涉及企业整体的、长远的行动，对战略控制而言，战略的正确性和适用性是最重要的考虑因素。这一类控制主要体现在两个方面：企业战略在执行的过程中，不断检查制定战略时的假设是否出现重大失误；在战略的实施过程中，环境是否发生了重大的变化，导致战略的失效。这两方面的控制都是对环境进行检查。实际上，这两方面的控制工作一般是依次进行的，首先求证当初战略制定时的一些因素假设，在确认战略制定无重大失误之后，仍须不断检测环境的变化，以及早发现不利于企业战略的变化因素，尽早做出应对措施。

既定战略的有效性建立在原有的内外部环境结构的基础之上，一旦这种基础被动摇，既定战略就需要调整，这是战略管理的基本逻辑。环境总是变化着的，战略控制需要回溯到当初战略制定过程中的最终决策依据，重新对环境进行评价，检查其对战略方案评价的影响程度。然后再根据具体情况，决定是否对战略进行调整，以及如何进行调整。

(2) 检查企业在运作过程中有无偏离战略方向，是否完成预期的战略目标

这一方面的内容是通过绩效考核体系来完成的。在某些企业中，其战略是一种阶段性的滚动战略，在这种情况下，战略目标的完成就成了下一阶段战略的基础，战略执行效果的检查也就具有了战略基础评价的意义。因此，实施滚动战略的企业，必须在战略控制过程中关注各阶段战略间的关系，以动态调整企业战略的实施方案。

战略控制的内容及流程如图 9.1 所示。

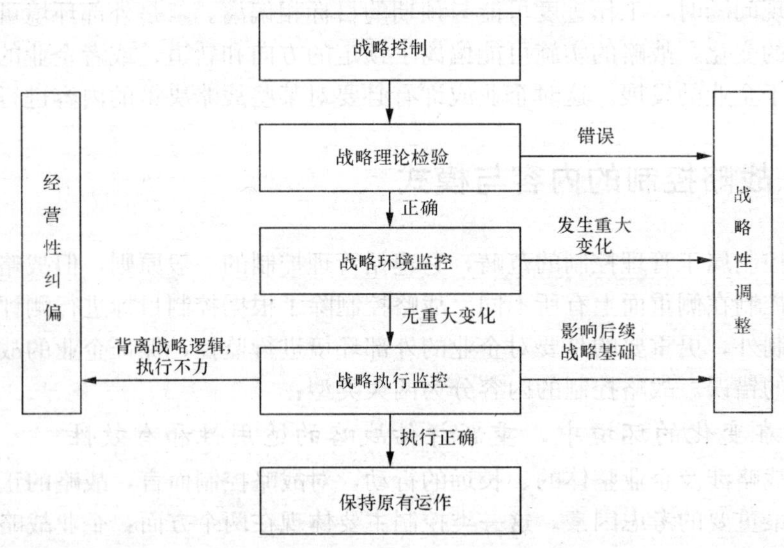

图 9.1 战略控制的内容及流程

(资料来源：陈继祥，等．战略管理．上海人民出版社，2004：405)

战略制定并实施后，往往需要按图 9.1 的流程，不断地对战略理论、战略环境以及既定战略的执行情况进行检验和监控，必要时对战略方案或企业经营活动进行调整，以保证战略的适用性和高效性。

9.1.2 有效战略控制的条件

战略控制建立在组织基础之上，上述控制模式是否能够良好地运行，取决于相应的组织模式是否匹配，其中组织的硬件设施和软件设施两方面都要具备。一般情况下，有效的战略控制需要具备以下的基本条件：

(1) 战略思想、战略意图、战略逻辑必须明确而且形成固化的检查工具

战略控制面对的是一个多维、动态的环境，在实施控制中，很难确定确切的控制指标。战略控制指标必须具有较大的弹性，同时又不能失去方向。因此，企业的战略思想、战略意图和战略逻辑必须明确，而且应作为一种程序来对企业运营的各个方面进行监控和检查。

(2) 企业目标与战略原理的宣传和理解

战略的实施是全员性的，其控制也应是全员性的。尤其在动态多变的环境下，基层员工对环境变化的感受是最为直接也是最为迅速的，战略控制若脱离了这一层面的员工，必然会使控制的效果大打折扣。要实现战略控制的全员性，将企业目标与战略原理进行广泛宣传，使之深入每位员工的头脑中，就成为必要的条件。

(3) 控制职能的有形化

尽管战略控制有全员性的要求，但是战略是一项整体性的运作，且鉴于它的重要性，战略控制必须形成一项职能，由某一部门来组织和实施。

(4) 战略评价体系及运作模式的建立

控制职能建立起来后，还需要确立其运作模式，以及建立战略评价体系，保证控制职能有序、正常地展开。

(5) 企业文化的保障

对于全员性的战略控制而言，传统的考核与控制方法显然是不够的。全员战略控制一定是一种自我控制，实现自我控制一定是基于员工对企业价值观和战略目标的认同。没有文化做保障，战略控制往往会陷于孤立状态。

9.1.3 有效战略控制系统的构成

战略控制是企业与预期的战略实施标准进行对比，考察战略实施效果，如果发现其中有差异，就应调整行动向既定方向前行，或者修正战略本身。有效战略控制系统应包含六个方面的子系统，它们分别是基础控制子系统、组织文化控制子系统、沟通控制子系统、协调控制子系统、评价与奖惩控制子系统和战略预警系统。

(1) 基础控制子系统

控制活动都是通过一定的渠道来完成的，而这些渠道是通过一定的组织基础来开通和实现的。组织的基础包括组织结构、责任结构和权力结构。

①组织结构。组织结构是一个组织为了完成组织目标所建立的框架体系，完善的组织结构可以保证组织一切正常活动的有序展开和进行。在战略控制中，完善的组织结构可以在战略传达、战略执行和当战略实施出现偏离时发挥积极作用。

②责任结构。控制是以承担责任为基础的，否则，出现了问题却不知该去哪里找谁来解决这个问题；更严重的是，出现损失后不知由谁来承担责任。进行战略分解，这一过程就是责任结构的确定过程。就执行结果进行沟通以及当出现偏差时采取改正行动，这是责任结构的落实过程。

③权力结构。一定的责任是以获得对应权力为前提的。没有制约某项活动的权力，就不应该为该项活动产生的后果负责任。在责任结构的确定过程中，企业总是要把一定的权力授予下一级单位，这就形成了逐级授权的权力结构。

（2）组织文化控制子系统

组织文化是指一些假设、观念和价值观的集合，这些假设、观念和价值观是为了应对内部环境和外部环境变化而在组织内部发展起来的。组织文化通常分为两个层次：

第一层次即深层的文化包括组织成员共有的价值观。这些价值观在长时期内比较稳定，并且随组织成员的变化而被传给新成员以指导他们在这些环境中的行为。这些价值观在组织内根深蒂固，组织成员常常意识不到它们的存在，除非提醒他们去注意这些价值观。

第二层次包括组织成员日常行为活动的规范。行为规范是从组织的共有价值观发展而来，常常是作为一系列价值观的综合结果。组织文化有几个重要功能：(a) 使组织成员产生一种同一感；(b) 促使组织成员效忠于组织；(c) 有助于组织沟通体系的稳定性；(d) 为行为提供了理论基础和方向。

在强生公司，高层管理者与全体员工定期集会，检查、核对强生公司多年来支持的信条。这些信条明确表达了公司对消费者、雇员、当地社区以及股东的责任，全公司上下都懂得这种价值观。当意外问题发生时，强生公司强大的文化系统能够为解决问题提供指导原则。

（3）沟通控制子系统

沟通是信息的传递和理解，沟通需要首先将欲传递的信息转化为信号形式（编码），然后通过媒介物（通道）传送给接受者，由接受者将收到的信号转译回来（解码），这样信息便得到了传递。

作为战略控制系统中的沟通控制子系统，其主要作用就是将关于战略制定、战略内涵传递、战略实施中有重要意义的信息传递给下级事业单位，下级将战略实施过程中的相关信息反馈到高层，从而使高层通过信息的获得、分析和解释，获悉目前的战略实施状况。

沟通分为正式沟通和非正式沟通两种形式。正式沟通一般通过组织规定的正规的组织机构、权力机构和责任机构进行，通常和正式组织的概念相对应；非正式沟通则通过正规沟通渠道以外的沟通渠道进行。

(4) 协调控制子系统

在相关多元化企业中，任何两个经营单位之间都存在协调问题，即通常所说的发挥协同效应。协调就是为了充分、有效地利用未尽用资源所采取的行动。协调一般发生在具有共享一般资源或核心资源的两个组织之间。这种共享可能产生各种折中成本，而协调的作用就在于降低折中成本。

协调可以通过以下方式进行：指定协调员，设立协调委员会、协调常委会和专职协调部门。选用何种方式，要根据组织文化、组织结构、协调活动发生频次高低等而定。一般来说，组织文化越沉闷、组织结构越集权、协调活动发生频次越高，则越倾向于采用指定协调专员和设立专职协调部门的方式来进行组织协调活动。

(5) 评价与奖惩控制子系统

任何一项有价值的活动，如果没有最后的评价和基于评价结果的奖惩都不算完整。通过对每一项指标完成情况的统计，再考虑到事先设定的每一指标的权重，可以对战略实施结果进行评价。对下级单位的战略评价就可以通过这一系统完成。

根据评价结果，上级单位对下级单位进行相应奖惩，既可以通过对下级单位的高层管理者及所有员工的物质奖励和精神奖励的方式达到，也可以通过对其管理人员晋升或增加其晋升预期来实现。对下级单位而言，最大的奖励莫过于可以获得更多的资源，包括资金、无形资产和上级高层管理者的关注，因为这种奖励说明该单位的重要性在提高。

(6) 战略预警系统

对于任何一个控制系统来说，预警都是一个重要的环节。如何能够及早发现问题，并提出警告和应对方案，对于在一个剧烈变化的环境中生存的企业来说，是一项非常重要的核心能力。

控制系统需要有“早期预警系统”，该系统可以告知管理者在战略实施中存在的潜在的问题或偏差，使管理者能及早警觉起来，提早纠正偏差。

战略预警主要是根据“警兆”来预示。在感知和正确解释这些“警兆”的情况下，允许管理者在“警兆”不连续性出现的早期阶段制定战略处理方案，而不必等到警情呈现出清晰的轮廓才做出反应。对警情认识得更清楚的时期同时又意味着在发展趋势上限制了战略处理范围。因此，应借助战略预警实施动态管理，把问题解决于萌芽状态。但往往由于未能及时捕捉已出现的苗头，在“问题成堆”以后再去处理，这时由于经济巨轮的惯性作用，组织会为调整经济而付出巨大的代价。

一般而言，人对预警信号的反应往往需要一个较长的过程，而对于组织来说，它的反应则更慢，造成这种现象的原因很可能是因为：

①等待领导的命令（或组织者、管理部门的命令）。

②看别人怎么做。

导致行动迟缓或抵制突变的根源与下列因素有关：

①组织的规模。由于上述原因，组织规模越大，对变化的响应速度越慢，这就是通常所说的大企业病。然而规模并非是问题的本质，问题的根本在于组织内部运作的模式已不适应组织规模的扩张。

②在组织文化中，对正式规章制度的重视程度。在十分重视规范化的组织中，人们已习惯于按组织规范进行操作，对变化的反应往往就越慢。

③行政人员和管理者的行为在事后评估中的重要性。越是重视事后评估的组织，越容易忽略事前的信息收集、应变管理等前馈控制活动。

④系统内部沟通不充分、缺少沟通人员、缺乏主要骨干和对资源配置的管理者等。

因此，要从根本上解决组织响应速度的问题，就必须建立起一种“智能型”或“有机型”的组织模式，通过事先建立的一系列应变规则，包括设置专门的职能、专门的人员来管理、运作这些流程，从而在结构设计上保证组织的应变能力，然而更重要的是形成一种强调应变能力的组织文化，使之成为组织的一种内在的核心能力。

战略预警系统是一个信息系统，在结构上以动态环境分析为基础，并且与企业的生产经营活动息息相关。在某种现象（警情）尚未成形的时期预告企业远期不利的发展趋势，显示重偏离信号并寻求纠正这些偏离的战略对策，然后分析判断。战略预警系统的结构原理和作用方式可划分为五个阶段，如图 9.2 所示。

建立安全经营预警系统

安全经营预警系统主要由指标设计、监测、评价等构成。其中指标设计是指建立指标评价体系、确定预警临界值，利用这些指标分析企业的安全经营状况。设计的指标应遵循敏感性、及时性、可测性等原则，并能反映企业的总体经营安全状况；监测是指根据设计的指标体系，分析企业实际运行过程中反映出来的指标实际值；评价是指根据指标实际值和预警临界值，做出对企业安全经营状况的综合判断。

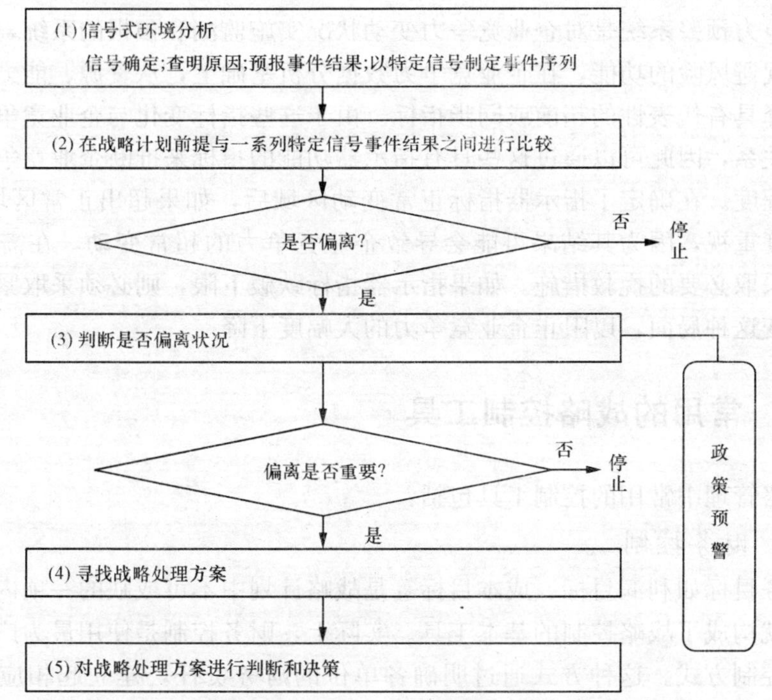

图 9.2　企业战略预警系统的结构原理示意图

（资料来源：陈继祥，等．战略管理．上海人民出版社，2004：407）

建立风险预警系统

企业要想有较强的"免疫力"就必须加强风险预防。因为风险预防是一项系统工程，因此要求企业全面设置和启动风险预警系统以加强对风险的预防管理。首先，要对风险进行科学的预测分析，预计可能发生的风险状态。企业的经营管理者应密切注意与本企业相关的各种因素，如环境因素、技术因素、目标因素和制度因素等的变化发展趋势，从因素变化的动态中分析预测企业存在的"阴暗面"，即可能发生的风险。其次，应建立一个便于风险信息情报传递的风险管理信息系统。通过建立风险管理信息系统这样一个"绿色通道"，使企业各部门、各员工在发生紧急情况时，都有途径将情况迅速上报给有关决策者，从而保证风险信息传递的真实、准确、快捷、高效。再次，要有对风险的超前决策，尽可能使风险消除在潜伏期。"冰冻三尺，非一日之寒。"企业发生风险损失前必然会显示出一些征兆，企业的经营管理者应充分给予重视，及时采取措施矫正和扭转这种风险现象，避免小风险经过"蝴蝶效应"放大后造成对企业的致命打击，做到防微杜渐，使企业运行保持良性状态，保证企业的持续健康发展。

建立竞争力预警系统

竞争力预警系统是对企业竞争力变动状况实施监测和预报的系统，具有提前报警、规避风险的功能，在企业竞争力数据分析基础上，从资源、能力、环境因素中选择具有代表性的超前或同步指标。由于这些指标变化与企业竞争力变动存在密切关系，因此可以通过这些具有指示器功能的指标来推断企业竞争力的变动方向及程度。在确定了指示器指标正常变动区域后，如果超出正常区域的变动，就要高度重视，因为其结果可能会导致企业竞争力的超常变动，在需要的情况下，应采取必要的挽救措施。如果指示器指标跌破下限，则必须采取紧急措施控制和改变这种局面，以阻止企业竞争力的大幅度下降。

9.1.4 常用的战略控制工具

战略管理中常用的控制工具包括：

（1）财务控制

财务目标如利润目标、成本目标等是战略计划中不可或缺的一项内容，财务控制也就构成了战略控制的基本工具。实际上，财务控制是使用最为广泛也是最成熟的控制方式。这种方式通过明确各单位的财务责任，建立起相应的工作监测、信息反馈和调控机制。由于这种控制方式简明有效，能够比较准确地反映出每个单位的综合绩效，因此成为其他控制工具的基础。

但也必须认识到，财务控制不可能完全保证企业战略目标的实现。在质量和成本、短期效益和长期效益等相互冲突的目标之间，战略决策必须做出明确的安排，而财务控制只是为某一类目标的实现提供了保证。

（2）组织控制

通过组织调整手段（如人事任免）来实现战略目标也是一种传统的控制方式。这种控制的优点在于其效果可以直接显现出来，但可能造成的负面影响也不容低估。举例来说，撤换一个不称职的单位负责人可以立即改变该单位的工作状态，而要消除这种震荡所带来的消极影响，如一部分员工思想上的波动，重新营造出和谐的工作关系，却需要相当长的时间。组织控制中所包含的这种潜在的难以估量的变革成本，意味着这种方式的运用必须慎重。

（3）规范控制

战略管理中的规范控制与质量管理极为相似，即通过制定和推行统一的工作规范、标准、程序等来维护企业的战略方针。随着企业的经营范围和组织规模不断扩大，这种控制越来越受到重视。如在连锁经营系统中，下属单位必须遵守企业统一的服务标准、价格标准，按照统一的方式陈列商品，这就保证了整个企业的形象不受损害。根据控制内容的不同，规范控制也可以变换成比较灵活的形式。据介绍，国外有些企业曾经成功地推行边界控制，即通过一组事例向基层组织说明哪些活动是被禁止的，以标识出活动的边界。这种控制可以防范下属单位的越轨行为，又为它们的自主决策和创造发挥留出余地，尤其适用于无关多样化的集团公司。

(4) 沟通控制

为了防止下级单位的行动背离企业的战略方向，企业可以借助于信息沟通的方式增强内部的透明度，通过信息共享和经常交换意见形成一种无形的约束力。沟通控制与其他控制方式的不同之处在于：首先，企业领导应该在决策以前就与下属面对面地讨论问题，尽量就一些重大问题达成共识；其次，各方应该经常交换各种重要的信息，并消除对这些信息在理解上的分歧；再次，在沟通中不断培养相互信任的关系。当下属单位享有较高的独立经营权时，沟通控制往往能发挥特殊的作用。

(5) 文化控制

企业在建立和完善战略控制系统时，必须考虑如何强化各部门、下属单位乃至员工个人的自我控制功能，培养健康的企业文化。企业文化的核心内容如经营宗旨、工作信念等凝练了战略的根本方向，这些宗旨和信念一旦深入人心，就成为每个部门、单位和员工的行为准绳，形成一种有效的约束力。要实现这一目的，关键在于确立正确的经营宗旨并清楚地阐述战略目标与经营宗旨的关系，否则经营宗旨就会变成一句空洞的口号，企业的行动也就失去了统一的方向。

以上几种战略控制工具不是游离在企业管理活动之外的单独的工具，它们是一些最基本的管理工作如文化建设、制度建设、组织建设在战略管理中的具体表现。若企业战略控制失效，往往可以在基础管理环节上找到根本的原因。从这种意义上讲，随着企业和越来越多的非营利组织步入战略制胜的时代，管理者面对的迫切的任务，并不是培养出某种特殊的战略管理能力，而是要认真领悟基本管理工作中的战略意义。

9.2　战略评估

战略评估与一般控制评价的不同点在于它不仅考核业绩的变化，而且也时刻对环境进行监控，以保证企业对外部环境的感知和适应。战略评估之所以重要，是由于企业的内部和外部环境因素往往发生快速和剧烈的变化，战略评估的结果可以作为调整、修正甚至终止战略的合理依据。

9.2.1 战略评估框架

在战略控制框架中，首先要检查战略基础，分析环境，根据内外部环境与制定战略初期时所发生的变化，制定出修正的评价矩阵，与原先制定的战略进行比较。若两者之间有明显的区别，则应即刻采取纠偏措施，进行战略控制，使战略能够始终适应内外部环境等各方面因素的变化，顺利实现战略目标。若两者没有明显的区别，则进行第二步，即衡量企业绩效。比较战略在实施过程中与预期目标之间的差别，若计划与实际有明显差别，则应立即采取纠偏措施，使得战略目标能够顺利实现。如果没有明显差别，则说明现有战略实施得比较顺利，基本上与战略制定时期的期望相契合，就应继续实施现行战略，同时继续密切留意环境的变化以及衡量企业绩效。因此，战略控制实际上是一个不断循环的管理过程，如图 9.3 所示。

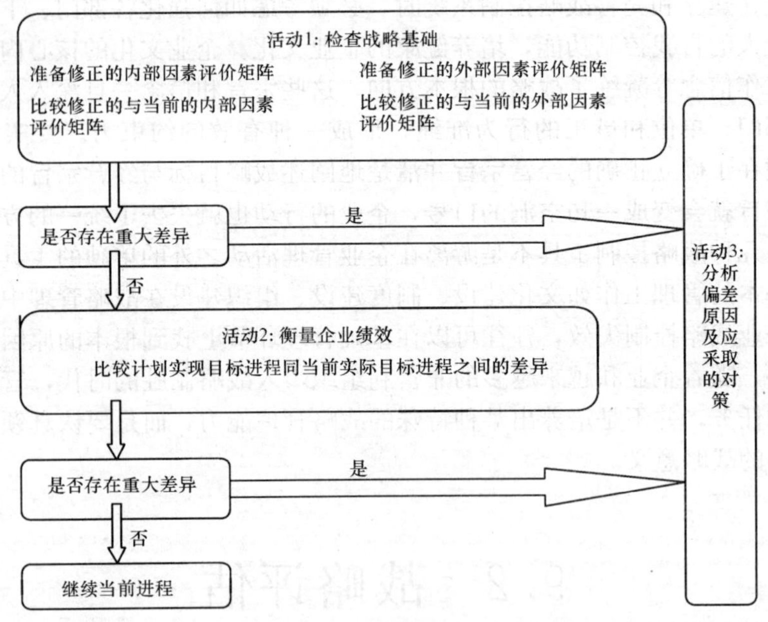

图 9.3 战略评估框架

（资料来源：转引自［美］弗雷德·R. 戴维．战略管理．李东红，等译．经济科学出版社，2006：291. 本处引用时略有改动）

活动 1：检查战略基础

战略选择是内外部综合分析的结果，其基础是企业对内外部环境的认定。如果这些基础发生了变化，那么战略方案的合理性就会受到冲击。战略评价最大的特征就是注重对环境变化的监测，很多外部及内部因素会阻碍企业实现长期目标和年度目标，企业应不断监控构成现行战略基础的外部机会、威胁和内部优势、劣势的变化情况。可以利用修正的外部因素评价矩阵和内部因素评价矩阵检查企业战略的内在基础。重点在于它们发生变化的原因和时点。

修正的外部因素评价矩阵应表明企业战略在关键机会与威胁面前所做出的有效反应。可从下列问题来进行分析：

①竞争者对我们的战略是如何反应的？

②竞争者的战略发生了哪些变化？

③主要竞争者的优势和劣势发生变化了吗？

④竞争者为何进行战略调整？

⑤有些竞争者对其现有的市场地位和赢利水平的满意度如何？

⑥我们的竞争者在进行报复之前有多大的容忍空间？

⑦我们如何才能有效地与竞争者合作？

⑧外部机会仍然是机会吗？现在是否有了其他的外部机会？如果是，是什么机会？

⑨外部威胁是否仍然是威胁？现在是否有了其他的外部威胁？如果是，是什么威胁？

修正的内部因素评价矩阵应着重关注企业在管理、营销、财务与会计、生产与运作、研究开发及信息系统方面的优势与劣势。可从下列问题来进行分析：

①内部优势依然是优势吗？

②是否增加了新的内部优势？如果是，是什么优势？

③内部劣势依然是劣势吗？

④是否有了其他的内部劣势？如果是，是什么劣势？

⑤是否有能力同敌意接管对抗？

活动 2：衡量企业绩效

通过将企业业绩实际结果与预期结果相比较，进行衡量的活动，包括：(a) 考察实际进程与计划的差距；(b) 评价个人绩效；(c) 检查在实现既定目标中已经取得的成绩。

衡量的标准应当根据战略评价的原则，制定可衡量的和易于证实的定量和定性的评价标准。

经常使用的战略评价的定量标准是各种财务比率，包括投资收益率、股本收益率、盈利率、市场份额、权益负债率、每股收益率、销售增长率、资产增长率等。

西摩·蒂尔斯设计了战略评价的六个定性问题：

①战略与企业内部条件一致吗？

②战略与外部环境一致吗？

③战略与可利用的资源相匹配吗？

④战略所涉及的风险程度可以接受吗？

⑤战略实施的时间表适当吗？

⑥战略可行吗？

活动 3：分析偏差原因及应采取的对策

本部分活动的工作重点在于判断偏差是执行不力产生的，还是原有战略方案的问题，抑或是环境变化使企业战略失效。在上述问题的正确判断下，才可能做出有效的调整。

9.2.2 评估的内容

环境监测（检查战略基础）与业绩度量（衡量企业绩效）是战略评价的两大内容。在当今多变的环境下，前者显得更为重要。企业外部环境包括经济环境、政治法律环境、社会文化自然环境、技术环境、竞争环境等众多因素，而上述五类要素中又包含无数具体的影响因素，要在如此众多的环境变量中把握住关键要素，对一般人来说，的确是一件不容易的事情。要做好环境监测工作，一方面需要对行业运作的特征非常熟悉，需要经常训练对环境变化的敏感性，另一方面也需要理论上的系统思维方式，帮助提高对环境变化的分析与把握。

环境监测的目的是了解企业战略方案赖以存在的基础是否发生了变化，那么环境分析的着眼点就应放在那些可能会使战略基础发生动摇的因素上。由此可知，只有找准企业战略方案的基础，才可能对环境变化进行有效的分析和应对。所有的战略选择的背后都有一套完整的商业理论，而所谓的商业理论，其实是企业对环境和自身条件的判断的总和，简言之是一系列的假设。商业理论决定了一个组织的运作方式，指导其经营策略的制定，定义该组织存在和发展的根本目的。

一般来说，商业理论包括三个方面的内容：对外部环境及其变化趋势的假设；对自身根本目的的假设；对自身竞争优势所在的假设。这些假设就是企业制定战略的根本基础。

商业理论对企业的影响是深刻和全面的，因此，商业理论的错误会给企业带来灾难性的结局。所以，战略评价的第一考虑，就是不断检验自己对上述三个问题的判断是否符合现实。

监测环境的变化是评价的第一步，我们真正的目的是判断这些变化是否使得原有的战略方案必须进行调整。做出这样的判断需要回到战略选择阶段，根据现有环境进行重新分析，检查战略选择与原有方案是否有出入。一般而言，当环境迫使战略发生转变时，企业应及时调整其战略部署。但如果战略对路径产生依赖时，情况就会变得更糟糕。在这种情况下，企业变换战略已不可能，或者说代价极为高昂。如果企业战略存在路径依赖的可能，除了制定战略时应十分谨慎外，当环境出现长期不利情况时，最好的选择就是迅速清算这一方面的业务，以免陷入不利环境的泥潭中。

环境监测是最主要的战略评价工作，但除此之外，战略执行情况的评价也是不可缺少的。在许多情况下，战略的执行往往比战略的制定还要重要。

9.2.3 战略方案评估

（1）战略方案评估标准

①适用性。

适用性又称为一致性，它是一种战略方案评估标准，用来评估所提出的战略对在战略分析中所确定的组织环境的适应程度，以及一个组织保持或改进其竞争地位的能力。它是筛选战略方案的一个非常有用的标准。只有具备了适用性，一个组织才具备相应的组织能力，才能在复杂的内外部环境的制约下，实现组织战略目标。

战略分析的一个主要目的是清楚地了解组织及组织所处的环境，它可以识别组织面临的重要机会和威胁，可以确定一个组织所拥有的特定优势和劣势，以及描述一系列影响战略选择过程的不同利益相关者的期望。

由于适用性是检验一个组织的战略目标是否与其组织能力相一致，所以各种战略分析信息对于检验这种一致性是否存在是非常有用的，也是不可或缺的。如果在组织所处的内外部环境的基础上，一个战略方案不能满足适用性原则，那么战略管理人员就要从以下三个方面来寻求解决办法：

（a）改变战略目标。这是一项困难的工作，没有哪个组织愿意轻易改变既定目标。

（b）提升组织能力。这可能需要该组织投入大量资金。

（c）放弃这个战略方案。有时寻找另一个更合适的战略方案，可能是一个组织最好的选择。

②可行性。

可行性是指分析和评估一个公司是否有能力成功地实施所选择的战略。可行性要求战略所提出的变化范围应是组织资源所能够承受的。

可行性分析贯彻战略管理整个过程，也就是说，对战略可行性的评价在确定战略方案时就已经开始了，并且一直要延续到制定战略计划过程中。要想确定战略实施的可行性，我们必须认真思考许多重要的问题，例如：(a) 该战略有足够的资金支持吗？(b) 组织有能力达到战略要求的经营水平（如质量水平、服务水平）吗？(c) 能实现所必需的市场地位吗？具备所必需的营销技巧吗？(d) 能处理竞争性活动吗？(e) 组织如何保证所要求的管理能力和经营能力都是可得的？(f) 具有能有效地进行竞争的技术吗？(g) 能获得所必需的材料和服务吗？

③可接受性。

可接受性是评估组织战略能否被利益相关者接受的指标。对战略的可接受性进行评估是一项困难的工作，这是因为可接受性与利益相关者的期望密切相关，而利益相关者的期望是复杂多样的。因此，在评估战略可接受性时，一定要深入研究组织战略目标与利益相关者期望之间存在的偏差。认真回答下列问题将有助于评估战略的可接受性：(a) 从利润率的角度看组织的财务状况将会怎样？(b) 财务风险（如资金流动性）会怎样变化？(c) 战略对资本结构（如股份所有权或财务杠杆）将产生怎样的影响？(d) 所提出的战略变动符合组织内的一般期望（如对更高水平的风险的态度）吗？(e) 各部门、团体或个人的职能变化大吗？(f) 组织与外部利益相关者（如供应商、政府、联盟、客户）的关系需要改变吗？(g) 组织的环境（如社区问题、环保呼吁及政策法规等）能接受这个战略吗？

④有效性。

有效性是指一个组织在选择战略方案时，所使用的资料和建立的假设条件，是否能够真实地反映出该组织现在和未来所面对的环境状况。大部分可选战略方案都包括对未来某种形式的假设，对未来的假设是一个组织选择战略方案的依据，组织必须对这些假设进行检验，以保证它们是有效的。

许多可选方案会使用背景资料，但应注意的是，有些背景资料是有根据的，而有些背景资料却是本质上值得怀疑的商业信息。例如，一个组织拥有竞争对手的一些信息是很有根据的，这可以从市场上获得，如市场份额数据，但是有一些可能非常值得怀疑，如竞争对手制定的战略计划和有关竞争对手战略目标的信息。一个组织一旦利用了不准确的信息，将会对组织战略及其生存与发展前景造成极大的威胁。

所以，一个组织在制定战略时有必要检验每个可选方案中假设和资料的有效性，使这些假设和资料尽可能真实地反映出该组织所处的竞争环境。

⑤风险。

风险是指一个组织所面临的未来不确定性。这些不确定性是在制定战略时无法准确预测的，一个组织既不知道这些不确定性会在何时以何种方式出现，也不清楚这些不确定性出现的概率是多少。大多数有价值的战略都可能存在某种程度的风险，一旦这些风险出现，极有可能影响到该组织的市场竞争地位。所以组织在制定战略时，一定要对可能出现的风险进行仔细的评估，制定出相应的应变计划，使可能出现的风险尽可能落在组织战略能力容易控制的范围内。

当组织实施它们的战略时，开始可能会认为很多事情都难以控制，这是因为在组织战略能力和资源的限制范围内，不可能准确预测战略执行过程中存在的大量风险。这是一种正常现象，因为任何战略决策都不可能将风险完全规避。所以，一个组织不应该畏惧战略管理过程中存在的风险，而应尽量减少决策方面的失误。为了应对未来风险，一个组织至少应做好以下三件事：(a) 对风险进行预测和评估；(b) 寻找风险出现时可以减少困境的因素；(c) 评估组织能力对风险的接受程度。

⑥合理性。

合理性是指一个组织所拥有的资源和能力能否满足战略实施的要求。尽管一项可选战略方案可能会与组织的使命和目标相一致，但由于组织所拥有的资源和能力不足，极有可能使这一战略方案不具备可行性，这样的方案无疑是不可取的。实际上，一个战略方案可能会在下列三个方面缺少合理性：(a) 组织内部的文化、技术和资源；(b) 组织外部的竞争性反应；(c) 管理者和员工的忠诚度。

一项战略方案缺乏合理性主要来源于两方面限制。一是组织内部资源和能力的限制，这是指一个组织可能缺乏实施可选方案的组织文化、技术和资源条件，例如，一个组织的文化可能会应付渐进的变化，但却不能应付一个战略方案中存在的剧烈的、突然的变化。二是组织外部资源和能力的限制。在组织外部，有四个主要限制会使一项战略方案缺乏合理性：客户接受度、竞争性反应、供应商接受度和政府政策。一个组织在制定战略时，一定要考虑到这些限制因素，才能保证制定出具有合理性的战略。

⑦对利益相关者的吸引力。

对利益相关者的吸引力是指一个组织的利益相关者对该组织制定的战略方案认可程度。每一个组织都有它的利益相关者，如股东、员工和管理层。他们之所以对组织正在考虑的战略选择感兴趣，是因为他们会从中受益。但是利益相关者之间的利益和观点不总是一致的。例如，一项战略可能提高股东的财富，但同时也意味着组织中员工的失业。因此，一个组织会发现，不是所有的战略选择对所有利益相关者都具有相同的吸引力，于是不同利益相关者之间往往会产生利益冲突。

解决这个问题的一个方法是考虑优先利益相关者的利益，例如，如果把股东的利益放在首位，那么一个组织可能为减少成本而裁减员工。

因此，为使一个战略选择对利益相关者具有吸引力，一个组织应充分考虑下列问题：

(a) 战略选择是否会有很高和不能承受的财务风险？利益相关者会如何反应?

(b) 战略选择是否包括员工雇佣水平的上升或下降?

(c) 管理层是否有必要重新接受培训或产生冗员？

(d) 是否存在社区问题？这些问题会使战略对当地或本国居民不具吸引力，而他们也具有一定的影响战略实施的能力?

(e) 政府对该战略的可能反应是什么?

(2) 战略评估技术

①获利能力分析。

获利能力分析是指为确定某一组织所得利润同其资金投入之间的关系而进行的一种财务风险分析，它是商业组织在进行战略选择时经常使用的一种战略评估技术。在进行这种分析时，组织通常采用资本回报率（return on capital employed，ROCE)、净现金流、投资回报期、折现现金流（discounted cash flow，DCF）和收支平衡等五种财务技术指标。

在对任一战略方案的选择进行获利能力评估时，都有一些重要的地方值得注意：

(a) 在许多DCF计算中都将10年作为一个典型的期间，但是预测未来10年的销售确实面临着许多困难；

(b) 一些产品种类，如计算机，由于越来越短的产品生命周期和更快的产品过时性，DCF过程可能参照一个较短的时期；

(c) 把增加的资金与持续资金投入分开是困难的；

(d) 由于强调项目本身产生的现金，评估倾向于集中在数理上的财务收益，并可能忽视更难数量化的更广泛的战略利益，如协同作用和价值链关联；

(e) 从定义上来看，ROCE是对某一项目过去而不是未来潜力的会计计算，因此可能会对战略评估产生偏差。

②所有者价值分析（shareholder value analysis，SVA)。

所有者价值分析又叫基于价值的分析，是指以战略的实施给所有者创造价值的能力为指标，评估一项战略方案可行性的方法。它的理论基础是价值链分析。

最初，人们在进行战略评估时，对财务分析情有独钟，但是 20 世纪 80 年代期间，许多人都对财务分析及其局限性提出了批评，于是，一些人的注意力转向了对波特提出的价值产生过程的分析上。与此同时，公司的管理人员注意力又回到了公司的主要法定的责任上，即为所有者创造价值或收益。80 年代的接管浪潮（公司接管成为普遍现象或者说接管成风）充分表现了这一趋势，无论接管还是被接管，公司基本上都转向了分析公司发展战略怎样才能为所有者创造价值。通常而言，所有者价值分析对战略评估的作用如下所述：

（a）强调传统的评估，如折现现金流（净现值）等应集中在战略发展上，而不应仅仅对投资项目进行评估。理想的情况是，分析应该适用于单个的战略业务单位。

（b）进行财务分析时一定要很好地了解价值生成过程，以及组织在这个过程中所获得的竞争优势。

（c）成本驱动和价值驱动要素可能经常一起发挥作用。因此，管理人员需要判断这些相互依赖性是怎样产生和怎样工作的，而不应该仅仅期望从单纯的财务指标中得到简单的答案。

③敏感性分析（sensitivity analysis）。

敏感性分析是对特定战略选择的每一个重要的假设条件进行质疑，并让其变动，然后分析变动后战略执行结果的不同情况。一般来说，它主要是分析经营结果与产出（如利润）对每个假设条件具有怎样的敏感程度，也就是说，要考察其中一项假设条件的微小变化，会引起组织期望的经营结果或产出将在多大程度上发生相应变化。

评估战略时，敏感性分析是很有用的技术。因为电子表格极适于进行这种类型的分析工作，所以随着计算机电子表格软件的出现，它的使用越来越广泛。

在评估过程中，传统的方法可以给各主要变量周围的不确定因素赋以概率分布，然后利用统计分析就可以将这些不确定因素综合在某个战略的整体风险分析之中。虽然理论上它比敏感性分析要简捷，但这种方法实际上不如敏感性分析受欢迎，主要原因有三点：

（a）很难为许多变量进行概率分配。虽然这是敏感性分析的一个不足，但需要注意的是人们在强调统计计算的简捷性时，往往会忽视概率分布的不精确性。

（b）敏感性分析将带有不确定性的东西传送给决策者，允许他们在选择的过程中使用个人的判断能力。

（c）在实际中，管理人员利用分析工具，经常不是为了找出和利用外部机会，而是分析和减少他们所喜欢的战略在所处环境中存在的不确定性，敏感性分析很适合帮助达成这一目的。

④模型模拟。

模型模拟是指考虑所有可能影响战略执行情况的因素，在此基础上建立起一个定量化的模型，利用该模型模拟战略执行过程，从而决定一个战略是否可取的一种战略评估技术。毫无疑问，精确建立这种通用模型几乎是不可能的。但不管怎样，模型模拟在战略评估和定量化描述战略执行情况方面都是一个有用的方法。

人们常常用财务模型来评估战略选择，其中风险分析将战略选择的各个元素的不确定性用数学方法综合在一起，从而评估战略选择的整体不确定性水平，以确定最终战略。一般情况下在战略评估中使用模型只限于结构化问题，这是因为：

(a) 模型可能过于简化，因而不能包含一些重要的风险和不确定性。

(b) 要想把大量的变量综合到一起，并且要包含所有重要的变量之间的相互关系，是很难做到的。即使能做到这一点，在实际运用中，也会使模型变得非常复杂。

(c) 一些重要数据，如竞争者的对抗行为等，很难估计并且很难将其综合到模型之中。

综上所述，所有模型的最大危险是：对管理人员或决策制定者来说，它们不如那些简单的技术（如敏感性分析）容易被理解，因为它们将分析置于管理人员不能打开的“黑箱”中。

⑤尝试搜索模型。

尝试搜索模型是指在复杂性和不确定性很高的环境下，用系统的方法寻找“最满意而不是最优解决方案”的一种途径，在组织有许多选择方案，并且要满足许多不同的要求或标准的复杂情况下，这个模型最有价值。虽然这种方法计算起来很复杂，但是利用计算机可以迅速完成这项分析工作。

在利用尝试搜索模型进行这类分析时，首先要求列出所有的决策标准。例如一个令人满意的方案要保证每年5%的收入增长率，劳动力生产率每年增长2%，不能关闭组织所拥有的某一工厂等等，然后搜索各种选择，直到发现满足所有这些标准的方案为止。这个方案不一定是最佳方案，再继续搜索，从而建立一个符合这些标准的备选方案清单，再利用系统评估方法进行方案的筛选。

随着计算机功能的扩大和价格的降低，尝试搜索模型作为评估技术得到越来越广泛的应用，因为即使要满足许多标准，并且有几百个方案存在，计算机也可以使查找过程很快完成，从而降低了工作难度。

⑥盈亏平衡分析。

盈亏平衡分析是用于确定公司盈亏平衡时所需达到的销售量，它是敏感性分析的有效补充，在战略管理过程中，它揭示了不精确的预测对战略选择影响的严重性。

盈亏平衡分析是一个简单但又被广泛使用的技术。它对分析战略可行性很有帮助。在实际应用中，经常用它来评估收益（如利润）目标的可行性，同时也可用来评估战略的可接受性。它还能评估各种战略的风险，尤其是当不同的战略要求完全不同的成本结构时，它非常适用。当一个组织对其战略可选方案进行评估时，盈亏平衡分析法有助于回答以下问题：

（a）实现生存所需的市场渗透水平的可能性如何？这主要描述静态市场情况。

（b）竞争者是否允许公司进入市场并实现赢利？

（c）在实际中，一个组织的战略资源和能力是否能满足成本和质量方面的要求？

（d）是否有充足的资金来保证所要求的生产能力和获得拥有一定技能的劳动力？

⑦资源配置分析。

资源配置分析是指根据与某种特定战略相关的组织内的资源能力来评估一项战略方案的可行性。这种分析方法是根据各种可选战略对组织资源的要求，将各战略方案互相比较，以确定哪个战略方案与组织资源和组织能力最匹配。

由以上论述，我们可以看出，在进行资源配置分析时，首先应该明确各种可选战略对资源的要求，然后识别每个战略所需关键资源，最后确认一个组织是否拥有或是否有能力获得这些关键资源。例如，国内市场的拓展极大地依赖于营销和分销技术，以及筹得为增加存货所需现金的能力。公司的资源配置分析应该与某特定战略方案的资源要求相匹配。在分析其匹配性时，我们还需分析公司的一些价值活动，集中分析这些特定的价值活动可以将资源配置与竞争战略紧密联系起来，因此这些特定的价值活动都能非常有力地支持成本优势或价值生成过程，这种方法可以作为所有者价值分析的一部分。

在进行资源配置分析时，可能会存在这样的危险：资源配置分析会简单地导致组织选择那些最符合组织现在的资源状况的战略。应该记住：资源配置分析的真正优点是它能确定战略所要求的必要资源的变化，即确定组织资源该做哪些变化才能符合战略的要求。作为一种优点，资源配置分析还表明了对一个特定组织而言，这种资源变化在规模、质量或变动的时间范围上是否可行。

【摘要与总结】

1. 战略控制的内容涉及两大方面：（a）在变化的环境中，战略是否还适用？

既定战略方案的执行效果如何？(b) 检查企业在运作过程中有无偏离战略方向，是否完成预期的战略目标。

2. 有效战略控制系统应包含六个方面的子系统，它们分别是基础控制子系统、组织文化控制子系统、沟通控制子系统、协调控制子系统、评价与奖惩控制子系统和战略预警系统。

3. 对于任何一个控制系统来说，预警都是一个重要的环节。战略预警主要是根据“警兆”来预示。在感知和正确解释这些“警兆”的情况下，允许管理者在“警兆”不连续性出现的早期阶段制定战略处理方案，而不必等到警情呈现出清晰的轮廓时才做出反应。

4. 企业常用的战略控制工具有财务控制、组织控制、规范控制、沟通控制和文化控制。

5. 战略评估与一般控制评价的不同点在于它不仅考核业绩的变化，而且时刻对环境进行监控，以保证企业对外部环境的感知和适应。

6. 战略方案的评估标准涉及七个方面：战略的适用性、战略的可行性、战略的可接受性、战略的有效性、战略的风险、战略的合理性及战略方案对利益相关者的吸引力。

7. 战略评估方法有获利能力分析、所有者价值分析、敏感性分析、模型模拟、尝试搜索模型、盈亏平衡分析以及资源配置分析。

【问题与思考】

1. 试述战略控制与管理控制的异同。
2. 简述战略预警系统的重要性及其主要内容。
3. 简述战略控制的主要工具及其适用范围。
4. 如何进行有效的战略评估（战略评估流程）？
5. 战略方案的评估标准有哪些？
6. 简述你所了解的某一战略评估技术及其优缺点。

【本章参考文献】

[1] 陈继祥，等．战略管理．上海人民出版社，2004
[2] 王迎军，柳茂平．战略管理．南开大学出版社，2003
[3] 吴照云，等．战略管理．中国社会科学出版社，2008
[4] 王方华，陈继祥．战略管理．上海交通大学出版社，2003
[5] 宝利嘉．最新组织战略精要词典・经理人专业素质速成策略．中国经济出版社，2003
[6] 弗雷德・R. 戴维．战略管理．李东红，等译．经济科学出版社，2006：291

第10章

战略变革与组织学习

对于处于激烈竞争之中的企业来说，进行战略变革是必要的。战略变革是企业维持竞争优势的重要手段。一般而言，变革是痛苦的，会遇到来自组织和个人的双重阻碍。

组织学习是指通过共享信息、知识和各种学习模式并且建立在过去的知识和经验的记忆的基础上的一种学习过程和学习机制。通过组织学习来改变组织运行方式是应对战略变革挑战的有效手段。

10.1 战略变革

【案例】

联想的战略调整

联想集团2003年第三季度业绩发布会上，联想的新老领袖一齐上阵。由于联想集团远没有达到三年前预定的目标，在新年度财务报告发布之际，这家国内IT业的“领头羊”全面反思自身弊病并且制定新的战略。

早在2001年4月，杨元庆执掌联想时就许诺未来5年将联想的营业收入做到500亿人民币。三年过去了，联想的营业收入仍徘徊于200多亿人民币。甚至有分析师对联想集团本来就微薄的利润也表示出质疑：联想集团截至2002年12月底的纯利轻微上升，完全是出售中国电信投资所得。联想除计算机以外的业务全面出现亏损，仅仅手机业务前三季度亏损就达 6 200 万元。联想集团目前的状况是传统业务停滞不前，新业务扩展不利，竞争对手风起云涌，这种状态需要集团实施新的战略变革。

在 2 月 18 日晚上，联想对自己做出了较全面的反思。首要的问题归结为对外部环境的估计过分乐观。“当年很多目标与策略都是以 2000 年以前互联网高速膨胀所带来这个产业蓬勃发展作为参照来制定的，同时也未能准确地预知之后泡沫破灭、增速的放缓和行业的调整。”杨元庆说。

柳传志代表联想集团董事会承认，由于对实现长期业务目标的强烈追求，更由于经验方面的原因，上一个三年计划目标定得过高了。

而对于未来，集团领导层一致认为：应该重新分析市场环境，评估集团资源和能力，制定新的战略。

（资料来源：http：//www. chinanewsweek. com. cn）

战略变革是企业为了实现持续成长，应对外部环境的变化所作出的形式、性质和状态上的转变。这种变革包含两层含义：企业战略内容方面的变革，包括企业的经营范围、资源配置、竞争优势以及这些因素之间的协同作用的变化；企业应对外部环境的变化以及企业应对战略内容发生变化所作出的变革。这种变革可体现为企业业务的变化，也可体现为企业组织层面的变化，甚至是两者的综合变化。

10. 1. 1　战略变革的必要性

我们正处在一个充满挑战与变革的时代。只要留心观察一下就会发现，许多试图把自己变得更具竞争实力的公司，无论是大公司还是中小型公司，无论是成功的公司还是处于危机中的公司，都在努力地进行变革，如结构重组、规模合理化、全面质量管理、业务流程再造、企业系统创新、企业文化重塑等。其目的在于改进公司的战略模式和经营方式，以更好地适应变化了的市场环境，增强竞争力。

一般地说，公司变革反映了更广范围内政治、社会、经济和技术的变革。政府政策的改变、社会的发展，要求公司承担更多的就业和环保责任，经济全球化和市场竞争加剧对公司产生的冲击，客户需求的多样化和个性化，技术变迁尤其是信息技术的飞速发展，对公司经营的各个方面，如采购、制造、销售、服务等产生的深刻影响，都会引发公司的变革。公司传统的经营管理方式已不再适应外部环境的变化而必须放弃，代之以新的经营理念和经营方式。通用电气公司前任董事长杰克·韦尔奇在论述变革的迫切性时指出，现今的等级制度使首席执行官能控制战略、机构和信息，从而创建了一个“脸朝着首席执行官，屁股冲着客户”的组织，这显然已经无法适应社会的发展了。他指出，原来通用电气公司的一套管理方法，如各战略单位和职能部门经过细致的计算作出决策再稳稳地上报，在 20 世纪 70 年代是适用的，80 年代中期起便逐渐出现了障碍，到 90 年代肯定会成为进入墓地的通行证。

今天，无论什么样的公司都面临变革的挑战，变革是必然的，只不过有的公司主动地进行变革，有的公司则被动地进行变革，因而出现了主动变革与被动变革两种变革形式。主动变革的公司能预见公司面临的机遇与威胁，发现自身的问题，从而有计划地进行变革，主动地实现组织的目标。被动变革的公司则在遇到问题后被迫做出反应，通常没有周密的整体计划，变革的道路比较曲折。

应对面临的危机通常是公司被动变革的原因。例如，在敌意收购的威胁下公司奋起自卫，或者竞争失利导致业绩急剧下滑，公司必须通过变革摆脱困境、渡过难关。被称为“蓝色巨人”的 IBM 公司在 20 世纪 80 年代中期的销售额和利润分别占美国计算机行业的 40%和 70%，可是从 1986 年开始情况严重恶化，仅 1993 年便亏损了 81 亿美元，公司不得不进行一系列的变革以挽救自己的命运，其中包括 9 年内连续裁员近 20 万人。2004 年当 IBM 又一次面临亏损时，公司作出惊人的战略决策，将其曾引以为自豪的 PC 机业务转让给了中国的联想公司。危机的出现也是公司领导层发动变革的最佳时机。如果危机的征兆发展比较缓慢，他们也可能会拖延变革行动，直至领导层更替后，新的领导层成为变革的组织者。

发展也需要变革，这一般表现为主动变革。例如，随着公司的高速成长和跨国经营，原有的组织结构和经营方式已不能适应市场需要而变得低效，从而要求公司进行全方位的变革。任何公司都有其成长的极限，其发展呈现出“S”形的规律。当快速成长达到一定极限时，公司发展趋于稳定而停滞，只有变革才能为公司增添新的活力，延长公司的生命周期或将公司导入新的周期。许多曾经是世界级成功的企业，如胜家缝纫机公司、国际收割机公司等，经过鼎盛时期后倒闭，还有一些公司像丰田公司等一度在沉重的经营压力下苦苦挣扎，都证明了在发展中坚持不断变革的重要性。

值得注意的是，一些陷入危机的大公司，正是由那条曾使它们兴旺发展的成功道路最终带入了困境。成功之后走向失败，创新之后出现惰性，这是常有的事(当然也有许多最成功的公司能够在优化短期竞争行为的同时，通过及时的变革保持长期的成功)。因为这些公司太容易陶醉于成功之中而习惯性地抵制新的思想。这样，成功就成了一把双刃剑，既能促使企业发展，也可能导致企业失败。曾经担任美国联信公司首席执行官的博西迪在总结其成功的职业生涯时说：“有关企业管理的一件奇妙的事情就是：你得努力忘掉你所知道的东西。如果说我喜欢我目前拥有的商业模式的话，5 年后我将不会喜欢这种模式。”博西迪在其任职的 10 年里，将联信公司的股本收益率从 10.5%提高到将近 28%，公司负债比率从 44%降到 30%。显然，公司的长盛不衰不在于它的伟绩，而在于不断的变革。

进入 21 世纪，公司变革的迫切性更加突出。美国宾夕法尼亚大学沃顿商学院 SEI 高级管理研究中心，在听取一些顾问、院士及某些世界顶尖领导人意见的基础上，描绘了 21 世纪公司特征的图画，并与 20 世纪的公司进行了比较，见表 10.1。

表 10.1 不仅指出了 21 世纪公司变革的主要方向，而且也说明了公司变革任重而道远。公司领导层如果不能预见变革的需求，把握变革的方向，适时地推进变革，将使公司陷于非常危险的境地。查尔斯・达尔文在描述生物界的进化规律时曾经说过，得以幸存的既不是那些最强壮的物种，也不是最聪明的物种，而是最适应变化的物种。这在生物界普遍适用的规律，也适用于公司。曾任洛克希德・马丁公司董事长兼首席执行官 8 年之久的奥古斯丁在总结公司的经验时指出，世上只有两种企业，一种在不断变化，另一种被淘汰出局。

表 10.1　公司特征的比较

20 世纪公司的特征	21 世纪公司的特征
以目标为导向	以想象力为指导
关注价格	关注价值
产品质量观念	全面质量观念
产品驱动	客户驱动
为股东负责	为利益相关者负责
财务导向	速度导向
高产、稳定	创新、开拓精神
等级体制	平等、分权体制
基于机器	基于信息
功能的	功能交叉的
严格的、负责的	柔性的、广博的
地方、地区、全国的	全球的
纵向一体化	网络型、相互依存

（资料来源：温德，迈因．变革：未来企业．上海：上海交通大学出版社，1999）

那么，如何才能保证公司长盛不衰？著名的计算机生产商惠普公司的创始人之一惠立特曾就惠普的经验提出以下“秘诀”：应该提高对变革必然性的认识，千万不要阻挡变革的潮流；当你发现新的机遇与思路时，就要做好 45 度大转弯的准备。

10.1.2　战略变革的时机选择与问题判断

信息是使经理们认识变革力量大小的根据。财政报告、质量控制数据、预算和标准成本信息是重要的内容，通过它们可以显示外部和内部力量的变化状况。利润率下降、市场份额下降是明显地表明企业竞争力量减弱和需要进行战略变革的迹象。遗憾的是，许多企业直到发生了大的危机才认识到战略变革的必要性。一般来讲，战略变革时机有三种选择，如图 10.1 所示，有远见的企业应该选择第一种，这样才能避免过迟变革的代价。

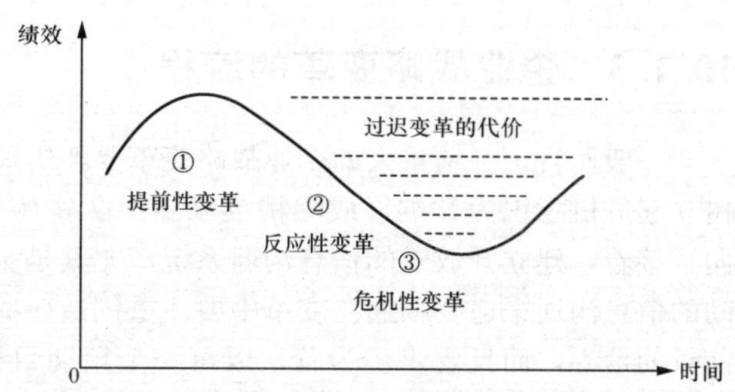

图 10.1　变革时机选择及过迟变革的代价

（资料来源：胡建绩，等．企业经营战略管理．复旦大学出版社，1995：473）

（1）提前性变革

这是一种正确的变革时机选择。在这种情况下，管理者能及时地预测到未来的危机，提前进行必要的战略变革。国内外的企业战略管理实践证明，及时地进行提前性战略变革的企业是最具有生命力的企业。

（2）反应性变革

在这种情况下，企业已经存在有形的可感觉到的危机，并且已经对过迟变革付出了一定的代价。

（3）危机性变革

这时企业已经存在根本性的危机，再不进行战略变革，企业将面临倒闭和破产。因此，危机性变革是一种被迫的变革，往往以企业付出较大的代价才能取得变革的收效。

企业一旦决定进行战略变革，就要进一步考虑如何进行变革的问题了，这就需要分析问题的症状以发现问题的实质。然而，管理者们对问题性质的意见和看法常常是有分歧的。对此，不存在什么奇妙的处方。这一阶段的工作可围绕下面三个问题来讨论：①什么是有别于问题表象的实质问题？②解决这个问题要改变什么？③变革的结果（目标）是什么？如何衡量这些目标？

这一过程实质上是通过分析判断建立新的战略方案的过程。因此，前面讲到的有关确定战略方案的基本原理在这里仍然适用。所不同的是，这里不仅要遵守这些基本原理，更要注意分析新、旧战略方案的不同，以及旧改新的必要性和可能性。

10.1.3 企业战略变革的流程

一般而言，一项重大的企业战略变革要经历如下过程：以在管理层和员工中树立起危机意识为开端，成立精英领导团队实施变革，明确公司变革的具体方向。接着，建立开放式的信息沟通系统，尤其是企业内部人员与外部市场环境之间的信息沟通渠道要畅通。变革中要注重创造一些短期成果，以增强员工对美好前景的信心，而且要步步为营，以每一个短期目标的实现来确保长期目标的成功。最后，让变革思想深深根植于企业文化是战略变革成功的重要保证。图10.2描绘了企业战略变革的具体流程。

图 10.2 创造重大变革的八大阶段

（资料来源：王方华，吕巍．战略管理．机械工业出版社，2004：254）

从图中可以看出，创造重大变革的八大阶段流程是企业战略变革的一般步骤，不同的企业在进行不同的变革中，可以在此基础上对流程进行适当增减，从而使战略变革更为有效。

10.1.4 企业战略变革的具体实施

（1）树立危机意识

变革的诱因有很多，有些很明显，如业绩大幅度下滑、人才流失、客户资源流失、财务损失、顾客投诉增加等；有些则不太明显，如企业的战略调整、国家的新政策等，这些因素会造成一种假象——变革不是那么必要，不是那么紧迫。而卓越的领导人则能准确地识别变革的需要，把握变革实施的适当时机。准确地识别变革需求后，就要着手进行变革的准备了。并不是所有员工都能意识到变革的重要性，在这个阶段，企业的高层领导要把变革推销给员工，通过种种手段，在组织内部营造一种变革势在必行的氛围。

在变革初期，高层领导与员工之间是信息不对称的，为避免由此带来的抵触和不安全感，领导者可以通过沟通来达成共识，树立危机意识，为成功实施变革奠定基础。可运用的沟通方式很多，有动员会、研讨会、培训、简报、调查问卷、宣传栏等正式的书面沟通，还有个别谈话、娱乐活动、聚餐等非正式沟通形式。通过各种形式的沟通，争取员工的理解和支持。变革的过程是沟通的过程，沟通贯穿于变革的始终。

这个阶段的难点是掌握平衡，既要在组织内部达成变革的共识，又要避免造成大的震荡，毕竟不是所有的人都喜欢变化。

（2）组建变革项目团队

要把实施变革当作一个项目来运作，最好成立一个专职的变革项目团队，团队成员不仅要有创新意识，还要具备冲突管理的能力和沟通的技巧，因为变革不可避免地会触及方方面面的利益。变革项目团队既要坚持变革的大方向，又要处理好各种矛盾和冲突，在变革与稳定中寻求最佳平衡点。

为确保变革项目的成功实施，变革项目团队必须被赋予足够的权力，来自高层的支持至关重要。变革项目团队的建立不仅为变革的实施提供了组织保障，也为全体员工传递了一个强烈的信号：变革已经正式开始。在实际操作中，有很多企业聘请外部的咨询公司来协助进行变革。请“外脑”有下面几个优点：（a）咨询公司积累了大量经验，拥有专业人才和专业知识；（b）咨询公司作为中立的第三方，与企业内部员工没有人际关系和利益关系，站在客观公正的立场上，改革方案易于被员工接受；（c）咨询公司作为外部力量，受到的干扰较少，贯彻变革最彻底。

(3) 确定愿景并进行沟通

高层领导与变革项目团队充分沟通，传递变革意图和目的，即我们要变成什么样子，也可以说是企业的愿景。这是变革的灵魂，所有的变革步骤都要以此为中心。变革项目团队要根据变革的目标制定实施方案和行动计划，要根据企业的实际状况考虑方案是否具有可操作性，是否具备所需资源，同时要进行风险分析，建立危机处理预案。

在这个阶段，沟通依然是很重要的，项目小组承上启下，既要与高层领导进行充分沟通、不断修正实施方案，又要同员工进行沟通，全面掌握基层的情况以及员工的情绪变化，为变革计划的顺利推进创造有利的环境。

(4) 实施变革计划，取得阶段性成果

这个阶段是变革的具体实施阶段。变革项目团队根据项目计划进行结构、技术和人员等方面的变革。变革计划一般要划分为几个阶段，每个阶段要有一个里程碑，也就是阶段性成果。一个计划周期结束后，要对计划进行评估，衡量是否达到了原定目标，是否需要对计划进行修正。

取得阶段性成果对成功实施变革非常重要，这既是推进变革进程的需要，也可以给企业员工树立变革的信心。阶段性成果可以是业务量的上升，也可以是顾客满意度的提高、财务状况的好转、内部员工满意度的提高等等。项目小组要选择恰当的时机公布类似的阶段性成果，从而为后续计划的顺利推进奠定基础。

(5) 固化变革成果

很多企业成功实施了变革，但不久以后，各方面的工作又都回到了原来的老样子，变革的努力付诸东流。原因何在？这是因为组织存在一种惯性，对变化有一个适应的过程后，又会不自觉地回到原来的状态。因此，在变革完成后，要对变革成果进行固化。企业应当把变革过程中形成的一些政策、制度、规章、流程等以企业宪章的形式予以明确，进行公开承诺，同时对员工进行持续培训，进行充分互动的沟通。

值得注意的是，在变革初期，往往会发生一些意想不到的混乱和偏差。如果这些混乱和偏差是由于企业还不适应变化所带来的，那么企业高级管理层应当下定决心，领导企业安全度过“磨合期”，使企业走上稳定发展的正途。

(6) 根植企业文化

经历了共同愿景的规划和既有价值观的创新阶段后，一种支持战略变革的组织文化就初步建立起来了。而这种组织文化仅仅是开始，组织成员对新的文化价值观只是停留在了解阶段，此时如果过早放松对新的组织文化的培育，战略变革的努力就会面临缺乏动力而停滞不前的风险。因此短期的变革成功并不意味着长期的胜利，只有当新的战略变革深入组织文化的根源中，变革的果实才能得到巩固。要使战略变革在文化中根深蒂固，有几个要素要特别关注。

价值观并不像战略、组织机构、人力资源等管理职能一样清晰可见，也无法在短期内见效，要使组织中的每一个人相信愿景并愿意去实践共同的价值观，领导团队的身体力行最为重要。如果共同的价值观只是停留在口头、文字、会议等形式上，领导团队高高在上，这样的价值观是不可能被员工接受的。价值观不应该只是每天不断地说教，而应该每时每刻体现在行动上。领导团队的行动更为重要。

任何精神层面的东西，如果不体现在物质层面，是不可能让人们信服的。要员工信奉共同价值观，必然就要让他们相信这样的价值观是能够给他们带来回报的，无论是在薪酬或者是个人发展空间上，必须有一个体现的载体。所以要有意识地向员工表明新的战略变革可如何帮助他们提高工作绩效，从而使他们对战略变革的作用产生与价值观的联系并愿意去坚持这种价值观。

战略变革一开始往往让组织成员在观念上无所适从，文化惯性使他们怀疑变革的真实性，既有利益者更加会在非正式场合散播变革的不利因素。如何让变革的决心深入人心，让创新价值观成为坚定不移的价值取向，是这场变革的关键。标杆效应是让成员迅速适应变革的有效方法，它可让反对和不支持战略变革的人离开团队。奖励在战略变革中有示范效应的员工，是使员工清楚孰对孰错的捷径。变革是需要付出成本的，解雇不适合战略变革的成员本身就是一种价值观取向的标杆，它可形成主流文化，坚决清除变革途中的障碍，是向组织成员宣示这场变革的决心的最好途径。

10.2　战略变革障碍

变革总是具有破坏性的。对于一个曾经取得过辉煌成就的企业而言，在企业出现明显危机前进行变革是非常困难的。为什么只有极少数的企业变革成功，而绝大多数却走向了失败？究其原因，是因为许多企业对其面临的障碍没有充分的认识，从而导致变革的失败。下面介绍企业战略变革面临的主要障碍。

10.2.1 利益障碍

战略变革首先遇到的障碍是特权利益阶层的反对，特别是高层领导团队的不支持。日本著名企业家松下幸之助认为，一个企业的兴衰成败，领导者要承担70%的责任。应该建立一支有足够能力领导和推动企业变革的领导联盟队伍，并使队伍内成员协同作战，否则变革往往会中途夭折。在这一问题上，失败的企业大都是因为低估了引入变革的难度，换句话说，没有认识到一个强有力的领导联盟支持的重要性。有的企业常常把变革的任务交给战略规划部门、质量管理部门、人力资源部门或者其他某个具体部门去完成，而没有选派一个关键的直线领导，忽略了战略变革要动用企业各方面的力量这一要求，不知道推动变革的团队必须是对企业能造成综合影响的一群人。由于这个联盟缺乏有影响力的人士，不管他们多么有能力、多么敬业，其发动的变革永远也不可能产生变革所需的强大权力。没有领导联盟指导下的变革努力可能会给企业带来一时的改进，但从长远来看，由于变革触动了领导者的地位与权力，改变了传统的势力范围，反对势力最终还会联合起来阻碍变革。其次是员工担心岗位的安全与变动带来的障碍。变革常常会带来员工的不安与恐惧。员工出于对行为习惯、安全需求、经济需求，对新环境的疏离、模糊性和不确定性等因素的考虑，会对变革产生抵触心理，从而使他们的士气降低，触发焦虑感，感觉到无所适从。随着压力和焦虑的不断上升，员工与企业的摩擦越来越大，矛盾越来越深，员工的沮丧感越来越重，甚至会退步到停止学习，这样就会形成一种恶性循环，使得企业的变革无法顺利进行。

10.2.2 观念障碍

战略变革的关键不是产生新观念，而是抛弃旧观念。曾经对康柏进行过变革的艾哈德·费弗尔（Erhard Pfeiffer）简洁地解释道："再没有比摒弃曾推动事业达到目前成功状态的观念、战略和偏见更困难的事了。公司需要忘记、摒弃昨天的知识。"即使企业的领导层能够完全看清新技术带来的影响，即使他们能够超越其公司的旧观念和旧思想而做出理智的判断，他们仍旧面临巨大的竞争劣势，而这种劣势的根源在于他们是既有竞争者。给既有竞争者带来现有成功的因素，比如运转有序的组织机构、销售和分销渠道、固定资产、人力资源的技能、品牌、核心产品、既有核心竞争力和强大的企业文化，在企业面临变革时，往往会成为企业的沉重负担，成为变革的阻碍因素。面对市场环境的变化，面对新技术的挑战，竞争即意味着放弃遗产，甚至意味着摧毁它们。在这种情况下，既有竞争者总是对变革表现得十分犹豫，尤其是在他们的企业赢利时，他们会进行很多复杂的财务评估，并陷入企业内部激烈的辩论和斗争中难以脱身，直到丧失进行变革的最佳时机，甚至完全失去变革的机会。

人们总是习惯于做他们所熟悉的工作，特别是在取得一定成绩之后，更是不愿意去创新，认为这是在冒险。过去所积累的成功经验、经营范式、知识理论等等都会成为行为习惯，而许多人固于行为习惯的障碍，缺少变革的紧迫感和压力。哈默与钱皮在 1993 年合著了《企业改造》一书，书中根据当代企业经营环境指出，企业以不变应万变的策略或仅仅采取局部修正的策略是无法在不断变化和激烈竞争的市场中取胜的，企业必须打破原有的格局，明确讨论企业危机和潜在危机以及主要的机遇，让全体员工产生进行变革的足够的紧迫感。美国哈佛商学院的约翰·科特教授在对 100 多家企业的变革进行研究之后发现，至少有 50%以上的企业变革失败是因为没有在企业内部形成足够的紧迫感。许多企业的领导者与员工沉浸在旧有的辉煌与成就中，没有对危机形成紧迫的预期，企业员工对变革的认识还远远不够，他们往往将变革视为可有可无，或者无动于衷，或者因担心危及自身利益而加以抵制。

此外，许多企业固于观念障碍，缺乏一个清晰的愿景，变革的种种努力会很容易产生一个又一个目标不明甚至是相互矛盾的计划，不但收效甚微，还会使组织朝着错误的方向行进。在失败的例子中，我们总能看到种种计划、项目、行政命令，但恰恰缺乏目标统一的愿景，结果员工还是不能聚拢在一起，也无法激发他们变革的兴趣，因为他们感到自己无法融入其中。通常情况下，如果你不能用简短明确的语言把你的愿景告诉别人，并使对方明白、感兴趣，那说明你还没有完成这一阶段的转变。

10.2.3　惯性障碍

战略变革的惯性障碍主要来自管理部门偏好、管理风格和企业文化三个方面(见表 10.2)。

①从管理部门偏好来看，已有的战略和组织结构会形成一种惯性力量，从而使员工对变革的必要性和迫切性缺乏明确的认识。

②从管理风格来看，已有的管理风格及建立起来的关系方面的成果也会形成一种惯性力量，从而使员工抵制、扭曲一些有利于战略变革的信息，造成员工对变革犹豫不决及变革动力的转移。

表 10.2 影响战略变革的惯性障碍

	来源	结果
管理部门偏好	受制于已有的战略和组织结构	对变革的必要性和可接受的变革性质没有明确的认识
管理风格	①受制于已有的风格 ②已建立的关系方面的成果	①抵制、扭曲一些有利于战略变革的信息 ②对变革犹豫不决及变革动力转移
企业文化	①迷恋于已有的价值观和信念 ②重视现有的任务和关系	①忽视正在变化的环境形势 ②抵制、扭曲一些有利于战略变革的信息 ③避免或扭曲变革最初的动力

（资料来源：胡建绩，等．企业经营战略管理．复旦大学出版社，1995：474）

③从企业文化角度来看，迷恋于已有的价值观和信念，重视现有的任务和关系，也会形成一种惯性力量，从而使员工忽视正在变化的环境形势，抵制、扭曲一些有利于战略变革的信息，避免或扭曲变革最初的动力。

10.2.4 沟通障碍

沟通不足是绝大多数企业变革失败的原因。松下幸之助曾经说过："伟大的事业需要一颗真诚的心与人沟通。"即便是一个不错的变革愿景，也将给组织中的每一个人带来暂时或一定的影响，诸如经济利益、权势、安全与地位等。由于绝大多数人都会认为变革必将威胁到自身利益，而基于求稳求全及保守思想，他们会对变革产生很大的抵触情绪，甚至是强烈反对。能否顺利解决这些问题，打消他们的疑虑并取得他们的大力支持，将是变革成功的关键所在。沟通是调整员工关系的有效手段，良好的员工关系是企业搞好其他公关工作的基础，若沟通开放程度低、渠道不畅、重视不够、缺乏反馈，必然会导致员工缺乏激情，积极性下降。为此，企业应通过有效的沟通告诉员工企业具体目标的设置，实现目标的过程，应该做什么，如何去做，为员工提供释放情感的情绪表达机制，满足员工的社交需要，使员工感受到来自于企业的尊重，享受到信息的优先权，参与企业的管理，这样员工就会毫无疑虑地与企业同舟共济、共渡难关。

沟通首先要营造一种坦率、自由的沟通氛围，缩小管理者与被管理者之间的距离，如经常性的员工会议，企业的定期活动，非正式组织的交流等；其次，要实现双向的动态沟通，通过引导员工从不同角度看问题，消除一些不必要的误解与偏见，实现组织的相互依赖与合作；再次，以真诚之心去沟通。与现代经济社会相协调的是以人为本的现代管理制度，在此基础上的有效沟通更多地表现为情感、心灵的互动，其实质是真正注重人、相信人、关心人、尊重人。沟通不足会使全体员工的不满情绪上升，对沟通的信任度下降。善于沟通的领导联盟会很好地利用各种沟通渠道来传播愿景规划，引导大家的讨论和就如何符合公司的愿景蓝图提出建议；在日常绩效评估中，指出员工的哪些做法会有利于或者不利于愿景的实现。重要的是，领导联盟要学会“说到做到”，有意识地成为企业新文化的代表。

10.3 组织学习

【案例】

组织学习重振英国最大的汽车制造厂

20世纪80年代后期，英国最大的汽车制造厂商罗孚（ROVER）陷入困境：每年亏损超过1亿美元，企业内部管理混乱，产品质量江河日下，劳资矛盾恶化，员工士气低落，前景一片黯淡。而时至今日，罗孚已变成全球最富生命力的汽车制造厂商之一：产品供不应求，几年内销量几乎扩大了一倍；产品质量优异，几乎囊括业界所有的质量奖；到1996年年产汽车500多万辆，销往全球150多个国家和地区，年销售额80多亿美元，人均创收增长4倍；有34 000多名员工，85%对自己的工作感到满意。

罗孚成功的秘诀是什么？调查显示，从高层领导到一线员工都一致认为，罗孚重振雄风最大的“功臣”首推公司致力于建立学习型组织的努力。

20世纪80年代末，格莱曼（Graham Day）先生临危受命，担任罗孚集团的董事会主席。上任伊始，他深切地感受到全球汽车业动荡的环境给罗孚带来的巨大压力——日益激烈的全球竞争、新技术日新月异、高素质人才匮乏及顾客对产品的挑剔等。凭着对企业的透彻了解和远见卓识，他认为，除了使企业迅速成为学习型组织之外，罗孚别无出路。为此，他采取了两大步骤：

第一步，成立学习事业部。

1990年5月，罗孚公司成立了专司学习管理的机构——学习事业部（Rover Learning Business，简称RLB）。在成立大会上，格莱曼先生说：“我们别无选择，只有破釜沉舟，矢志成为学习型组织，才有出路。”学习型组织将成为罗孚生存和复兴的基石。

学习事业部的主要职责是促进全公司范围内的学习，并为学习提供必要的支持和帮助。具体来说：①倡导学习，刺激、鼓励和扶持员工克服思维局限，不断拓展自我，强化个人与集体的协同。②学习过程辅导。为了指导员工和团队顺利学习，RLB都给予其必要的工具、技术等物质支持和辅导。③标杆管理。通过设定标杆，引导、支持员工和团队向公司内外先进的生产、管理实践学习，并在公司内合理分配、使用这些知识，在不同部门之间达成知识、技术、数据的共享。④与供应商、分销商和顾客一起分享，把他们也纳入企业考虑的范围，提高他们的学习能力，使他们与企业协调起来，共同进步。⑤负责内外沟通与交流。RLB的一项重要任务就是通过内外的沟通与交流，使员工认识到学习的重要性，使公众认可公司是“业界最佳学习型组织”的形象。

第二步，建立组织学习的观念和信仰。

罗孚在公司内部大力推广关于组织学习的观念和信仰，并在此基础上推行全面质量管理和顾客满意活动。这些观念和信仰是：①学习是人类的天性。②学习和发展是创造性、凝聚力与贡献的“燃料”。③每个人都有两项工作——现在的工作和改善它。④谁发明，谁受益。⑤要重视人、尊重人。⑥创造性和独创性说起来容易，做起来难。⑦管理不能解决所有的问题。

在这两大步骤中，罗孚的具体措施是：

(1) 把公司的目标与组织学习结合起来

在建立了组织学习的新观念以后，罗孚意识到，还有必要把更明确的目标与组织学习联系起来，以实现学习目标和工作目标。这些目标包括：

内部目标——通过学习，使成本节约200万美元。
——每两年使员工态度好转10%。
——提供足够的物质和技术支持公司的学习过程。
——使500名管理者成为合格的教练。
——使1 000名员工制定个人发展计划。
——使2 000名员工有信心走向他们认为适合的岗位。
——使10 000名员工都参加公司内外的培训与学习。

外部目标——使外界知道本公司致力于成为学习型组织。
——获得全国职工培训奖。

(2) 把组织学习与全面质量管理活动结合起来

罗孚认识到，产品、过程和服务的质量对于公司的成败具有举足轻重的作用，而组织学习的原理与全面质量管理活动的精髓有着显著的类似。这体现在：持续改善，管理引导，全员参与，注重成效。

(3) 领导率先垂范

公司董事会全体成员对学习型组织不仅表示明确的支持和坚定的信念，他们还兼任RLB主任委员会成员，积极参与RLB的工作。

公司高层领导率先垂范，力争自身成为学习型领导。他们是学习活动的发起人、学习的倡导者、员工学习的赞助者、积极学习的榜样、学习型领导方式的冠军、把学习成果作为激励和考核的重要依据的身体力行者。

(4) 组织结构的变革

建立学习型组织必须对原有的组织结构进行变革。罗孚的组织结构变革主要集中在：精简组织层次，使之扁平化。

加强团队建设。团队有利于人与人之间相互信任，有利于形成团结互助的合作关系和宽松的工作环境，有利于个人发展多方面的知识技能和管理能力。

删除繁文缛节。取而代之以大原则、目标、方针政策，给下属管理者和员工留下适当的自由处置的余地，增强了公司的应变能力。

方便组织沟通。良好的内部沟通可以极大地提高学习的效果，为此罗孚创立了一种内部沟通战略，包括员工可以定期得到学习用品，设立公开记事牌、电子公告牌以及人员流动和工作轮换制度。

(5) 为员工个人创造学习条件

公司采取两项措施：一是由管理者协助员工制定个人发展计划书。明确提出个人通过实践和教育培训将达到的学习目标，使之不仅有利于个人事业成功，也有利于公司的发展。二是员工助学工程。公司每年支付员工 175 美元津贴用于个人学习，鼓励员工发展多方面的技能技巧，不仅鼓励员工学习与本职工作有关的知识技能，也鼓励员工学习掌握新知识、新技术，拓展个人和公司的视野，扩大创新的环境和机会。对待员工个人的学习，罗孚的基本原则是：主动参与，反馈机制，学习转移，行为强化，激励变革的意愿，反复练习，留出时间，为员工学习提供必要的物质帮助。

罗孚在过去五年内，由于致力于建立学习型组织而迅速发展壮大，公司内部已经形成了由全体员工的持续学习而带动的持续改善的良性循环。目前，ROVER 仍然在努力探索未来，准备采取进一步措施，包括：进一步推动组织学习；标杆管理，继续研究和学习全球先进企业的学习首创；制定“改变管理者工具包”，供直线管理者使用；继续满足员工高涨的学习需要。

(资料来源：转引自王荣科，吴元其．管理学概论．中国商业出版社，2001：398)

10.3.1 组织学习的概念及其具体形式

组织学习是指组织中的个体从过去的知识、行为和经验中不断地获取知识，并在组织内传递和创新，以增强组织自身能力，改善组织的行为或绩效的过程。

它必须具备以下三个条件：

①组织学习是一个集体活动的社会过程，而不是组织内部个体学习的简单叠加；

②组织学习不是随意的，而是有目的的行为，并与组织的运作和发展息息相关；

③组织学习必须能对组织行为或绩效的改善产生影响。

哈佛大学教授David A. Garvin认为组织学习主要包括系统地解决问题、试验、从自己过去的经验中学习、向他人学习、在组织内迅速有效地传递知识等五种形式（Garvin，1993；邱昭良，2001）。

（1）系统地解决问题

解决问题的过程本身就是一种学习活动。通过发现问题，对问题进行分析，最后把问题圆满解决。这个过程中不仅可以学习到新的知识、方法、技能，而且可以提高个人处理问题的能力。因此，通过发现问题、解决问题来学习不仅是一种行之有效的学习方法，也成为一项重要的学习活动。

所谓系统地解决问题，主要是指利用科学的方法收集数据，系统地分析问题产生的原因，把握不同因素之间的联系，并从中找出解决问题的"高杠杆解"的过程。所谓高杠杆解，指的是能最有效解决问题的方案。一个小小的改变，就会引起持续而重大的改善。然而，在复杂系统中，寻找高杠杆解并不是轻而易举的，没有简单的规则可循，必须采用科学的思维模式、实用的工具与方法，才能提高找到它的几率。

（2）试验

试验与解决问题是两种互为补充的学习方式。如果说解决问题主要是为了应付当前困难的话，那么试验主要是面向未来，为了把握机会、拓展空间而展开的创造和检验新知识的活动。试验可分为两种类型，即持续性试验与示范性试验。持续性试验通常包括一系列连续的小规模试验，用来产生知识增值，大部分是持续改进方案的主要部分；示范性试验通常涉及整个系统的改变，期望达到发展新型组织能力的目标、规模较具前瞻性的项目上，通常在设计初期采用"零基设计"法。

（3）从自己过去的经验中学习

"温故而知新"，从自己过去的经验中学习是一种最为经济有效的学习方式。重新审视公司过去的成败得失，系统、客观地对其作出评价，并将其向全体员工开放，让他们铭记教训，是组织学习的一项重要内容。

从过去经验中学习的精髓在于使组织养成认清有价值的失败（productive

failure）和无意义的成功（unproductive success）的思维方式。有价值的失败指的是能使人产生顿悟，澄清人们的认识，从而增强组织智慧的失败。而无意义的成功指的是虽然万事大吉，但人人浑浑噩噩的尴尬局面。

（4）向他人学习

组织不能只从自身学习，组织外部存在更多、更丰富的知识。聪明的管理者知道，虚心向他人学习可以使自己获益匪浅，即使是毫不相关的领域都有可能激发创新的灵感。

向他人学习包括很多内容，几乎囊括企业整个外部环境，从同行竞争对手到不沾边的企业，从顾客、供应商到科研机构、大专院校，从企业管理专家到街头摆摊的小贩，都可以成为组织学习的对象。其中，向同行企业学习，如标杆管理（benchmarking），与向顾客学习是两种主要的学习形式。

（5）在组织内迅速有效地传递知识

组织学习不是某些人或某些部门的事，它要求全体成员、所有部门都积极行动起来，促进知识在组织内部快捷流畅地传播。因为知识只有为更多的人所掌握，才能发挥更大的效用。把知识封锁在一个人或一个部门的手中，只会限制组织的成长，对建立学习型组织十分不利。促进知识传播的方法有很多种，包括书面或口头报告、经验交流、参观观摩、个人岗位轮换、教育与培训等。

10.3.2　组织学习对企业战略变革的作用

战略管理的学习学派认为组织环境具有复杂和难以预测的特性，战略的制定须采取不断学习的形式，战略依赖学习。从组织学习的角度看，企业成长过程中环境的变迁会导致组织战略、结构与行为发生改变，企业为了适应这些变革力量，往往要选择适合组织进行改变的方式，如进行组织学习。大多数企业变革的失败都是因为没能有效地管理变革过程，重组、并购、战略转型都是表层的改变，如果没有深层的变革即企业文化、组织结构等的改变，最终都会落入“换汤不换药”的结局。组织学习为企业这种深层次的变革起到了很重要的作用。

（1）组织学习有助于形成创新型企业文化

企业文化影响企业员工，特别是企业高层管理者的行为选择，从而影响企业战略调整方向的选择以及组织实施。企业的文化越具有创新性，就越能够适应环境的变化，对于企业的战略变革，其导向以及协调功能也越强。创造适应环境变化的创新型企业文化是企业战略变革成功的关键因素。

企业文化的建设和深化是组织成员不断尝试知识共享和共同发展理念的结

果，也是不断引入新知识创造新文化要素的过程。组织学习使得企业不断地获得新知识和新文化要素，使企业原来的文化有了新变化，有助于企业创新型文化的形成，对企业的战略变革和发展有很大的促进作用。

(2) 组织学习使企业的组织结构更加柔性化

企业组织的灵活性与战略变革的实施息息相关。企业组织结构越灵活，就越能够适应变化的需要。柔性化的组织主要表现为企业面临不断变化的环境能够迅速地适应，以最小的时间、成本、精力代价及业绩损失防御风险，并利用机会进行变革，组织成员通过组织学习把内隐知识逐渐转化为组织所共有的新知识，进而有能力对原来的组织进行改变，使得现在的组织结构更具有柔性化的特点，更能适应环境变化的需要。

(3) 组织学习便于形成企业持续竞争优势

战略变革的最终目的是获取企业的可持续竞争优势。企业要取得战略变革的成功，首先要有对外部环境准确把握的能力。企业在战略变革过程中除对其外部环境有清楚的认识外，还需要增强对环境变化的及时预警能力，并根据环境变化迅速做出快速反应的能力。其次，企业能否对环境变化做出快速反应，取决于企业内部要有与环境相匹配的关键资源。只有当企业的这种关键资源稀缺、难以模仿、无法替代时，这种资源才是有价值的，才能成为企业的核心竞争力。

企业可以在个人学习获得的信息和经验的基础上，运用团队学习的方式，通过共享信息和经验等学习机制缩短信息收集，获取相关专业知识以及从数据转化为知识之间的时间，最终为企业准确快速地把握外部经营环境的变化以及制定企业发展战略等奠定信息知识基础。组织学习对于知识的创新，特别是企业关键资源的创新起着关键的作用。组织学习提供了一种途径，把企业差异化的知识与市场需求相匹配，增强企业对环境变化的柔性反应能力，进而维持企业的持续竞争优势。

10.3.3 组织学习对企业战略变革过程的影响

组织学习对企业战略变革过程的不同阶段有不同的影响，如图 10.3 所示。

(1) 组织学习对战略变革分析的影响

战略变革分析的过程实际上就是企业对外部环境和内部能力的学习过程，变革分析是战略变革的最初阶段，也是组织学习的最初阶段。在这一阶段里，一方面，企业领导者领导组织从外部环境获取与企业变革相关的信息，识别环境信息中的机会与威胁。另一方面，企业领导者通过对组织知识的反馈学习，评估企业

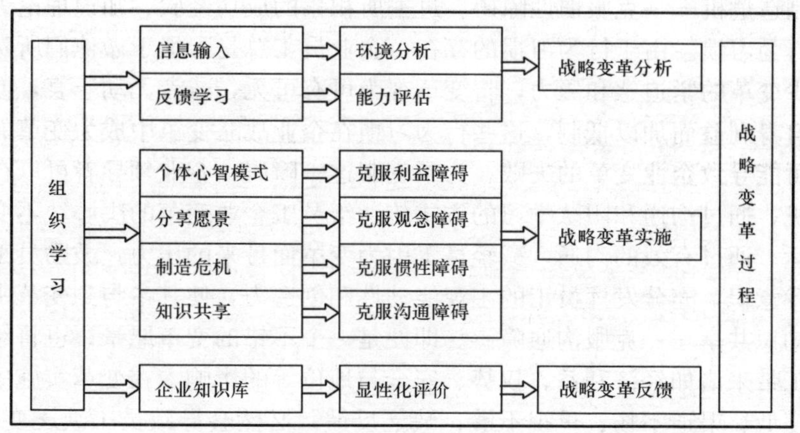

图 10.3　组织学习对战略变革过程的影响

（资料来源：夏维力，路艳，胡剑波．组织学习对企业战略变革过程的影响研究．矿山机械，2008（20））

的资源与能力，转变领导者的战略观念，为企业进行变革做好准备。

（2）组织学习对战略变革实施的影响

由于固有的利益、观念、行为方式等的存在，企业战略变革的实施会遇到几个方面的障碍，组织学习可以帮助企业克服这些变革障碍，保障战略变革的顺利实施。

①个体心智模式——克服利益障碍。企业战略变革实施会使原有运行模式改变或颠覆，这些改变或颠覆会受到各利益阶层的质疑甚至反对。首先，特权利益阶层即高层领导团队担心自己的利益受损，有可能从一开始就对变革持否定态度。其次，企业员工出于对行为习惯、安全需求、经济需求等因素的考虑，会对变革产生抵触心理，各利益阶层原有的心智模式导致变革实施过程中利益障碍的形成。心智模式是个体在生活和工作过程中形成的固定思维习惯和认知结构，组织学习是改变心智模式的重要手段，因为组织学习主要是团体学习，比较容易激发大家新的思想和新的观点，进而可以扭转固定的心智模式，消除变革的利益障碍。

②分享愿景——克服观念障碍。观念障碍主要表现在企业员工对新的战略观点的排斥，不能够从综合、系统、发展的角度建立新的观念，使企业缺乏共同的愿景规划。愿景描述了企业的核心经营理念和生动的未来前景。组织学习可以帮助领导者充分地与员工分享企业愿景并达成共识，使员工接受企业新的战略观念，从而最大限度地调动员工的积极性，激励员工工作的斗志。

③制造危机——克服惯性障碍。过去所积累的成功经验、知识理论等会成为员工的行为习惯。由于行为习惯的存在，企业员工总是习惯于做他们所熟悉的工作，缺少变革的紧迫感和压力，将变革视为可有可无，或者无动于衷，或者因担心危及自身利益而加以抵制，这些行为习惯在企业战略变革中成为变革的惯性障碍，有可能导致企业变革的失败。为了克服这一障碍，企业领导者可以在企业中制造危机，通过沟通和团队学习的方式传达给员工企业变革的决心，不变革即失败的命运。通过有效的沟通，减轻员工因为变革而带来的压力，鼓励员工建立变革的自我意识，充分发挥员工的主观能动性和创造力，使其参与到变革中来。

④知识共享——克服沟通障碍。即便是一个不错的变革愿景，也将给企业的各层员工带来诸如经济利益、权势、安全与地位等的影响。在变革实施中若沟通开放程度低、渠道不畅、重视不够、缺乏反馈，必然会导致员工缺乏变革激情，积极性下降。为此，企业应该与员工知识共享，利用有效的沟通告诉员工企业具体目标的设置，实现目标的过程，为员工提供释放情感的情绪表达机制，满足员工的社交需要，使员工感受到来自于企业的尊重，享受到信息的优先权，参与企业的管理。首先，通过经常性的员工会议，企业的定期活动，非正式组织的交流等营造自由的沟通氛围。其次，要实现双向的动态沟通，通过引导员工从不同角度看问题，消除一些不必要的误解与偏见，实现组织的相互依赖与合作。

(3) 组织学习对战略变革反馈的影响

企业在组织学习的过程中，逐步建立起企业知识库。企业知识库的内容包括企业的人力资源状况、企业内各个职位需要的技能和评价方法、企业财务资料等。利用知识库中的信息，帮助企业根据销售额、利润率的硬性指标和人际管理、公司文化的软性指标做出战略变革的显性化评价。

10.3.4 学习型组织的构建

彼得·圣吉对企业组织做了大量研究，发现在许多团体中，每个成员的智商都在120以上，而团体的整体智商却只有62。原因是这些团体正遭受着一系列学习障碍，使组织被一种看不见的巨大力量所侵蚀，从而在竞争中丧失了机遇。如何使这些学习不利的组织变为学习型组织，保持竞争优势，并得到创新和发展？彼得·圣吉对此开了一个“处方”，他在连续三年名列美国畅销书金榜的《第五项修炼——学习型组织的艺术与实务》一书中，对企业如何创建“学习型组织”提出了五项修炼。

(1) 自我超越

组织的学习需要通过个人的学习才能实现。虽然个人学习的同时并不能保证整个组织也在学习，但是没有个人的学习，组织的学习也就无从谈起。所以，自我超越首先是一种个人成长的学习修炼，不断加深个人的真正愿望，集中精力，培养耐心，并客观地观察现实。

要实现自我超越，首先要明确两点：其一，对我们最重要的是什么；其二，我们目前所处的真实情况到底如何。清楚了这两点，也就清楚了"愿景"与现状的距离，这时心中便会产生一种"创造性张力"，一种想把二者合而为一的力量，而自我超越的关键点就是学习如何在生命中产生和延续这种创造性张力。

(2) 改善心智模式

心智模式是隐藏于人们心中的根深蒂固的一种思维模式。它是指影响人们如何了解世界，以及如何采取行动的许多假设、成见、印象等。

通常个人都不易察觉自己的心智模式，因而也不会太留意它对于行为的影响。因此，学习如何将心智模式打开，并加以检查和改善，将有助于改变人们心中对于周围世界如何运作的既有认知。这对于建立学习型组织来说，是一项重大的突破。

不同的人尽管观察的事件完全相同，但往往最后会有大相径庭的描述和结论，这就是因为他们的心智模式存在着差异。毫无疑问，人们在分析事物时，都会首先运用自己已有的心智模式作基础，但是，如果已有的心智模式不能客观地反映事物，那就必然会做出错误的决定。特别是当组织的领导层出现这样的情况时，小则导致组织出现经营困难，大则可能会给组织带来灭顶之灾。所以，我们需要把握改善心智模式的方法，使我们能够更好地发觉自己心智模式的形成过程以及它对我们行为的影响过程。探询则主要是关于如何与他人进行面对面的互动，处理复杂的冲突问题。当管理者晋升到高层职位时，他们所遭遇的问题往往是个人经验所无法涵盖的，这就需要深入了解别人的想法以学习、探询他人的心智模式，通过将自己的心智模式与他人的心智模式相比较来完善自己的心智模式。

(3) 建立共同愿景

共同愿景是组织中人们所共同持有的意象或景象。它创造出一种共识，一种认同感，并遍布到组织活动的方方面面，使各种不同的活动融会在一起。

如果说个人愿景的力量源泉来自于一个人对愿景的关切程度，那么共同愿景的力量源泉也就来自于组织所有成员对愿景的关切程度。一旦这种关切达到一定程度，就会转变为一种强大的感召力、使命感，促使组织内所有的成员都为了这样一个共同的目标努力学习、追求卓越，而这一切的行为都将是发自内心的意愿，不带有任何强迫性质。所以，共同愿景对于学习型组织而言是至关重要的，它为学习提供了焦点和能量。

(4) 团队学习

团队学习是发展团体成员整体搭配与实现共同目标能力的过程。在今日，组织尤其迫切地需要团队学习，因为现在几乎所有重要决定都是直接或间接通过团队做出，并进一步付诸行动的。

在组织内部，团队学习必须顾及三个方面：首先，要学会如何萃取出高于个人智力的团队智力；其次，需要具有创新且协调一致的行动；最后，要重视团队成员在其他团队中所扮演的角色与影响。

团队学习必须精于运用不同于个人学习的两种方式，即深度会谈和讨论。深度会谈是一个非常古老的观念，是指自由地和有创造性地探究复杂而重要的议题，在这个过程中所有个人的主观思维都被暂停，从而揭露出个人思维中的不一致性。在深度会谈时，大家都以多样的观点探讨复杂的难题，每个人提出心中的假设，并自由交换他们的想法。在一种无拘无束的探索中，人们会将一些自身习以为常的、根深蒂固的经验与想法呈现出来。

讨论则是指提出不同的看法，并加以辩护。由于每个人都希望能使自己的看法获得群体的认同，所以往往主观上会对他人的见解下意识地排斥和不屑一顾，总渴望自己的观点能胜过他人的观点，这时胜利代替了真相而成为团体成员竞相追求的目标。如果这样就会使团队学习偏出轨道，所以，需要交替使用深度会谈和讨论。

在团队学习中，讨论是深度会谈不可缺少的搭配。讨论是提出不同的看法并加以辩护，它可能对整个状况提供有用的分析；而深度会谈则是通过提出不同的看法，以此来发现新的看法。通常用深度会谈来探究复杂的问题，用讨论来作出事情的决议。所以，一个学习型的团体应该是一个善于将二者结合使用的组织。

(5) 系统思考

在生活中，我们习惯于将复杂的问题简单化，喜欢将世界拆成片段来理解。这种做法或许能使我们在解决问题时游刃有余，能使我们在观察世界时轻松自如，但往往会造成我们对“整体”连属感的丧失。就好像“盲人摸象”故事中的盲人一样丧失对整体的认识、对全局的把握、对根源的分析。所以，在学习型组织中提出了进行“系统思考”的修炼。这重要的第五项修炼是所有五项修炼的核心，它强调要把各个独立、片段的事件联系起来看，以发现其内在的互动关系。

系统思考就是以整体的观点对复杂系统构成组件之间的连接进行研究。系统思考解决问题的方式就是认识到复杂系统之所以复杂，正是因为系统各个组件间的联系。如果想要理解系统，就必须将其作为一个整体进行审视。系统思考是解决复杂问题的工具、技术和方法的集合；是一套适当的、用来理解复杂系统及其相关性的工具包；同时也是促使我们协同工作的行动框架。

如果我们希望了解一个系统，并进而能够预测它的行为，就非常有必要将系统作为一个整体来进行研究。将系统各部分割裂开来，很可能会破坏系统内部的连接，从而破坏系统本身。如果你希望影响或控制系统的行为，就必须将系统作为一个整体来采取行动。在某些地方采取行动并希望其他地方不受影响的想法注定要失败——这也就是连接的意义所在。因此，系统思考的精髓是用整体的观点观察它周围的事物。只有拓宽视野，才能避免"竖井"式思维和组织"近视"这一对孪生并发症的危害。当然，视野的拓宽不能够以忽视细节为代价，要适当划分系统的范围。

系统思考又被称为"见树又见林的艺术"，它要求人们运用系统的观点看待组织的发展。改善心智模式的方法主要是指反思和探询。反思主要是通过对思考过程节奏的放慢，引导人们从看局部到综观整体，从看事物的表面到洞察其变化背后的结构，从静态的分析到认识各种因素的相互影响，进而寻找一种动态的平衡。从字面上看，系统思考是一种思维方式，实质上系统思考更重要的是一种组织管理模式。它要求将组织看成一个具有时间性、空间性并且不断变化着的系统，考虑问题时要整体而非局部、动态而非静止、本质而非现象地思考。

10.3.5　战略变革对组织学习的需要

（1）战略变革的两种基本方式

企业战略变革存在着两种基本方式：渐进式变革与激进式变革。

渐进式变革以改进、完善现有系统为主要目标，在一个相当长的时期内缓慢地变革，变革过程比较稳定，波动较小，在改善产品质量、降低成本、改进工艺、提高绩效等方面经常可以取得好成绩。有时为了减少变革的阻力和风险，故意将变革进程拉长，将原定变革内容分散在几个时间段内，逐步实现最终的变革目标。渐进式变革的优点是：一次性投入的资源较少，见效快，阻力小，风险少，易于成功。其缺点是：分散的局部变革可能影响整体变革目标不能达到最优，甚至可能造成正在变革的假象而掩盖重大变革的紧迫性，同时整体变革的分散实施可能增加变革的成本。

激进式变革是一种快速的、疾风暴雨式的变革，其特点是对现有系统的冲击力度大，不是在原有基础上修修补补，创新程度也大，可以在较短的时间内收效。有时为了适应客观需要而压缩变革的进程，将变革内容集中在一个较短时段内完成。激进式变革的优点是：容易突破传统观念和习惯势力的阻碍，迅速提升企业的竞争能力，适应外部环境的变化，达到整体最优。其缺点是：急剧的变化不易为员工和相关人员所接受与适应，可能产生较大的阻力，因而可能引起较大的摩擦成本，变革的风险也比渐进式变革大。

两种变革方式各有特色，在公司变革实践中都是常见的。一般地说，如果公司现有的竞争力较强，绩效相对优良，外部环境又比较稳定，变革往往集中在局部，不必动摇现有基础，则倾向于选择渐进式变革；如果公司竞争力低下，绩效不佳，或者处于非常不利的外部环境中，甚至面临危机，急需改变经营方式，则多选择激进式变革。多数公司是在渐进式变革与激进式变革的交替中发展，长期的渐进式变革时常被激进式变革打断，如图 10.4 所示。

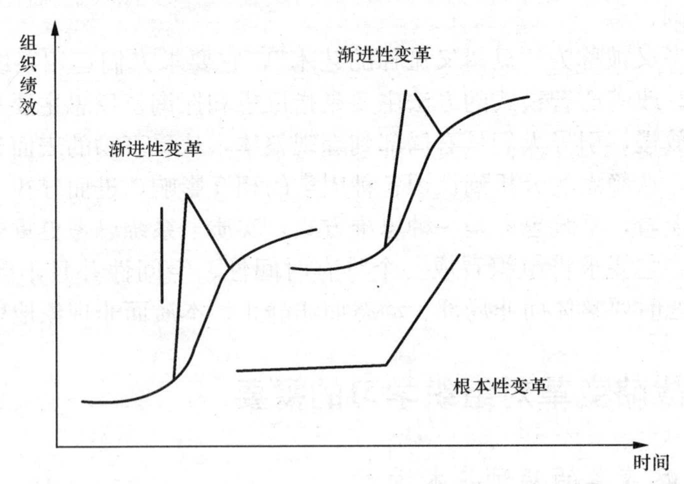

图 10.4　组织变革与组织进步

（资料来源：转引自［美］亚历克斯·米勒．战略管理．何瑛，等译．经济管理出版社．2004：287）

尽管渐进式变革与激进式变革对企业来说都是必需的，它们各有千秋，而且事实上每一次激进式变革完成之后，企业便进入一个相对稳定时期，渐进式变革成为主要的变革方式，然而，许多企业的领导人和著名的首席执行官比较热衷于激进式变革。他们认为在发展如此迅速、竞争如此激烈的今天，渐进式变革对很多公司来说是远远不够的。渐进式变革只能医治疾病，不能解决深层的健康问题，公司需要彻底改造而不是自我完善。即使是一些已经取得成功的公司，如哈根达斯国际公司刚刚成为西欧最主要的奶油冰激凌生产商后，由于官僚体制的发展，设在巴黎的总部和驻各国管理层间出现了矛盾，销售额逐渐下降。总经理里希蒂罗认定渐进的改进措施已无法恢复企业的发展动力，决心设计一个雄心勃勃的目标，发动一场激进式变革以彻底解决公司的问题。一些首席执行官考虑到任期的关系，不容许他们实施漫长的渐进式变革，也采用了激进式变革方式。无论成功企业还是危机企业，首席执行官们大多以激进式变革为己任，希望企业在革命性观念下产生根本性的变革。

（2）单环学习和双环学习

处理这两种层次的组织变化要用到两个相应层次的组织学习。查瑞斯·阿格里斯（Chris Argyris），一位组织学习的资深研究人员把它们分为单环和双环学习。单环学习，是最基本的学习，发生在组织既定的假设领域中。通过这类学习，组织可以发现组织策略和行为错误，并予以纠正，使组织运作的效果能够符合组织的既定规范及各项要求。进行这类学习的组织往往是致力于当前问题的解决，而不是检查组织的规范和要求是否恰当，其目标是适应环境，使组织在变动的环境下维持稳定。双环学习，是指组织对既有的假设（规范、要求和目标）产生质疑，进而对之进行修正，以达到应对环境变化的目的。通过这类学习，组织不仅要发现组织策略和行为错误，而且还要发现指导策略和行为规范方面的错误，通过成功地转换组织运作模式来增强组织的学习和创新能力，强化组织的竞争优势，最终显著提高组织的绩效。

双环学习需要通过提问和调整来形成组织业务潜在的政策和目标。斯蒂芬·卡威（Stephen Covey），一位领导方面的专家，用了另一个暗喻，阐述了关于学习层次的类似观点。他说，一个适合于管理层次的学习，就像爬梯子；但是，学习的层次越高，就越需要领导，包括质疑梯子是否靠在合适的墙壁上。

你也可以考虑，组织试图使用卡威（Covey）的梯子作为对洪水的反应。当水位升高的时候，一个反应可能是爬到梯子的更高一层，等候救援。这是一种可能的处理，这种相当于管理情况的适应性方法。另一种可供选择的办法是把梯子拿下来，用它作为架子搭成救生艇，撑到安全的地方。这种能够带来创新的生产性的解决方案完全不同于以前组织所使用的方式。卡威把这种层次的变化看作领导，而不是管理。另外一些这方面的专家也对管理和领导做了类似的区别，他们解释说，管理适于检查包括单环学习的日常事务，而要想成功实现双环学习中的转化，领导必不可少。

在组织学习中，战略形成开始同战略实施交织在一起，这种交织使得两个因素混合形成一个单一的过程：发现和行动。发现是学习的知识部分——一种通过改变我们的精神、思维以及有关事情是什么样或者应该是什么样的观念的抽象的智力和概念化的过程。行动是学习的行为方面——作为新发现的结果，我们应当怎样做才能与众不同。在这两者当中，发现更接近制定战略，而行动与战略实施的关系更为密切。我们已经强调过，不管是发现制定还是行动实施，它们都是组织学习必不可少的一部分。我们现在先详细研究作为组织学习的关键部分：发现和行动。

10.3.6 发现

组织应当发现将什么东西作为学习过程的一部分。在绝大多数情况下，它们并不需要发现基础性的新原则。永恒的原则，那些交易中的潜在内容，已经被组织、管理、领导了几个世纪。管理人员几乎很少能够发现全新的管理和组织原则。

接着，再思考一下图 10.5 中的各种摘录。虽然这些摘录中讨论的概念听起来完全是现代的，可是每一处引用的话实际上已经有几十年的历史了。这并不是说，从这些陈述出现以来，几十年中管理的实践没有一点进展。但是，基础性的问题对使用组织学习作为焦点来说并不是最有效的。更适合关注的焦点是考虑管理人员应当如何在特定组织里使用这些基础性问题。换句话说，如何对图 10.5 中不同的管理原则进行取舍，才能对特定的形势发挥作用？

图 10.5 不同管理原则之间的取舍

（资料来源：［美］亚历克斯·米勒．战略管理．何瑛，等译．经济管理出版社，2004：292）

（1）试验：发现的关键

发现哪些东西有作用需要管理人员理解在输入和输出之间的偶然联系。我们讨论了这两种方法的不足。组织学习既注意到输入输出，又注意到它们之间的偶然联系。换句话说，理解是什么在发挥作用意味着理解原因与结果之间有什么关系。

当我们谈到因果关系的研究时，也许最适合的方法就是试验的方法，它带来最有效的科学进步和科学的方法。如图 10.6 所示，这一过程以理论作为开始。然而和企业组织尝试发现由什么在发挥作用的实践一样，人们也几乎没有发现理论空间。有经验的观察人员发现，理论对试图组织变革的领导而言，既有实践性，又非常有用。例如，彼得·德鲁克提出：每一个企业行为都是以理论为基础的，这些理论反映了相关的假设，如环境、企业的使命以及完成使命所需要的能力。彼得·圣吉，一位学习型组织方面著名的咨询和研究者，把这种决策形成行为的假设称为“心智模式”。不管他们用到什么样的术语，最重要的一点是对企业理论和心智模式的调整会极大地改变组织的思考方式和未来的前景。继续我们对科学方法的描述，一个假设仅仅是对因果关系理论的推测，对有关工作提出试验性的问题，从而形成企业理论的成果。假设通过试验得以证明，决定结论的成果又进一步强化了理论。

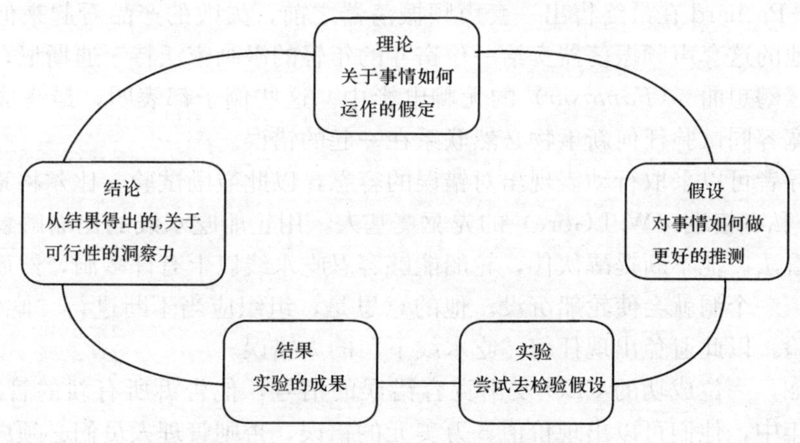

图 10.6　发现一种科学方法的模型

（资料来源：［美］亚历克斯·米勒. 战略管理. 何瑛，等译. 经济管理出版社，2004）

实际上，试验和科学方法仅仅是用来发现解决特定问题时最实用的方法。事实上，尤其是对长寿组织的研究，就可以得到结论：“生存的关键就是一种‘在边缘试验’的能力”，它能够不断开发企业和组织新的机遇，创造潜在增长的新源泉。

（2）形成对错误的宽容

试验就是一个不断摸索的过程。如果出错的风险太大，就不会有人愿意承担试验的任务。然而，没有反复试验，组织怎么能希望它们在最具挑战性的问题上取得进展呢？以全面质量管理（TQM）为例。TQM 最重要的一条原则就是零缺陷，完美的无错产品这一概念。具有讽刺意义的是，零缺陷的研究表明，如果没有大量的反复摸索的试验，没有一个组织有能力解决怎样在不出错的情况下操作。因而，追求完美的唯一方法就是犯一大堆错误。所以，领导者追求无错的绩效需要支持试验以及宽容努力提高过程中的错误。Ralph Stayer，Johnsonville食品公司的开拓型CEO，在谈到他的组织时，表达了同一个意思，“任何值得做的就是做不好的事情”。换句话说，对于我们来说，如果做某件事情很重要，那么我们应当乐于宽容一些在学习如何做时所犯的错误。

没有几个人意识到在许多大型公司的背后都有一段漫长的错误和失败的历史。索尼的第一个产品——蒸饭锅，从来没有正常工作过；它的第一个重要发明——磁带录音机在市场上彻底失败（公司早年通过用布料来缝成粗糙的加热垫，设法生存下来）。沃尔玛是世界上最强大的零售商，但是，山姆·沃尔玛——沃尔玛的创始人，开的第一家商店由于几个错误的商业安排而噩梦般的结束了。Hewlett-Pachard在最终售出一套声频振荡器之前，失败的产品看起来似乎没有尽头，他的这套声频振荡器卖给一位奋斗的年轻的漫画家沃特·迪斯尼，用在一部名为《幻想曲》（*Fantasia*）的无聊电影中。这些例子都表明，最终成功的关键在于宽容同试验任何新事物必然联系在一起的错误。

领导者可以采取行动表现出对错误的容忍，以此鼓励试验。比尔格瑞（Bill-Gore），私有格瑞（W. LGore）的先驱奠基人，用轮船吃水线的比喻解释了他对错误的看法。他不断提醒伙伴，轮船能够容忍吃水线以上有许多洞，然而在吃水线下面，一个洞就会使轮船沉没。他的意思是，组织应当不断进行“吃水线上”的小试验，以此避免出现任何“吃水线下”的大错误。

例如，一位成功的CEO发出宽容错误的信号，他告诉所有新的管理人员，在第一年中，他们可以出现价值5万美元的错误，否则管理人员们必须向他报告解释没有这样做的原因。这种要求听起来似乎有些荒谬，除非你能够从CEO的角度出发思考这个问题。他能够给你一些理由说明他的命令收到了很好的效果。首先，新的管理人员很少受到现状的制约，因此如果给予一定自由，他们最有可能愿意尝试新东西。其次，集团包括20多家工厂，它们彼此之间比较类似，因此，任何一项在某个工厂的新发现都能够在其他的工厂派上用场，而任何一个被某工厂掩盖的错误也会在其他工厂重复。再次，CEO知道新的管理人员总是会出现错误的，因此，与其掩盖错误，还不如允许他们犯错误，以便他们能够公开讨论和处理。最后，CEO认为对管理人员来说，最重要的是在被提升到高层之前不断尝试和犯错，在高层中，错误代价可能就是几百万美元，而不是区区几千美元。

我们在这一部分讨论了对“吃水线上”错误和冲突的谅解，已经隐含了在一个组织中哪个部分最适合通过试验学习的意思。一方面，组织金字塔的上层造成的错误一般都是“吃水线下”的错误，它们能使组织的大船沉没。这表明，高层管理人员对试验必须非常谨慎。另一方面，由组织金字塔底层的个人从事的试验，其影响可能非常有限，不足以改变整个组织范围内学习的心智模式。这表明组织的中层是通过试验进行组织学习的最大的群体，这一点将把我们带入下一部分。

(3) 来自中层的改变：试验和学习高原模型

组织经常通过由高原模型（中心、向外、向上和向下）描述的一系列试验进行效率更高的学习。图 10.7 描述了这个过程，下面还有一些例子说明。

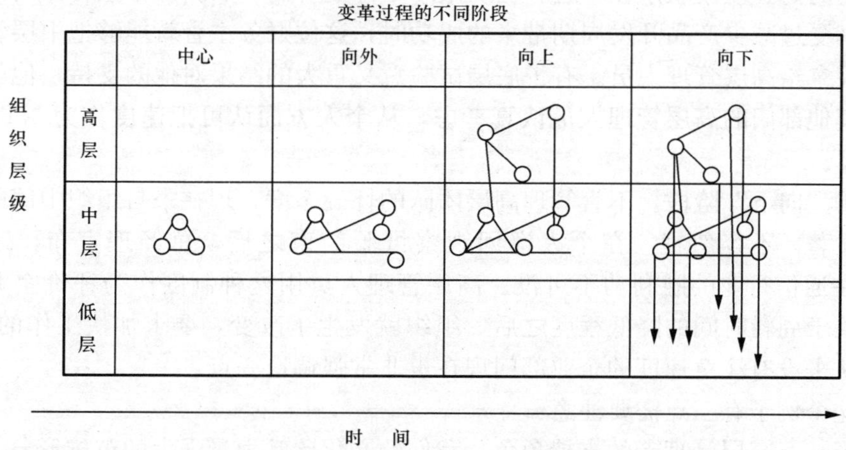

图 10.7　变革的高原模型

（资料来源：[美] 亚历克斯·米勒．战略管理．何瑛，等译．经济管理出版社，2004：296）

①“中心”阶段。在 20 世纪 80 年代，北方通讯有限公司（NTI）是一个主要由加拿大人组成的通信设备制造商的美国部门，它们当时经历了一场危险的财务危机。因考虑到企业生存的机会比较大，各种不同的想法都是围绕组织应当怎样做才能挽救自己展开的。在操作群体的内部，小部分一线和二线的管理人员开始考虑 NTI 主要的问题是否在于行动迟缓。竞争者开发新产品比 NTI 更快，而且它们把这些新产品投入市场的速度也很迅速。像在通信领域这样的技术驱动型企业中，行动缓慢是一个严重的劣势。为了检验他们关于如何改善 NTI 的假设是否正确，这个群体开始了一项小试验。实际上，这个试验非常小，因此他们不需要得到任何人的允许或者特殊的资金支持。这些最初的实验中绝大多数都在关注学习如何扁平化工作。

②“向外”阶段。群体最初的实验证明了一种产品开发过程中涉及制造的新方法，因此，当产品设计出来的时候，它们在制造上是可行的，而且制造活动已经准备好生产这些产品。这个群体首先在一个单独的部件上使用了这种新方法（现在这种新方法作为并行工程，已经广为人知），但是，当证明这种想法具有一

定优势，群体成员学会如何加速这一过程之后，他们的信心大增，而且向其他类似单位宣传这种活动。

③“向上”阶段。尽管试验做出了一些有影响的改进，可是它们仍然是孤立的，实际上对企业保证财务安全并不能施加任何影响。但是，通过一年多来用更快的方法把新产品带入市场的试验，越来越多的设计这个过程的中层管理人员开始不断地引起高层管理人员的注意，这些高层管理人员仍旧没有把这种方法和提高企业的财务绩效联系在一起。当从某个单位提升出一名新财务主管，而该单位曾经享受过减少产品开发周期带来的成功时，这位财务主管就能够把中层管理者的试验拿给高层管理人员。有了底层试验意义重大的结果对他的支持，他就能够说服其他部门的高层管理人员认真考虑，从个人方面认可把速度作为 NTI 的竞争武器。

④“向下”阶段。不管管理高层团队的怀疑态度，现在来自组织中层的成果非常显著，不容忽视。在个人巡回观察试验结束之后，总经理宣布，速度对 NTI 在通信行业的胜利功不可没。高层管理人员用这种制度作为评价企业绝大部分关于周转时间的降低程度之后，组织就发生了改变，要求加快工作的速度；以前从来没有注意速度的企业部门现在也非常强调这一点。

这个例子有三点需要注意：

第一，高层管理者的支持角色。我们的文化欣赏力量强大的英雄形象，他一手创造奇迹挽救组织。但是，NTI 的例子说明了另外一种不同的领导角色。尽管公众想到 NTI 的成功时，大加赞赏总经理迸发出的速度就是竞争武器这一思想，但是总经理本人在接受访问的时候坚持说，他充当了助产士的角色可能更加恰当。他帮助传达了组织基层构思和孕育的思想。在这个通过试验的发现模型中，领导者的角色就是培育试验能够发生的环境。正如我们已经提出的，形成文化的关键不仅在于宽容，而且在于鼓励，使错误带有学习的名义。

第二，限制高层在过程早期参与的理由。在有关组织试验的研究中，奎因(James Brain Quinn)，一位战略变革方面的重要专家，用几个理由说明了高层管理人员应当小心避免亲自参与早期试验。他发现，最有效的高层人员经常避免亲自安排早期的试验顺序：(a) 避免对任何假设注意力的增加，除非这种假设已经得到证明。(b) 允许持有想法的个人和团队通过组织不断扩大。(c) 避免他们的个人信用因为想法失败而遭到破坏。(d) 尽可能推迟，直到最后时刻才让高层管理人员担负责任，因而在组织的行动和改变条件限制之间获得最佳可能的配合。

第三，从中层到上层影响的重要性。尽管中层管理人员经常被看作组织变革的绊脚石，这个变化的描述却对他们赋予了极大的责任。就像奎因描述了通过试验的发现过程，“行政人员的指导仅仅提供了一个大目标，适宜的氛围和灵活的资源支持。从这一点来说，真正的动力来自于下层，有了这一点，高层行政人员才能以激烈竞争的绩效为基础，做出最终的选择”。在CEO充分意识到之前，变革就已经开始了。它从一个小工厂的创新管理人员开始。高层从最底层学到这一点，然后在整个公司传播最佳的活动。这是对学习高原模型最优的描述。

高原模型没有以任何方式削弱领导者在学习中的关键角色。尽管高层管理人员不应当亲自参与许多位于组织学习核心地位的试验，领导者对试验的支持仍然十分重要，而且保证组织在结果之上采取行动。

10.3.7 行动

当大多数人想到学习的时候，都会把重点放在“发现”这一获得新知识的活动上。我们认为只有发现其重要性还不够。没有行动的知识，对打算提高绩效的组织而言几乎没有任何价值。这和只有战略制定而没有战略实施，对实践活动没有什么意义是一样的道理。圣吉曾经谈到，对组织学习最根本的误解就是“学习或知识不需要和行动联系起来”的想法。

在有关区别优秀公司和其他公司的创造性研究中，汤姆·彼得和罗伯特·沃特曼总结道：“在优秀公司的特点中，没有比定向的行动更为重要的了……对行动和与行动一起前行都存有偏见。即使在这些公司能够分析他们制定决策的方法，他们也不会被事实似乎表现出来的样子所麻痹。在许多这些公司中，标准的业务流程就是‘工作、固定下来、尝试’……”

就像这个例子说明的那样，有太多的公司似乎只愿意分析问题，而不愿意根据分析采取行动。绝大多数管理人员也会承认他们的组织已经知道如何把事情做得比实际中更好。大多数组织证实在我们知道的事情（发现）和我们做的事情（行动）之间存在障碍。

产生这种障碍有三个因素：第一，只说我们应该做什么远比实际做起来容易。实际尝试做一些新事情正好触动了组织的“免疫系统”和我们先前介绍的对变革的抵制。第二，新的想法可能是个人的，因此，如果这些想法是错误的话，也没有人会知道。但是，组织行动中的变化是公开的，其他人对错误一目了然。第三，采取新行动的“拐棍”，企业经常在很大范围内改变组织要素，如薪酬、结构和文化等，这些改变可能会产生巨大的、难以清除的障碍。

由于这些因素，组织经常倾向于分析最棘手和难以解决的问题，因为解决这些问题的可能性非常小，这为组织根本什么事情也不做找到了借口。某个组织是这种类型的代表：公司总部对工厂施加压力，要求它们提高收入的增长速度；高层管理团队遇到并确定了 12 个不同领域内的机遇——他们认为越多越好。但是，这个团队拒绝剔除一些机遇，或者集中目标，实际利用一到两个机遇，他们坚持详细研究所有这 12 个机遇。这些研究几乎持续了一年之久，在此期间，不止一个管理人员意识到，他们很高兴这份工作，因为他们知道即使有了这些机遇，什么也不会发生——他们是正确的！每一个研究都得出结论，以所思考的特定机遇为基础的增长依赖于超出企业控制的事情，或者是一些实际不可能改变的事情(如联邦制度的改变可能会为新产品创造需求)，因此，它给了管理团队一个根本不采取行动的好借口。

一些有关这个公司的因素和它的经历使得这个故事更加可悲。第一，它的管理团队选择从事“作业”，而不是有意义的活动。第二，组织缺乏如何解决问题的共识。第三，组织文化鼓励管理人员确定对一个问题什么“不能”做，而不是实际应该怎么处理问题。第四，组织中充满了限制企业进步的绊脚石，而且还为懈怠准备了托词。

你可以得出结论：这种组织的经营异常困难而且有代表性，然而我们却经常看到无数个类似这样的组织。但是也有相反的例子，积极选择机遇的组织有了真知灼见之后，据此采取行动——这种组织更愿意采取行动，进行改变以适应现状。这些学习型组织有一个共同的特征：它们受到领导者的影响，这些领导者鼓励组织学习中的发现和行动并且为之提供便利条件。领导者鼓励他们的组织根据发现用两种互为补充的手段采取行动。我们把这些描述为支持胜利者的思想和对缺乏前途的思想使用“强硬的爱”。

(1) 支持胜利者

为了实现组织变化的结果，高层管理人员必须支持最有前途的结果。这就是组织的学习高原模型中“向下”的阶段。研究表明，组织向正确方向前进的小变化起到强化作用，使组织变得更加勇于实施重要的变革。Micllael Beer 又一次指出：为了改变组织的上上下下，并且永久固定下来，看起来，早期的成功是必要的……当个人、群体和整个组织感到比起以前的变化，他们的所作所为更加胜任时，这种不断增加的胜任感进一步强化新的行为，巩固了与学习相关的变化。

换句话说，领导者的关键角色之一就是搜索哪些试验的结果最有前途，然后支持这些胜利者。

(2) 实施“强硬的爱”

尽管领导者可能会全心投入鼓励试验，在一定情况下，他们必须承认既定的创意没有被淘汰，此时组织就应当转向其他可能的创意。在这个时候，高层管理人员必须做出决策，什么样的竞争想法能够在“激战”中脱颖而出，因而应当在组织内传播，同时积极阻止其他的想法。

管理人员经常不喜欢这种成果的消极内涵。许多人认为他们应当更为宽容，不能过于苛求，因此他们在认为应当支持和不应当支持的想法之间，不愿意插手进去或者采取强硬的态度。然而大量的研究、试验和常识表明，如果领导者希望维持较高的绩效，就不应当对目前较差的绩效持宽容的态度。

我们使用"强硬的爱"这个概念解释这种领导者态度坚决的需要。"强硬的爱"最初源于解释为何慈爱的父母有时需要成为严格的训练者。对要求结果顾虑重重的领导者不会得到任何好处。当试验进行一段时间，激战的胜利者已经显而易见的时候，领导者应当用特有的名词把他们公之于众，不过组织在未来不一定会接受这种特有名词。

处理正确，这种强硬可能会为强化持续试验带来巨大的机遇。但是，处理这部分学习很容易出现比较糟糕的情形，因而打击或挫伤组织的士气。领导者对没有什么前途的选项实施"安乐死"，还要鼓励将来的试验，最好的办法就是公开讨论为什么这个选项没有用处。如果领导者能够公开讨论错误，少一些惩罚，这种方法就能够把由于学习而犯错误"还行"作为目标，延续相当长的一段时间。反过来说，员工会发现没有必要掩饰错误，让错误在未来尽快被抓住。如果领导者能够鼓励那些参与前途不好的试验的员工从他们的结果中得到学习，没有人需要把试验看作失败。

【摘要与总结】

1. 对于处于激烈竞争之中的企业来说，进行战略变革是必要的。战略变革是企业维持竞争优势的重要手段。

2. 选择正确的变革时机很重要，有远见的企业应该选择提前性变革，这样才能避免过迟变革的代价。

3. 战略变革的主要实施步骤是先树立危机意识，组建变革项目团队，然后确定愿景并进行沟通，接着实施变革计划，取得阶段性成果，最后要固化变革成果并植根企业文化。

4. 一般而言，变革是痛苦的，会遇到很多障碍。利益障碍、观念障碍、惯性障碍和沟通障碍是比较典型的四个阻碍战略变革的障碍。

5. 组织学习是指组织中的个体从过去的知识、行为和经验中不断地获取知识，并在组织内传递和创新，以增强组织自身能力，改善组织的行为或绩效的过程。

6. 构建学习型组织需要五种修炼：自我超越、改善心智模式、建立共同愿景、团队学习和系统思考。

7. 简单稳定的企业可能非常成功地实施渐进式变革，但当组织面临复杂或不可预测的形势时，革命性的变化或者战略通常需要组织学习。

8. 发现和行动是组织学习的两个关键部分。发现流程的最佳模型就是科学的方法论，假设、检验和结果非常适用于组织学习。作为一位领导者，鼓励实验，尤其是组织中层的实验，对错误的宽容也是学习流程的一部分。试验一旦带来了新发现，领导者就有责任明确哪些发现应当抓住，哪些需要放弃。

【问题与思考】

1. 何为战略变革？谈谈我国大部分企业在建立现代企业制度中进行战略变革的必要性。试列举出一个你认为迫切需要战略变革的企业例子，并回答以下几个问题：(a) 为什么这一企业要进行变革？(b) 请为该企业设计一下改革的程序。(c) 该企业进行变革后，你认为变革前后的最大区别在哪里？

2. 为什么战略变革如此困难？

3. 什么是组织学习？它对战略变革有何影响？

4. 适应性和生产性变革各是什么？它们和单环、双环学习有什么关系？

5. 组织学习的发现部分需要什么？把发现作为组织学习的关键部分，管理者必须做些什么？

6. 组织学习的行动部分需要什么？把行动作为组织学习的关键部分，管理者必须做些什么？

【本章参考文献】

[1] 王方华，吕巍．战略管理．机械工业出版社，2004
[2] 胡建绩，等．企业经营战略管理．复旦大学出版社，1995
[3] 龚荒．企业战略管理——概念、方法与案例．清华大学出版社，北京交通大学出版社，2008
[4] 黄维德，刘燕，徐群．组织行为学．清华大学出版社，2005
[5] 夏维力，路艳，胡剑波．组织学习对企业战略变革过程的影响研究．矿山机械，2008 (20)
[6] 李秀娟．组织行为学：先知而后行，行必有所为．清华大学出版社，2008
[7] [美] 亚历克斯·米勒．战略管理．何瑛，等译．经济管理出版社，2004
[8] 温德，迈因．变革：未来企业．上海交通大学出版社，1999
[9] 王荣科，吴元其．管理学概论．中国商业出版社，2001

后记

战略管理，作为企业经营管理知识、实践的顶层，已经成为企业管理层特别是高层管理者最最关注的领域。20 世纪末 21 世纪初战略管理理论得到快速发展，不仅是理论体系构建取得较大进展，而且在管理方法、技术方面也有许多创新，例如，竞争结构、价值链理论、资源管理理论、动态竞争理论、随网络发展而不断创新的商业模式都在日新月异。本教材努力吸纳这方面的进展，希望为学习和实践战略管理的人们提供更多信息。

本教材是作者群体承担国家十一五规划教材建设项目工作以及教学实践之总结。本教材编写中，作者陈收负责确定教材定位与结构、编写角度以及终审；作者李敬负责具体素材、案例等主体材料组织，结合作者群体在战略管理课程教学中的讲义，提炼为本教材的最终版本。作者李敬对本教材的贡献是最大的，他承担了本教材中主体材料审定、编写。为有关具体章节编写做出贡献的还有黄颖倩、汤富强、谭琰等。

目前对于企业战略经济学的研究仍属于多头并进、快速发展阶段，虽已呈现出基本研究框架，却未形成完整理论体系。虽然本教材力求讲解和分析明白、清晰，通俗、易读，如增加了阅读（案例）插入等，但我们深知，提高战略管理水平更多的是诉诸实践，仅仅通过阅读书本中的经验总结、案例是难以理解战略问题背后的东西的，更多的战略机理、决策过程需要通过讨论方能理解得深入，需要通过实践才能真正掌握。战略管理理论与实践正在快速发展，任何教材都难以跟上其步伐。希望使用本教材的教师和学生不要受教材内容的限制，还需检索、阅读该领域最新的相关文献，更加深入地了解、掌握企业战略经济学的新理论、新方法，结合更多案例以及企业实际问题展开学习、讨论，以取得更佳的学习效果。

感谢所有为本教材提供素材、案例的研究者和企业，这些素材和案例使得教材的内容更丰富。

由于战略管理理论与方法仍在不断发展中，加之作者水平所限，必定有许多值得商榷之处，恳请读者指正。

作　者

2011年1月30日